# TABLEAU
DE
# LA FRANCE
## en 1614

LA FRANCE ET LA ROYAUTÉ AVANT RICHELIEU

PAR

GABRIEL HANOTAUX

DE L'ACADÉMIE FRANÇAISE

MAISON DIDOT
FIRMIN-DIDOT ET Cᴵᴱ, ÉDITEURS
IMPRIMEURS DE L'INSTITUT, RUE JACOB, 56
PARIS

# TABLEAU
## DE
# LA FRANCE
### en 1614

*Droits de reproduction et de traduction réservés
pour tous les pays,
y compris la Suède et la Norvège.*

TYPOGRAPHIE FIRMIN-DIDOT ET C$^{ie}$. — MESNIL (EURE).

# TABLEAU

DE

# LA FRANCE

## en 1614

LA FRANCE ET LA ROYAUTÉ AVANT RICHELIEU

PAR

GABRIEL HANOTAUX

DE L'ACADÉMIE FRANÇAISE

MAISON DIDOT
FIRMIN-DIDOT ET Cie, ÉDITEURS
IMPRIMEURS DE L'INSTITUT, RUE JACOB, 56
PARIS

# AVERTISSEMENT

La maison Didot a pensé qu'il pourrait y avoir un certain intérêt à donner, dans le format in-12, une nouvelle édition d'une partie importante de l'*Histoire du cardinal de Richelieu*. Je me suis rallié, bien volontiers, à ce désir. Notre intention commune, aux éditeurs et à moi, serait d'atteindre ainsi une classe de lecteurs qu'arrête la gravité du format in-8°, et notamment la jeunesse et le public des écoles.

Le présent volume forme un tout : c'est le tableau de la France à la mort de Henri IV et à la veille du jour où Richelieu va entrer, pour la première fois, aux affaires, c'est-à-dire au moment où se dessine la physionomie de la France moderne.

La vie des provinces et de la capitale, le jeu des institutions, le poids des traditions, la marche générale des affaires publiques, l'évolution intellectuelle et morale des diverses classes de la société, en un mot, tout ce qui animait le spectacle si varié présenté, dès lors, par notre pays, voilà ce que j'aurais voulu peindre. J'aurais voulu aussi dévoiler les ressorts secrets de l'énergie et de la force intimes qui ont si rapidement élevé la France au rang où elle s'est portée et maintenue pendant le dix-septième siècle.

Plus on pénètre dans la connaissance de l'histoire d'un grand peuple, plus on s'aperçoit que le fond change peu; que, même à travers les siècles, les grandes lignes restent les mêmes et que le coup de pouce qui, à une heure donnée, détermine les traits caractéristiques d'une nation, les sculpte pour tout le temps où la nation demeure.

Le peuple français existe depuis plus de mille ans. Il est toujours le même. Bon et doux, léger et mobile, prompt à l'enthousiasme, prompt au découragement, facile à gouverner, facile à entraîner, capable d'élans généreux et de violences soudaines, d'un esprit agile et leste, d'un cœur chaud et vif, il est toujours le peuple qu'a vu César et qu'ont retrouvé, à travers les siècles, tous ceux qui l'ont approché et connu. Il s'anime, il s'enflamme, il s'exalte, et tout à coup, il se détend et rit. Il se fait bien souvent haïr et se fait toujours pardonner. Un fond de sérieux, de courage, et de bon sens le sauve et le soutient dans les circonstances les plus critiques. Quand Paris s'échauffe et bout, la province tempère et apaise. Même quand la révolution gronde, on s'amuse; même quand tout paraît perdu, l'espérance tenace reste fichée au fond des cœurs ; car ce peuple est, malgré tout, incurablement optimiste et les brumes ou les tristesses venues du dehors ont, à peine, atteint sa belle humeur et, sur ses lèvres, fait hésiter le sourire.

Le type se montre à nous, à l'aube du XVII° siècle, dans l'élégance, la simplicité et le naturel de l'adolescence, sous les traits d'un joli fils dessiné par Callot.

Jamais peut-être il n'y eut d'heures plus charmantes que ces heures premières du XVII° siècle naissant, au lendemain des grandes guerres civiles du XVI° siècle, alors que se préparait le noble et majestueux apogée du grand règne à son midi. Henri IV et Richelieu! Est-il de plus belles figures au cours de notre histoire? En est-il de plus belles dans l'histoire des peuples qui nous environnent et qui nous disputent la palme?

Or, c'est précisément à ces heures matinales, au moment où la France moderne se lève et se met en marche d'une allure si dégagée et si souple, c'est à ce moment précis qu'elle se discipline et ceint ses reins pour le combat. D'un instinct sûr et d'une volonté arrêtée, elle crée ses institutions, sa forte centralisation, son unité. Elle broie et concasse, au dedans, les matériaux dont elle fait la muraille qui la protège contre l'étranger. *Civis murus erat*. Elle prend en elle-même le rythme de l'autorité qui fait marcher du même pas et le nerf de la domination intérieure qui fait obéir au même commandement. Elle apprend, tout à la fois, l'élan et la mesure. Au moment où elle part, elle délimite l'objet de ses ambitions ; elle se trace à elle-même le cercle de sa destinée. Elle devient, en un mot, une conscience, multiple et une, debout et en armes. Elle est une nation formée, avec ses cadres, sa hiérarchie, son plan d'existence et la gravité de ses responsabilités futures, au moment où bien d'autres peuples dorment encore et attendent qu'on les réveille.

Je voudrais que les pages qui vont suivre, donnassent envie aux jeunes gens de rechercher, dans les mémoires et les documents anciens, les traits réels de notre douce France, comme on recherche, sur un pastel fané, la physionomie d'une aïeule toujours belle et toujours jeune. Je voudrais qu'ils trouvassent, dans cette étude, des raisons nouvelles d'aimer leur pays et de l'admirer, c'est-à-dire de le comprendre. Ceux qui le dénigrent et le blessent, ne le connaissent pas. Il en est qui vont répétant que tout ce passé qui fut le nôtre n'a été qu'une longue erreur et que la France eût été plus belle si elle eût été différente. Laissons dire. Notre brave pays, en faisant ce qu'il a fait, a suivi sa loi. Il a porté son fardeau ; il a souffert sous le soleil. Mais, en somme, vigoureux, bien proportionné et uni, il a été et il reste un des organismes sociaux les plus parfaits qu'ait connus l'histoire de l'humanité.

Paris, mars 1898.

# LA
# FRANCE ET LA ROYAUTÉ

## AVANT RICHELIEU

## CHAPITRE PREMIER

LA FRANCE EN 1614; APERÇU GÉOGRAPHIQUE

### I. — Les Provinces (1)

Le territoire de la France, en 1614, était d'environ les quatre cinquièmes de ce qu'il est aujourd'hui. Il lui manquait, à l'est, une bande comprenant l'Artois et les Flandres, la Lorraine et l'Alsace, la Franche-Comté, la Savoie et Nice; il lui manquait, au sud, le Roussillon, et dans la Méditerranée, la Corse. A l'intérieur, plusieurs petites principautés, dont la plus importante était le comtat d'Avignon, restaient indépendantes.

(1) Il serait superflu de citer ici en note les témoignages contemporains sur lesquels s'appuie ce que la description de la France en 1614 peut contenir de nouveau. Qu'il suffise de dire qu'on a fait grand usage des récits des voyageurs, de Thou, Abr. Gölnitz, Jos. Sincerus, Th. Coryate, Jouvin de Rochefort, les ambassadeurs Vénitiens, le *Voyage de France*, par de Varennes; des livres des géographes, Papirius Masson, Merula, Pontanus, André Duchesne, François des Rues, J. Le Clerc. On a toujours eu sous les yeux les recueils d'estampes, ceux de Châtillon, de Chiquet, d'Israël, de Perelle, de Méryan, les séries d'Abraham Bosse, Callot, Della Bella.

Les Français avaient conscience que leur pays n'était pas encore arrivé à son entier développement et qu'il était en voie de formation ; au fond de leur cœur, résidait le sentiment historique que les limites de la France doivent être celles de l'ancienne Gaule :

> Quand Paris boira le Rhin
> Toute la Gaule aura sa fin,

disait le proverbe. De même, les géographes : « De la Belgique le roi de France ne tient que la seule Picardie, et c'est ici que gît une des principales pertes de nos rois sur la possession de leur ancien héritage. » Enfin, les hommes d'État observaient que les intentions de Henri IV, si la mort ne l'eût surpris, « étaient de rendre le Rhin la borne de la France » (1).

Cette France, plus petite, était aussi plus rude. A vol d'oiseau, elle apparaissait, — comme nous la montrent les cartes naïves du temps, — couverte de forêts encore épaisses, hérissée de clochers, de créneaux et de moulins. La vie était plus haut perchée qu'aujourd'hui. Elle s'accrochait aux pentes des montagnes, aux collines, aux côtes escarpées. Dans les pays de plaine, elle s'installait sur des *mottes* élevées de main d'homme.

Les forêts des Ardennes, de Cuise, de Compiègne, de Fontainebleau, de Montargis, les grands bois du Maine, du Poitou, de la Basse-Bretagne, la forêt de Branconne en Angoumois, se rejoignaient presque, étendant, sur d'immenses contrées, un mystère continu. Des ours, des loups, des renards, des cerfs à tête noire offraient aux gentilshommes chasseurs un gibier abondant. Sous ces voûtes som-

---

(1) M. Albert Sorel a réuni la plupart des textes historiques relatifs à la « frontière du Rhin », dans son beau livre, l'*Europe et la Révolution française*, t. I, p. 244 et suiv.

bres, se perpétuaient des races de bûcherons et de charbonniers vivant dans l'isolement et gardant, à travers les siècles, les coutumes et les superstitions antiques. L'hiver venu, on entendait leur hache cogner au fond des taillis et, pour faire le charbon, ils allumaient, dans les clairières, les tertres mystérieux dont la lente cuisson couronne de fumée la cime ondulée des bois (1).

La terre était encore toute barbare. Quoique Henri IV eût entrepris le desséchement des marais, il n'en restait pas moins en Poitou, en Provence, dans les Dombes, en Sologne, des terrains immenses, couverts par les eaux, perdus pour l'agriculture. Des populations misérables, rebut de l'humanité, objet d'horreur plus encore que de pitié, colliberts, cagots, crétins, goîtreux croupissaient dans leurs miasmes (2).

Les rivières non endiguées débordaient plus souvent et leurs rives, fréquemment envahies, étaient malsaines. Pourtant elles étaient les grandes voies de communication. Les villes bâties dans leurs îles ou sur les collines avoisinantes, apparaissaient de loin, ceintes de murailles et de tours, fermées de portes étroites, déchiquetant le ciel de leurs édifices pointus.

Dans la campagne, les châteaux étaient nombreux, trop nombreux même, suivant le proverbe : « En France, trop de châteaux » (3). La plupart d'entre eux avaient gardé l'aspect renfrogné et les hautes murailles du moyen âge. Les fossés, les tours, les mâchicoulis, les créneaux avaient été réparés pendant les guerres de la Ligue. On avait seu-

(1) Voir Alfred Maury, *Histoire des grandes forêts de la Gaule et de l'ancienne France*, Paris, 1850, in-8°.

(2) V. l'ouvrage du comte de Dionne, *Histoire du desséchement des bois et marais en France, avant 1789*, Paris, 1891, in-8°.

(3) Le Roux de Lincy, *Le livre des proverbes français*, Paris, 1859.

lement percé quelques embrasures par où passait la tête des coulevrines.

Cependant le règne de Henri IV ayant ramené la paix, les constructions neuves se multipliaient. Sous les toits d'ardoises des pavillons symétriques, elles étalaient les façades de briques encadrées de pierres, les vastes perrons à balustrades, et les fenêtres à vitres où se brisent les rayons du soleil : « De Paris à Étampes, dit un voyageur, on voit, des deux côtés de la route, une infinité de belles maisons qui semblent autant de palais sur les collines. »

Au pied de ces demeures seigneuriales, à l'orée d'un bois, au gué d'une rivière, des chaumines serrées comme des poussins près du toit modeste des églises rurales, formaient ce qu'on appelait des *paroisses*. Derrière l'église, le cimetière ombreux et moussu; devant, une place avec les ormes, le crucifix et l'abreuvoir où les bestiaux viennent boire; le long d'une route herbue, des maisons basses presque enfoncées dans la terre et couvertes de longs toits de chaume où pendent les gouttes de pluie, sur le pas des portes, des commères en cotte et jupe de futaine, la tête couverte d'une coiffe à la Catherine de Médicis, faisant trois pointes, une sur le front, deux sur les oreilles ; des enfants demi-nus ; un pauvre loqueteux et béquilleux ; un valet de ferme avec le grand chapeau, les larges braies et les jambes ballantes sur un cheval étique, c'est ainsi que le burin d'Israël nous montre une de ces agglomérations rurales. Moins denses, moins peuplées que nos villages, elles montaient, d'après les évaluations des premiers statisticiens, au chiffre de 23,000. On comptait, en France, 44,000 clochers, et on évaluait la population totale du pays à environ 16 millions d'habitants (1).

(1) Voir le mémoire de M. Levasseur sur la *Population de la France*

Pas ou peu de chemins. Les larges roues des chariots creusaient dans la terre les ornières qui marquaient les routes. En été, cela passait encore ; en hiver, on ne pouvait circuler. Aussi les voyages par eau étaient en grand honneur. Les coches très fréquentés faisaient un service assez régulier. Et puis on allait à cheval, à pied, en chaises, en brancards. Le temps ne comptait pas. Pourtant quelques routes pavées, sur lesquelles galopaient les postes du roi, reliaient entre eux les grands centres.

Une vie nomade, active, que la régularité de l'existence moderne a tuée, peuplait ces chemins, si mauvais qu'ils fussent. L'humeur voyageuse de nos pères revit dans les pages du *Roman Comique* ou dans les images de Callot : cavaliers de fortune se rendant à la cour avec deux laquais armés jusqu'aux dents ; dames ou prélats en carrosse et, derrière, les mulets portant les bagages ; comédiens en troupe étalant le débraillé de costumes où tous les âges et toutes les modes se mêlaient grotesquement ; compagnons du tour de France allant, de ville en ville, apprendre le métier et poussant, à la rencontre, le hurlement des « dévorants » ; colporteurs courbés sous le poids de leurs hautes caisses aux tiroirs précieux ; étudiants français ou étrangers dissertant par les chemins comme l'écolier limousin ; longs convois de chariots aux jantes épaisses, gémissant sous le poids du blé et de la farine ; marchands de bestiaux « avec le manteau agrafé par le collet (1) » ; et enfin autour d'une charrette traînée par un cheval étique, ces étranges familles « venues d'Égypte » avec la marmaille dépenaillée, les pères aux mines suspectes, les grandes filles demi-vêtues

*pendant la période féodale jusqu'au dix-huitième siècle.* (C. R. de l'Ac. des sc. mor. et pol., 1881, 2ᵉ semestre.)

(1) Michel et Fournier *Hist. des hôtelleries et cabarets*, etc., Paris, 1859.

dardant des regards luisants, oiseaux de passage que le paysan regardait avec une terreur superstitieuse et qui allaient, cherchant par le monde un repos qu'ils ne trouvaient jamais :

> Ces pauvres gueux pleins de bonaventures
> Ne portant rien que les choses futures ! (1)

## I

Les voyageurs qui entraient dans le royaume par la frontière du Nord traversaient d'abord une région cruellement éprouvée par les guerres récentes. La Picardie étalait encore les vestiges du long séjour des armées espagnoles : des églises basses et sans ornement, relevées à la hâte entre deux destructions; des villages fortifiés, des souterrains et des retraites profondes dans les bois, où le peuple se réfugiait à l'approche de l'ennemi.

C'était le pays des places fortes et des sièges célèbres. Depuis Calais, qu'une bande étroite rattachait à Amiens, jusqu'à Sedan, qui n'était pas encore français, on comptait Ardres, Montreuil, Abbeville, Amiens, dont la surprise, et la reprise, sous le règne de Henri IV, étaient dans toutes les mémoires; puis Corbie, Péronne, Ham, Le Catelet, Saint-Quentin, La Fère, pressées l'une contre l'autre, dans le Vermandois; puis, dans la verte Thiérache, Guise, Vervins et La Capelle, couvrant Laon, Soissons et Reims.

Depuis que la paix avait été signée à Vervins, le laboureur s'était remis à son champ et le vigneron à sa vigne. Les Picards sont laborieux, francs et braves; ils ont toujours passé pour mutins et mobiles. Pourtant leur loyalisme

---

(1) Vers inscrits sur une des eaux-fortes des *Bohémiens* de Callot.

n'a jamais fait défaut à la cause des rois. Les étrangers les trouvaient rudes et de mœurs peu hospitalières.

En avançant vers Paris, les voyageurs remarquaient une activité toujours croissante. Le mouvement de la batellerie sur l'Oise et sur la Marne les étonnait. Ce sont, disaient-ils, les deux « mamelles » qui donnent la nourriture à Paris. De véritables flottilles de bâtiments descendaient ou remontaient sans cesse leur cours. A partir du pont de Beauvais, un service de chevaux était organisé qui traînait les convois jusqu'à Paris. L'Ile-de-France, le Beauvaisis, le Clermontois, se ressentaient plus encore que la Picardie du voisinage de la capitale : « Les collines environnantes sont fertiles en vignes, les vallées pleines de moissons et de vergers; de nombreux troupeaux dans les prairies font un spectacle vraiment très agréable. »

Les villages étaient mieux bâtis. Ils avaient presque tous conservé la vieille église romane avec le campanile élevé sur la tour fortifiée du portail. Au-dessus des villes, les cathédrales gothiques dressaient le dos énorme de leurs nefs et levaient vers le ciel les deux bras des tours trop souvent dépareillées. Les hôtels de ville s'égayaient du carillon des provinces belgiques. Derrière de bonnes murailles, Laon, Saint-Quentin, Noyon, Senlis, Beauvais gardaient précieusement les traditions des vieilles libertés bourgeoises.

Du côté de l'est, Paris n'était séparé de la frontière que par la Champagne, haute et basse, le Barrois, le Bassigny et les Trois-Évêchés. La Champagne, comme l'Ile-de-France, était un des anciens domaines de la couronne. Mais les Trois-Évêchés étaient dans une de ces situations ambiguës, fréquentes alors en Europe. Le lien qui les avait rattachés à l'Empire n'était pas tout à fait brisé. Pour qualifier cette sorte d'annexion incomplète, on disait qu'ils étaient « sous la protection » du roi de France. On cherchait, par tous les moyens, à étendre ce droit et, selon la propre expression de Richelieu, « à rendre le pays messin aussi assuré à la France que le comté de Champagne » (1).

Au contraire, la Lorraine, quoique indépendante, était, à l'égard de la France, dans une sorte de subordination. Les membres de la famille ducale vivaient dans l'orbite de la cour. Le duc était sans cesse dans les transes ou d'une alliance trop étroite, ou d'une rupture redoutable. Sa capitale, Nancy, prise entre Toul et Metz, étouffait. La place forte de La Mothe était, à la moindre alerte, son plus sûr abri.

On entrait en France, de ce côté, par Mouzon, Bar-le-Duc et Langres. La Champagne, avec sa face blanche, donnait une pauvre idée du royaume : « C'est ici que l'on voit de vastes campagnes blanchissantes comme de la craie, dégarnies d'arbres, sans aucun pré ni eau courantes, ce qui fait qu'on n'y trouve pas les vivres et commodités qu'il faudrait pour les voyageurs. » Pourtant les vins du pays étaient déjà renommés et les villes étaient belles. Troyes, avec sa riche vêture d'églises et de palais, et avec ses cloches, sans cesse brimbalantes, Reims, « qui est grande, entourée de murailles fort blanches, dont les hautes tours se font voir de loin, » et que la garde de la Sainte-Ampoule rendait illustre parmi toutes les villes du royaume, Châlons, Vitry, Chaumont-en-Bassigny étaient les places fortes ou les villes importantes de cette frontière. Selon le proverbe fameux, les Champenois passaient pour peu avisés ; mais ils étaient soumis, fidèles, et payaient bien la taille.

En quittant la Champagne, on traversait la Brie, plus fertile, et, par les coteaux élégants qui bordent la Marne, on arrivait à Paris. Quoique Paris n'eût pas encore dévoré

(1) Richelieu, *Maximes d'État et fragments inédits*. Collect. des Doc. inédits de l'Histoire de France.

la France, c'était déjà une grande ville qui demande une description à part. Quand on l'avait visitée avec soin, puis ses environs : Saint-Germain, où avait été élevé le jeune roi Louis XIII, Saint-Denis gardien des tombes royales, Vincennes à la fois demeure de plaisance et prison d'État, Rueil que venait de faire construire le financier Moysset, et surtout Fontainebleau que l'on considérait « comme le plus beau château de France, Allemagne, Belgique, Angleterre et Italie », on se hâtait vers les provinces dont l'air était plus doux et la langue plus pure.

On entrait dans la Beauce, « cette grande plaine fourmentière », par la belle route pavée de Paris à Orléans. « Cette province, dit un voyageur, n'a ni montagnes, ni fleuves, ni forêts, ni vignes, très peu de prés et si peu d'eau que les habitants de Blois appellent leurs puits des sources. C'est à peine s'il y a des arbres, et le peu qu'on en voit sont tout rachitiques à cause de la nature du sol. Mais c'est la contrée la plus féconde en froment. Aussi l'appelle-t-on le grenier de Paris ». Visible de partout, la cathédrale de Chartres surgissait, dominant de loin des guérets mornes ou les vagues d'un océan de moisson.

Quoique les étapes principales de la contrée fussent célébrées dans un refrain populaire :

> Orléans, Beaugency,
> Notre Dame de Cléry,
> Vendôme, Vendôme (1),

un autre proverbe en traitait fort mal les chemins : « En Beauce, bonne terre, mauvais chemins, » disait-il, et il était répété à l'envi par les voyageurs. L'habitant avait l'esprit adroit et caustique ; les « chats » de Beaugency en disputaient le prix aux « guépins » d'Orléans et aux habi-

(1) Déjà cité dans le *Roman comique* (3ᵉ partie).

tants de Chateaudun dont on disait : « il est de Chateaudun ; il entend à demi-mot ».

Autour d'Orléans, on retrouvait une fertilité moins uniforme, les collines ombragées, la vigne. Les vins du pays avaient une grande réputation ; l'Orléanais était « l'un des principaux celliers de France » ; mais ses vins passaient pour corrosifs. On ne les vendait pas à Paris ; il était interdit de les servir à la table du roi. Orléans « ville sans pair, abrégé de France », attirait les étrangers et surtout les Allemands. Les privilèges accordés à la « nation germanique, » qui faisait partie de l'Université, les y retenaient. Ils prétendaient aussi qu'Orléans était la patrie du beau langage, de l'*orléanisme,* — comme on disait en Grèce l'*atticisme*. Ils trouvaient ses habitants « opulentissimes, » ses monuments admirables, ses rues bien alignées et bien pavées, ses maisons élégantes avec leurs salles garnies de nattes. Ils étaient d'avis qu'il y avait à Orléans plus de jolies femmes que nulle part ailleurs. En un mot, c'était la plus belle ville de France, selon le mot de Charles-Quint, qui disait avoir vu, dans ce royaume, cinq choses dignes de remarque : « une maison, La Rochefoucauld ; un pays, le Poitou ; un jardin, la Touraine ; une ville, Orléans, et un monde, Paris. »

Outre ces mérites, la situation d'Orléans, au sommet du coude de la Loire, lui donnait une grande importance.. Dans les guerres civiles, la possession de son pont de pierres, garni de tours, avait été sans cesse disputée par les deux partis.

Bientôt commençait la Touraine, qui, par la grâce souriante du paysage, la richesse des constructions, la délicate fertilité des jardins, passait pour la fleur du royaume : « C'est un pays d'assez grande étendue et composé d'une infinité de belles et agréables villes, un pays tout plein de biens et tout comble de délices ». « On passe la Loire à gauche, dit un voyageur, le chemin devient charmant parmi les arbres, les vignes, les villages, au bruit agréable des eaux qui courent vers la Loire. C'est une grande plaine qu'on a nommée avec raison le *jardin de la France.* » — « Nulle part, dit un autre, je n'ai eu un plus délicieux spectacle que du haut du château de Saumur, d'où l'on voit la Loire, la plaine qui s'étend au loin et toute la campagne en fleurs. »

Ce qui ajoutait au charme du paysage, c'était la beauté et la variété des châteaux. A l'exemple des rois, toute la noblesse s'était ruinée, sur ces bords, en constructions somptueuses. Depuis les masses imposantes de Langeais et de Luynes, jusqu'aux délicatesses exquises de Chambord et d'Azay-le-Rideau, le génie architectural de la renaissance avait épuisé ses conceptions à embellir ces contrées. Tourelles en poivrières, mâchicoulis ornementés, arcs brisés, anses de paniers, fenêtres à meneaux, escaliers à jour, fleurons, coupoles, pignons, galeries, toits, belvédères, tout cela s'entassait, s'étageait, s'élançait dans un luxe inouï où fleurissait couramment l'arabesque sculpturale.

Après trois siècles de ruines, il en reste assez aujourd'hui pour fatiguer l'admiration. On peut deviner quel spectacle c'était alors, parmi les beautés des avenues bien alignées, des fontaines jaillissantes, des jardins épanouis. Une nombreuse aristocratie, entourée de serviteurs, de pages et de poètes, y menait l'existence élégante et pondérée qui a donné une note si savoureuse à la culture de cette province :

> Tourangeaux, Angevins,
> Bons fruits, bons esprits, bons vins.

En suivant la Loire, on atteignait Amboise, « gracieuse

en séjour »; puis Saumur, défendue par des murailles épaisses, couronnée par un château qui passait pour très fort et qui abritait la vieillesse inquiète du pape des protestants, Duplessis-Mornay. Pour assainir et purifier en quelque sorte cette citadelle du protestantisme, on avait mis en vogue, au début du règne de Louis XIII, le pèlerinage de Notre-Dame des Ardilliers. Puis on gagnait les Ponts-de-Cé, qui étaient pour la Basse-Loire ce que le pont d'Orléans était pour le cours moyen; enfin on atteignait la poissonneuse Nantes, par où l'on entrait en Bretagne.

La Bretagne était, à beaucoup de points de vue, différente des autres provinces. Elle se sentait elle-même à peine française, et se réclamait volontiers du temps de la reine Anne. Sa langue, sa misère, sa noblesse besogneuse, ses états provinciaux toujours turbulents, lui assuraient une indépendance conforme à sa situation géographique et à son passé. « Les hommes, les animaux et les arbres sont plus petits ici que nulle part ailleurs, dit Laëtius. Près de l'Océan, la population est dense, abondante, par la facilité que produit la mer pour l'arrivée de toutes les marchandises. Dans le centre, au contraire, ce sont des champs déserts, des landes infertiles qui ne servent qu'à la nourriture des troupeaux. Près de la mer, les lépreux abondent. »

Toute repliée sur elle-même, la Bretagne prolonge, jusque dans les temps modernes, le rêve d'idéal et de superstition qui fut celui du moyen âge. En plein dix-septième siècle, elle continue à sculpter les hauts clochers ajourés que les marins suivent de l'œil, loin des côtes : elle poursuit, dans les veines du bois, le caprice d'un art enchevêtré qui emprunte ses motifs à une sorte de géométrie végétale. Ses tailleurs sorciers piquent dans le drap les broderies éclatantes auxquelles s'attache un sens mystérieux. Elle se berce de ses légendes mélancoliques, de ses chansons monotones, et s'endort, parmi les genêts, dans un sommeil qui mêle les lassitudes de l'indolence à la crapule de l'ivrognerie.

Pourtant elle est brave ; elle est entreprenante et s'élance hardiment dans les entreprises hasardeuses. Elle se vante de ses hardis marins et de « ce grand et illustre pilote, Jacques le Cartier, qui, soubs le règne du grand roy François, descouvrit le pays et isles du Canada et autres terres en la mer septentrionale, avec honneur et gloire immortelle ».

Dans les dernières guerres, avec son instinct catholique, ses aspirations séparatistes, ses mœurs brutales, la Bretagne s'était jetée dans la révolte, puis dans les bras de l'Espagne. Le duc de Mercœur avait positivement régné sur elle. La résistance s'était prolongée là plus que nulle part ailleurs. Il avait fallu que Henri IV vînt en personne pour rétablir l'ordre, et c'est ainsi qu'il avait daté de Nantes l'édit qui avait donné la paix religieuse au royaume. La Bretagne avait été longue à s'apaiser tout à fait. Elle restait toujours menaçante, et, au moindre vent de rébellion, les Vendôme, qui la gouvernaient maintenant, comptaient sur elle pour soutenir leurs ambitions de cadets illégitimes et insoumis.

La Normandie formait avec la Bretagne un parfait contraste. Elle était la province la plus riche du royaume, comme l'autre en était la plus pauvre ; elle comptait parmi les plus soumises. Elle avait pour le commerce, pour l'industrie, pour les travaux et le bien-être de la vie pratique, un goût qui manquait complètement à son antique rivale. On la comparait à l'Angleterre. Ses habitants ne passaient pas pour aimables. Ils étaient grands, sérieux et rudes. On citait traditionnellement, au sujet de cette province, le portrait si expressif de Robert Gaguin : « La Normandie a une métropole, six villes, quatre-vingt-quatorze places fortifiées et nombre de bourgs bâtis comme des villes. Il faut au moins six jours pour la traverser de part en part. Elle est d'une richesse prodigieuse en poissons, en troupeaux et en blé. Les poiriers et les pommiers y poussent en telle abondance qu'on fait de leurs fruits une boisson, le cidre, dont les habitants sont grands buveurs. Ils sont, de leur naturel, trompeurs, très attachés à leurs coutumes et à leurs mœurs, s'entendent parfaitement aux dols et aux procès. Aussi les étrangers craignent d'entrer en relations avec eux; d'ailleurs, amis de la science, religieux, excellents dans la guerre, où ils ont remporté sur d'autres nations de très grands succès. » (1)

Depuis le moyen âge, la Normandie était considérée comme une des grandes ressources du royaume tant en argent qu'en hommes. Elle payait, à elle seule, un cinquième des tailles. On disait :

> Si bonne n'était Normandie
> Saint Michel n'y serait mie.

Très attachée à ses traditions, surtout en matière de jurisprudence, elle entourait de vénération son parlement, qui jugeait d'après les vieilles coutumes de la province. Les cités étaient pleines de magistrats et de prêtres.

Rouen, malgré ses rues étroites, passait pour une belle ville, « sise en lieu commode et bien marchande ». Son admirable palais de justice était le monument élevé à la gloire de la basoche par ces gens fameux en procès. Le manteau de sculpture jeté sur la ville par les architectes

---

(1) Robert Gaguin cité par Merula, *Cosmographia generalis libri tres;* Plantin, 1605, in-4º.

et les tailleurs de pierre du moyen âge, lui donnait vraiment l'air royal, et l'on observait que, si elle n'avait pas été détruite successivement par quatorze incendies, elle eût pu être l'égale de Paris.

Caen était l'ancienne capitale et la seconde ville de la duché. « Le château est haut élevé sur la ville et est situé sur un roc et fortifié de son donjon. Au milieu, il y a une tour fort haute et grosse, flanquée aux quatre coins de quatre autres grosses tours et armée de fossés profonds. » Avec son bailli, ses tribunaux, sa chambre des généraux, ses hommes de loi, son université, ses abbayes, ses collèges, Caen marquait bien le caractère doctrinaire et grave du « pays de sapience ».

## II

Quand on laissait *la France* pour pénétrer dans les régions d'outre-Loire, on sentait immédiatement que le pays était autre : « De l'Orléanais à la Guyenne par le Berry, le Poitou, l'Angoumois et la Saintonge, on ne quittait pour ainsi dire pas les forêts. C'était comme une vaste marche forestière qui séparait le pays d'oc du pays d'oil. »

La Sologne, vêtue de bruyères et de brandes, sans villes et sans routes, croupissait dans l'eau et la boue; le Berry offrait un aspect meilleur. On louait surtout son activité industrieuse, et les « moutons du Berry » donnaient une laine à la réputation proverbiale. L'Université de Bourges, où avaient enseigné les Alciat, les Baudoin, les Hotman, les Cujas, avait étendu au loin le renom de la ville. Les Allemands, tout en regrettant que le langage y fût moins pur qu'à Orléans, s'y rendaient en grand nombre et y séjournaient. Bourges était considérée comme une place très forte, la citadelle et le réduit de toute la Gaule. On montrait, non loin de cette ville, un arbre qu'on disait être placé juste au centre du royaume. On prétendait aussi que la fameuse grosse tour, « ronde en sa figure et si haute qu'elle découvre trois ou quatre lieues de pays » et à laquelle on ne pouvait comparer que celles de Carcassonne et de Nuremberg, avait été bâtie par Vercingétorix.

Un passage du voyageur allemand Gölnitz (1) donne une impression très nette de l'aspect que présentaient ces contrées : « En allant de Bourges à Lyon, dit-il, comme la route royale était rompue par les pluies, le cheval qui portait nos bagages s'égara dans les marais... Nous étions nous-mêmes en péril de la vie par une nuit très noire et un vent impétueux qui nous empêchait de nous entendre. Nous dûmes marcher à pied, tâtant le sol avec les mains, car il n'y avait pas trace de route. Notre guide allait en avant au milieu de l'eau. Nous suivions à la file, par derrière, sans voir, sans entendre. Enfin, au milieu de la nuit, après nous être plusieurs fois perdus, nous arrivâmes, trempés jusqu'aux os, les bottes pleines, à l'auberge. Nous y trouvâmes *Philémon* et *Baucis* et les secouâmes un peu pour obtenir un bon feu, sécher nos vêtements, mettre de la paille dans nos bottes, du pain et du vin dans nos estomacs. Une fois séchés et rassasiés, nous allâmes nous coucher.

« Le lendemain, la pluie ayant un peu cessé, nous marchons, par un chemin empierré, jusqu'à un bourg nommé Couleuvre. Triste logis, et qui paraissait toujours sur le point de prendre feu : le bois mis dans le foyer vomissait des flammes par la cheminée, qui traversait justement un grenier plein de foin. Il fallut nous mettre à jeter de l'eau sur le feu pour jouir de sa chaleur sans trop de péril. Ce re-

---

(1) Abr. Gölnitzi. *Ulysses Belgo-Gallicus*, Amsterdam, 1655, in-16.

marquable logis s'appelait l'*Écu de France*. A peine séchés, et le repas fini, nous repartons sous la pluie et nous avançons lentement, jusqu'à la tombée du jour, pour gagner, au village de Franchesse l'auberge du *Cheval blanc*. Tout y était ouvert, portes et fenêtres. Pas de fermeture, pas de vitres; et il y avait, là-dedans, des hommes de fort mauvaise mine, occupés à travailler le lin. L'idée de manger et de dormir sous le même toit n'était pas sans nous donner quelque inquiétude pour nos bagages. Nous veillâmes une partie de la nuit, et, grâce à ce soin, tout se passa sans accident. »

Pour aller vers le sud-ouest, on passait par Châtellerault et Poitiers. Le Poitou, moitié nord et moitié midi, conservait encore quelque chose de l'abondance de la Touraine. La terre, cependant, devenait plus maigre. Poitiers, comme Bourges, comme Orléans, était un centre d'études important. Elle s'appelait elle-même l'Athènes de la France.

La Brenne, le Bas-Poitou, enfiévrés par leurs marais, étaient d'affreux pays. La Marche, le Limousin, tout rugueux de collines boisées, ne valaient guère mieux. Les voyageurs parlent de ces contrées avec un sentiment d'horreur et de pitié. « Les habitants sont d'une sobriété extraordinaire, gloutons seulement de pain, ignorants de tous autres délices... Dans leurs affaires, ils se montrent assez adroits et réfléchis, très entêtés. Ils sont sordides dans leur nourriture et dans leurs vêtements... » Si l'on pénétrait dans les horribles chaumières, faites de torchis, qui leur servaient de demeures, on trouvait des enfants nus sur de la paille, grelottant devant un feu de bousat de vaches. « Ils vivent de châtaignes, qu'ils exportent même au loin. On ne voit dans la campagne que des chênes et des châtaigniers. La terre est couverte de pierres que les paysans ont la paresse de ne pas enlever : sinon, elle ne serait pas mauvaise. Mais la stérilité vient surtout de la barbarie des habitants. Peu de villages, quelques rares chaumières ; dans les champs pierreux, quelques moutons, peu de vaches. »

A travers l'Angoumois et le Périgord, le pays gardait à peu près le même aspect jusqu'aux portes de Bordeaux. Angoulême avait beaucoup souffert des guerres de religion. La peste s'y était installée presque à l'état endémique. Sur la fin du seizième siècle, Étienne Pasquier se rendant à Cognac, traversa l'Angoumois et passa, dit-il, « par tel grand bourg dans lequel il n'y avait que quatre ou cinq pauvres ménages », et dans lequel on ne trouvait pas de quoi manger. En 1613, la ville était poursuivie pour dettes, et des huissiers s'étaient installés aux portes qui saisissaient les habitants et les mettaient en prison, faute du payement d'une somme de deux mille cinq cents livres due par la communauté. On n'avait pas l'argent nécessaire pour acheter un tombereau à enlever les ordures. (1)

Les bourgeois de la ville n'en étaient pas moins « fiers, gens de bon esprit, tenant quelque compte de leur réputation, assez hauts à la main, se vantans volontiers, se plaisans peu au trafic, la plupart vivans de leurs revenus et faisans les gentilshommes. Ils aiment les lettres, sont hospitaliers et courtois et se plaisent à choses nouvelles. » Quant aux gens du plat pays, « ils sont grossiers et rudes, se ressentant de la lourderie de leurs voisins, adonnés au travail, opiniâtres et têtus, au reste propres aux armes, de grand courage et fort hardis. »

Le Périgord, quoique pierreux et rocailleux, était un peu meilleur. On citait « ses forges à fer et à acier », ses fabriques d'armes et de couteaux, ses moulins à eau. Rien que la Conze, qui n'a qu'une lieue de cours, « fait néan-

(1) V. Lièvre, *Angoulême au seizième siècle.*

moins moudre six vingts moulins, tant à bled qu'à papier ».

Périgueux, disait-on, avait autrefois porté le nom de Japhet, « d'où l'on peut voir qu'elle est très ancienne et que les enfants et arrière-neveux de Noé, venant en Gaule peu après le déluge, la bâtirent et lui donnèrent ce nom ». Elle avait été érigée en évêché « dès le temps des apôtres, » et son église de Saint-Front passait, avec raison, pour l'un des plus anciens et des plus beaux bâtiments du royaume.

Le Périgord était plein d'une noblesse « innombrable, prompte, dure, aimant les querelles, avide de nouveautés et toujours prête à se mettre en mouvement pour le moindre objet ». — « Quant aux gens de condition inférieure, ils sont vains, dispos, fort gaillards et de longue vie pour leur naturelle sobriété... Ils sont fort affables, accorts, propres à toutes honnêtes actions et exercices, soit aux lettres, armes, arts mécaniques ou autres perfections. »

Au delà du Poitou et du Périgord, joignant l'Océan, venait le pays de Saintonge, le comté d'Aunis et La Rochelle. C'était le centre du protestantisme français. Installé sur le bord de la mer, en relation constante avec l'Angleterre et la Hollande, il s'implantait, avec une gravité tenace, dans ces pays-bas de la France. Ce n'était pas le protestantisme cavalier et à la soldade de la Gascogne, rêvant les grands coups d'épée, le pillage des églises et la confiscation des biens du clergé ; c'était un protestantisme noir, austère, et de figure très longue ; un protestantisme de ministres et de marchands.

Il y avait quelque chose de fier dans l'établissement de cette république municipale de La Rochelle, qui aurait voulu étendre sur la France, divisée en États confédérés, son esprit indépendant et sectaire. Elle vantait sa richesse, la hardiesse de ses marins, l'activité de ses commerçants. Elle obéissait orgueilleusement à son maire, « qui ne marchait jamais qu'entouré d'une garde ». La Rochelle entretenait soigneusement ses murailles, ses fossés, ses bastions, auxquels travaillaient les ingénieurs hollandais et que l'on citait comme le modèle de la défense des places. On assurait que la ville était imprenable et elle portait, en avant de son havre d'étroite embouchure, les deux grosses tours de la Chaîne et de Saint-Nicolas, veillant, comme deux sentinelles, sur le repos de la cité. (1)

La Guyenne avait beaucoup perdu de son antique réputation. Dans son humeur ombrageuse, elle regrettait peut-être l'époque où, sous la domination lointaine des Anglais, elle était à demi indépendante. Un voyageur donne au Médoc cette louange restreinte « que le pays n'est pas aussi mauvais qu'on le dit. » On remarquait, il est vrai, que la vigne y poussait bien et que le vin était généreux; mais on ajoutait que les autres cultures y étaient peu prospères.

Bordeaux n'avait pas encore pris le grand élan que bientôt le commerce des Antilles et des Indes allait lui donner. Elle n'avait pas revêtu le manteau somptueux dont, au dix-huitième siècle, le marquis de Tourny devait l'orner. Cependant, c'était déjà une belle ville dont on célébrait « la structure, ordre, symétrie, le tout d'une élégance universelle », avec ses châteaux du Hâ et Trompette, avec ses huit abbayes, son université et son collège de jésuites, avec ses deux collégiales et ses douze paroisses, avec ses clochers aigus, bâtis par les Anglais, avec ses longs quais que les vaisseaux de commerce garnissaient à perte de vue, durant les deux grandes foires de mai et d'octobre. Elle s'adonnait principalement au commerce des vins, qui descendaient le long de la Garonne et

(1) Laëtius, *Gallia sive de Francorum Regis dominiis et opibus,* 1629, in-16.

de la Dordogne pour, de là, être exportés en Angleterre et dans les pays du Nord, sous le nom de *claret*.

La Guyenne était renommée pour l'esprit agréable et ingénieux de ses habitants, pour la culture de la noblesse et de la haute bourgeoisie. La fin du seizième siècle avait connu le célèbre évêque d'Aire, François de Candale, « parfait alchimiste, inventeur de l'eau de Candale, très expert arquebusier » et qui, disait-on, avait trouvé la pierre philosophale ; Michel de Montaigne, « homme grandement docte, franc, ennemi de toute contrainte, fort instruit des affaires, principalement celles de la Guyenne, qu'il connaissait à fond ; » la sœur du moraliste, M$^{me}$ de Lestonac, « femme grandement savante, et qui parlait bon grec et bon latin ; » le directeur du collège, Vinet, ami des Muret, des Turnèbe, des Buchanan.

Le parlement se recrutait dans une aristocratie de robe nombreuse, riche, éloquente, instruite. Il aimait à parler haut en s'adressant aux rois, et, comme la modestie gasconne s'en mêlait, on répétait volontiers, dans la ville, un propos attribué à Henri IV : « que, s'il n'était roi de France, il eût voulu être conseiller au parlement de Bordeaux ».

De Thou, qui au sortir de Bordeaux, a fait tout le voyage de Gascogne, rapporte que les Landes étaient loin de présenter alors l'aspect misérable qu'on peut leur supposer. « On trouve sur la route, dit-il, de grandes landes et des bruyères pleines d'abeilles et de tortues, avec des villages fort écartés les uns des autres, mais très peuplés. Les paysans y sont plus riches que dans tout le reste de la Gascogne. »

Bayonne, sans cesse menacée par les terribles inondations de l'Adour, était pourtant un port de mer actif et important. Les vaisseaux qui en partaient pour la grande pêche étaient des plus renommés pour leur esprit d'entreprise et la hardiesse de leurs équipages.

On entrait dans le Béarn, dont le caractère si marqué frappait les voyageurs : « Le langage de ces peuples est fort singulier et les habits de leurs femmes ne le sont pas moins ; elles en ont pour chaque âge et pour chaque état, pour le deuil, pour le mariage et pour les prières publiques. Si l'on voyait ailleurs des gens vêtus de cette manière, on croirait qu'ils se sont déguisés exprès pour faire rire ou pour monter sur un théâtre. » Tout ce pays, d'ailleurs très turbulent, très divisé, soutenu par les prétentions du Béarn et de la Navarre, se sentant déjà de la morgue espagnole, jouissait d'une sorte d'indépendance. L'action du pouvoir royal ne s'y faisait sentir que mollement et seulement dans les temps où les populations, lassées des dissensions locales, l'imploraient. Un voyageur observe que, dans toute cette région, les paysans ne sortaient jamais sans armes.

Le pays de Gascogne, résonnait d'un langage nouveau :

> Lo no es bon guasconet
> Se no sabe dezi
> Higue, hogue, hagasset. (1)

Le cours de la Garonne était « bordé d'une infinité de bourgades, de grands châteaux et de maisons de plaisance ». Agen, situé dans un pays riche, agréable, fertile, était comme une seconde capitale pour le Midi. Elle s'illustrait du séjour qu'y avait fait Scaliger.

Mais la vraie reine du Midi, c'était Toulouse. Son influence rayonnait sur tout ce qui parlait le vigoureux et

---

(1) Proverbe cité par Papire Masson : *Descriptio fluminum Galliæ*, Paris, 1618, in-12, p. 536. Il paraît qu'il faut lire pour être correct :

> « Lo non es bon Gasconet
> Que no sab dize : « Higue, hogue, hagasset. »

sonore langage que les puristes du temps étaient en train de reléguer au rang d'un patois méprisé. Des hauteurs de l'Auvergne, du Velay, du Quercy, de la Guyenne, de la Navarre, de l'Espagne, l'élite de la jeunesse descendait vers son université. Ils recueillaient, sur les lèvres des professeurs, le suc de la tradition romaine et scolastique. Ils s'y séchaient au feu d'une doctrine âpre et autoritaire qui faisait de tous ces Gascons les plus redoutables serviteurs de l'autorité royale. Dès longtemps, on disait de l'université de Toulouse qu'elle était « l'école des plus grands magistrats et des premiers hommes d'État », et le proverbe répétait à son tour :

> Paris pour voir,
> Lyon pour avoir,
> Bordeaux pour dispendre
> Et Toulouse pour apprendre.

La ville elle-même, toute construite en briques, était plutôt remarquable par l'antiquité que par la beauté de ses édifices. Saint-Sernin, la vieille église, était couronnée de canons pour foudroyer la cité en cas de rébellion. On rebâtissait Saint-Étienne, qu'un incendie avait détruit, en 1609. On montrait encore l'hôtel de ville qui avait recueilli le nom glorieux de Capitole, le parlement avec la salle d'audience, la table de marbre, les prisons des Hauts-Murast, enfin les collèges parmi lesquels venait de s'insinuer celui des jésuites, appelé à de hautes destinées.

L'impression produite par Toulouse sur les voyageurs était résumée, par l'un d'entre eux, en ces termes : « Située dans une belle plaine, arrosée par la Garonne, c'est la première ville du royaume après Paris et même, si l'on compte la beauté et le nombre des églises, la dignité du parlement, la fréquentation des écoles, la richesse des citoyens, la splendeur des édifices publics et privés, elle n'est pas loin d'être la première. On pourrait, comme Athènes autrefois, l'appeler la ville de Pallas. »

Toulouse règne sur le Languedoc, soit comme chef-lieu de gouvernement, soit comme lieu de réunion des états, soit comme siège de l'archevêché, soit comme séjour du parlement. Tout le pays, administré par lui-même, peu chargé d'impôts, était riche; Bodin donnait sa constitution en exemple. Il y faisait bon vivre; on remarquait surtout la variété de ses productions, fruits, vins, froments, poissons, gibier; celui-ci si abondant, paraît-il, que, tous les jours, « on sert des perdreaux et des cailles pour le déjeuner et le dîner ».

Les habitants étaient curieux, insolents : « Ils regardent fixement les étrangers, comme des bêtes inconnues récemment amenées d'Afrique et ils s'interrompent de manger pour les considérer. » En traversant les bourgs de la province, on rencontrait parfois un enterrement « où les assistants poussaient de grands cris et de bruyants gémissements ». Ou bien, au contraire, « on voit les filles danser, au milieu des rues avec des gesticulations étonnantes »; c'est toute l'exubérance méridionale. « Les Languedociens sont catholiques, ardents, faciles à émouvoir, dit un autre voyageur; ils ont de l'esprit et veulent qu'on les croie. » Il ne dit pas s'ils méritent toujours d'être crus (1).

Carcassonne et Narbonne étaient les deux places fortes qui protégeaient cette frontière du côté du Roussillon, encore espagnol. Les tours rondes de Carcassonne, les tours carrées de Narbonne donnaient à ces deux villes un aspect très imposant. Les voyageurs devaient remettre

(1) Sur l'école de Toulouse, au point de vue de la diffusion des idées absolutistes, voir nos *Études historiques sur le seizième et le dix-septième siècle en France*, Hachette, 1886, in-12.

leurs armes entre les mains des gardes, avant de franchir les portes.

Montpellier, avec son air salubre, l'agrément du climat, ses fortes études de médecine, était un lieu de séjour très apprécié. On s'y piquait de belles manières : « La place de la Canourgue, où se viennent rendre par bandes toute la noblesse et mille beaux visages pour y pratiquer d'honnêtes galanteries et y entendre les concerts et les sérénades, est la marque trop visible de la belle humeur des habitants, » et notre auteur ajoute également : « Le beau sexe ne contribue pas peu, de ce côté, à la gloire de Montpellier qui est rempli d'une infinité d'habitants si bien mis et si bien couverts, qu'ils témoignent par là qu'ils sont les nobles membres d'une des premières cités de la France. »

A travers un pays sablonneux, parmi des terres ingrates où bleuit l'ombre fine des premiers oliviers, on gagnait Nîmes, la dernière ville du Languedoc, en allant vers le Rhône. Nîmes répandait un parfum d'antiquité qui charmait le cœur de tous ces excellents latinistes. Ils vantaient l'amphithéâtre, le plus grand, disait-on, qui fût resté de toute l'antiquité romaine; on célébrait la Maison Carrée, bâtie par l'empereur Adrien, en l'honneur de sa femme Plotine. On s'étonnait devant la tour Magne, « dont on ne peut savoir le dessein de celui qui l'a bâtie, si ce n'est pour éterniser sa mémoire par un si grand ouvrage, comme voulut faire Nemrod pour la haute tour de Babylone, à qui la tour Magne a beaucoup de ressemblance. »

Mais la merveille des merveilles, c'était le pont du Gard. Ses trois rangées d'arches indestructibles étaient contemplées, examinées, mesurées avec un respect pieux. De pareilles œuvres, si supérieures par leur utilité, par leur simplicité, par leur force à tout ce qu'avait laissé le moyen âge, évoquaient, dans des esprits encore tout imbus de la tradition, le souvenir écrasant de la grandeur romaine, et cet enthousiasme pétrissait, presqu'à leur insu, les esprits et les âmes ; il imposait l'imitation directe et efficace de l'antiquité aux efforts nouveaux du siècle qui commençait.

### III

La Provence était la plus noble partie de l'ancienne France. Tout, jusqu'à son nom, rappelait la domination romaine. Elle avait, dans ses mœurs, dans sa constitution, dans l'aspect de la campagne, quelque chose qui la distinguait des autres provinces du royaume. Sèche, rouge, poussiéreuse et venteuse, elle était peu fertile en blé, mais abondante en fruits et surtout en fleurs. Ses champs répandaient, en toutes saisons, l'arome âcre des orangers, des citronniers, des roses et des jasmins. C'étaient ces « divines senteurs » dont l'obsession fatiguait $M^{me}$ de Grignan.

La Provence était moins prônée qu'aujourd'hui. Son ciel si pur, la douceur de ses hivers, la beauté de la mer, trouvaient nos pères moins sensibles que nous. Déjà cependant, on voyait poindre quelque aube de ces saisons hivernales que la facilité des voyages a tant multipliées. Un voyageur observe que, « dans tous ces petits ports de mer de Provence, on mange à table d'hôte chair et poisson, où chacun pour une pièce de vingt sols est traité délicieusement et proprement. On boit ordinairement à la glace et c'est la coutume du pays, chaque fois que l'on sert à boire, de fringuer le verre et le présenter à demi plein d'eau qu'on verse toute, ou peu, ou point à sa volonté, avant que de remplir de vin qui est très brûlant en Provence et malsain, si on le boit sans eau ».

Cette côte délicieuse était loin d'offrir un tranquille séjour. Les Turcs et les Barbaresques l'infestaient. Leurs vaisseaux arrivaient brusquement et faisaient, dans les villages et jusque dans les villes, de terribles razzias. Il fallait être sur ses gardes et, malgré tout, les prisons de Tunis et d'Alger regorgeaient d'esclaves enlevés sur les côtes méditerranéennes.

Outre ces maux, aujourd'hui disparus, la Provence en connaissait d'autres qu'on réunissait dans ce dicton :

>   Le Parlement, le Mistral et la Durance
>   Ont fait la ruine de Provence.

Tout en se plaignant de son parlement, la Provence en était fière. Il l'avait régie souverainement durant les guerres de la Ligue, et la turbulence méridionale se vantait de l'avoir vu tenir tête simultanément à la France, à l'Espagne et à la Savoie. En 1614, les cœurs s'étant apaisés, la Provence était gouvernée pacifiquement par l'héritier des Guises, devenu le fidèle serviteur des rois. Elle cherchait son illustration dans la renommée des hommes de lettres : Du Vair, « cette aigle de l'éloquence française, » Peiresc, Malherbe, qui avait fait de la Provence son pays d'adoption. On notait déjà que les Provençaux étaient grands parleurs et vantards. Mais on s'arrêtait là ; on ne pouvait prévoir que, dans des temps de révolution, leur génie oratoire et tumultueux aurait sur les destinées générales du pays une plus haute influence.

La Provence commençait, du côté de l'Italie, entre Nice et Antibes. Toulon, récemment fortifié par Henri IV, prenait quelque importance. Marseille gardait une réputation de vieille ville républicaine et on étudiait ce qui restait debout de son antique organisation municipale.

Les voyageurs, montés à Notre-Dame de la Garde, observaient que, vue du haut, la ville avait l'air d'une harpe, penchée vers la mer. Ils en trouvaient les rues étroites, les monuments peu imposants, mais le port très beau, avec ses trois châteaux de Saint-Jean, d'If et de Ratonneau. Ils énumèrent complaisamment les produits si divers que ses marins allaient chercher dans les pays du Levant, et, en revanche, les vins, les huiles et les autres objets de négoce qu'ils exportaient au loin. On consacrait toujours une visite aux galères du roi et on s'attardait à écouter le chant des forçats, penchés sur la rame.

Aix, capitale de la Provence, s'enorgueillissait de son nom latin, de son parlement, de sa chambre des comptes, de son université, de son archevêché et de son gouvernement. Avec tout cela, elle sentait la vie s'éloigner d'elle. Elle en était réduite à étaler quelques édifices anciens, une grande vanité, et « un nombre considérable de noblesse et de personnes de qualité très propres en leurs habits et très polis en leurs mœurs ».

Avignon et le Comtat-Venaissin formaient une petite principauté indépendante. C'était une république italienne transportée au milieu de la France. Avec son gouvernement ecclésiastique, son « dôme » et son palais du vice-légat, Avignon ressemblait, paraît-il, à Bologne. On n'y entendait guère parler que la langue italienne et de nombreuses familles péninsulaires s'y étaient installées. Elle était gouvernée par des prêtres; mais on y voyait surtout des ruffians et des juifs. Les voyageurs mettent leurs successeurs en garde contre les services dangereux des premiers et ils dépeignent avec détail le curieux aspect des seconds. Tolérés par l'adroite politique du clergé, vêtus et coiffés de jaune, ils vivaient là dans l'ordure et le mépris. Ils se jetaient sur les étrangers et leur offraient des marchandises de toutes sortes « avec une insistance qui eût été désagréable si elle n'eût été si facilement repoussée. »

Pétrarque attirait les poètes à Vaucluse. Orange et sa

petite principauté, placée sous la suzeraineté du roi de France, offraient quelque curiosité pour le politique. Enfin on laissait le Rhône, dont la rapidité et les violences étaient célèbres :

« ... Rhodanus raptum velocibus undis
In mare fert Ararim... »,

et l'on entrait dans le Dauphiné.

Le Dauphiné, province frontière abritée et écrasée tout à la fois par les contreforts des Alpes, était resté, jusqu'à un certain point, distinct du royaume de France. En vertu de l'acte qui l'avait réuni à la couronne, il donnait son nom au fils aîné des rois. Cette demi-autonomie, affirmée encore par l'esprit indépendant, ferme et fier des Dauphinois faisait, de cette province, un objet perpétuel de tentation pour le duc de Savoie. Profitant de la minorité de Louis XIII, ce « fin renard, » Charles-Emmanuel, employait sa redoutable habileté à persuader à ses chers voisins qu'il fallait reconstituer l'ancien royaume des Allobroges : « La nature, disait-il, a fait des Dauphinois et des Savoisiens un seul et même peuple ; quand vous lui aurez donné un même maître, ils seront encore ces redoutables Allobroges qui furent la gloire des Celtes et la terreur de Rome. Renouez la chaîne des temps ; rattachez à vous l'ancienne dynastie de vos rois. »

On ne pouvait faire un usage plus heureux des exemples historiques. Les Dauphinois pourtant se méfiaient. Ils restaient attachés, sinon à la France, du moins à leur gouverneur, le brave et habile Lesdiguières. Connétable de France, gouverneur du Dauphiné, chef reconnu du protestantisme français, celui-ci était le véritable roi du pays. Sa puissance même n'était pas sans donner quelque ombrage au roi de France, son maître. Mais, comme on ne pouvait l'abattre, on le ménageait. Il répondait de la sûreté de cette frontière et intervenait, pour son compte personnel, dans les querelles des princes italiens.

Sage administrateur, il s'attachait à développer le commerce et l'industrie, couvrait le pays d'édifices somptueux et de constructions utiles. Il était comme le Henri IV dauphinois. Dans son magnifique château de Vizille, on comptait cent vingt chambres, et notamment une belle galerie de tableaux et de sculptures. L'arsenal, rangé dans un ordre admirable et tenu avec la propreté la plus méticuleuse, contenait six cents armures, deux mille piques et dix mille fusils. C'en était assez pour tenir en respect les ambitions qui s'agitaient autour de la province.

Le Dauphiné présentait, dans la nature de son sol et dans le génie de ses habitants, les mêmes contrastes que dans l'ordre politique : il y avait des contrées extrêmement fertiles, qui donnaient même d'excellents vins; il y en avait d'autres absolument stériles où ne poussait guère que le noyer. De même, on remarquait une opposition absolue entre la lourdeur et la stupidité des paysans, la politesse et la vivacité des citadins.

Grenoble, ville bien située et bien fortifiée, était le siège du parlement et le lieu de réunion des états provinciaux. Vienne avait un archevêque qui se disait le primat des Gaules. Le fort Barraux, récemment reconstruit par Lesdiguières, Embrun, Briançon haut perché dans la montagne, étaient les places fortes de la région. A Valence, sur le Rhône, existait un péage qui faisait le désespoir des commerçants et dont tout le profit allait au duc de Lesdiguières. Avant de quitter la province, on ne manquait pas de visiter la Grande-Chartreuse qui attirait les étrangers par sa situation au milieu du site le plus sauvage et par le renom d'hospitalité des bons pères.

Voici comment notre excellent Gölnitz entonne les louanges de la ville de Lyon. « Cette ville est le principal boulevard de la France, la première de toutes les Gaules au point de vue spirituel, la boutique du commerce universel et enfin, ce qui est à son éternelle louange, s'il y a au monde un endroit où se trouvent rassemblés tous les vénérables débris de l'antiquité, statues de dieux et de princes, inscriptions, tombeaux, théâtres en ruines, bains, thermes, aqueducs, canaux, égouts, temples, colonnes de toutes formes, obélisques, pyramides, tableaux, vases, urnes, lampes, emblèmes, poteries, — cet endroit, c'est Lyon. »

Monté sur ce ton, le dithyrambe ne s'arrête pas. Pour rehausser la gloire de Lyon, on attribuait sa fondation à un certain Lugdus, roi des Celtes, qui vivait l'an du monde 2335, « longtemps avant la naissance de Moïse. » Par cette antiquité fabuleuse, par son passé romain, par son admirable situation et par l'activité de son commerce, Lyon prenait, aux yeux des étrangers, une importance exceptionnelle. Que l'on vînt d'Italie ou que l'on vînt d'Allemagne, c'était toujours l'étape nécessaire. C'était dans cette ville que se faisait le commerce de l'argent. Sa *place* était peut-être la plus importante du monde. On disait, vers le milieu du seizième siècle, que Lyon était « comme une Florence ultramontaine. » On eût pu ajouter qu'elle était comme un Francfort français. C'était la ville des affaires et de l'activité cosmopolite.

L'espace occupé par Lyon était immense. Sa muraille enveloppait de vastes terrains, dont une partie en culture et en jardins. Pour pénétrer jusque dans la cité, il fallait passer successivement par trois portes. A la troisième, un portier demandait d'où l'on était, et ce que l'on venait faire dans la ville. Il donnait ensuite un billet, sans lequel on n'aurait été admis dans aucun hôtel.

Trois châteaux : Pierre-Encise, Saint-Sébastien et Sainte-Claire gardaient la ville. Sous la régence de Marie de Médicis, Nicolas de Neufville de Villeroy, gouverneur de Lyon, faisait de grands frais pour la réparation de ces forts et pour leur mise en état de défense.

L'intérieur de la ville n'offrait qu'un aspect assez médiocre. Les rues étaient étroites, sales et puantes. Les maisons, très élevées, interceptaient la lumière et l'air; du haut de leurs toits, des gargouilles de bois déversaient les eaux de pluie sur les passants. Aux fenêtres, des carreaux en papier huilé étaient les seules fermetures et ajoutaient à l'aspect délabré des maisons. Il n'y avait guère de beau quartier que la place Bellecour.

Le système municipal de la ville était, disait-on, « tourné vers l'aristocratie ». On racontait les luttes de la « plèbe » contre le « sénat, » comme s'il se fût agi des plus grands événements de l'histoire romaine. Lyon, avec son esprit original, sérieux, mystique, avait joué un grand rôle dans les guerres de la Ligue. Depuis la soumission de 1594, elle était tout à fait rentrée dans le devoir. Comme disait un contemporain, « on avait vu refleurir une des trois fleurs de lys de l'écusson de France ». Les Lyonnais, après s'être abandonnés à leur passion séparatiste et catholique, s'étaient, suivant les conseils du prudent Bellièvre, portés au-devant d'un roi qui ramenait l'ordre et la prospérité dans le royaume : « Au bruit des trompettes et des clairons sonnants, des salves tant d'artillerie que de toutes sortes de canons, son peuple avait, durant huit jours de suite, fait feux de joie par toutes les places et crié haut et clair : *Vive le roi!* »

C'est qu'en effet les « maîtres de Lyon », au fond hommes sages, avaient compris que, si l'anarchie ne pouvait profiter à personne dans le royaume, elle était particulièrement fâcheuse pour les intérêts de leur industrie et de leur commerce.

La situation de Lyon, au confluent des deux rivières qui relient le Nord au Midi, était particulièrement favorable en un temps où presque tout le transport des marchandises se faisait par eau. Par la Saône, descendaient le blé, le vin, les charbons de la Bourgogne ; par le Rhône, remontaient, venant du Dauphiné, de la Provence, du Languedoc, les vins généreux, les fruits, les citrons, les oranges, les produits de l'Espagne, de l'Italie et de l'Orient. On trouvait à Lyon tout ce qu'on pouvait désirer en soieries, drap, vêtements, et aussi tout ce qui pouvait intéresser les savants et hommes de lettres. Lyon était un grand marché de livres, et on les expédiait de là par toute l'Europe (1).

Si le Lyonnais était prospère, le Forez, qui le borde, n'avait pas encore pris le grand essor qu'il doit au progrès de l'industrie moderne. Cependant, les voyageurs mentionnaient déjà ses charbons naturels. « Près de Saint-Étienne, dit un géographe, il y a trois montagnes au-dessus desquelles il y a toujours un jet de flammes qu'elles soufflent : l'une s'appelle Mina, l'autre Viala, la troisième Buta. Dans leurs flancs, on trouve des charbons de pierre naturels. Les habitants s'en servent chez eux, au lieu de bois et de charbon ordinaire, et les brûlent dans leur foyer ; cela fait un feu très fort et très ardent. Dans ce charbon, on taille aussi des grès d'excellente qualité. »

Plus on s'enfonçait dans l'Auvergne, plus le voyage devenait rude. Nos aïeux avaient peu de goût pour les paysages de montagnes. Ils trouvaient les chemins durs, rocailleux, les pentes raides, les bois sombres et mal hantés. L'Auvergne passait pour un affreux pays. Aussi les voyageurs

(1) Voir : Péricaud aîné, *Notes et documents pour servir à l'histoire de Lyon sous Henri IV*. — Id., *sous Louis XIII*, Lyon, 1846, in-8°.

se pâmaient-ils d'aise lorsque, après avoir franchi les défilés des montagnes, ils débouchaient sur l'exquise et florissante Limagne : « Pour moi, dit Gölnitz, j'attribue volontiers aux habitants de cette région ce que Salvien a écrit des peuples de l'Aquitaine, à savoir que leur pays est, non seulement la moelle de toute fécondité, mais encore, ce qui vaut mieux, le vrai séjour du bonheur et de la beauté. Cette contrée est, à tel point, entrecoupée de vignobles, de prairies émaillées de fleurs ; les cultures y sont si variées, les jardins et les bosquets y sont si nombreux ; elle est arrosée de tant de fontaines, sillonnée de tant de rivières, couverte de moissons si abondantes, que ses habitants semblent avoir reçu en partage un morceau du paradis. »

Au sud de l'Auvergne, les derniers contreforts des Cévennes et des Causses, dans le Valais, dans le Vivarais, dans le Gévaudan, abritaient des peuples durs, âpres, tenaces, qui avaient, en grande partie, embrassé le protestantisme. Montauban était leur capitale. Privas, Rodez, Mende, Aubenas, Pamiers, Millau, étaient leurs places fortes. C'est le vieux pays hérétique. Au-dessus du Rhône, il donnait la main aux protestants du Dauphiné et constituait ainsi une puissance redoutable qui, pour le moment, vivait en paix sous le connétable de Lesdiguières, mais qui allait bientôt servir d'instrument à la fortune politique et militaire des Rohan.

De Lyon à Paris, le chemin se faisait assez rapidement par eau. La Bourgogne française était fertile, opulente ; ses vins étaient célèbres, notamment celui de Beaune, qui passait pour un des meilleurs de France : « Il n'est pain que de froment, vin que de Beaune, » disait le proverbe et l'on ajoutait « que notre saint-père le Pape, monseigneur le roi et plusieurs autres seigneurs, gens d'église et aultres avoient coutume d'en faire leur provision. »

La Bourgogne n'avait pas oublié tout à fait le grand rôle qu'elle avait joué dans les derniers temps du moyen-âge. On retrouvait, dans son organisation, bien des vestiges de son ancienne indépendance. La « Duché » n'avait pas absolument séparé son sort de celui de la « Comté, » qui continuait à s'appeler « Franche ». Les États de Bourgogne se tenaient, tous les trois ans, à Dijon, et défendaient avec vigueur les privilèges de la province, notamment en matière d'impôts.

Dans la ville même, à côté de la Maison du Roy, dont la forte et haute tour était à demi ruinée, on voyait les logis des seigneurs qui avaient été les premiers vassaux des ducs de Bourgogne : Orenge, Le Vergi, Ruffé, Conches, Saulx, Luc, Tavannes, Ventoux, Senecey, Rothelin, Pleuvot. Le maire, nommé chaque année à la pluralité des voix, prenait le titre de Vicomte-Maïeur : « C'est à la requête du maire de Dijon que les rois, entrant en cette ville, jurent, en l'église Saint-Benigne, de conserver et confirmer les privilèges inviolables de ladite ville, et, *réciproquement*, icelui maire jure au roi fidélité et secours pour et au nom de tout le pays ; en signe de quoi, ce Maïeur lie une banderole ou ceinture de tafetas blanc à la bride du cheval du roi et le conduit jusques à la Sainte-Chapelle, étant accompagné de vingt et un échevins. »

Autun, la vieille cité, était bien diminuée de son antique splendeur ; mais Mâcon, Chalon, Nevers, étaient des villes fortes et opulentes. Le duché de Nivernais « recommandé par les trois belles rivières qui l'arrosent, Yonne, Allier et Loire, fécond en toutes commodités, contenait onze villes closes, et Nevers, sa capitale, onze paroisses ».

Auxerre aux vignerons diligents, Sens avec sa cathédrale aux chantres célèbres, Montereau avec son château fort superbe et ses murailles, « laissant à l'œil de grands ressentiments d'antiquité », étaient les dernières étapes avant d'arriver à Paris.

La proximité de la capitale se faisait sentir par l'étonnante activité de la batellerie. Dans un rayon de quarante lieues, les rivières étaient encombrées. Les bois flottés partaient du Nivernais, du Morvan, et soit « à bûches perdues, » soit en « trains, » gagnaient la ville (1); puis c'étaient les chalands portant le charbon, les foins et les vins de Bourgogne, les blés et le laitage de la Brie; puis c'étaient les coches couverts de monde, tirés par des haridelles qu'il fallait dételer à chaque obstacle. Mais on prenait patience; car Paris était au bout, et ce n'était pas sans émotion que le voyageur apercevait enfin, de loin, par-dessus le plat pays, les tours de Notre-Dame et qu'il venait débarquer en Grève, au plein cœur de cette ville qui, depuis si longtemps, l'attirait.

## II. — Paris en 1614 (2).

### I

« Avoir vu les villes d'Italie, d'Allemagne et des autres royaumes, ce n'est rien, dit un Allemand contemporain de

(1) V. Frédéric Moreau, *Histoire du flottage de trains; Jean Rouvet...* etc., Paris, 1843, in-8°.

(2) On s'est servi principalement pour cette description de Paris des plans de Vassalieu, de Mérian, de Tavernier, et de la *Topographie historique du vieux Paris*, par Berty. Une quantité de détails ont été puisés dans les monographies publiées par la *Soc. de l'hist. de Paris* ou dans les collections du musée Carnavalet. Nous ne citons que pour mémoire le *Dictionnaire* de Hurtaut et Magny, les ouvrages de l'abbé Lebeuf, Jaillot, de Dulaure, de Hoffbauer, de Ménorval, de Fournier, mais en particulier la savante étude de M. Miron de l'Epinay, *François Miron et l'Administration municipale de Paris sous Henri IV*.

Louis XIII ; ce qui frappe, c'est quand un homme peut dire qu'il a été à Paris. »

S'il en croyait les guides, l'étranger descendait *A la Croix de fer*, rue Saint-Martin. Il était là au centre de la ville, à deux pas de la *Cité*, non loin du *Marais*, qui tendait à devenir le quartier à la mode. Une fois le marché fait avec l'hôtelier pour le gîte, le couvert, les laquais, les porteurs et les chevaux, le voyageur pouvait descendre dans la rue et se diriger vers la Seine. Il était saisi, immédiatement, par le tourbillon d'une foule affairée se pressant dans des rues étroites, sur un pavé glissant, sans autre abri que les bornes servant de marchepied aux cavaliers.

Le jour et l'air, interceptés par la hauteur des maisons, par les toits en pignons, par les étages surplombant, par la multitude et la diversité des enseignes, étaient assombris encore et empuantis par les horribles exhalaisons de la boue parisienne : pour peu qu'on eût le nez délicat, il fallait se munir d'un bouquet ou d'un flacon d'odeur.

Des édifices très vieux, très noirs, serrés dans la gaîne des maisons champignonnant à leurs pieds, découpaient, de place en place, l'ombre humide de leur masse. Des ruelles en coupe-gorge, aboutissant à l'arche difforme de quelque ancien logis, des carrefours biscornus avec des croix ou des poteaux placés de guingois, des tourelles en saillie, des bouts d'arcades affaissés sous le poids de maisons ventrues, une infinité de boutiques, d'échoppes, d'auvents encombrant des passages déjà trop étroits, des cris, des appels, des disputes, des rixes et, par-dessus tout, le bruit sempiternel des cloches appelant la pieuse population parisienne à la prière, tout cet ensemble baroque et confus, suant l'histoire et respirant la vie, frappait le visiteur d'étonnement. Pour les contemporains ce n'était pas tant une belle ville, qu'une grande ville, un « monde ». Par la saleté, par l'enchevêtrement des rues, par le bariolage des costumes et par le roulement pédestre de la foule, le Paris de 1614 devait présenter une figure assez semblable à celle qu'ont gardée, aujourd'hui, les grandes villes de l'Orient (1).

Le voyageur cherchait la Seine, mais il ne la trouvait pas facilement. La ligne des quais étant à peine commencée, les maisons s'avançaient jusqu'au bord et trempaient dans l'eau leurs pieds de bois. Elles encombraient les ponts et dégringolaient jusque sur la berge. On se perdait dans un dédale de rues baptisées de noms grotesques par l'esprit naïvement hilare du badaud parisien : rue Tire-Boudin (2), rue Trousse-Vache (3), rue Jean-Pain-Mollet, rue Trop-Va-Qui-Dure, rue du Chat-Qui-Pêche (4).

Le premier monument qu'on rencontrait, en descendant vers la Seine, était le Grand-Châtelet. Jadis centre et réduit de la forteresse parisienne, ce bâtiment antique, avec ses hautes murailles sombres, ses tours mal coiffées, sa voûte étroite, survivait, en plein cœur de la ville, comme un témoin de la vie âpre et soupçonneuse qu'avait menée le moyen âge. Ce n'était plus une citadelle, mais c'était encore une prison. On énumérait avec terreur les noms sinistres de ses cachots : les *Chaînes*, les *Boucheries*, la *Grièche*, la *Barbarie*, les *Oubliettes*, la *Chausse d'hypocras* où les prisonniers avaient les pieds dans l'eau et ne pou-

---

(1) Sur l'état des rues à Paris, sur leur étroitesse et leur encombrement, voir Alfred Franklin, *Estat, noms et nombre de toutes les rues de Paris en 1636*,... précédé d'une étude sur la *Voirie et l'hygiène publique à Paris depuis le douzième siècle*; Paris, 1873, in-12.

(2) Devenue rue Marie-Stuart.

(3) Rue de la Reynie.

(4) Ces trois dernières rues n'existent plus.

vaient se tenir ni debout, ni assis; la *Fosse* où l'on descendait le condamné par une corde, comme un seau dans un puits, et la *Fin d'aise* qui était remplie d'ordures et de reptiles (1).

Le Châtelet était le centre de la police et de la justice municipales. Le prévôt, représentant l'autorité du duc de France, comte de Paris, y siégeait. Il avait pour assesseurs le lieutenant civil et le lieutenant criminel. Une infinité d'hommes de loi bourdonnaient autour de cette juridiction locale. La Basoche du Châtelet était aussi nombreuse que la Basoche du Palais. Les clercs de notaire et de procureur allaient et venaient sous ces voûtes sombres, gluantes d'humidité, infectées de l'odeur de la marée, mais qu'il fallait franchir pour aller de l'Apport-Paris au Pont-Marchand (2).

Non loin du Châtelet, en longeant la *Vallée-de-Misère*, qui suivait la Seine, on rencontrait le For-l'Évêque, autre prison, autre vestige du moyen âge; et tout à coup, derrière l'église Saint-Germain-l'Auxerrois, dont les cloches avaient sonné la Saint-Barthélemy on débouchait, en pleine lumière, sur le Pont-Neuf. De là, on découvrait Paris. A droite et à gauche, en amont et en aval, il profilait la silhouette dentelée de ses tours, de ses clochers et de ses toits.

Le dos tourné à la Cité, le spectateur avait sous les yeux un tableau semi-urbain, semi-villageois :

Sans sortir de la ville on trouve la campagne,

dit Boileau, et le graveur, commentant avec son burin le

(1) V. Théodore de Bèze, *Hist. ecclésiastique des Églises réformées de France*. Toulouse, 1882, in-4°.

(2) Consulter : *Le Châtelet de Paris, son organisation, ses privilèges*, par Charles Desmaze, Paris, 1870, in-8°.

vers du poète, nous montre des ânes et des chèvres paissant sur la berge, entre les Tuileries et la Seine.

Dans le lointain, on distinguait les hauteurs de Chaillot, mornes, crayeuses, tachées des plaques d'un gazon pelé ; parmi quelques rares vignes et des champs labourés, on n'y voyait guère d'autre construction que le castel italien bâti par Catherine de Médicis, et dont Bassompierre venait de faire un vide-bouteilles. Le Cours-la-Reine n'était pas encore planté ; tout le terrain, depuis Chaillot jusqu'aux remparts, était en prés et en cultures maraîchères.

Le jardin des Tuileries venait d'être aménagé en carrés taillés à la française, en « dessins de broderies, » comme on disait alors. Il renfermait, au fond, une garenne à proximité de laquelle on avait placé le chenil et les bêtes féroces du roi. Le palais, commencé par Catherine de Médicis, repris par Henri IV, venait d'être achevé. Ses pavillons italiens, reliés par des corps de logis tout battants neufs, faisaient, de ce côté, une assez belle façade de Paris sur la campagne. On travaillait aux galeries du Louvre. Le long du jardin des Tuileries, pas de quai ; rien qu'une grève sablonneuse en été, boueuse en hiver, longée par une muraille médiocre. Deux portes donnaient, de ce côté, accès dans la ville : la Porte de la Conférence, située à l'extrémité du jardin, et la Porte Neuve, touchant le Louvre.

Sur l'autre rive, le spectacle n'était pas plus animé : depuis le coude que fait la rivière à partir de l'îlot qu'on nommait alors l'île Maquerelle et que, depuis la fin du dix-septième siècle, on nomme plus poétiquement l'île des Cygnes, jusqu'au droit de la rue de Seine, c'étaient des champs, des marais, des potagers. La reine Marguerite venait pourtant de faire construire, sur le bord de l'eau, un somptueux hôtel et d'aménager des jardins qui allaient, après sa mort, être livrés au public des barrières et aux filles du faubourg Saint-Germain. Tout ce terrain appartenait aux moines de Saint-Germain-des-Prés, qui, en attendant la réforme de Saint-Maur, étonnaient le monde par leur richesse beaucoup plus qu'ils ne l'édifiaient par leur dévotion. Leur principale occupation était de se défendre contre les empiétements d'une vieille rivale, l'Université. Le monastère fortifié était beau, avec sa vieille nef romane et ses trois tours carrées surmontées de trois clochers pointus.

On s'était mis aussi à bâtir dans les Prés-aux-Clercs ; mais c'était peu de chose, et Paris, en réalité, ne commençait, par ici, qu'à la porte de Nesle, comme il s'ouvrait, sur l'autre rive, par la porte de Bois. Une chaîne tendue sur la rivière, entre ces deux portes, à peu près à la hauteur de notre pont des Arts, pouvait intercepter le cours de la navigation. L'une et l'autre tour appartenaient à l'ancienne fortification de Philippe-Auguste et de Charles V ; et c'était une belle entrée de Paris qu'elles faisaient, toutes deux presque pareilles, élancées, avec leur tourelle accotée, leur couronne de créneaux et la potence de la tour de Nesle, tendue sur l'eau comme un bras.

La rivière qui baignait leurs fondations, était sale, gâtée par les ordures de toute la ville, qui n'avaient pas d'autre déversoir. Le long des berges, déchirées en petites flaques, elle s'attardait, coupée en fossés putrides, en abreuvoirs où les chevaux et les animaux de ferme venaient boire parmi les disputes des laquais et des valets. Tout le long de la Seine, des bateaux sans nombre montaient et descendaient lentement, les uns longs et hauts, halés par des chevaux et chargés de voyageurs, les autres plats et larges, couverts de foin et de fumier ; d'autres sanglés dans des bâches et portant le blé venant de Soissons ou de Corbeil, le pain fait à

Melun, les légumes, le bois, le charbon, le vin dont s'alimentait la grande ville.

Toute une population spéciale s'occupait de ce qui concernait la navigation. Elle avait à sa tête les « officiers de la marchandise de l'eau » qui, de tout temps, avaient tenu une grande place dans la vie municipale de Paris : mesureurs de grains, déchargeurs de blés, farines et grains, courtiers de greffe, mesureurs d'oignons, marchands de poissons, courtiers de vins, vendeurs, jaugeurs, crieurs, déchargeurs pour les vins; puis ceux qui s'occupaient du chauffage, compteurs et mouleurs de bûches, déchargeurs de bûches, d'échalas et de treilles, mesureurs et porteurs de charbon ; puis les mariniers proprement dits : maîtres de pont, chableurs de pertuis, bateliers ou débâcleurs, courtiers de chevaux, manouvriers, hommes de peine, débardeurs, gaigne-deniers, — tous organisés en corporation, avec leurs mœurs propres, leurs coutumes, leurs saints, leurs insignes et leurs bannières, laborieux et paisibles en temps ordinaire, mais, dans les époques de trouble et de disette, force redoutable, capable de faire trembler les rois.

Sur la rive gauche, l'enceinte de Philippe-Auguste, remaniée et complétée par Charles V, séparait l'Université des faubourgs environnants. S'amorçant sur la Seine par le massif de la tour de Nesle, elle décrivait un demi-cercle qui, par les portes de Bucy, Saint-Germain, Saint-Michel, Saint-Jacques, Saint-Marcel et Saint-Victor, rejoignait la porte Saint-Bernard, située à peu près au droit de notre pont des Tournelles. Cette enceinte était composée de fossés assez larges, d'une muraille crénelée, restaurée durant les sièges de la Ligue, et fortifiée, à des distances assez rapprochées, par des tours coiffées en poivrières.

Elle séparait de la ville elle-même des faubourgs immenses, qui avaient les mêmes noms que les portes, et qui, pour la plupart, étaient aux mains des moines. Presque toutes les grandes villes étaient ainsi entourées d'une ceinture de béatitude, de mendicité et de prière. Ceux de Saint-Germain-des-Prés étaient solidement fortifiés dans leur abbaye; non loin, les Carmes réformés, à la rue de Vaugirard; puis les Chartreux sur l'emplacement du Luxembourg; les Carmélites étaient au faubourg Saint-Jacques, les Cordelières au faubourg Saint-Marcel, et les moines de Saint-Victor avaient une belle abbaye, célébrée par Rabelais, sur l'emplacement actuel de la halle aux vins.

Les couvents du dehors n'empêchaient pas les couvents du dedans. Sur la montagne Sainte-Geneviève, à travers toute l'Université, ils foisonnaient. C'étaient les augustins, les mathurins, les cordeliers, les jacobins, les carmes, les bernardins, tous monastères munis de beaux bâtiments, grands réfectoires, vastes jardins, riches chapelles, églises imposantes, tours massives, flèches élancées, rivalisant entre eux de luxe et d'attraits ecclésiastiques, disputant les fidèles aux églises ordinaires.

Celles-ci ne manquaient pas non plus. On les construisait, non pas selon les besoins de la population, mais en raison du saint qu'on voulait honorer. Aussi elles se touchaient; Saint-André-des-Arcs, Saint-Cosme, Saint-Sulpice, Saint-Jacques-du-Haut-Pas, Saint-Étienne, Sainte-Geneviève, Saint-Benoist, Saint-Jean, Saint-Hilaire, Saint-Séverin, Saint-Nicolas, c'était une forêt de clochers qui répandait sur Paris le tumulte incessant d'un tonnerre pieux.

A côté des églises, se pressaient, dans ce pays de la science, les collèges : collège d'Harcourt, du Cardinal-Lemoine, de Montaigu, du Plessis, de Calvi, de Lisieux, du Fortet, de La Marche, des Grassins, de Navarre, de

Beauvais ou de Clermont, de Notre-Dame-des-dix-huit, des Bons-Enfants, des Cholets, de Bayeux, de Laon, de Narbonne, de Cornouailles, de Tréguier et de Léon, d'Arras, de Bourgogne, de Tours, d'Herbaut, d'Autun, de Cambrai, de Mignon ou de Grandmont, de Boissy, de Maître-Gervais, de Danville, de Saint-Michel, de Reims, de Séez, du Mans, de Sainte-Barbe, des Écossais, des Lombards, de Boncourt, de Cluni, des Danois. J'en passe assurément. Mais cette énumération suffit pour montrer avec quelle profusion étaient ramassés, sur ce seul point du royaume, les instruments d'une instruction d'ailleurs extrêmement courte. La plupart de ces collèges contenaient peu d'élèves, quelques boursiers entretenus par des fondations; en revanche, ils nourrissaient un état-major de maîtres, vivant oisivement et se disputant le maigre revenu des prébendes (1).

Malgré le nombre des institutions et des édifices religieux, la jeunesse du temps n'en était pas plus sage. Grâce aux privilèges de l'Université, tout ce quartier lui appartenait, et les lieux de débauche y coudoyaient les églises. Ces jeunes gens, pour la plupart venus de loin, pauvres, nécessiteux, vivaient comme ils pouvaient. La tradition des *repues franches* n'était pas perdue : « Il n'y a fils ni petit-fils de procureur, notaire ou avocat qui ne veuille faire comparaison avec les enfants des conseillers, maîtres des comptes, maîtres des requêtes, présidents et autres grands-officiers. L'on ne les peut distinguer ni en habit ni en dépenses superflues; ils hantent les banquets à deux pistoles

---

(1) V. Jourdain, *Hist. de l'Université de Paris au dix-septième et au dix-huitième siècles*, Paris, 1888, in-4º. — Quicherat, *Hist. de Sainte-Barbe*, 1864, in-8º. — Joannis Lannoii Constantiensis, *Regii Navarræ gymnasii Parisiensis Historia*, 1677, in-4º. — Émond, *Hist. du Collège Louis-le-Grand*.

pour tête... Ils empruntent à usure des Traversier, de Dobillon, de l'Italien Jacomeny, qui sont les recéleurs de la jeunesse ; et puis qu'en advient-il, enfin ? Ils sont contraints de faire l'amour à la vieille ou d'enjôler la fille d'une bonne maison, lui faire enfant par avance, afin d'être condamnés à l'épouser... On ne voit que bâtards, que filles débauchées, et toutes les autres, qui sont honnêtes, demeurent en friche et n'ont pour toute retraite que la religion (1). »

Cette jeunesse, toujours turbulente, se transportait en armes dans les lieux publics, dans les foires, aux pèlerinages, et elle se livrait impunément à des plaisanteries brutales qui étaient souvent une menace pour la paix publique. Elle avait fait le coup de feu sur les barricades, en 1588. La violence de ses passions emportait souvent le corps même de l'Université et les graves docteurs dont le renom et l'autorité étaient encore, à cette époque, respectés par tout le monde chrétien.

## II

L'*Université,* déployée en éventail sur la rive gauche, communiquait avec la *Cité* et avec la rive droite par trois ponts, — encore l'un d'entre eux, le Pont-Neuf, était-il de construction récente. Les deux autres, le pont Saint-Michel et le Petit-Pont, se touchaient presque. De sorte que, le mouvement de la population s'étant, de toute antiquité, dirigé vers ce point central, les rues importantes y aboutissaient naturellement : c'était la rue Saint-André-des-Arcs, avec son prolongement, par la rue de Bucy, vers la porte du même nom et vers le faubourg Saint-Germain ; c'était la rue de la Harpe, gagnant la porte Saint-Michel ;

---

(1) *Les caquets de l'accouchée,* édition Jannet (p. 27).

puis la rue Saint-Jacques, artère principale de tout le quartier, débouchant directement sur le Petit-Pont, mais étranglée, à son issue, par la construction massive et encombrante du Petit-Châtelet ; enfin la rue Galande, qui, par la place Maubert, gagnait le faubourg Saint-Marcel. Aux approches des ponts, les constructions étaient nombreuses, les rues petites, entassées, obscures, les maisons élevées, inégales, avec une infinité des fenêtres étroites et basses trouant le délabrement des façades.

Le dix-septième siècle devait bâtir beaucoup dans ces régions. Mais c'est à peine si l'on avait commencé par l'hôtel de la reine Marguerite, hors des murs, par l'hôtel de Nevers, beau palais inachevé, par la rue des Poitevins et la rue Hautefeuille, par la rue Dauphine, qui continuait le Pont-Neuf, et enfin par le Pont-Neuf lui-même, œuvre magnifique conçue sur un plan grandiose, soutenue par des quais larges et bien aménagés. Méritant véritablement son nom, il étalait alors, au milieu de Paris, la blancheur de ses tours et de ses parapets, et il portait le fameux « cheval de bronze », du haut duquel le roi Henri IV contemplait son peuple de Paris coulant à ses pieds.

A peine achevé, le Pont-Neuf était devenu la grande voie de communication entre les deux rives. Il suffisait de se mettre à l'abri dans un des balcons demi-circulaires qui le bordaient pour avoir sous les yeux le spectacle incessant et bariolé de la foule parisienne,... foule infiniment moins monotone et moins réglée que celle d'aujourd'hui. Quelque chose du tumulte de la Ligue circulait encore en elle.

L'activité affairée du bourgeois, la flânerie éveillée du badaud, la vanité tapageuse du cadet à l'Espagnole, l'insolence des filles publiques, la morgue des seigneurs marchant en grande compagnie, l'empressement des courtisans se rendant vers le Louvre, la hâte des médecins courant à cheval de client en client, cavaliers, piétons, carrosses, chaises à porteurs, tout cela se pressait dans une circulation interminable. Les charlatans, diseurs de bonne aventure, vendeurs d'orviétan, faiseurs de tours, tondeurs de chiens et marchands de faucons, y avaient élu domicile et y attiraient les flâneurs, les voleurs, les gens portant rapière, les tireurs de laine et les coupeurs de bourse :

Ce pont est rempli de filous,

dit un contemporain, et le proverbe était qu'on ne traversait jamais le Pont-Neuf sans y rencontrer trois choses : un moine, une fille et un cheval blanc.

La chaussée du pont était mal entretenue et comptait, comme dit un autre poète, « plus d'étroncs que de pavés. » L'ordure s'entassait au pied du cheval de bronze. Une foule de petites boutiques portatives se pressaient sur les trottoirs. La grande distraction pour le flaneur, c'était, tout d'abord, la Samaritaine, pompe hydraulique, construite sur le second pilier, du côté du Louvre. Sa façade, qui regardait le pont, était assez richement décorée. Le principal motif représentait Jésus en conversation avec la Samaritaine, auprès du puits de Jacob. Ce groupe, l'horloge, le carillon qui sonnait des airs variés, le Jacquemart qui frappait les heures, furent, pendant deux siècles, un fécond sujet de plaisanterie pour la causticité parisienne.

Le badaud pouvait ensuite s'arrêter, soit à l'audition des marchands de chansons nouvelles, soit au récit des poèmes de carrefour, soit à la loterie des tireurs à la blanque, soit à la parade des arracheurs de dents, qui dirigeaient souvent de véritables troupes de comédiens. Toute la littérature orale et familière du temps se rattache au Pont-Neuf, depuis Tabarin jusqu'à Brioché, depuis Cormier, un instant rival de Molière, jusqu'à Dassoucy, depuis *Francion* jusqu'au *Roman Bourgeois*. Bon ou mauvais, c'était là que battait le cœur du Paris populaire. Dans ce pays du rire, le quolibet du Tabarin, la chanson du Pont-Neuf, la plaisanterie de Gauthier Garguille, eurent souvent une force de pénétration et une puissance d'opinion qui tinrent en échec la volonté du prince et l'autorité des lois.

Du Pont-Neuf on entrait immédiatement dans la cité, par la place Dauphine, dont le dessein avait fait partie du même plan que le pont lui-même. Bâtie en triangle, avec ses maisons blanches et rouges et ses toits égaux, c'était une des belles places de Paris. Ses deux entrées, situées en regard l'une de l'autre, servaient de passage pour la circulation qui s'établissait naturellement entre le Pont-Neuf et le Palais.

Le Palais complétait admirablement le Pont-Neuf. Si celui-ci était, toute proportion gardée, ce qu'est le boulevard actuel, l'autre représentait à peu près ce que fut, pendant longtemps, le Palais-Royal : la bonne compagnie, les gens d'affaires et les hommes de lettres s'y donnaient rendez-vous. Paris qui raillait et riait au Pont-Neuf achetait, raisonnait et disputait au Palais.

Reconstruit par saint Louis et par Philippe le Bel sur l'emplacement d'un vieux bâtiment gallo-romain, le Palais de la Cité avait été longtemps habité par les rois. Ils l'avaient peu à peu délaissé pour le Louvre. Mais tout, dans sa construction, rappelait le souvenir du seigneur féodal. Il formait un quadrilatère, présentant à la rivière une façade imposante, hérissée des tourelles de l'Horloge et de la Conciergerie. Du côté de la Cité, au contraire, l'aspect était médiocre : c'était une rangée de maisons et de boutiques, coupée par deux portes garnies de tours, donnant accès dans une cour carrée, au milieu de laquelle s'élevait la Sainte-Chapelle. Celle-ci était à peu près telle que nous la voyons aujourd'hui. Le clocher primitif avait été remplacé par un autre beaucoup moins élégant. La Sainte-Chapelle était reliée aux deux côtés du carré, d'une part par le charmant édifice de la Cour des Comptes, malheureusement détruit au dix-huitième siècle, et, d'autre part, par les bâtiments servant de séjour au Parlement.

Bâtie sur l'emplacement de la salle actuelle des Pas-Perdus, la fameuse grande salle gothique était considérée comme un des plus beaux monuments de Paris, et elle provoquait l'admiration des visiteurs par sa grandeur, par les statues de tous les rois de France dressées le long de ses colonnes et par la fameuse Table de marbre, symbole de l'autorité du suzerain sur ses vassaux. C'était derrière cette table que siégeaient les cours féodales et c'était autour d'elle que se donnaient les festins royaux. L'affectation primitive de la salle elle-même avait été la réception de l'hommage et la célébration de toutes les cérémonies seigneuriales. Aussi elle avait été, de tout temps, un des centres historiques de la vie parisienne. C'était là que le Dauphin Charles avait dû s'incliner devant la fureur populaire. C'étaient là que s'étaient passées les scènes les plus déplorables de la Ligue. Sous Louis XIII, elle était réservée aux discussions et aux disputes paisibles des avocats, des marchands et des nouvellistes. C'est à peine si, parfois, la grossièreté d'un laquais en troublait le calme bourdonnement.

Corneille a placé, dans la *Galerie du Palais*, le lieu d'une de ses comédies familières. Le libraire, la lingère, l'orfèvre, s'y entretiennent avec leurs nobles clients. Une estampe d'Abraham Bosse nous montre, en effet, les boutiques ouvertes devant les élégants du jour. Ils donnent la main aux dames de la cour et choisissent avec elles des éventails, des bijoux, des points de Gênes, de Venise et du Saint-Esprit; les libraires leur offrent les volumes qui viennent de paraître : les poésies du sieur de Malherbe, les satires de Régnier, les pamphlets que provoque la réunion des États-Généraux : le *Caton français*, l'*Image de la France représentée à messieurs des États*, la *Lettre du perroquet aux enfants perdus de la France*, la *Harangue de Turlupin le souffreteux*. C'était la presse du temps; ces libelles alimentaient la conversation des curieux, qui, rassemblés sur les dalles du Palais, colportaient, parmi quelques vérités, des récits chimériques dont se repaissait la crédulité populaire. Ils disputaient entre eux du succès des événements récents : le départ du prince de Condé, les fiançailles du roi, la faveur de Concini auprès de la reine-mère.

Derrière la grande salle, se tenait la cour du Parlement. C'était là qu'il siégeait, depuis qu'il était fixé à Paris, dans la Grande Chambre, la Chambre de la Tournelle, les trois chambres des enquêtes et une chambre de requêtes : « J'y ai vu, dit l'Anglais Thomas Coryate, j'y ai vu de vieux juges à l'air grave, assis en robes rouges, à côté de plusieurs hommes de loi en robes noires, revêtus de pèlerines et autres insignes qu'ils portent les jours de séance, comme les marques de leur profession. Le plafond de la salle est très riche; il est magnifiquement doré et sculpté et l'on y voit suspendus de longs culs-de-lampe également dorés. »

La *Cité* échouée, comme un bateau, au milieu de la rivière, était rattachée à la rive gauche et à la rive droite par une double et une triple amarre, c'étaient les ponts : Pont Saint-Michel et Petit-Pont d'un côté; de l'autre, Pont-aux-Marchands, Pont-au-Change, Pont Notre-Dame, tous maintes fois détruits, maintes fois reconstruits à la hâte, emportés souvent par une crue soudaine des eaux.

Ils étaient généralement d'accès difficile avec leur chaussée en dos d'âne et les logis dont ils étaient couverts.

Un pâté de maisons et de ruelles obscures, encombré de deux ou trois églises anciennes, occupait, entre le Palais et Notre-Dame, le carré dont ces ponts faisaient les angles. C'était là vraiment le vieux Paris. L'activité du commerce y était grande : les rôtisseurs sur le Petit-Pont et autour du Petit-Châtelet; les changeurs, les orfèvres avec leurs forges bruyantes sur le Pont-au-Change; non loin de là, les marchands de papeterie et de parchemins; puis les marchands de volailles du Pont-Marchand, enfin les belles boutiques du pont Notre-Dame, élevées sur un plan uniforme et décorées de cariatides de pierre dont l'heureuse disposition faisait l'admiration des étrangers.

Notre-Dame, la vieille cathédrale, élevait sa masse noire au milieu d'un fouillis de constructions incohérentes. C'était la vraie paroisse de Paris, la mère des églises. Sa façade, à peine visible en raison de l'étroitesse de la place, était ornée des statues des rois de France, et sur le parvis on voyait celle du bon saint Christophe que le peuple nommait familièrement « le grand jeûneur » ou « Monsieur le Gris ». On n'avait pas, pour Notre-Dame, à cette époque, l'admiration exclusive que l'école romantique a mise à la mode. Elle passait pour moins belle qu'Amiens, Reims et Chartres.

En face de l'église, le vieil Hôtel-Dieu découvrait la lèpre de ses bâtiments gothiques. L'hôpital lui-même était trop étroit; les malades, entassés les uns sur les autres, y couchaient quatre ou six dans le même lit, s'empoisonnaient mutuellement et mouraient comme des mouches, faisant, de tout le quartier environnant, un foyer d'épidémie; la peste décimait régulièrement la population parisienne.

Derrière la *Cité*, trois îles, l'île Notre-Dame, l'île aux

Vaches et l'île Louviers, n'étaient rattachées aux deux rives que par des passerelles de bois ou des ponts de bateaux. Les Parisiens s'y rendaient volontiers, le dimanche, pour s'amuser dans les guinguettes et pour voir l'eau couler. Cependant, l'espace commençant à manquer dans l'intérieur des murs, on songeait à utiliser ces terrains vagues. Précisément en 1614, on posait la première pierre du pont Marie et du pont de la Tournelle. La construction régulière de l'île Saint-Louis était entreprise.

Paris hésitait encore pour savoir dans quel sens il se développerait. Le mouvement qui le porte aujourd'hui vers l'ouest ne s'était pas dessiné. Tout au contraire, en ce moment, l'oscillation se dirigeait plutôt vers l'est. On avait été sur le point de construire le Pont-Neuf en arrière de la Cité, et Du Cerceau avait conçu un fort remarquable projet dans ce sens. La conception de la place Royale indiquait la même tendance, qui, souvent reprise, toujours abandonnée, remontait traditionnellement au temps du roi Charles V et de l'hôtel Saint-Pol.

## III

Mais nous avons mis le pied sur la rive droite; nous sommes dans la *Ville* proprement dite. Elle formait, comme l'Université, un demi-cercle dont la corde s'appuyait sur la Seine; seulement elle était beaucoup plus grande.

Une double enceinte la protégeait. La première muraille, qui remontait à l'époque de Charles V, s'amorçait, en face de l'île Louviers. Fortifiée, de ce côté, par le réduit épais de la Bastille, elle englobait l'Arsenal et suivait ce que nous appelons aujourd'hui la ligne des boulevards, par la porte Saint-Antoine, la porte du Temple, la porte Saint-Denis; c'était là qu'elle se dédoublait. Une enceinte intérieure gagnait la porte Montmartre et la porte Saint-Honoré, pour venir buter sur les galeries du Louvre, en face la Tour-de-Bois ; une autre enceinte extérieure, plus récente et construite avec des contrescarpes et des bastions, coupait le faubourg Montmartre, laissait en dehors la ferme nommée Grange-Batelière, protégeait le couvent des Capucines, englobait le Palais et le jardin des Tuileries, et, à l'extrémité de celui-ci, venait se terminer, sur le quai, par la porte de la Conférence. Chacune de ces portes faisait très réellement partie du système de défense ; ce n'étaient pas des monuments d'apparat. Munies de ponts-levis et de tours, elles avaient servi, tout récemment encore, durant les sièges de la Ligue.

Une grande artère, parallèle à la Seine, allait de la Bastille à la porte Saint-Honoré, portant successivement les noms de rue Saint-Antoine, rue des Balais, rue du Roi-de-Sicile, rue de la Verrerie, rue des Lombards, rue de la Ferronnerie, Croix du Trahoir et rue Saint-Honoré. Elle était coupée perpendiculairement par deux autres artères qui formaient avec elle ce qu'on nommait la *croisée* de Paris : c'était la rue Saint-Denis, qui partait du Pont-aux-Marchands ; la rue Saint-Martin, qui débouchait au pont Notre-Dame. Ces voies étaient à peu près droites et on les appelait grandes, par comparaison ; tout le reste n'était qu'un confus mélange de ruelles étroites, tortueuses, malsaines, de coupe-gorges infâmes dont la direction et le nom changeaient à tout instant.

Cependant, dans certains quartiers, l'influence des siècles modernes commençait à se faire sentir. On éprouvait le besoin de respirer et de voir clair. On avait un peu plus confiance dans la police. On ouvrait des cours, on perçait les murailles, on osait déployer le luxe des ornements extérieurs. L'influence italienne se manifestait non seulement dans les palais des rois, mais dans les hôtels particuliers. Aux murs crénelés succédaient les grilles à jour, et aux vitraux les vitres.

Le Marais, notamment, se couvrait de somptueux hôtels. La négligence ou plutôt le vandalisme de notre siècle dédaigne ou détruit les restes précieux d'un art plein de grâce et de majesté qui a été, pourtant, le triomphe du goût français ; l'hôtel Barbette dans la rue de ce nom, cache l'élégance de sa colonnade circulaire sous la crasse et les oripeaux, et personne ne songe à le préserver de la ruine obscure dans laquelle il va périr.

Il n'y avait pas de contraste plus significatif que celui que faisaient, à l'extrémité-est de Paris, la Bastille de Charles V et la place Royale d'Henri IV. Celle-là, massive et farouche, avec sa couronne de mâchicoulis et ses canons tournés vers la ville ; celle-ci, élégante dans sa robe de briques et de pierres, régulière, classique, un peu froide et roide, mais toute civile, non militaire et laissant la grâce alignée des charmilles verdoyer dans l'espace carré qu'elle délimitait.

L'Arsenal lui-même, tel que Sully l'avait aménagé, avec ses grandes cours, ses boulingrins, ses jeux de paume et son mail, était autrement abordable que la vieille forteresse du moyen âge. Non loin de la place Royale, le Temple, propriété de l'Ordre de Malte, profilait, au-dessus des bâtiments du grand-prieuré, son haut donjon aux quatre tourelles accotées, autre reste d'une civilisation qui se mourait.

Plus on se rapprochait du centre de Paris, plus les rues se rétrécissaient, plus les maisons de torchis, aux charpentes apparentes, aux pignons aigus, se serraient les unes contre les autres. En descendant vers l'Hôtel de Ville, c'était un dédale qui ne laissait guère de vide que l'étroite place de Grève. L'Hôtel de Ville, commencé vers le milieu du seizième siècle, sur les plans de l'architecte italien Dominique de Cortone, modifiés par l'un des Chambiges, n'était achevé que depuis neuf ans. Il était encore dans l'éclat de sa fraîche nouveauté et il faisait contraste avec la confusion noire des bâtiments environnants.

Malgré les vicissitudes nombreuses qui, déjà, l'avaient frappée, cette maison était le centre de l'existence traditionnelle de la ville. De toute antiquité, Paris a été partagé entre sa double mission de commune autonome et de séjour du gouvernement. Son régime municipal n'a jamais été identique à celui des autres villes du royaume. Elle a toujours été l'objet d'une faveur particulière et d'une surveillance spéciale. Sous Henri IV, après les folies de la Ligue et le rôle joué par les Seize, Paris était suspect. On le tenait très serré. Son prévôt des marchands, chef du « parlouër aux Bourgeois, » ses échevins, ses seize quarteniers, son conseil, étaient bien encore élus par le suffrage des habitants ; mais le roi avait toujours l'œil dans les élections et souvent la main dans l'urne. Il désignait lui-même les candidats, et, le vote une fois émis, il félicitait son peuple « d'avoir bien voulu se conformer à sa royale et paternelle volonté. » En 1604, Henri IV avait fait nommer, sans autre forme de procès, un fonctionnaire royal, le lieutenant civil, François Miron, à la charge de prévôt des marchands.

Ce magistrat était le véritable maire de Paris : « Gérer le domaine de la ville, assurer l'approvisionnement, fixer le taux des denrées débarquées sur les ports, vérifier les poids et mesures, construire, réparer ou entretenir les remparts, portes, ponts-levis, ponts, fontaines, en général tout ce qui regardait la décoration et la salubrité de la ville ; commander la milice, surveiller les quarteniers, maintenir l'ordre, de concert avec le prévôt de Paris, réglementer la police du fleuve, prendre soin des pauvres, délivrer les lettres de bourgeoisie, veiller aux intérêts commerciaux ou industriels, présider aux délibérations importantes des grands corps de marchands et donner son avis au parlement sur les affaires concernant les métiers, garantir le payement des rentes de l'Hôtel de Ville, organiser les cérémonies publiques, telles étaient les principales fonctions du prévôt des marchands. »

On le voyait figurer dans les fêtes solennelles, vêtu de rouge cramoisi, avec ceinture, boutons et cordon d'or, le manteau et la toque mi-partie rouge et brun, monté sur un cheval dont la bride était d'or, selon le privilège des chevaliers. Les échevins étaient également en robe de velours mi-partie, avec bonnet à cordon d'or. Les conseillers portaient la robe de satin noir et les quarteniers la robe de damas noir. Les sergents, en robe mi-partie avaient, brodé sur l'épaule, le vaisseau d'argent, blason de la ville. Et c'est ainsi que le corps municipal marchait, dans les processions, réceptions et entrées des princes, précédant le défilé des syndics de métiers, qui, eux aussi, en costumes de miniatures, faisaient assaut de dépenses pour honorer à la fois leur corporation, leur ville et le roi dont ils étaient les dévots et fidèles sujets (1).

On pense bien que dans la Ville, tout comme dans l'Université et dans la Cité, les églises ne manquaient pas ; tous les saints du calendrier y passaient. Il y en avait beaucoup de petites, de simples chapelles ; mais il y en avait aussi de très vénérables et de très imposantes. C'était Saint-Paul-aux-Liens, près de la Bastille, dans le cimetière de laquelle

(1) « Procession sur le sujet des États généraux de 1614 », extrait des registres de l'Hôtel de Ville. Bibl. Natio. Mss. *Cinq Cents Colbert*, vol. 143 (fol. 101-107). — V. aussi le *Traité de la police* de Delamare, t. I.

Rabelais était enterré ; Saint-Gervais qui avait encore sa façade gothique ; en face, Saint-Jean-en-Grève avec sa tour amortie par un clocher de pierre et dont les bâtiments se confondaient presque avec ceux de l'Hôtel de Ville ; Saint-Merry, reconstruite sous François I<sup>er</sup> dans le gothique flamboyant ; le Saint-Sépulcre, dont le portail finement ciselé était un ouvrage d'orfèvrerie ; Saint-Leu et Saint-Gilles aux tourelles inégales ; Saint-Julien où siégait la corporation des Ménétriers, dont les membres avaient seuls le droit de faire entendre dans Paris le son de la trompette et du violon ; Saint-Nicolas-des-Champs, faisant l'angle des bâtiments de l'imposante abbaye de Saint-Martin entourés d'une muraille crénelée et garnie de tourelles ; Saint-Jacques-la-Boucherie, dont nous avons heureusement conservé la tour ; Saint-Leufroy à l'ombre du Grand-Châtelet ; Saint-Germain-le-Vieil, Saint-Germain-l'Auxerrois, les Saint-Innocents, avec leur charnier pestilentiel et leur fanal toujours allumé « *ad reverentiam fidelium ibi quiescentium* » ; enfin Saint-Eustache, qu'un dernier effort de l'art gothique élevait près des Halles.

Ce qu'on appelait *les Halles* ne formait pas un édifice spécial ; c'était tout un quartier ; les noms des rues, — rue de la Toilerie, rue de la Cordonnerie, rue de la Poterie, rue de la Friperie, — indiquaient la nature des divers commerces qui y étaient exercés. Autour d'une place triangulaire ménagée à l'arrière de la pointe Saint-Eustache, la halle au blé, la halle aux draps, les vieilles halles de Philippe-Auguste abritaient, sous leur antique arcade, une population active, bruyante, qui tenait une grande place dans la vie ordinaire du Paris d'alors et qui dessinait un des traits de son caractère. A peu près au milieu de cette place, le pilori des Halles était le symbole un peu rude de la police et de l'autorité royales. « On y mettait les banqueroutiers, les vendeurs à faux poids, les blasphémateurs, les courtiers de débauche, et surtout les Macettes, qu'on y conduisait assises à rebours sur un âne pour y être fustigées publiquement. » Et c'était un beau spectacle pour la foule grossière, que les nécessités de l'existence, la recherche d'un emploi, la présence de la foule elle-même, attiraient sans cesse dans ces rues étroites, encombrées de chalands, de marchands et de marchandises et où se pressait le plus dense de la population parisienne !

## IV

Sur un fond de bas peuple loqueteux, misérable, dépenaillé, vêtu, chez le fripier, d'habits et de chapeaux étranges importés des pays éloignés, étalant, le long de bouges infects, la curiosité pittoresque d'une misère à la Callot, sur ce fond, sans cesse renouvelé par l'afflux de tous les échappés de la province, de tous les éclopés de la guerre, de tous les fainéants de la ville, la population laborieuse se distinguait peu à peu.

C'était d'abord, dans les carrefours, les groupes mouvants des hommes de peine, débardeurs, crocheteurs et gaigne-deniers, beaucoup plus nombreux à cette époque qu'aujourd'hui, parce que beaucoup plus de travaux se faisaient de main d'homme. La plupart de ceux qui sont maintenant enfermés dans les ateliers vivaient alors en plein air ; ils formaient cette populace affamée et mobile qui préoccupait encore si vivement l'abbé Galiani à la veille de la Révolution. Ils se tenaient par bandes au seuil des échoppes, le grand chapeau sur les oreilles, le bâton à la main ; ou bien ils marchaient dans la presse, par deux, par quatre, portant des sacs, des tonneaux, des paquets énormes pendus aux perches croisées qui reposaient sur leurs épaules.

Au milieu de cette foule, circulait l'orchestre vivant des cris de Paris, glissant le long des murailles sa complainte aérienne : c'étaient les marchands de « châtaignes boulues toutes chaudes » ; « la cerise, douce cerise » ; « l'argent des glands » ; le chaudronnier, « argent des réchauds » ; « le foyfre, nouveau foyfre » ; « l'argent des chapperons » ; « l'argent des fusils » ; « l'argent des houçois » ; « l'argent des celles » ; « l'argent des manchons, manchettes et rabas » ; « la mort aux rats et aux souris » ; « l'argent des gâteaux, des dariolles et des ratons tout chauds » ; puis le marchand « d'eau-de-vie pour réjouir le cœur », avec le flacon et le verre à la main ; puis le marchand de « vinaigre, bon vinaigre », poussant sa brouette devant lui ; puis le gagne-petit, avec sa meule roulante et le cri strident du couteau usé sur le grès ; enfin, quand tombait la nuit, la cliquette du marchand d'oublies, son chant : « Oublies, oublies, où est-il ? » et sa lanterne promenant sur le pavé une errante et pâle lumière.

Un enterrement passait, allant vers le charnier des Innocents, le prêtre en tête, marmonnant des prières, l'enfant de chœur faisant tinter sa sonnette ; et derrière, le mort, sans cercueil, porté sur les épaules de ses parents et de ses amis, salué d'un signe de croix par la foule superstitieuse. Tous les étrangers remarquent la piété de la population parisienne, le luxe du service divin dans les églises, la beauté de leur décoration intérieure, le bruit éternel des cloches, le grand nombre de prêtres, moines, nonnes, circulant dans les rues. Il ne faut pas oublier que Paris s'était battu dix ans, sous la Ligue, pour rester catholique ; qu'il avait eu, alors, pour tribuns et pour capitaines, ses curés et ses moines. Il régnait encore beaucoup de cet esprit dans la foule, et il n'eût pas été prudent à un hérétique de ne pas s'agenouiller devant le Saint-Sacrement, qui passait par les rues et que les longues processions suivaient lentement. Il se fût exposé à la fureur d'un peuple mobile, qui ne saisissait que trop volontiers les occasions d'attroupement et de divertissement violent.

Les laquais y tenaient le premier rang, par le nombre et par l'insolence. La domesticité n'ayant pas, alors, le caractère servile qu'elle a pris depuis, c'était, pour les fils venus de la province, une façon comme une autre de commencer la vie que de se mettre aux gages d'un grand, d'un gentilhomme, d'un bon bourgeois. Habillés de gris, les laquais se réunissaient armés, malgré les ordonnances. Ceux qui servaient les courtisans copiaient leurs allures fanfaronnes et provoquaient les citadins paisibles; ils hantaient les maisons de jeux et de débauche, bravaient le guet et prêtaient la main à n'importe quels mauvais coups.

Ils s'accompagnaient de la tourbe non moins tumultueuse des écoliers, clercs de procureurs et serviteurs de dame Basoche, gens râpés, vêtus de noir, aux figures pâles et aux dents longues. Dans un temps où les charges de robe étaient excessivement nombreuses, où la manie des procès sévissait, c'était une autre façon de s'ouvrir une carrière, qui s'arrêtait trop souvent, hélas ! à cette première étape. L'aigreur des gratte-papier était toujours de partie avec la misère des va-nu-pied et le brigandage des coupeurs de bourse.

La classe des marchands se distinguait au costume étoffé et ample avec le pourpoint et le haut-de-chausses en drap sombre garni seulement de quelques aiguillettes, le col de linge tuyauté à la Sully, les bas de laine retenus par un nœud de jarretière, le soulier carré au talon plat, le balandran pour l'hiver, et, sur la tête, couvrant la chevelure longue et droite, le large chapeau à ailes des peintres hollandais. C'est le costume regretté, vers le milieu du siècle, par Sganarelle.

> Je veux une coiffure, en dépit de la mode,
> Sous qui toute ma tête ait un abri commode ;
> Un beau pourpoint très long et fermé comme il faut,
> Qui, pour bien digérer, tienne l'estomac chaud ;
> Un haut-de-chausse fait justement pour ma cuisse ;
> Des souliers où mes pieds ne soient point au supplice,
> Ainsi qu'en ont usé sagement nos aïeux.

Le bourgeois de Paris, né dans cette ville, appartenant à une bonne souche connue et classée, faisait partie d'un monde infiniment plus sédentaire, plus confiné, plus *petite ville* que ce que nous voyons aujourd'hui. Il ne sortait guère de la capitale, tout au plus pour quelque partie au Pré-aux-Clercs, à l'île Louviers, à Vincennes. On appelait cela « faire carrousse ». Un voyage à Saint-Cloud, à Pontoise, à Fontainebleau était un événement. La nature n'éveillait en lui que des sentiments très simples, à peu près ceux qu'exprime le mot d'Orgon :

> La campagne à présent n'est pas beaucoup fleurie.

Le voilà bien, revenant de sa maison des champs, de Suresne ou de Vaugirard. Orgon, puisqu'Orgon il y a, était pieux, rangé, économe, sacristain, marguillier de sa paroisse, vénérateur de Notre-Dame et de la bonne Geneviève, patronne de Paris. Il brûlait un cierge à chaque anniversaire et promenait dévotement la châsse de la sainte, parmi la ville, dans les temps de sécheresse.

Cent cinquante métiers ou professions diverses dûment classés et délimités, se partageaient la population marchande. Chacune de ces corporations, — maîtres et ouvriers, — luttait énergiquement pour le maintien de ses droits, de ses privilèges, de ses honneurs et préséances. Les rôtisseurs étaient en procès avec les poulaillers, puis avec les cuisiniers, avec les cabaretiers ou taverniers ; les merciers luttaient contre les gantiers ; les brodeurs avec les découpeurs, égratigneurs et gauffreurs. Au-dessus de ces cent cinquante corporations, avec l'honneur et gloire que, dans un système tout traditionnel, donnait l'antiquité de l'institution, dominaient les grands corps de marchands : drapiers, épiciers, merciers, pelletiers, bonnetiers et orfèvres. Ils formaient l'aristocratie des métiers parisiens, et marchands de « grosserie non mécanique, » ne mettant pas eux-mêmes la main à la pâte, ils étaient aptes aux fonctions municipales (1).

Enrichie par le commerce, la classe bourgeoise s'élevait peu à peu jusqu'aux charges de robe qui, elles-mêmes, touchaient à la noblesse et en facilitaient l'accès. Les grandes familles parisiennes, les Damour, les Sanguin, les Flecelles, les Villebichot, les Mesmes, les Molé, gardaient encore les mœurs traditionnelles et simples de leurs ancêtres. Ils portaient la barbe pleine à la Henri IV et revêtaient « le jupon, la simarre, le bonnet carré, le linge uni et la moire lisse. » Passé la jeunesse, ils affectaient une grande gravité, et les plus âgés étaient, en effet, de vie décente et même austère. Ils se groupaient autour de Saint-André-des-Arcs, dans la rue des Poitevins, la rue Hautefeuille, ou bien encore, pour rester à proximité du Palais et des collèges, dans la rue Galande, la rue du Fouarre, jusqu'à la place Maubert. Les familles se mariaient entre elles, et se transmettaient, de père en fils, ces demeures

(1) Voir notamment le livre de M. Fagniez, *l'Industrie en France sous Henri IV*, Paris, 1883, in-8º.

solides et commodes qui ont, pour la plupart, duré jusqu'à nous.

On construisait beaucoup, justement à l'époque dont nous parlons, et, en même temps, le goût du luxe se répandait. On pouvait gagner de grosses sommes dans les « parties » et les affaires de finances. La haute bourgeoisie parisienne y mettait la main. Selon le mot de Montesquieu, la profession lucrative des traitants parvenait, par sa richesse, à être une profession honorée. Si la dignité des anciennes mœurs en était atteinte, le commerce y gagnait. Les carrosses se multipliaient; ce n'était plus le temps où le président de Thou s'en allait à la messe sur une mule, sa femme en croupe, la cotte relevée. Les jeunes magistrats des enquêtes se lassaient du visage gourmé et de la figure rébarbative de leurs pères. Ils enviaient la dentelle, les moustaches et les bottes à grands revers de messieurs les courtisans.

Cependant la différence entre les deux classes restait encore nettement marquée : rien qu'à voir passer dans la rue ceux-ci, tout plumes, soie et dentelles, ceux-là habillés de noir, tout laine et en bonnet carré, on eût cru deux mondes à part. Il y avait, en effet, dans la nation, deux sortes d'hommes : l'homme de robe et l'homme d'épée.

J'ai dit le civil, avec ses habitudes de prudence, de gravité, de réserve, d'économie étroite et de dignité un peu contrainte. Voici maintenant le militaire tout chaud encore des grandes guerres de Flandre et d'Allemagne, exagérant dans son costume, dans son attitude, dans toute sa façon d'être, les qualités et les défauts de l'homme d'action, très brave, très chatouilleux, très à la main et ferré sur le point d'honneur, toujours gonflé de ses exploits réels ou imaginaires : jamais le héros n'a frisé de plus près le matamore.

« Pourvu qu'on soit morgant, qu'on bride sa moustache,
Qu'on frise ses cheveux, qu'on porte un grand panache,
Qu'on parle baragouin et qu'on suive le vent,
En ce temps d'aujourd'hui, on n'est que trop savant (1) ».

En voici un qui passe sur son cheval de guerre à la tête courte, à la crinière tressée; le pot en tête, la poitrine couverte de la cuirasse, les chausses vastes, l'épée épaisse et large, les longs pistolets dans des fontes qui battent l'étrier, les jambes enveloppées dans d'immenses houseaux de cuir garnis d'éperons rouillés. Celui-là a fait ses premières armes du temps du roi Henri; il garde toute la rudesse des vieilles coutumes militaires; il a dormi sur la terre; son visage est bronzé et couturé; il porte la barbe pleine, en coup de vent, selon la mode du Béarnais, et il se vanterait volontiers, comme son défunt maître, de sentir le gousset.

En voici un autre : c'est un cavalier du bel air, sortant de l'Académie : chapeau de feutre rejeté en arrière, plume au vent, œil clair et teint frais, moustache blonde relevée en croc, barbe en pointe; le collet à double rang de dentelles, le petit manteau garni de fourrures, relevé par l'épée, le haut-de-chausses ample et plissé, le mollet hardi sur le soulier aux larges oreilles et les éperons sonnants.

Voici maintenant une troupe nombreuse, bien montée, armée jusqu'aux dents. Elle bouscule devant elle les marchands et les carrosses qui, dans la rue étroite, s'arrêtent et se rangent. C'est un homme de condition, c'est un seigneur qui se rend au Louvre. Lui et sa suite étalent, dans un flot de dentelles, de plumes, d'étoffes éclatantes, de broderies d'or et d'argent, un luxe étincelant. Ce groupe reluit, sur le fond sombre de la population citadine, comme

(1) Regnier, *Satires*, III, V, 56.

le capitaine, vêtu de blanc, éclaire le premier rang des arquebusiers dans la *Ronde* de Rembrandt.

En tête, le maître, monté sur un fin genet d'Espagne, habillé à la dernière mode de 1614 : chapeau rond à bords étroits,

garni d'un crêpe fin
Bouffant en quatre plis et moitié de satin ;

fraise petite et petit collet garni de dentelles, « en forme de rondace ; » pourpoint serré, en satin rouge ou cramoisi, laissant bouffer par les fentes la doublure de taffetas bleu ou jaune, gants en satin vert allant jusqu'à mi-bras et garnis de dentelles, ceinturon en broderie ou en soie ouvragée, chausses de velours froncées à la ceinture et sur les genoux, garnies de gros boutons sur le côté ; bas de soie, avec jarretière enrubannée de dentelles ; la botte en cuir de Russie et les éperons dorés ; en travers de la poitrine, une écharpe de taffetas bleu ou vert et, au côté, le cimeterre à la turque, avec la garde luisante d'or ou d'émail. Par-dessus le tout, un manteau court, tombant à mi-cuisse, en taffetas doublé de velours rouge.

Un habit de cette sorte, avec les accessoires, chemisettes, collets de dentelles, sachets, plumes, bijoux, valait quelque trois ou quatre mille francs, et il n'était pas nécessaire d'être grand seigneur pour en changer souvent. La cour se ruinait en vêtements, et, à l'imitation de la cour, toute la noblesse du royaume, selon le mot de Louis XIII, était fondue de luxe (1).

Autour du grand seigneur qui s'avançait en si bel équipage, une troupe nombreuse de parents, d'amis, de pages,

---

(1) Voir *Discours nouveau sur la mode,* Paris, 1613, réimprimé dans *Variétés hist. et litt.* (t. III, p. 241) sous le titre : *Le Satyrique de la Court.*

de laquais se pressait pour lui faire honneur. C'était, en effet, un trait caractéristique des mœurs du temps que cet usage de « l'accompagnement. » On ne laissait jamais un ami aller seul, soit dans une affaire, soit dans une fête, soit dans une visite de cérémonie. Le vrai signe de l'influence était le nombre de personnes que l'on traînait après soi. Quand un homme de qualité approchait d'une ville, beaucoup de gens allaient au-devant de lui pour lui faire cortège. S'il devait rencontrer quelque personnage plus puissant, sa suite le quittait, en partie, pour aller grossir l'autre troupe. La cour n'était rien autre chose que la « compagnie », la « mesnie » du roi, et tout gentilhomme avait de même sa « maison ».

Ce seigneur marchait donc vers le Louvre au milieu d'une foule nombreuse, sans cesse grossie par les gentilshommes que l'on rencontrait. Quittant Saint-Eustache, il laissait derrière lui l'hôtel de Soissons, célèbre par la tour de Jean Bullant, suivait la rue de la Tonnellerie, réservée aux fripiers juifs, traversait la rue Saint-Honoré, prenait l'étroite rue des Poulies, habitée par la plus haute aristocratie et, passant devant l'hôtel de Longueville, il entrait au Louvre par la porte qui s'ouvrait en face l'hôtel de Bourbon, du côté de Saint-Germain l'Auxerrois.

Mais, avant de pénétrer avec lui dans le palais, arrêtons-nous un instant encore et jetons un dernier coup d'œil sur ce Paris si animé, si populeux, déjà si complexe, dont la silhouette dentelée apparaît par l'ouverture que la rue de Bourbon fait sur la Seine.

Nous n'avons pas tout dit, en effet, et il faudrait des volumes pour tout dire. Nous n'avons parlé que de la population masculine, et pourtant les femmes tenaient une grande place dans la vie de Paris. Non seulement celles qui, dans la rue, femmes du peuple vêtues de serge de Reims, harengères au langage épicé, marchandes des quatre saisons, servantes, chambrières et chambrillons en cotte simple et bavolet, augmentaient la tumulte et le désordre; mais, sur le pas de leurs portes, les bourgeoises, de tenue discrète, avec la robe sombre, la large coiffe blanche, la mante noire à plis réguliers et, si elles sortaient, le manchon et le manteau garni de fourrures ; ou bien la demoiselle montée sur une mule, une plume dans les cheveux, ceux-ci poudrés à la poudre de Chypre et parfumés de fleur d'oranger, faisant de gros bourrelets sur les oreilles, la figure masquée du *mimi*, la gorge découverte, entourée d'un large collet plat de dentelle ajourée, les bras perdus dans des manches très bouffantes et tailladées, les mains couvertes de gants de soie, avec de riches revers de guipures très évasés, enfin la taille haute et roide, dans un corset étroit faisant pointe sur le ventre, et le bas du corps engoncé dans l'armature hanchue du vertugadin.

Nous avons dit le tumulte du centre de la ville; mais nous n'avons pas dit le silence des longs faubourgs avec les murailles infinies des couvents, laissant échapper, par-dessus, la rare verdure des jardins; nous n'avons pas dit la Bièvre, renommée par la qualité tinctoriale de ses eaux, mais dont les terribles débordements ravageaient le quartier Saint-Marcel; nous n'avons pas dit le faubourg Saint-Antoine, avec ses ouvriers brodeurs; la rue Saint-Jacques, avec ses libraires; le faubourg Saint-Germain, avec ses académies de jeux; les marais du Temple, avec leurs filles de joie.

Nous avons dit les rues, mais nous n'avons pas pénétré dans l'intérieur des maisons et nous n'y avons pas montré la vie citadine commençant à s'organiser dans les salles des nouveaux hôtels, claires et garnies de nattes. L'ère des précieuses va bientôt s'ouvrir, et c'est l'époque où Catherine de Vivonne, marquise de Rambouillet, dessinant elle-même les plans, apprenait aux architectes à mettre les escaliers dans un coin du bâtiment, à construire une grande enfilade de chambres, à exhausser les planchers, à faire des portes et des fenêtres hautes et larges et vis-à-vis les unes des autres ; « c'est elle aussi qui s'avisa la première de faire peindre une chambre d'autre couleur que de rouge ou de tanné, et c'est ce qui a donné à sa grande chambre le nom de chambre bleue ».

Dans ces nouvelles constructions s'introduisent déjà l'air galant, les conversations raffinées, les pointes à l'italienne. Les collations, les concerts, les danses s'organisent, et dans les tableaux des maîtres contemporains on voit, près d'une table couverte d'un tapis de Turquie, une jeune dame fraîche et claire jouant du luth, tandis qu'un cavalier l'écoute, l'œil attendri, et oublie de boire l'hypocras dans le verre allongé qui vient de lui être servi.

Nous n'avons pas montré, non plus, l'attraction exercée sur la France entière, et déjà sur le reste de l'Europe, par cette ville où se rencontraient les cadets de Gascogne, les poètes de Normandie, les savants de l'Écosse, les soldats de l'Allemagne, les capitaines de la Hollande, les comédiens, les ruffians et les politiques de l'Italie, tous parlant leurs idiomes propres en communiquant entre eux par une sorte de sabir dont le latin et le français italianisé faisaient le fond. Nous n'avons pas dit, enfin, la grande admiration et la grande envie que Paris inspirait déjà aux étrangers par son climat tempéré, sa bonne humeur, sa vie facile, la sociabilité aimable et polie de ses habitants.

Il aurait fallu, dans un tableau de cette sorte, animer ce « Paris sans pair » dont parle le proverbe, célèbre par ses soldats, par ses professeurs, par ses théologiens, par ses marchands, se reprenant à la vie, après les fureurs civiles qui venaient de le déchirer, orné par Henri IV, embelli par le goût italien, s'accoutumant à la douceur d'une existence plus paisible et mieux ordonnée, s'ouvrant à la lumière, s'éclairant le soir de lanternes bien entretenues, s'arrachant à la crasse et à la boue du moyen âge, ordonnant mieux sa police et sa voirie, et méritant de plus en plus, malgré tant de misères et de pauvretés subsistantes, l'ardent amour qu'il inspirait à Montaigne : « Elle a mon cœur dès mon enfance et m'en est advenu comme des choses excellentes ; plus j'ai vu depuis d'autres villes belles, plus la beauté de celle-ci peut et gagne sur mon affection. Je l'aime pour elle-même et plus en son être seul que rechargé de la pompe étrangère ; je l'aime tendrement, jusques à ses verrues et à ses taches. Je ne suis Français que par cette grande cité, grande en peuples, grande en félicité de son assiette, mais surtout grande et incomparable en variété et diversité de commodités, la gloire de la France et l'un des plus beaux ornements du monde. » (1)

### III. — Le Louvre, la Cour, le Roi.

Le Louvre, séjour ordinaire du roi à Paris, présentait, du côté de Saint-Germain l'Auxerrois, une face rude et barbare : de hauts logis percés d'étroites fenêtres ; dans les deux coins, des tours rondes, couvertes de toits de tuiles et toutes lépreuses de vétusté ; au milieu, une porte basse et sans ornement, précédée d'un pont-levis ; c'était tout ce qui restait de la vieille forteresse de Philippe-Auguste et de Charles V.

Au contraire, du côté de la Seine, le palais déployait l'élégante gaîté de sa construction moderne. Pour élever cette façade, François I$^{er}$ avait démoli la *Grosse Tour*, orgueil des rois, ses prédécesseurs. Plus près de la rivière, on avait

(1) *Essais.* Édit. Charpentier, in-12 (t. IV, p. 95).

construit le bâtiment carré nommé *Pavillon du Roy*. Henri II, Charles IX, Henri III poursuivirent l'œuvre, et commencèrent les deux Galeries : la *Petite* et celle du *Bord de l'Eau*. Henri IV, averti par la journée des Barricades et voulant se ménager une sortie sur la campagne, avait continué le travail des Galeries qui, enjambant l'enceinte de Charles V, rejoignaient les Tuileries.

L'œuvre présentait encore des lacunes. Cependant des morceaux exquis étaient achevés. La frise de Jean Goujon illustrait déjà le Louvre de Henri II. Le pavillon, qu'on a nommé depuis Lesdiguières, portait sa lanterne ajourée au-dessus de la ligne de faîte; enfin, les pilastres et les frontons d'Androuet du Cerceau, dessinaient, gravement, tout le long de l'eau, leurs motifs corrects et froids qui rejoignaient les nouvelles Tuileries.

Du bord de la rivière, on ne voyait guère que les toits, car les échafaudages n'étaient pas enlevés, et le pied du bâtiment était obstrué par un fouillis d'échoppes et de constructions provisoires où l'on entendait grincer la scie des tailleurs de pierres. Du côté des cours, la construction était moins avancée encore. De vieilles bâtisses infâmes, habitées par la lie de la population parisienne venaient buter contre le palais neuf. La rue Saint-Thomas du Louvre, partant de la rue Saint-Honoré, pénétrait comme un coin dans les cours intérieures, où le gazon poussait, et où les pierres verdies attendaient l'ouvrier. Au-dessus des galeries à l'italienne, on distinguait les clochers de trois ou quatre chapelles ou églises gothiques qui se trouvaient là : Saint-Thomas du Louvre, Saint-Nicaise, les Quinze-Vingts.

En somme, demi-ruiné, demi-construit, mi-antique, mi-moderne, tout enserré dans la gaîne du moyen âge, dont il essayait de se dégager depuis des siècles, le palais des rois était encore à l'état d'ébauche, et, justement, il donnait assez bien l'idée de ce qu'était le Royaume lui-même : bâtiment séculaire sur les substructions duquel un édifice nouveau était en train de s'élever.

Le jeune roi Louis XIII, successeur de Charlemagne, descendant de Hugues Capet et de saint Louis, héritier des Valois, fils de Henri IV, habitait d'ordinaire le *Pavillon du Roy*. Après avoir franchi l'étroite porte située presque en face l'église Saint-Germain-l'Auxerrois, on traversait de biais la cour carrée, on montait à droite le grand escalier, on suivait tout le long de la salle des gardes, et on arrivait enfin à « l'antichambre du Roi ». C'était là ce qu'on appelait *la Cour*.

Tout ce qui avait à Paris figure de courtisan était admis. Fœneste, qui est pourtant un pauvre hère, y entre comme au moulin. Son gascon nous la décrit en termes si expressifs qu'il faut le laisser parler : « Étant ainsi, couverts de broderie, avec trois laquais plutôt loués, un bidet plutôt emprunté, vous voilà dans la cour du Louvre. — Tout à cheval, dit Enay. — Non pas, non. On descend entre les gardes, entendez. Vous commencez à rire au premier que vous rencontrez ; vous saluez l'un, vous dites le mot à l'autre : « Frère, que tu es brave, épanoui comme une rose ! Tu es bien traité de ta maîtresse ? cette cruelle, cette rebelle. Rend-elle point les armes à ce beau front, à cette moustache bien troussée ? et puis cette belle grève, c'est pour en mourir ? » Il faut dire cela en démenant les bras, branlant la tête, changeant de pied, peignant d'une main la moustache et d'aucune fois les cheveux... et puis nous causons de l'avancement en Cour, de ceux qui ont obtenu des pensions, quand il y aura moyen de voir le Roi, combien de pistoles a perdu Créqui ou Saint-Luc ou, si vous ne voulez point discourir de choses si hautes, vous philosophez sur les bas de chausses de la Cour... Quelquefois nous entrons dans le grand cabinet, dans la foule de quelque grand ; nous sortons sous celui de Beringhen, descendons par le petit degré et faisons semblant d'avoir vu le Roi... c'est alors qu'il faut chercher quelqu'un qui aille dîner (1). »

Dans l'entourage du Roi, les hommes d'épée tenaient le haut bout. En se pressant aux antichambres, ils faisaient, autour du prince, ces « confusions de France » dont parle Fontenay-Mareuil. Avec le bruit, les rires, les querelles, les grandes hallebardes des soldats, les panaches, les bottes éperonnées, c'était un bourdonnement vivant et animé qui rappelait les camps.

Pourtant, on voyait passer des figures devant lesquelles les portes s'ouvraient : des têtes graves et barbues d'hommes d'État, d'ambassadeurs, de cardinaux ; des robes noires aussi, très nombreuses. Sous la régence de Marie de Médicis, l'élément ecclésiastique dominait. Le Nonce du pape avait ses entrées à toute heure ; les jésuites confesseurs et prédicateurs, même les capucins, pieds nus et robe de bure, se glissaient aux chambres closes, aux couloirs secrets, poursuivant, dans les dédales du palais, l'intrigue « catholique » et la politique des « mariages espagnols (2) ».

Il y avait ainsi une petite cour silencieuse dans la grande cour bruyante. Au fond de ces entresols retirés dont parle Sully, elle se tenait tapie et comme murée. La Reine y vivait dans sa nonchalance italienne, caressée par les propos

---

(1) *Œuvres complètes*, d'Ag. d'Aubigné, Paris 1877, in-8° (t. II, p. 390).

(2) Voir Perrens, *Les mariages espagnols sous le règne de Henri IV et la Régence de Marie de Médicis*; — du même auteur, *L'Église et l'État en France sous Henri IV et Marie de Médicis*. — Armand Baschet, *le Roi chez la Reine*, Paris, in-8°.

insignifiants de ses femmes et de ses favoris, bercée par la musique de ses joueurs de luth, laissant le poids des affaires aux ministres Villeroy, Sillery, Jeannin, soucieuse seulement de vivre et de gagner du temps (1).

La robe du magistrat se mêlait à la robe ecclésiastique et lui disputait le pouvoir. Les « secrétaires d'État », hier encore personnages effacés et discrets, sortaient de leur réserve et, dépouillant le manteau, l'habit noir et le rabat, prenaient leur vol vers de plus hautes destinées. Cependant, cette autorité des ministres n'était pas encore si fortement établie qu'elle ne fût obligée d'user de ménagement.

La Cour restait une puissance chatouilleuse et susceptible. A côté des conseils secrets, on laissait subsister le Conseil du roi, plus nombreux et plus tumultueux que jamais. « La Reine le tenait dans la salle voisine de l'antichambre, assise sur une chaise, entourée de princes du sang, avec les Conseillers debout autour d'elle; elle laissait entrer toutes les personnes de condition et faisait même approcher ceux qui avaient intérêt à ce qu'on disait. »

C'est par là que les Grands retenaient quelque part de l'exercice du pouvoir; c'est par là que les cabales se soutenaient, se poussaient. En s'approchant de l'antichambre, les officieux finissaient par savoir quelque chose des affaires publiques, par se mêler à quelque parti de finance, par décrocher quelque pension. Aussi la Reine, obligée de ménager la noblesse, tenait, avec une certaine régularité, ces conseils, auxquels le Roi assistait rarement.

Henri IV, plus libre et plus cavalier, s'était moins astreint. De son temps, les affaires les plus importantes se traitaient dans une galerie, dans un jardin, les gens de son conseil allant et venant avec lui, les secrétaires d'État suivant de loin et s'approchant sur un signe, pour prendre

(1) *Économies Royales*, édit. Petitot (t. VIII, p. 387).

note, une fois la décision arrêtée. Cette mobile familiarité était le caractère distinctif de la cour de France et elle étonnait les étrangers, notamment les Espagnols, habitués à la grave étiquette de l'Escurial. Mais les Français se plaisent ainsi dans un perpétuel mouvement (1).

La Cour était loin d'être fixée à Paris. Elle suivait partout le roi, pour un rien, comme lui à cheval. En ce temps-là, le pouvoir sentait l'écurie et non pas le bureau. Le roi disait le matin à son lever : « Messieurs, nous partirons tantôt », et tout le monde troussait bagage : courtisans, gardes, pages ; les femmes sur des haquenées, les secrétaires sur des mules, avec leurs sacs et leurs écritoires, quelques carrosses pour les vieillards et les dames âgées, des charrettes pour le lit et le couvert. On se mettait en route sans savoir toujours où l'on coucherait ; le roi avait le droit de gîte dans son royaume, et il en usait : tantôt dans une abbaye, tantôt dans un château, tantôt dans une bonne ville. On arrivait à l'improviste et on mettait tout au pillage. Le roi, d'ailleurs, avait des habitations à lui un peu partout dans les provinces. Un jour, c'était Fontainebleau, puis Monceau, puis Saint-Germain, puis Blois, puis Amboise, puis Chambord : ou bien il chassait, où bien il visitait un ami, ou il allait surveiller une province, maintenir un grand seigneur, calmer une sédition. Les courriers porteurs de dépêches se fatiguaient à poursuivre les ministres, qui, obligés d'accompagner le roi, fuyaient sans cesse devant eux.

Depuis des siècles, le roi circulait ainsi à travers le pays et le royaume s'était comme fixé et coagulé autour de cet embryon sans cesse en mouvement. La « maison » du roi,

(1) Pour la tenue des Conseils et la vie ordinaire de la Cour sous la Régence, voir les *Mémoires* de Fontenay-Mareuil, *Coll. Mich. et Poujoulat* (p. 35).

sa « mesnie », sa « cour » s'était accrue jusqu'à devenir un royaume. Le mince seigneur féodal, maître d'une ville bien située et de quelques châteaux fortifiés dans l'Ile-de-France, avait lentement reculé jusqu'à des distances éloignées, les limites de sa domination. Le fils des Capets était devenu l'un des plus grands princes de la chrétienté.

Ce roi-soldat entouré d'officiers, de prêtres et de magistrats, de courtisans, d'artistes et de poètes, vivant dans l'éclat d'une cour, dès lors, l'une des plus raffinées de l'Europe, ramassait dans sa personne dix siècles d'histoire et les volontés de quinze millions d'hommes. Sur les habitants du royaume qui se reconnaissaient ses *sujets*, il exerçait une puissance de *fait* et jouissait d'une autorité de *droit*.

La royauté, fière de son passé, était forte dans le présent : un avenir brillant s'ouvrait devant elle. Au seuil du dix-septième siècle, au moment où le futur cardinal de Richelieu entrait dans la vie publique, elle atteignait son apogée ; elle avait entrepris de grandes choses, il lui restait à les achever. Il est naturel de s'arrêter à ce point culminant pour essayer de démêler les causes anciennes de sa grandeur et les premiers symptômes de sa lointaine décadence.

Dans *l'ordre politique*, dans *l'ordre social*, dans *l'ordre religieux*, une étude attentive peut relever les principales conditions du développement de la civilisation française. De l'examen de ces différents sujets, se dégagera le programme politique imposé aux ministres des rois, par les nécessités de l'histoire, quatre ans après la mort de Henri IV.

# CHAPITRE DEUXIÈME

LES INSTITUTIONS POLITIQUES

### I. — La conquête territoriale. — La tradition.

Les douze siècles de l'ancien régime ont travaillé à constituer une nation moderne par la restauration de l'idée de l'État.

Cette idée est romaine. Depuis les premiers temps de la République jusqu'à la chute de l'Empire, l'intérêt public et l'autorité de la loi ont été les grands ressorts de la politique des vainqueurs du monde. La loi des XII Tables avait exprimé, en quatre mots, un principe qui, après bien des vicissitudes, domine encore l'histoire de l'Europe. Elle disait : « *Non sunt privatæ leges.* » Pas de lois particulières, pas de privilèges ; pas d'États dans l'État. La formule contient à la fois l'idée d'unité et l'idée d'égalité.

« Dans les premiers temps de la République, dit Saint-Evremond, on étoit furieux de liberté et de bien public. Le zèle du citoyen déroboit l'homme à lui-même. » En effet, la conception idéale de l'État romain effaçait l'individu et ne l'additionnait que comme un chiffre pour le total Société.

En vertu de ces principes et en raison de l'ampleur de ses conquêtes, Rome avait exercé sur le monde la plus vaste et la plus forte domination qu'il ait jamais connue.

L'autorité du peuple-roi s'était condensée et personnifiée dans l'autorité du prince. Celui-ci avait pour bon plaisir la loi et la loi régnait du haut en bas de la société et d'un bout à l'autre de l'Empire.

La tension qu'exigeait un pareil effort finit par dépasser les limites de la volonté humaine. Le gouvernement impérial se sentit impuissant et le monde, à son exemple, fut envahi par une lassitude immense. Tous les ressorts se détendirent. La société romaine périt en même temps que le cadre qui la maintenait. Après la chute de l'Empire, l'Europe, comme une glace jetée par terre, se brisa en mille morceaux.

Comment la notion de l'État disparut-elle dans cette catastrophe? C'est une histoire qu'il ne nous appartient pas d'écrire. Il y eut des tentatives de reprise qui toutes échouèrent. Charlemagne put croire un instant qu'il conjurerait cette ruine. Après la mort de ce prince, les derniers vestiges de la civilisation antique disparurent et le moyen âge commença.

Ce qui caractérise cette période, c'est l'émiettement et la localisation de la souveraineté. Chaque région, chaque province, chaque district s'isole de la région, de la province et du district voisins; chaque famille et l'on pourrait dire parfois, dans chaque famille, chaque individu fait de même. Les liens de l'âge précédent avaient meurtri les chairs, brisé les nerfs, accablé les âmes. On les rejeta tous. L'homme se cantonne chez soi, rétrécit son horizon, se pelotonne sur ses propres intérêts; le droit se particularise. La formule romaine est retournée; il n'y a plus que des lois privées. Que dis-je? La loi disparaît et il n'y a plus que des cas particuliers.

Parmi les procédés de désagrégation qui ont coopéré à la

destruction de l'ancienne société, l'un des plus actifs a été l'abus de l'*immunité*, du *bénéfice*, du *privilège*. Par ces expressions différentes, on désigne une opération unique, consistant à concéder à certains individus ou à certains corps une certaine partie de la puissance publique. Le prince faible est obligé de s'incliner devant ses sujets forts. Pour conserver une autorité, du moins nominale sur les pouvoirs inférieurs qui se constituent autour de lui, il les reconnaît et les consacre. Les derniers empereurs carlovingiens traitaient avec les comtes, avec les évêques, avec les abbés, avec les propriétaires indépendants, comme ils négociaient avec les Normands. Ils payaient très cher une paix qui fuyait devant eux et « pour pouvoir régner encore ils ne trouvaient rien de mieux que d'abdiquer sans cesse (1) ».

L'État se détruisit ainsi de ses propres mains. Il légitima les usurpations faites à son détriment. Le système du privilège ou de la loi particulière fut à la fois l'instrument et la conséquence de sa ruine.

A l'origine, ce gaspillage de l'autorité publique est exceptionnel et abusif. Mais, peu à peu, la possession donne le titre et l'abus devient le droit. Quand la règle disparaît, les exceptions sont la règle. Or, au fort du moyen âge, il n'y a plus d'autorité suprême, plus de droit public, plus de législation. Chacune des petites sociétés distinctes s'est habituée à une indépendance de fait.

Le propriétaire était seigneur sur sa terre et il n'était plus rattaché au pouvoir que par le lien fort lâche de la *fidélité*. Le droit se rapprochait à la fois du sol et de l'in-

---

(1) Voir Viollet, *Hist. des Institutions politiques et administratives de la France*, Paris, 1890. — Baudoin, *Études sur les origines du régime féodal*. — Clamageran, *Hist. de l'Impôt en France*, Paris, in-8°. — Fustel de Coulanges, *Les origines du système féodal*.

dividu, c'est-à-dire des deux éléments primordiaux de toute société. Des combinaisons naturelles se produisirent spontanément et par le jeu des intérêts les plus simples. Enfin un nouveau système politique naquit de ces faits isolés comme un arbre pousse sur le terreau des feuilles accumulées. Quoique le système féodal ait été plutôt reconstruit après coup, par les dissertations des feudistes, que réellement conçu et embrassé dans son ensemble par les contemporains, il suffit qu'il ait duré pour qu'on puisse dire de lui qu'il a été légitime.

L'émiettement extrême de la puissance publique qui caractérise le haut moyen âge a pour corollaire le développement des associations. L'association est la rivale naturelle de la société ; c'est quand l'État est faible que les États se multiplient. Si étroite et si resserrée que soit la vie privée, elle a toujours besoin d'une certaine vie publique. Les hommes, les familles se réunirent donc en petits groupements où l'individualisme inquiet cherchait un abri. L'Église n'est, à l'origine, que la congrégation des fidèles pressés comme un troupeau autour du pasteur pour faire tête au loup ; le contrat féodal constitue une société d'assurance mutuelle entre le seigneur et le vassal, l'un apportant, avec la foi et l'hommage, les aides, le service militaire et la présence au plaid ; celui-là promettant en échange, avec sa protection, la justice et la sécurité.

Qu'il s'agisse de préparer la guerre ou d'organiser la paix, qu'on songe à entreprendre une campagne profitable ou une œuvre utile, à repousser une invasion ou à défricher un territoire, il s'agit toujours d'entente commune, de *conseils*, de *conciles*, de *parlements*. Ce sont des réunions, des discussions, des palabres ; rarement l'autorité d'un chef s'imposant à la volonté de tous. Le roi, comme le moindre seigneur, assemble ses « barons », ses « pairs », ses familiers. Il délibère avec eux; ils signent avec lui les actes du gouvernement (1). Il en est de même dans le courant de la vie ordinaire : les artisans s'organisent en corporations, les marchands forment des « gildes » et des « hanses »; on travaille, on prie, on danse, on chante en corps, avec des costumes particuliers, des insignes propres, des traditions, des préjugés et des coutumes distinctes.

Voilà le monde couvert de ces petites sociétés ou complètement indépendantes, ou subordonnées les unes aux autres, dans une hiérarchie capricieuse, enchevêtrée ; cependant, dans chacune de ces associations, le sens particulier, l'intérêt étroitement personnel prédominent toujours. Chacun est libre d'entrer ou de sortir à son gré. On demande au plus humble son avis avant d'agir. Il faut qu'il le donne : il le *doit* (2). On veut savoir ce qu'il pense des résolutions intéressant la communauté. Parfois, dans ces minuscules Polognes, le refus d'un seul fait obstacle au consentement de tous, tant la notion individualiste reste puissante... Pourtant l'individu n'est pas heureux.

Dans toute association, en effet, il existe des forts et des faibles, des chefs qui abusent de leur autorité et des subordonnés qui pâtissent de leur impuissance. Les souffrances que cause l'inégalité sont d'autant plus vives que les intérêts sont plus étroits et plus rapprochés. La brutalité des mœurs de l'époque rend plus rudes encore ces relations fondées sur la nature, mais qu'une longue culture n'a pas polies.

Dans l'Église, tandis que l'évêque ne devrait être qu'un simple « surveillant » des œuvres de la communauté, tandis que toutes les ressources devraient être uniquement consa-

---

(1) Luchaire, *Institutions des premiers Capétiens* (t. I, p. 160).
(2) V. Flammermont, *De concessu legis et auxilii tertio decimo seculo*, Paris, 1883, in-8º.

crées à Dieu, c'est-à-dire aux pauvres, on voit un clergé fastueux se partager les dépouilles qu'avait entassées la piété des fidèles. Des évêques-politiques, des évêques-soldats se servent de leur autorité spirituelle pour s'assurer les jouissances du pouvoir temporel. Le haut clergé se laisse glisser sur la pente de la sécularisation. Sans la constante revendication de la monarchie pontificale et de la démocratie monacale, la Réforme se fût faite, bien avant le seizième siècle, au profit de l'aristocratie cléricale : le troupeau eût été dévoré par le pasteur.

Dans le monde laïc, les mœurs étant plus grossières, la décadence fut plus prompte. On ne saurait dire s'il y a eu un moment où les relations du vassal et du suzerain ont été réglées par cette honnête équité patronale qu'ont rêvée, dans le passé, les apologistes du système féodal. Le seigneur paraît n'avoir connu, de tout temps, que ses droits, et avoir fort mal discerné ses devoirs. En admettant cependant qu'il régnât, dans la conduite du baron féodal, une certaine modération relative, sans laquelle la vie usuelle eût été impossible, il faut reconnaître que, dans l'association qu'il formait avec son vassal, l'échange des services tendit à devenir de moins en moins équitable. Le vassal était tenu à l'exécution étroite de ses engagements envers le seigneur. Celui-ci ne protégeait pas toujours son vassal contre les maux qui le menaçaient.

Dans les républiques urbaines enfin, des inconvénients analogues apparurent. Les conseils multipliés affaiblissent l'autorité du commandement. Le désordre s'ensuit, puis la tyrannie des partis tour à tour triomphants. Les aristocraties communales se constituent et se réservent tous les bénéfices du pouvoir. Elles s'exemptent d'impôts, gaspillent les ressources publiques et se transmettent héréditairement les charges. La vie commune devient intolérable. On

5.

se bat pour des privilèges infimes, pour des prétentions à la fois mesquines et âpres. On lutte de quartier à quartier, de rue à rue, de maison à maison. Montaigus contre Capulets, chacun élève sa tour, tend ses chaînes.

Les vices du système gagnent le corps social tout entier; les groupements particuliers, déchirés dans leur propre sein, se heurtent les uns contre les autres. La guerre civile règne à l'état endémique. L'esprit de caste, l'esprit de corps, l'esprit de clocher, susceptibles, pointilleux, tenaces, s'épuisent en des revendications incessantes qui aboutissent à des procès interminables, puis à la guerre. Barons derrière leurs tours féodales, maires et échevins au pied de leurs beffrois, abbés mitrés au milieu de leurs monastères fortifiés, chacun sait, qu'en dernière analyse, il faut en appeler à la force, et s'y prépare à grands frais. Ces puissances lilliputiennes se ruinent en armements; quand ce n'est pas la guerre qui les accable, ce sont les charges de la paix armée. Le pays se couvre, jusque dans ses moindres replis, de citadelles et de postes fortifiés. Une immense cloison de pierre, aux compartiments innombrables, découpe, à la surface du sol, une multitude de cellules étroites où chaque groupe d'intérêts se tient tapi, aux aguets.

Que l'on songe à ce qu'il reste encore de ces constructions, après cinq siècles de démolition méthodique; que l'on se reporte aux cahiers des anciens ingénieurs, aux nomenclatures des chartriers, aux récits des chroniqueurs, on se rendra compte de l'aspect féroce que devait présenter une terre ainsi hérissée. Celui qui n'était pas assez puissant ou assez riche pour élever des murailles ou des tours, creusait le sol et se cachait au fond de quelques-uns de ces souterrains dont la terre de France garde encore, dans son sein, le ténébreux réseau.

Un pays ainsi organisé — ou plutôt désorganisé — ne

pouvait opposer qu'une résistance bien faible à l'invasion étrangère. Tous ces fortins, redoutables les uns aux autres, étaient bien peu de chose sur le passage d'une troupe nombreuse et décidée à tout. A supposer qu'ils tinssent, et que le seigneur pût, du haut de ses murailles, regarder l'invasion coulant dans la plaine, celle-ci n'en était pas moins occupée, ravagée, détruite. Ce fut une grande misère, au moment des incursions normandes, que l'absence d'un pouvoir fort, capable d'opposer une armée à ces hordes de brigands. Ce mal se reproduisit au cours des invasions anglaises, et il fut ressenti d'autant plus vivement que l'amour de la patrie commençait à s'affermir dans les cœurs : l'armée féodale était aussi incapable de défendre le pays que les institutions féodales étaient impuissantes à le pacifier.

Divisions intestines, souffrances aiguës, gaspillage des forces sociales, épuisement au dedans et faiblesse au dehors, inertie, anémie, telles étaient les suites funestes du régime indéfiniment fractionné qu'avait inauguré le moyen âge. Après une réaction trop violente et trop prolongée contre l'excès de la centralisation romaine, les vœux unanimes du pays réclamaient le retour à la règle ancienne. De toutes parts, ils imploraient une autorité souveraine capable de maîtriser, d'apaiser et de guérir un corps social qui se débattait dans les convulsions du désordre et de l'anarchie.

Ce pouvoir, la France n'avait pas besoin de le faire venir du dehors. Il avait subsisté très affaibli, très diminué, il est vrai, mais enfin il avait subsisté au sein de l'organisation politique dont tout le monde se plaignait. Il avait le prestige d'une tradition ancienne, l'éclat d'un nom illustre ; il dominait toutes les autres souverainetés féodales ; enfin il pouvait compter sur le concours actif de l'Église qui joignait à sa force morale unique, une puissance matérielle redoutable.

Que la Royauté se développe seulement dans le sens de ses intérêts et de ses ambitions, et elle verra tomber devant elle ces suzerainetés tyranniques, ces oligarchies étroites qui obstruent et encombrent la face du pays. Qu'elle marche : les peuples iront au-devant d'elle ; ils feront la moitié du chemin. Car la nation veut naître ; elle veut mirer son unité dans l'unité restaurée de l'État.

L'œuvre, il est vrai, sera lente. Ces aspirations, si claires pour l'historien, elles s'ignorent elles-mêmes, elles hésitent. Ces peuples qui se cherchent et s'appellent d'un bout à l'autre du territoire, de Calais à Marseille et de Strasbourg à Bordeaux, quelles distances n'ont-ils pas à franchir, pour se retrouver, se réchauffer l'un contre l'autre, pauvres enfants perdus d'une même couvée ! Ces intérêts qui aspirent à se mêler, à se fondre, comme ils sont divers, contradictoires et violents, dans leur farouche isolement ! Et il en sera ainsi, pendant de si longs siècles...!

Oui, le sentiment de l'unité existe dans les âmes françaises puisqu'il a fini par triompher malgré tant d'obstacles. Mais ces obstacles ont leur raison ; le droit hésite souvent et ne sait où se poser. Paris doit-il l'emporter sur Bordeaux et sur Marseille ? Est-ce Raimond de Toulouse ou est-ce Amaury de Montfort qui représente l'avenir ? La lenteur de l'histoire de France vient de là. Elle vient du dualisme latent qui est dans le pays, dans la race, dans les institutions politiques et sociales. Nord et Midi, continent et côte, aristocratie et démocratie, libéralisme et autocratie, fédéralisme et unité, ces antithèses vivent, s'exaltent, se combattent librement dans l'enceinte du vaste cirque que les montagnes et la mer délimitent.

Elles se personnifient dans le duel séculaire de l'élément

romain et de l'élément germanique : duel dont on a peut-être exagéré les conséquences, mais qu'il est impossible de nier tout à fait. D'une part, le soldat barbare, fils des forêts, dédaigneux du droit et des doctrines, tout à la jouissance brutale du présent, mais fier et les poumons remplis, pour longtemps, du souffle d'indépendance qui vient du nord ; d'autre part, le gallo-romain grave et corpulent, calculateur et hiérarchisé, brave aussi, mais circonspect, ami des règles et fécond en procès. Robe courte contre robe longue, ces deux éléments souvent opposés, parfois apaisés, se perpétuent pendant des siècles et ne se fondent l'un dans l'autre que bien lentement. Le mariage orageux du Nord et du Midi est le nœud de nos annales. Trop souvent les causes adverses se font équilibre. De leur contrariété naissent les longs troubles, les misères extrêmes, la guerre civile que la guerre étrangère accompagne.

De là, aussi, l'obscurité de l'histoire de France. Sa loi n'apparaissait pas à ceux qui la faisaient, de même qu'elle a été ignorée longtemps par ceux qui l'ont écrite. Ses progrès ont été tout d'instinct, sans plan clairement conçu, sans lignes nettement tracées. Nos rois, nos hommes d'État, nos assemblées locales ou générales, nos jurisconsultes, nos soldats ont fait une besogne aveugle dont leurs yeux trop courts n'apercevaient pas le bout. Une force les poussait. Ils allaient devant eux, à tâtons. Jusqu'en 1792, la question de savoir comment la France s'achèverait est restée en suspens. Aujourd'hui encore, la ligne de sa politique oscille entre les deux aspirations contraires, et si le vieux péril du séparatisme n'ose plus lever la tête, le prestige de la mer et le chant des sirènes nous ont plus d'une fois séduits.

Pourtant le voyage est accompli. Nous savons, nous ; mais nos pères ne savaient pas.

Quand les premiers Capétiens montèrent à cheval pour

entreprendre l'œuvre de la conquête ; quand ils firent baisser les ponts-levis et qu'ils coiffèrent la visière de leur casque, qui eût pu deviner que l'ambition du château voisin, née dans leur étroite cervelle de barons féodaux, était le germe d'une des plus fortes conceptions politiques que le monde moderne ait connues ? C'est pourtant là l'heure décisive. C'est à partir de ce moment qu'il faut commencer à tenir le registre des longs efforts de cette dynastie conquérante, si l'on veut apprécier la grandeur de l'œuvre accomplie par elle et le sens général de la tradition politique léguée par les vieux rois à leurs derniers successeurs.

Cette histoire commence sous les derniers Carlovingiens. Robert le Fort prépare l'avènement de sa race par des exploits populaires, vers le milieu du neuvième siècle. Hugues l'abbé, margrave de Neustrie, arrondit les domaines de la famille. Son neveu Eudes, fils de Robert le Fort, fut comte de Paris, de Blois et d'Orléans, propriétaire d'alleux importants en Anjou, Touraine, Champagne et jusque dans le nord du Poitou. Dès cette époque, l'assiette territoriale de la nouvelle dynastie se fixe non seulement sur la Seine, mais sur ce coude de la Loire qui joue un rôle si important dans la constitution géographique de la France. Par le nord, on touchait à l'Allemagne, par la Loire on tendait les mains vers le midi. Eudes défendit Paris contre les Normands. Il fut roi. Son frère Robert régna également. Hugues le Grand ne fut pas sacré et il crut utile de conserver un fantôme de roi carlovingien en faisant couronner Louis d'Outremer. Mais Hugues prit le titre de duc des Francs. « Il était, dès lors, le second personnage du royaume. En fait, ses domaines étaient considérables. Entouré de ses vassaux, les comtes de Vermandois, de Champagne, de Blois, de Chartres, d'Anjou, de Sens, de Senlis et de Dreux, suzerain de la Bourgogne et plus tard de l'Aquitaine, il commandait une principauté qui était véritablement un État dans l'État et, en dehors de laquelle, il ne restait presque plus rien au titulaire de la monarchie. » Hugues Capet, son fils, politique habile et pratique, acheva ce que ses pères avaient préparé et il se fit couronner roi.

La gradation des faits qui, peu à peu, excluait la famille carlovingienne avait été si heureusement ménagée que le changement eut lieu sans secousse et que le duc des Francs put reprendre, sans de trop grandes difficultés, le titre et l'autorité des princes légitimes auxquels il se substituait. L'Église s'était prononcée en faveur de la dynastie nouvelle. L'avènement d'Hugues Capet ne fut pas une usurpation, mais plutôt la consécration d'un fait accompli. Il recueillait tous les avantages attachés au titre de roi. Mais il y joignait la force que ses vastes domaines féodaux lui assuraient.

L'effort avait été grand; la nouvelle famille royale s'en trouva, au début, tout affaiblie. Pour se faire admettre par les barons, hier encore leurs égaux, les premiers Capétiens durent reprendre, en partie, la politique carlovingienne et s'assurer des fidélités précaires par le partage de leurs domaines propres. Après deux ou trois générations, il semble que les ressources et l'autorité de la nouvelle dynastie se soient épuisées à ce jeu. Philippe I$^{er}$, arrière-petit-fils de Hugues Capet est moins puissant que ses aïeux. Il est resserré dans son Paris, comme Charles le Simple et les derniers Carlovingiens l'avaient été sur le montagne de Laon.

Il était temps qu'un roi actif et ambitieux rompît les lisières dont les exigences féodales entouraient la nouvelle dynastie. Ce fut Louis le Gros qui inaugura réellement l'ère de la conquête. Il fit d'abord le jour autour de sa capitale et rasa, après des années de luttes obscures, les quelques châteaux forts qui la serraient de trop près. Les succès de la royauté se manifestent toujours par la démolition des forteresses. La grande œuvre monarchique c'est le remplacement des murailles qui séparent par les chemins qui rapprochent et réunissent. La civilisation moderne est un aplanissement.

Peu à peu, le noyau septentrional s'agglomère : il s'adjoint la Picardie, les Flandres, la Champagne, l'Anjou et le Poitou. Par son mariage avec Éléonore de Guyenne, Louis VII jette un regard sur ces riches provinces du midi, héritières de la civilisation romaine et que les rois désormais ne perdront pas de vue. Le mouvement des croisades facilite l'entreprise royale. Les barons quittent leur pays et vont au loin se perdre avec leurs hommes, leurs armes, leur argent. Ils laissent, dans leurs châteaux, des femmes, des cousins, des domestiques, souvent des traîtres. Le roi de France reste chez lui, ou bien, s'il part, il confie la garde de ses intérêts à d'habiles gens qui ne manquent pas une occasion de s'immiscer dans les affaires d'autrui, se présentent en conseillers, en protecteurs, en maîtres.

L'habile mariage de Philippe-Auguste avec la fille du comte de Flandre étend le domaine royal vers le nord, par le Valois, le Vermandois, la Picardie et, tandis que les Plantagenets vont au loin chercher aventure, le roi de France s'installe tranquillement sur leurs domaines, à Tours, au Mans, à Bourges. Il s'en prend enfin à ces Normands qui se sont établis en usurpateurs sur la terre de France. Leur capitale, Rouen, le gêne ; elle est beaucoup trop près de Paris, qu'elle isole de la basse Seine. Plusieurs générations de rois s'épuisent dans cette lutte ; mais, enfin, ils l'emporteront et les Normands, conquérants de l'Angleterre, seront rejetés dans ces brumes du Nord d'où ils étaient descendus.

La première prise de possession du Midi se fait plus sommairement. C'est l'Église qui la décide et qui l'exécute. Elle a la responsabilité des horreurs commises pendant la croisade des Albigeois et le roi de France garde le bénéfice de la conquête. C'était un coup d'audace qui marquait la confiance de la royauté dans ses destinées que cette pointe risquée si loin de sa base d'opération. Cette famille des Capétiens a toujours eu la hardiesse de son bonheur. Représentée pendant des siècles par des mâles, elle compte au moins un grand homme par deux générations : Louis VI, Philippe-Auguste, saint Louis, Philippe le Bel. Elle sème autour d'elle ces nombreuses dynasties apanagères qui, sages et fidèles au début, répandent dans les provinces le bon renom de la famille régnante.

Saint Louis réalise l'idéal de la personne royale, telle que la conçoit le moyen âge. Il est brave, justicier et pieux. Sa figure grave et douce illumine son siècle. Il ouvre la liste de ces princes populaires que la France se mit à aimer d'un ardent amour et dont le souvenir fut désormais, pour elle, la consolation des mauvais jours. Un prince comme saint Louis est le véritable créateur non seulement d'une dynastie, mais d'un système politique. Par lui, la royauté française devint la royauté très chrétienne, la fille aînée de l'Église. Ointe et sacrée par le fait matériel du couronnement, elle l'est aussi par le fait moral du souvenir et de la reconnaissance.

Cependant les œuvres de la terre ne se font pas uniquement avec les vertus des ancêtres ; les successeurs de saint Louis durent y mettre une main plus rude. Ce grand Philippe le Bel, qui fut le démon d'une race dont Louis IX avait été le saint, arrache la royauté au système féodal. Aidé de ses légistes, tenant l'Église dans la main de fer qui a souffleté Boniface, il commence le travail de broiement et de concassement qui préparera la France moderne pour l'unité et pour l'égalité. Lui aussi fait un riche mariage ; il réunit à la couronne les provinces si françaises de la

Champagne et de la Brie, le comté de Bar et la Navarre. Lui aussi se bat bien, et, à la suite de sa guerre contre les Anglais, ses soldats occupent les Flandres jusqu'à Gand. Mais, surtout, c'est un grand rédacteur d'ordonnances et un grand faiseur de procès. Par des transactions ou à coups de sentences du Parlement, il s'attribue la Marche et l'Angoumois, la seigneurie de Montpellier, Lyon, Beaugency, le Quercy, le Bigorre, et bien d'autres morceaux précieux.

A la mort de Philippe le Bel, une réaction momentanée se produit qui fut le « dernier acte de résistance de la féodalité primitive » (1). Mais ses trois fils marchent sur ses traces. Après leurs règnes, féconds en mesures de gouvernement, un noyau central très ferme et très résistant s'est constitué dans ce pays naguère si divisé. Depuis l'Argonne jusqu'à la Vienne, la volonté royale est obéie, des officiers royaux sont installés ; les contributions royales sont perçues. Ce n'était pas encore la France ; mais c'était déjà une France et il n'y avait pas une puissance en Europe qui ne dût désormais compter avec son roi.

C'est alors qu'il fallut se reprendre à cette terrible guerre des Anglais qui fut comme le cauchemar étouffant du moyen âge français. L'Angleterre est encore toute mêlée à la France. Il semble que, comme aux temps préhistoriques, la continuité des terres subsiste toujours et qu'il n'y a pas de Manche. Serons-nous un appendice des îles qui se sont séparées du continent et sur lesquelles grandit une civilisation fille et rivale de la nôtre, ou bien resterons-nous nous-mêmes ? Les deux adversaires se mesurent du regard. Leurs armes se sont perfectionnées ; leurs courages se sont échauffés par la longueur et l'incertitude du combat. C'est le dernier assaut. Le duel dura cent ans. La France de Jeanne

---

(1) Mignet, *Formation territoriale et politique de la France.*

d'Arc en sortit toute pantelante, mais sauvée, vivante. Les rois qui avaient combattu à sa tête, braves et malheureux avec Jean le Bon, fermes et sages avec Charles V, tristes et pitoyables avec Charles VI, amoureux et victorieux avec Charles VII, faisaient désormais partie de la vie nationale. Ils avaient tiré le pays de l'abîme. Celui-ci avait souffert les maux et ressenti les hontes de l'invasion. Un élan de reconnaissance jeta le peuple dans les bras des chefs qui, durant ces longues misères, avaient représenté la *patrie*.

Louis XI fut l'homme d'affaires adroit et avisé qui tira parti d'une situation si favorable. Il dénombra ses héritages et arrondit son domaine. Il jeta partout l'œil du maître et fit sentir la main du monarque. Il rangea dans sa corbeille les fruits qui avaient mûri dans le *royal vergier*. La Picardie, l'Artois, la Bourgogne, la Provence, l'Anjou sont réunis définitivement à la couronne. Louis XI remet à son fils des comptes en règle, une propriété agrandie, bien tenue et en plein rapport.

C'est le premier roi moderne. Il l'est surtout par le ton du commandement. Il écrit ses lettres de sa main et il veut qu'on lui obéisse. Il s'entoure de petites gens que ses plus grandes faveurs ne peuvent rendre redoutables. Le Conseil du Roi remplace ces anciens Grands Officiers de la couronne qui apposaient leurs sceaux sur les diplômes royaux comme pour assurer leur authenticité. Louis XI porte le dernier coup à la féodalité apanagère qui, après avoir eu son heure d'utilité, était devenue un danger grave pour la dynastie régnante. Le roi ne craint plus personne dans le royaume. Lui seul a une armée permanente, touche des impôts perpétuels et non consentis. Lui seul est assez riche pour garder, dans ses arsenaux, une artillerie nombreuse prête à rouler sur les routes royales et à gronder au pied des châteaux féodaux.

Pour un démolisseur comme le roi de France, l'artillerie était une invention merveilleuse. Qui avait l'argent eut le canon et qui avait le canon eut l'argent. Le canon devint le grand instrument de règne ; le canon fit l'unité ; le canon dicta à la France les lois d'une monarchie absolue. La chevalerie française, brillante, brave et indisciplinée, tourbillonna un instant, puis disparut dans la fumée des « artifices » de Jean Bureau.

Il fallait d'ailleurs à la royauté une force nouvelle. Au point où elle en était, l'œuvre de la conquête devenait de plus en plus difficile. S'étant étendue du centre à la circonférence, elle atteignait maintenant les provinces dont le territoire et les intérêts se trouvaient inextricablement mêlés à ceux des puissances étrangères. Par la Bourgogne on touchait à l'Allemagne, par la Savoie et la Provence au Milanais et à l'Italie ; par le Béarn, le Languedoc, le Roussillon à la Navarre et à l'Espagne. La guerre intérieure se confondait avec la guerre étrangère. Justement la domination espagnole avait grandi tout d'un coup, tandis que nos rois accomplissaient leur lente et pénible besogne. Sur toutes nos frontières, nord, est, sud-est, sud-ouest, et même nord-ouest, en Bretagne, on se heurtait à l'Empire. Tout ce qui, dans le pays, résistait à la conquête royale trouvait un appui au dehors. La révolte prenait l'invasion par la main et lui montrait la route. Il ne s'écoula pas un siècle entre les guerres anglaises et ces guerres espagnoles qui devaient mettre une fois encore en péril l'édifice monarchique.

On revit les mauvais jours des siècles précédents : le pays éventré, foulé aux pieds, les armées étrangères maîtresses du sol national, ravageant les campagnes, occupant les villes, dominant Paris. La fortune des maisons princières s'élève sur la ruine publique. Un grand mouvement séparatiste coïncide avec ce retour de l'esprit aristocratique. La

Bretagne et tout le pays d'Outre-Loire, ce Midi capricieux et décevant, reprennent ou revendiquent leur indépendance. Les villes secouent le joug et se constituent en républiques. Il semble que la France va se diviser encore et retourner à l'émiettement primitif. A la mort de Henri III, les Espagnols occupent Paris, la Ligue et les Guises se partagent les provinces. On peut craindre que les États généraux ne couronnent une infante. L'héritier du trône est incertain. Le cadet de Gascogne qui relève le titre est obligé de reprendre le travail à pied d'œuvre.

Henri IV monte à cheval, et se met, à son tour, à conquérir son héritage. Son règne est comme un raccourci de toute l'histoire de ses prédécesseurs : il se bat comme s'il n'avait pas d'ancêtres ; mais il finit par régner aussi paisiblement que s'il avait, derrière lui, une longue suite de souverains incontestés. Il est aussi populaire que saint Louis, mais n'est pas moins absolu que Louis XI. Il a pris, dans les camps, l'habitude de la camaraderie, mais aussi l'habitude de l'autorité militaire. Il veut être obéi, mais on sait qu'il mérite de l'être. On le connaît et on l'aime. En lui, ce n'est pas seulement le Roi qui est respecté, c'est l'homme. Il avait, ce Béarnais, tout ce qu'il faut pour séduire et enjôler une nation fougueuse, toujours prompte à la servitude volontaire. Il avait le courage, la gaîté, la familiarité. Tout le monde se vantait à la Cour de lui avoir parlé franchement, et de lui avoir dit ses vérités. Il prêtait l'oreille aux discoureurs, faisait son profit de bons avis, s'attachait le conseiller par les liens de la vanité satisfaite ; et puis, les talons tournés, chacun se retrouvait à sa place.

Charmant et autoritaire, tel fut, en deux mots, ce prince, dont la France s'énamoura. Il réveilla dans l'âme du peuple un sentiment passionné pour la monarchie et il traça, pour ses successeurs, une ligne de conduite politique qui les mena au pouvoir absolu. La nation fit son idole, pendant deux siècles, de la dynastie des Bourbons. Elle se mira en elle, si je puis dire, et crut reconnaître son image. C'est Henri IV qui eut tout l'honneur de cette séduction. Il arriva si à propos et il s'y prit si adroitement qu'une légende se constitua autour de son nom, même de son vivant. Sa mort tragique enfonça dans les cœurs l'admiration de ce qu'il avait fait et le regret de ce qu'il eût pu faire. En un mot, son règne réalise cet idéal de la monarchie « royale » que Bodin avait rêvé et qui fut, pendant deux siècles, le seul bon gouvernement aux yeux de tous les Français.

La France, qui aime à être conduite, se laissa prendre par un charme si adroit et saisir par une main si vigoureuse. Au sortir des grands troubles de la Ligue, elle accepta deux cents ans de soumission volontaire autant par entraînement passionné que par instinct politique, autant parce qu'elle aimait les rois que parce qu'elle comptait sur eux pour achever l'œuvre d'unité et d'égalité poursuivie de concert depuis des siècles.

Au cours de ce turbulent seizième siècle, la conquête territoriale s'était continuée lentement, mais elle n'avait pas été suspendue. Louis XII avait rattaché au domaine les possessions de la maison d'Orléans, et François I$^{er}$, le comté d'Angoulême. Les heureux mariages d'Anne, héritière de Bretagne, avaient assuré l'acquisition définitive de cette grande et belle province. Différentes circonstances avaient réuni à la couronne le comté de Guines, Narbonne, le duché de Bourbon, les états du duc d'Alençon, les comtés de Forez et de la Marche. Des longues guerres contre l'étranger il ne nous restait que quatre villes, mais quelles villes, Calais, Metz, Toul et Verdun !

Enfin Henri IV prit, en 1607, la résolution, trop longtemps retardée, de confondre son domaine privé avec celui de la couronne. La plus belle fortune princière et la seule grande principauté qui eût survécu en France se trouvaient absorbées par le royaume. Les contemporains ne tarissaient pas au sujet du gain énorme fait ainsi, sans coup férir. « Le roi Henri IV a apporté 200,000 escus de rente à la couronne en fort bonnes terres, dit Scaliger, » et il ajoute dans son latin macaronique : « *Non loquor de illis quæ non subsunt regno Galliæ, ut Bearnia, sed* les comtés d'Armagnac, de Foix, de Bigorre, *infinita circa Montalbanum et Burdigalam*, le comté de Vendôme, de Périgort, non la ville de Périgueux; Vendôme est le moindre... Le Roi avait aussi le duché d'Albret... Tout le bien qu'il avait de la maison de Bourbon et d'Anguin est revenu à la couronne ». « Jamais, ainsi que le dit l'historien de Henri IV, roi de France n'avait enrichi la couronne de terres si nombreuses et si belles (1). »

La disparition de la maison de Navarre et de la maison de Penthièvre, par le mariage de l'héritière de Mercœur avec le duc de Vendôme, bâtard de Henri IV, marque la fin des grandes familles féodales. Au moment où la nouvelle dynastie monte sur le trône, tout s'incline autour d'elle. Henri IV régnait sur un pays apaisé, agrandi, *arrondi*. Il portait même une autre couronne que celle de France, la couronne de Navarre, dont il devait transmettre à son fils le titre assez vain. Les frontières du royaume touchaient aux Pyrénées et aux Alpes. Elles atteignaient la mer du Nord, l'Océan et la Méditerranée. Si, du côté des Flandres et du Rhin, la limite avait quelque chose de flottant et d'incertain, c'est que ce flanc, qui se présente à découvert à la poussée des masses germaniques, est la partie

---

(1) *Scaligerana* (p. 155). — Poirson. *Hist. de Henri IV* (I, p. 427).

faible de la constitution géographique de la France. Cette « marche » des Belgiques, de configuration molle et de population mêlée, riche et grasse par sa plaine d'alluvion et par le génie industrieux de ses habitants, doit être, pour des siècles encore, le mirage décevant d'une politique qui, de ce côté, ne sait où se prendre et ne sait où s'arrêter.

Quoi qu'il en soit, Henri IV pouvait contempler orgueilleusement l'œuvre accomplie sous son règne.

Juste six mois avant sa mort, le 17 octobre 1609, il se promenait à Fontainebleau dans la galerie de la Reine et, selon son habitude, tout en allant et venant, il traitait les affaires de l'État. Soudain, il fit appeler le sieur Concini et le pria d'aller quérir son grand ami, le maréchal de Lesdiguières. Comme le président Jeannin se présentait sur ces entrefaites pour prendre les ordres, il fut expédié rapidement et le roi eut avec le maréchal une conversation grave dont le récit est parvenu jusqu'à nous.

Le roi dit : que de grands sujets le préoccupaient, et qu'il pensait bien souvent à autre chose qu'à son canal, alors même qu'il allait en surveiller la construction. Il dit qu'il se sentait encore jeune, et qu'il espérait bien que Dieu lui ferait la grâce de le laisser vivre dix ans, de façon à ce qu'il pût établir les choses en telle façon, qu'après sa mort, il n'y aurait plus qu'à le pleurer et à le regretter. Puis il se compara à un architecte qui, quand il construit un édifice, se préoccupe d'abord et surtout de la solidité des fondations ; qu'il savait bien que le fondement de tout, en France, est l'autorité du prince. C'est pourquoi il voulait que son fils, le Dauphin, fût comme le centre auquel toutes les lignes de la puissance publique se rapportent ; que, quant à lui, il avait établi son autorité par tout le royaume, qu'il avait fortifié ses villes, mis de l'argent en réserve, amassé des munitions de guerre en quantité, que c'était cela qui le rendait redoutable au dedans, et au dehors, et qui était cause que tous les princes de la chrétienté envoyaient vers lui comme vers l'arbitre commun ; il déclara qu'il voulait qu'il en fût de même pour son fils, et que son intention était de l'établir *roi absolu*, et de lui donner toutes les vraies et essentielles marques de la royauté, de façon qu'il n'y eût personne dans le royaume qui ne dût lui obéir.

Puis le roi entra dans un long détail où il exposait ses vues sur l'établissement de chacun de ses enfants, et sur les conséquences que ces mariages pouvaient avoir sur les destinées du pays. En première ligne, il manifesta son vif désir de faire épouser par le Dauphin la fille du duc de Lorraine; « que ce n'était pas peu de chose d'ajouter à la couronne de France, la Lorraine ». Il se prononça ensuite nettement contre la politique du mariage des fils de France en Espagne, disant « qu'il était très certain que ces deux maisons sont dans une situation telle qu'il ne se peut mettre entre eux une bonne amitié, parce que la grandeur de l'un était la ruine de l'autre et que l'affermissement de la puissance de la France était l'ébranlement de celle de l'Espagne. » Il ajouta qu'il marierait son autre fils, le duc d'Orléans, en France, avec M$^{lle}$ de Montpensier, mais que, tout en donnant à ce prince le duché d'Orléans, il ne lui confierait que le simple domaine, non le pouvoir public, « que c'était énerver l'autorité royale de communiquer celle de maître à ceux qui doivent obéir comme sujets ».

Le duc d'Anjou pouvait être employé à Gênes, que Henri IV songeait à réunir à la couronne. Sa fille aînée devait être mariée en Savoie; sa seconde fille, M$^{lle}$ Chrétienne, pouvait épouser un infant, à la condition que le couple reçût en apanage une partie des Flandres, sur lesquelles on aurait ainsi à la fois l'œil et la main. Puis Henri IV s'arrêta longuement sur chacun de ses bâtards,

Vendôme, le chevalier de Vendôme, M^lle de Vendôme, M. de Verneuil, M^lle de Verneuil, pour lesquels il montra une tendresse excessive ; il passa en revue incidemment la situation des grandes familles qui entouraient la couronne et constata avec joie ou qu'elles étaient appelées à disparaître, ou qu'elles avaient à leur tête des hommes peu dangereux : « M. de Nevers, esprit bizarre et rempli de fantaisie, a le gouvernement de Champagne ; mais je veux que mes lieutenants Praslain et la Vieuville aient plus d'autorité que lui. M. de Nemours ne fera point race, et par conséquent l'une des quatre maisons reconnues pour princes par les rois s'en ira par terre. M. de Guise est un esprit frétillant, et lequel en apparence fait semblant d'être capable de grandes choses, mais qui n'est, en réalité, qu'un fainéant qui reste, la plus part du temps, étendu sur un lit sans songer à autre chose qu'à son plaisir. »

Puis le Roi en vint à parler de la religion. Il dit qu'il savait que les protestants se plaignaient de ce qu'il était curieux de désirer la conversion des grands seigneurs huguenots qui l'entouraient. Mais il répondait « qu'il pouvait tout au moins avoir autant de liberté que les ministres et autres de la religion, qui souhaitaient tous les jours la conversion des catholiques ; que, roi ou particulier, il avait un même désir, à savoir *qu'il n'y eût qu'une seule religion dans l'État*, tout en ajoutant que, comme Roi, il se commandait et se servait des protestants aussi bien que des catholiques, selon leur capacité propre, et sans qu'on pût lui faire aucun reproche à ce sujet. » Après s'être étendu assez longuement sur tous les soucis que lui donnaient les cabales de la Cour, les intrigues des femmes, celles de ses maîtresses et le mauvais entourage de la reine, il finit par arriver au but pratique, qui était dissimulé sous tant de graves paroles, et dit à M. de Lesdiguières qu'il avait résolu de donner en mariage sa fille naturelle, M$^{lle}$ de Verneuil, au petit-fils du maréchal, M. de Canaples.

M. de Lesdiguières, surpris d'une si mince conclusion, pour un si large préambule, répondit, un peu à l'esbrouffe, « que ni lui ni les siens n'eussent pu espérer un tel honneur », que « le Roi avait tout pouvoir de leur commander, et qu'ils obéiraient à toutes ses volontés. » La conversation commencée si sérieusement se termina ainsi par un de ces coups d'adresse dont Henri IV était coutumier. Elle n'en a pas moins une haute portée. Elle nous a été conservée par le confident intime de Lesdiguières, Bullion, qui l'a écrite pour la communiquer au cardinal de Richelieu, comme l'écho de la pensée de Henri IV et comme la tradition politique du prince qui avait restauré la dynastie (1).

Ce n'est pas, on le voit, la chimère de ce « grand dessein » caressé par Sully dans les loisirs de sa retraite et imposée à la badauderie de l'histoire par l'autorité de ce grand nom. C'est tout autre chose : un plan précis, clair, positif, sortant, pour ainsi dire, de la nature des choses ; à l'intérieur, le roi, prince absolu dans sa famille et dans l'État, disposant de son royaume comme d'un domaine, liant en un seul faisceau toutes les forces publiques pour les faire concourir à la grandeur de la dynastie et, par conséquent, de la nation qu'elle représente ; au dehors, un agrandissement raisonnable : la Lorraine, les Flandres, Gênes ; la Savoie étant tenue dans une demi-subordination. La lutte d'influence contre la maison d'Espagne reste la direction maî-

(1) « *Discours de ce qui s'est passé le vendredi dix-septième octobre mil six cent neuf entre le Roy et Monsieur le Mareschal Desdiguières, dans la gallerie de la Reyne à Fontainebleau.* » Arch. des aff. Étr. France (t. 767. fol. 5). Ce document est annoté de la main des secrétaires de Richelieu et il a été employé pour la rédaction des *Mémoires* du cardinal (t. I. p. 14).

tresse de la politique extérieure, non sans une arrière-pensée lointaine d'entente et de pacification.

Henri IV dégage avec la netteté et la promptitude de son esprit, les lignes générales de la politique royale et de la politique française. Qu'il vive dix ans, et il espère voir, sous lui et par lui, la France s'achever et l'absolutisme se fonder. Il a tout prévu, fortifié ses villes, mis de l'argent en réserve, amassé des munitions. Il a tout prévu, sauf Ravaillac dont la main arrête et tient en suspens, pour des années encore, l'avenir de la France et celui de la monarchie.

### II. — Les Instruments de la domination : l'Armée, la Justice, l'Administration, les Finances.

A la mort de Henri IV, si la conquête territoriale n'était pas achevée, elle était, du moins, très avancée. La conception moderne d'un État, aux frontières naturellement délimitées et aux conditions ethniques heureusement combinées, commençait à se réaliser. La féodalité s'écroulait et l'édifice monarchique qui allait la remplacer, dessinait déjà ses colonnades régulières et ses frontons classiques. Il n'y avait pas encore, à proprement parler, de nation française ; mais il y avait un royaume de France.

Assurément, dans cet empire obéissant à un même chef, bien des divergences et des dissentiments graves subsistent ; de nombreux vestiges d'un passé séculaire demeurent dans les institutions et dans les lois ; l'assimilation ces provinces n'est pas complète. Mais les principaux traits de l'unité nationale sont fixés ; le pli de la civilisation française est pris. Elle évolue décidément dans le sens de la centralisation.

Le royaume, qui s'était formé en s'étendant d'un noyau intérieur à la périphérie, devait rester soumis dorénavant à cette loi première de son progrès. La capitale, mère de l'unité territoriale, s'affirmait dans son rôle de maîtresse de la politique et des mœurs. Les parties éloignées n'offraient plus qu'une résistance molle et séduite d'avance. Elles se pliaient non seulement à la direction, mais aussi à l'imitation de tout ce qui venait de cette ville et de cette *île* qui, par excellence, portait le nom de *France*.

Après avoir rappelé les principales étapes de la conquête, il convient d'examiner les instruments dont le pouvoir royal se servit pour élever et soutenir l'œuvre de sa domination.

Les sociétés se fondent par la force : il faut donc étudier tout d'abord les *Institutions militaires*. Elles se consolident par la justice : il faut envisager ensuite l'*Organisation judiciaire*. Elles se règlent par l'administration : le *Système administratif* de la royauté doit retenir notre attention. Elles s'entretiennent par l'argent : l'examen des *Institutions financières* de l'ancienne France sera le couronnement de cette étude.

### L'Armée.

En 1628, Louis XIII, assiégeant la Rochelle, écrit au président Molé : « Je suis ici au milieu de l'hiver, dans les pluies continuelles, au sortir d'une grande et périlleuse maladie, agissant moi-même en tous endroits, n'épargnant ni ma personne, ni ma santé, et tout cela pour réduire en mon obéissance mes sujets de la Rochelle et ôter à tout mon royaume la racine et les semences des troubles et émotions qui l'oppriment et l'affligent depuis soixante ans (1). » Ces traits expressifs évoquent l'image de la royauté dans l'exercice de la fonction qui lui appartient excellemment : le commandement militaire.

Le roi de France est un soldat. Il naît au bruit du

(1) *Mémoires* de Mathieu Molé (t. I, p. 479).

canon ; ses premiers jouets sont des lances et des épées. Tout le monde est armé autour de lui. Le tambour marque ses heures. A quatorze ans, Louis XIII est confié à M. de Pluvinel, il est mis sur un cheval et étonne son entourage à « la vérité et sans flatterie », par la fermeté du corps, l'intelligence de la conduite, du talon et de la main. Tous les matins, il va au manège. Il chasse ; il dirige des manœuvres, fait atteler les canons devant lui. Il s'applique aux mathématiques, à l'art des sièges. Jeune encore (avril 1616), il ne se tient pas de joie de se voir à la tête d'une armée de trente mille hommes : « Oui, c'est beau pour un prince, » dit-il au médecin Héroard. A Montauban, en 1621, il fait l'apprentissage de la guerre et « s'y conduit bien », mieux que le favori Luynes qui se cachait derrière les collines. « Le 17 octobre, un coup de canon tiré de la ville tua un laquais à dix pas du roi sans l'effrayer. » Partout, il montre un courage froid, mais sûr, une bravoure de race. Il s'intéressa, toute sa vie, aux questions d'administration militaire, organisant des régiments, choisissant des uniformes, rédigeant des ordres de campagne ou des bulletins de batailles. Richelieu flattait ce goût qui, par le souci du détail, tombait dans la manie. Si Louis XIII n'eût pas été roi, il eût été capable de commander une cornette (1).

Avec ses manières gauches, son cœur froid, son esprit lent, Louis XIII n'en est pas moins, par là, le digne héritier de son père. Celui-ci avait été le soldat que l'on sait, de haute allure et de belle humeur, avec ce franc rire des batailles qui déridait la fortune et séduisait la victoire. Tous ses prédécesseurs s'étaient battus, et cet efféminé de

(1) Sur les faits mentionnés au texte, voir le *Journal* d'Héroard, *passim*. — En ce qui concerne les goûts militaires de Louis XIII, voir Marius Topin, *Louis XIII et Richelieu*, Paris, 1877, in-12 (p. 182 et suiv.).

Henri III, et Henri II mort dans un tournoi, et François Ier que l'histoire voit, le pied à terre, luttant jusqu'au bout, à Pavie ; et Louis XII qui s'était comporté si vaillamment à Saint-Aubin-du-Cormier, et, en remontant jusqu'au moyen âge, ces grands ancêtres au visage couvert du heaume, dont le bras de fer se lève et retombe dans les premières batailles de la conquête.

Le roi féodal n'avait, à l'origine, d'autre armée que celle que lui fournissait le service dû par ses vassaux. Dès la plus haute antiquité, peut-être dès l'époque gallo-romaine, la règle s'était établie que la défense du sol incombait aux propriétaires. Dans les régimes aristocratiques, le service militaire est non pas imposé, mais réservé aux nobles et aux riches. Ceux-ci tiennent à honneur de se battre, tandis que la masse du peuple travaille et s'enrichit dans les arts de la paix. Les premières armées françaises étaient formées d'après ces principes. « Tous ceux qui ont des bénéfices viennent à l'armée », disaient les capitulaires carlovingiens. Ceux qui n'étaient pas assez riches pour s'équiper et pour s'accompagner du nombre de domestiques et de chevaux nécessaires, contribuaient par groupes de trois, quatre ou six, à l'entretien d'un cavalier.

Du haut en bas du système, chaque seigneur convoquant ses vassaux et se rendant à l'appel de son suzerain, il se formait des armées qui, en théorie du moins, rassemblaient toutes les forces vives de la nation. Le roi, comme *souverain fieffeux*, disposait de ces troupes qui, en théorie également, ne lui coûtaient rien.

Mais, en raison du mode de recrutement, elles exagéraient tous les inconvénients des armées volontaires. La délibération étant un des principes du système féodal, les vassaux pouvaient discuter avec leur seigneur l'emploi qu'il faisait de leurs forces. A supposer qu'ils donnassent leur assentiment à l'expédition, ils ne devaient qu'une présence effective de quarante jours. Ce laps de temps écoulé, ils quittaient la campagne ou levaient le siège, et rentraient chez eux. D'ailleurs, ces troupes temporaires, si je puis dire, ces rassemblements provisoires, réunis avec peine et fondus en un clin d'œil, étaient sans instruction et sans discipline. Le troupeau féodal laissait le pays sans défense dans les moments critiques ; car le vassal n'était pas un soldat, et l'*ost* n'était pas une armée.

Si le roi pouvait réunir toutes les forces féodales, quand les circonstances justifiaient la convocation du ban et de l'arrière-ban, le plus souvent il en était réduit, pour de courtes expéditions, pour de simples *chevauchées*, à se contenter du service de ses vassaux directs. Tout autre seigneur, laïque ou ecclésiastique, pouvait également convoquer les hommes de ses domaines. Les villes qui avaient gardé, de l'antiquité, ou qui avaient reconquis, peu à peu, le droit d'armer des milices, en usaient et abritaient, derrière de solides murailles, la fierté de leur indépendance. Les guerres particulières se multipliaient par tout le pays. De même que la puissance publique s'était localisée, le droit de lever des troupes appartenait à toutes les provinces, à toutes les seigneuries, à toutes les familles. Ramenée à ces proportions, la guerre n'était plus qu'un infini brigandage.

La première préoccupation de la royauté, aidée en cela par l'Église, fut, comme on le sait, de mettre fin aux hostilités privées. Elle n'avait d'autre moyen d'atteindre ce but que d'être la plus forte ; la guerre ne pouvait être détruite que par la guerre. Aussi, le pouvoir dut-il se dégager de la conception militaire féodale et chercher à réunir des armées plus stables, plus sûres, par conséquent plus coûteuses.

Nous voyons ainsi sortir, très lentement, d'un mal insupportable, un autre mal dont le monde souffre encore : les armées permanentes. Et, dès l'aube des temps modernes, se pose le dilemme qui n'a pas cessé de nous étreindre : ou des milices nationales insuffisamment préparées, peu solides, composées de cette « piétaille », de ces « courtauds de boutique », dont les vrais hommes de guerre font si peu de cas ; ou des troupes mercenaires, dispendieuses et peu nombreuses, qui, si elles sont plus expérimentées d'ordinaire, et plus braves, n'ont jamais le fond ni l'âme que donnent l'amour du pays et le sentiment de la défense du foyer.

Dès le règne de Philippe le Bel, l'histoire militaire de la France oscille entre ces deux solutions. Il est à peine besoin d'ajouter que la royauté penche vers la seconde, sauf dans les périodes de crise nationale et de grand danger public (1).

Il y eut, de très bonne heure, des mercenaires dans les armées royales. Au douzième siècle, des troupes de soldats faisaient métier de se battre pour de l'argent ; on les appelait *cotereaux* ou *brabançons*. Ils sont les premiers de ces redoutables brigands qui, pendant tout le moyen âge, accablèrent les pays de l'Europe centrale, de leurs funestes exploits. Routiers, aventuriers, grandes compagnies, armagnacs, écorcheurs, de quelque nom qu'on les appelle, ils semèrent, pendant des siècles, la terreur au cœur du paysan. Si l'on s'en rapporte aux plaintes des contemporains, il est évident que la royauté appliquait, en les employant, un remède pire que le mal. Ces armées furent, d'ailleurs, insuffisantes à l'heure des grands cataclysmes. Pendant la guerre de Cent ans, leurs bandes ne surent pas défendre un pays qu'elles savaient si bien rançonner.

(1) Boutaric, *Institutions de la France avant les armées permanentes*. Paris, 1863, in-8°.

Heureusement le peuple, quoique déshabitué des armes, ne s'abandonna pas; le péril commun suscita les dévouements et réveilla les courages ; de braves gens s'enrôlèrent et donnèrent, tous ensemble, le coup de main, « pour la tuition commune ». Jeanne d'Arc est la personnification la plus haute de ce sentiment populaire qui rencontra son expression politique dans les réformes militaires dues à l'initiative de Charles VII.

Ce prince passe pour le premier organisateur des armées permanentes. Il eut surtout le mérite de concevoir le premier dessein d'une armée nationale. Dans un esprit de réaction contre le système des troupes mercenaires, il voulut assurer la défense du pays au moyen du service personnel obligatoire. Il constitua d'abord les Compagnies d'Ordonnance « conduites par certains notables chiefs, nos sujets bien récéants et qui ont que perdre », et les installa à demeure dans les provinces comme une sorte d'armée active. Puis il institua une espèce de *Landwehr,* en créant les francs archers, fournis et entretenus par les paroisses du royaume. Le caractère des réformes de Charles VII est parfaitement exprimé dans ces mots d'un contemporain, Henri Baude : « Les gens de ses ordonnances *estoient de son royaume,* excepté les Escossois; et quelque guerre qu'il eût, *il n'employast nuls étrangiers.* »

Mais ces institutions dont la conception était si réellement nationale et moderne, n'eurent qu'une très courte existence. Louis XI prenant là, comme ailleurs, le contrepied de la politique de son père, en revint au système royal par excellence, celui des troupes mercenaires. Il se décida et agit avec sa netteté habituelle. En 1480, il soudoya six mille Suisses. En même temps, il levait, *par enrôlement volontaire,* c'est-à-dire à prix d'argent, dix mille Français ; il les réunissait dans un camp, au Pont-de-l'Arche, et les faisait instruire par des Suisses. Enfin, il entassait dans ses arsenaux la plus forte artillerie qu'il y eût alors dans le monde.

Le premier roi absolu jetait ainsi les bases de la véritable armée royale. Il est facile de distinguer, dans cet embryon, comment elle se distingue de l'armée féodale, combien elle tient peu au sol, combien elle est légère et souple dans la main du prince. C'est avec cette armée que les successeurs de Louis XI entreprirent et soutinrent les premières guerres de conquête extérieure, les guerres d'Italie.

Le royaume de France dut bientôt quitter le rôle d'agresseur pour se mettre sur la défensive. Chacune des frontières menacées donne son nom au corps de troupes chargé de la défendre : Champagne, Picardie, Piémont et Guyenne. Au plus fort de ces guerres, quand il fallut repousser l'invasion, François I$^{er}$ comprit, à son tour, l'insuffisance des mercenaires ; il songea à revenir au système de Charles VII et réorganisa les *francs archers*, sous le nom de *Légions*. Il devait y avoir sept légions. Le recrutement, comme le service, était régional. Mais le danger passa et ces milices ne furent jamais assez solidement organisées pour apporter un appoint sérieux à la défense : on finit par renoncer au service personnel obligatoire.

L'armée royale se trouva donc composée définitivement de trois éléments : la noblesse dévouée à la royauté, qui servait par goût ou par ambition. C'était une troupe riche et brave ; mais on ne pouvait guère compter sur elle que pour des campagnes rapides ou pour des coups de main brillants. Pourtant, une partie de cette noblesse poussée par le besoin ou retenue par l'amour du métier, s'adonna entièrement à la carrière des armes. Elle fournit à la royauté d'excellents cadres et des officiers généraux pleins d'entrain et d'autorité.

Venaient ensuite les troupes françaises, recrutées par enrôlement volontaire. D'abord, la cavalerie composée de *gens d'armes* au nombre d'environ trois mille et de *chevau-légers*, atteignant celui d'environ 4,500. Cela donnait, avec les 1,000 hommes de la maison du roi, plus de huit mille chevaux (1). L'infanterie était divisée en deux bandes, celle de Picardie et celle du Piémont. Il est très difficile de dire quel était leur effectif, car le nombre des compagnies et le chiffre des hommes variaient constamment selon les circonstances et selon l'époque de l'année.

Enfin, troisième élément, ses mercenaires, Suisses, Écossais, Allemands, Italiens, Estradiots, généralement commandés par leurs officiers nationaux, et dont le nombre dépendait des besoins et des ressources de la royauté.

Au total, les armées françaises atteignirent, à certains moments, dans le cours du seizième siècle, le chiffre de 100,000 combattants. Pour être tout à fait complet, il faudrait signaler le service de l'*arrière-ban*, dû par toute la noblesse du royaume. Le roi pouvait la convoquer, selon les usages féodaux, pour une campagne d'une durée maximum de quarante jours ou, en tout temps, pour la défense du territoire. Mais cette noblesse indisciplinée répondait de si mauvaise grâce à l'appel, qu'on se dégoûta de la « semondre » et que le service de l'arrière-ban tomba en désuétude.

Aussi, au titre militaire, aucune charge de conscription et de service obligatoire n'était imposée à la nation. On ne lui demandait que de fournir l'argent nécessaire pour payer les mercenaires, les *soudarts* ou *soldats* enrôlés par la royauté.

Il est facile de discerner les qualités de ce genre de trou-

---

(1) V. duc d'Aumale, *Hist. des princes de Condé* (t. I, p. 57).

## LES INSTITUTIONS POLITIQUES. 109

pes. Composées d'hommes du métier, elles étaient expérimentées, braves et robustes. Lorsque le vieux Brissac eut formé ses soldats et ses officiers dans cette fameuse armée du Piémont qui fut, selon le mot de Montluc « l'école des gens de guerre », lorsqu'au début de guerres de religion, les Guises eurent créé les trois premiers régiments, les *trois vieux,* commandés par les capitaines Sarraboux, Richelieu et Remolle ; lorsque de longues guerres eurent rompu à toutes les expériences des batailles et des sièges ces corps solides et ces âmes énergiques, alors se trouva constituée cette vaillante armée française du seizième siècle dont Brantôme nous a raconté l'épopée.

Voici maintenant le revers de la médaille : ces troupes étaient dures au peuple ; elles étaient de fidélité douteuse ; enfin elles coûtaient extrêmement cher, et leur entretien accablait le royaume de charges si lourdes que la royauté dut tendre tous les ressorts de l'absolutisme pour faire suer au royaume les sommes nécessaires à la solde des troupes. Les armées mercenaires devinrent ainsi la cause et l'instrument du despotisme. Tous les contemporains sont d'accord pour déclarer, qu'en France, on ne donnait plus d'armes au peuple, de peur qu'il ne se soulevât contre ses oppresseurs.

A la mort de Henri IV, l'organisation militaire de la France était restée, dans ses grandes lignes, conforme au type qui vient d'être décrit. Pour apprécier la véritable force des troupes royales, il faut distinguer entre le temps de paix et le temps de guerre. En temps de paix, il n'y avait pour ainsi dire pas d'armée. Henri IV avait licencié ses régiments après le traité de Vervins, et il n'avait gardé que les vétérans, les mortes-payes nécessaires pour la garde des places fortes, et aussi, autour de lui, un assez grand nombre de gentilshommes ayant fait leurs preuves dans les guerres civiles ou les guerres étrangères. L'armée française n'était plus qu'une armée de cadres, selon la parole de l'ambassadeur vénitien : « que plus du tiers de l'armée royale se composait d'officiers, puisque eux seuls se présentent aux montres, quel que soit l'abandon où on laisse les troupes ».

Un autre ambassadeur vénitien explique, dans les termes suivants, la composition de l'armée française : « Les armées de terre se composent de cavalerie et d'infanterie. En tant que cavalerie, les Français ont un certain nombre de compagnies de gens d'armes qui montent jusqu'à trois mille hommes en temps de guerre et doivent être de deux mille en temps de paix. Mais le plus grand nombre n'est pas payé et n'existe que sur le papier... Les hommes d'armes sont obligés d'entretenir chacun trois hommes pour un cavalier. Il y a, en outre, les chevau-légers. Une de leurs compagnies appartient au roi depuis le temps de Henri III. On la maintient aujourd'hui; et il y en a trois autres entre les mains des fils naturels du roi et des princes du sang. Il y en a encore beaucoup d'autres, mais purement nominales et non payées, car la dépense en serait aussi lourde que celle des gens d'armes. Ces cavaliers sont armés de pistolets et leur casque, comme tout le reste de l'armement, est « à la légère »; ils n'ont pas de lances qui sont, d'ailleurs, délaissées maintenant. La force de l'armée, le nerf et la vigueur du camp résident dans la « cornette blanche », ainsi nommée de l'étendard sous lequel servent les volontaires et les gentilshommes du roi. Elle est composée de la fleur de la noblesse et est animée par le sentiment de l'honneur et par l'émulation d'une bravoure naturelle. C'est le bras du roi, la terreur des ennemis et le foudre de la guerre. A sa tête, on peut braver les plus grands périls; son nom et sa force assurent la victoire. Le chef de ce corps était le feu roi (Henri IV), chef digne des membres, et membres non indignes du chef ».

« L'infanterie compte, d'abord, les garnisons maintenues dans les places fortes du royaume, qui s'élèvent au chiffre de 6,500 hommes. Puis, les soldats des gardes, au nombre de 4,000, d'ailleurs mal entretenus et mal payés ; ce sont pourtant les meilleurs gens de pied qu'ait la France, parce qu'ils sont tous gentilshommes et cadets de la noblesse. Les rois précédents ne se servaient pas d'infanterie française et avaient recours aux Suisses et aux Allemands ; mais aujourd'hui, la longueur des guerres civiles a donné à la France une infanterie nationale très bonne, de même qu'elle a une cavalerie sans égale. Les Gascons sont les meilleurs de tous. Le feu roi Henri IV disait qu'il y avait en France trois cent mille hommes d'excellents soldats, vétérans, qui avaient appris, à leurs frais, la discipline militaire ; et il est certain, qu'au premier coup de tambour, on peut réunir et armer facilement 80,000 hommes. Il n'est pas nécessaire de les instruire par les manœuvres ou la petite guerre ; car ils ont été formés dans la vraie guerre et au milieu de réels dangers.

« En outre de tout cela, on garde précieusement les ligues avec les Suisses et les Grisons. Avant de mourir, Henri IV en avait fait de grandes levées, de sorte qu'on peut dire que l'argent manquerait à la France avant les hommes. En temps ordinaire, le roi joint aux gardes d'origine française trois cents Suisses et lansquenets pour la parade.

« Le roi conserve aussi une grande abondance d'armes et de canons dans toutes ses places fortes. Nous avons vu nous-mêmes cent pièces de canon, à Paris, sur les murailles et devant les portes, pour saluer le roi à son retour de Reims. Outre les canons on trouve, à l'arsenal, des magasins d'armes pour 50,000 hommes de pied et pour 1,500 cavaliers; quant à la poudre, aux balles et autres objets nécessaires, le roi en a autant qu'il veut. »

Ces chiffres sont imposants. Henri IV savait les faire valoir, au risque de passer pour Gascon : « Le roi m'a dit, écrit l'ambassadeur anglais Carew, qu'il pourrait lever dans son royaume 50,000 cavaliers et 200,000 fantassins sans arrêter une seule charrue ni un seul artisan dans son travail. »

Ce qui paraît certain c'est, qu'en 1610, au moment où il se préparait à entrer en campagne, il avait sous ses ordres une armée de cinquante et un mille hommes prêts à marcher. Il comptait, paraît-il, doubler ce chiffre et attaquer la maison d'Autriche avec quatre armées atteignant un effectif de 100,000 combattants parfaitement armés et équipés. Malherbe qui voit défiler les régiments dans les rues de Paris, est frappé de leur splendeur : « On lève ici de fort belles troupes, dit-il, et je crois qu'il ne se vit jamais rien de si beau et de si paré que notre armée; ce ne sont qu'armes dorées, velours et broderies extrêmement riches. Sa Majesté ne veut point qu'on porte d'écharpes, mais des croix blanches; cela ramènera l'usage des casaques; la cornette blanche en portera de velours violets. » Quelle comparaison avec les bandes qu'avait commandées la jeunesse du Béarnais!

Ces belles troupes avaient une discipline, un ordre de marche et une tactique dont un autre contemporain, Louis de Montgomery, nous décrit le pittoresque détail. Voici un régiment qui passe, divisé en compagnies, en bel ordre, les hommes cinq par cinq, poitrines bombées, la jambe tendue, les panaches au vent, et la forêt des piques se mouvant par-dessus les têtes. D'abord, la compagnie d'arquebusiers d'avant-garde; derrière elle, un espace de cent vingt pas; puis, le tambour-colonel avec son bâton de trois pouces et le fifre qui, selon le mot de notre auteur, « orne fort une

compagnie »; puis, les tambours qui sonnent la batterie
« à la française ». En tête du gros de la troupe, la moitié
des mousquets et des arquebuses ; derrière, le tiers des piques avec le colonel ; puis, la masse des piquiers avec les enseignes, d'autres tambours et la compagnie d'arquebusiers ;
en arrière, une autre demi-compagnie d'arquebusiers et les
bagages ; enfin les goujats, talonnés par la compagnie d'ar-
rière-garde. Parfois, les piques sont massées au milieu et les
arquebusiers rangés sur les côtés, ceux de droite portant
l'arme sur l'épaule droite et ceux de gauche sur l'épaule
gauche.

Le commandement appartient au colonel ou mestre de
camp qui représente la personne du roi et ne doit obéissance
qu'au général. Armé d'une rondache à l'épreuve du mousquet, d'un accoutrement de tête à l'épreuve de même, le
visage découvert et un grand panache flottant au-dessus de
son casque, il tient l'épée à la main. « Ses armes doivent
être resplendissantes, son visage gracieux, son cœur fort,
son esprit vigilant, tel enfin que fut César ou, pour parler
des Français, tels que furent le maréchal Strozzi, le comte
Gabriel de Montgomery et le colonel Brissac qui fut tué
devant Mucidan. » Près de lui, le sergent-major, qui est son
second, veille à la marche et à l'ordonnance des troupes,
tandis que le prévôt a la charge des vivres et de la justice.
A la tête de chaque compagnie, le capitaine. La compagnie
est composée de trois cents hommes, s'ils sont arquebusiers,
et de deux cents s'ils sont piquiers. Au-dessous, les lieutenants, enseignes et anspessades ; ces derniers sont des
chevau-légers combattant à pied et qui, nobles le plus souvent, sont traités comme des officiers ; puis, le sergent de
bande, qui doit être vieux soldat, « fort aventureux et ré-
« solu ; et, au plus bas degré de l'échelle, le caporal ou chef
« d'escouade qui doit servir comme de père à ses soldats

« et dont le principal soin est de veiller aux gardes. »

Le soldat, s'il est arquebusier ou mousquetaire, porte une arquebuse et son croc, l'épée courte au côté. Il a sur lui une livre de poudre et six brasses de mèches, trente balles de calibre ; il fait, lui-même, sa mèche et ses balles et se charge du moins de bagage possible « n'étant pas mulet d'Auvergne » ; ceci est affaire aux goujats, un pour deux hommes de troupe, et aux chevaux, un pour quatre hommes. Les goujats, en cas de péril extrême, prennent les armes et combattent. Quand on passe en pays suspect, chacun doit allumer sa mèche par les deux bouts, rafraîchir le pulvérin du bassinet et mettre quatre balles en bouche. L'ordre du colonel et du sergent-major circule, de rang en rang, en la forme suivante : « Balle en bouche, allume mèche, passe-parole ; » et chaque soldat doit répéter l'ordre qui fuit ainsi, jusqu'à la queue.

Quelle que soit l'importance des armes à feu, la pique reste toujours, selon le mot des Espagnols, la « reine des armes ». Sur un régiment de 3,000 hommes, on compte deux mille ou deux mille cinq cents piquiers. La pique doit être de huit pieds. En marche, on la porte couchée sur l'épaule, le bout regardant le jarret du soldat qui marche devant, et le fer trois pieds plus haut que la tête de celui qui vient derrière. Il faut, en marchant, prendre la cadence du tambour avec le plus de grâce et de gravité qu'il sera possible : « car la pique est une arme honorable et qui mérite d'être portée avec un geste brave et audacieux » ; et pour leur donner plus de masse et plus de poids, les piquiers, en campagne, marchent sept par sept.

En bataille, les piquiers font front de treize, le colonel au cinquième rang, le sergent-major et ses aides sur les ailes, le capitaine près des enseignes « avec lesquelles il se doit résoudre de mourir plutôt que de les perdre ». Le sergent-major lance son arquebuserie et sa mousqueterie en avant pour couvrir le bataillon des piques et le parer de leur salve ; après avoir tiré, les arquebusiers se replient parmi les piquiers, sans déranger leurs rangs. Ceux-ci garderont de rompre ni d'entrouvrir ; sinon, c'est leur perte. Contre l'infanterie, ils tiennent la pique de la main droite à trois pieds du gros bout, l'autre main à un pied et demi de celle-là ; on peut même ou faire couler la pique dans la main jusqu'au gros bout pour frapper de plus loin, ou l'appuyer sur l'estomac pour se donner plus de force. Contre la cavalerie, il faut prendre la pique de la main gauche par le milieu, et de la main droite, un pied et demi derrière ; mettant le genou en terre, le soldat appuie sa lance derrière lui, tient la pointe droite au poitrail du cheval et attend, sans déplacer, le choc (1).

Ces belles troupes ont acquis, pendant les guerres de la fin du seizième siècle, une réputation méritée et ont relevé le prestige de l'infanterie française ; mais elles ne valent pas encore la cavalerie qui est vraiment hors de pair, surtout depuis que Henri IV lui a appris la brillante manœuvre offensive nommée *pistolade*, qui nous est décrite par un autre contemporain : « Les lances sont tout à fait délaissées par la cavalerie française. A la place, ils n'ont comme armes offensives que des pistolets très légers et l'épée. Comme armes défensives, ils sont armés de toutes pièces et solidement. Ainsi ils ne craignent ni les lances, ni les coups d'arquebuses ordinaires, mais seulement les coups de mousquet. Ils se rangent en escadrons épais, en mettant les meilleurs soldats au premier rang. Ils chargent alors non au galop,

(1) La plupart de ces détails sont empruntés à l'ouvrage de Messire Loys de Montgomery, intitulé : *La Milice française réduite à l'ancien ordre et discipline militaire des Légions*. Rouen, 1603, in-8°. Il faut voir aussi les gravures du temps.

comme on faisait autrefois, mais au trot et parfois même au pas. Ils approchent l'ennemi jusqu'à ce qu'ils le voient, comme ils disent, dans le blanc des yeux, c'est-à-dire aussi près que possible. Alors ils font le coup de pistolet, puis chargent à l'épée. Cette belle manœuvre a été inventée par le roi Henri IV et lui a valu de grands succès dans les guerres récentes (1). »

Ainsi préparée, ainsi entraînée, ainsi conduite, commandée par le roi ou par des chefs expérimentés, connétable, maréchaux, lieutenants généraux, colonels de l'infanterie et de l'artillerie, l'armée française prend le rang qu'elle doit garder, pendant tout le dix-septième siècle, parmi les armées européennes. Avec ses cadres surabondants, sa cavalerie brillante, son infanterie solide, ses mercenaires indéfiniment multipliés, son artillerie nombreuse et bien entretenue, elle met entre les mains du roi une force redoutable. Quand on énumère ses régiments, quand on compte les places fortes qui appartiennent au roi, quand on voit partout des populations valeureuses, prêtes à s'enrôler au premier appel, Gascons, Picards, Piémontais, Dauphinois, Bourguignons ; en un mot, quand on mesure le chemin parcouru depuis le temps où le duc de France, entouré de quelques vassaux, essayait d'élargir le cercle de châteaux forts qui l'étouffait dans son Paris, on apprécie et, si je puis dire, on pèse cette autorité nouvelle qui fait de lui le véritable maître du pays. Les provinces sont non seulement conquises, mais occupées, maintenues. Le roi a la force. Qui donc pourrait lui résister ?

On lui résiste pourtant. Quatre ans après la mort de Henri IV, des armées qui ne sont pas l'armée royale et qui

---

(1) Relation de Pietro Duodo, *Amb. Vén.*

ne sont pas des armées étrangères, vont mettre le pays à feu et à sang, renouvelant toutes les fureurs des guerres civiles. Le règne de Louis XIII est plein de ces funestes journées, où des Français luttent contre des Français. Toute l'autorité militaire n'est donc pas rassemblée dans la main du roi. S'il est le plus grand chef du royaume, il n'est pas encore le chef unique. C'est ce qu'il faut indiquer maintenant, en signalant les lacunes de l'organisation militaire créée par les rois.

Le grand vice de l'armée royale découlait du principe même de son institution. Elle était mercenaire ; son organisme reposait sur l'argent : *pas d'argent, pas de Suisse*, disait le proverbe né probablement au lendemain de la Bicoque. D'où la variabilité des effectifs résultant de l'intermittence des sacrifices. En temps de guerre, il faut des soldats à tout prix : le pays est accablé d'impôts soudains et insupportables. En temps de paix, le roi, toujours à court d'argent, licencie ses troupes ; elles tombent à rien, se débandent et courent le pays. Le soldat est alors une proie tout indiquée pour les capitaines d'aventures, coureurs de route et détrousseurs de passants ; il l'est aussi pour les seigneurs mécontents, pour tous ceux qu'agite l'esprit de rébellion et qui n'ont pas perdu le souvenir des anciennes résistances féodales.

Ainsi l'armée flotte entre l'obéissance et la révolte, et le prince qui l'a constituée la voit souvent se tourner contre lui. Ses troupes, en effet, ne sont pas à lui ; elles ne lui appartiennent pas. A qui sont-elles ? — A l'officier qui les commande. C'est cet officier qui, maître d'une compagnie, d'un régiment, d'une armée, *traite* avec le roi. Comme une sorte de commissionnaire, il fait une campagne à l'entreprise. Il dispose d'un certain contingent, d'une unité tactique, comme on dit aujourd'hui, qui porte son nom et qui n'obéit qu'à lui. Des sous-entrepreneurs ont des parties de son affaire. Jusqu'aux lieutenants et enseignes, chaque officier concourt, pour sa quote-part, à la mise de fonds qui a pour objet l'achat temporaire d'un certain nombre d'hommes prêts à faire campagne, avec leurs officiers, pour le service du roi.

Quels sont les bénéfices? Il y a, en premier lieu, les avantages d'honneur, auxquels la race est loin d'être insensible. Toute la noblesse du royaume est habituée à faire de grands sacrifices pour se distinguer aux yeux du prince. On équipe une belle compagnie ou un beau régiment suivant sa fortune et son rang, de même qu'on se ruine pour figurer dans un carrousel ou dans un tournoi. C'est ainsi qu'on attire les regards du roi, ensuite la faveur et les récompenses qu'assure sa libéralité : pour les plébéiens, la noblesse, pour les gentilshommes, l'octroi des hautes charges de l'armée et de l'État qui illustrent une famille et dorent les vieux quartiers du blason.

Mais il y a aussi les avantages pécuniaires. Quand le roi a besoin d'hommes, il paye sans compter. Or, les hommes ne sont pas chers. On trompe aux revues et aux *montres*, sur leur nombre et sur leur qualité; on remplit les lignes de faux soldats, de *passe-volants*. On trompe sur les armes, sur les vêtements, sur les vivres. Souvent l'officier a touché d'avance la somme destinée à l'entretien de sa troupe pendant toute une campagne. Mais la mort, les maladies, une débandade, l'indiscipline le débarrassent, en quelques jours, du soin de remplir ses engagements. Si un officier trop consciencieux s'est endetté pour faire figure, le roi n'est pas insensible à ses plaintes. Il lui donne quelque présent ou accorde une pension ; si cet officier meurt au service, on n'oublie pas la veuve et les enfants. Il y a des bénéfices encore plus directs ; la maxime du temps est : « la guerre nourrit la guerre. » On pourrait même dire : « la paix nourrit la guerre. » Car, le plus souvent, dans les marches, les provinces du royaume sont traitées comme pays conquis. Outre le butin, les rançons, les capitulations, les confiscations des biens des vaincus font le profit du vainqueur Tout cela finit par compter et on pourrait citer nombre d'officiers qui ont refait, l'épée au poing et le « cul sur la selle », la fortune de leur maison.

Quoi qu'il en soit, le système de la *commission* assure à l'officier une grande indépendance. Puisqu'il traite avec le roi, il peut toujours accepter ou refuser le marché. En cours d'exécution, s'il trouve que les clauses ne sont pas observées, il se plaint et, au besoin, il rompt. S'il ne fait pas le gain espéré, s'il n'obtient pas l'avancement convoité, adieu ; le voilà parti, emmenant son monde. Il s'offre à un maître plus généreux, passe contrat avec un plus haut enchérisseur. Les officiers de réputation, ceux qui payent bien leurs troupes, ou qui les traitent doucement, ou qui les conduisent aux bons endroits, ou qui ferment les yeux à temps, ceux-là n'ont qu'à lever le doigt pour réunir autour d'eux des soldats d'élite qui les suivent partout. Ces mercenaires n'ont pas de patrie, pas plus quand ils servent le roi que quand ils combattent contre lui.

Puisqu'il suffit de payer pour avoir des troupes, tous ceux qui ont de l'argent peuvent s'assurer une force militaire. Même en temps de paix, les princes du sang, les grands seigneurs, les gouverneurs de province ont leurs soldats à eux, et les rois ne sont pas fâchés de se décharger ainsi d'une partie de la dépense. Si la guerre civile éclate, ces grands seigneurs disposent de cadres tout formés pour enrôler les recrues : eux aussi délivrent des *commissions*. Les officiers pèsent, calculent les chances et, selon leur avantage, leur intérêt ou leur caprice, ils vendent leurs services au pouvoir ou à la rébellion. C'est ainsi que les Grands, coalisés, opposent parfois aux troupes royales des armées puissantes qui laissent la victoire incertaine. C'est ainsi que la révolte d'un Condé, d'un Gaston d'Orléans, d'un Montmorency, d'un Soissons, balance, jusqu'à la fin du règne de Louis XIII, la fortune de la dynastie régnante.

Ces résistances s'appuient, d'ailleurs, sur une force militaire permanente que les propres ordonnances des rois ont constituée, que leurs deniers entretiennent et qui est une menace perpétuelle contre leur autorité : c'est le parti protestant. Nous ferons connaître par la suite l'origine, la constitution et la force de ce parti. Mais, pour faire apprécier les tâches difficiles qui incombaient à la royauté, au début du dix-septième siècle, il convient d'indiquer ici que les garnisons protestantes occupaient légitimement environ cent cinquante places fortes dans le royaume, et que l'État versait, chaque année, entre les mains de leurs chefs, plus d'un million de francs pour l'entretien des troupes. Il faut rappeler encore que les forces du parti pouvaient être, au gré des synodes, employées contre la royauté et qu'on les avait vues maintes fois, au moment d'une guerre extérieure, prendre les troupes royales à revers et prêter main-forte à l'ennemi, au nom des intérêts particuliers de la cause. De l'avis de la plupart des contemporains, la grande faiblesse militaire de la France était là : les armées protestantes, vaillantes, dures à la fatigue, pleines d'un enthousiasme farouche, valaient les armées royales : « Ils sont très nombreux, écrit un ambassadeur vénitien. Ils comptent, d'après ce qu'on rapporte, quarante mille gentilshommes, bons soldats, et peuvent équiper en outre 30.000 hommes de bonnes troupes et bien exercées (1). »

(1) *Rel. amb. Vén.*, t. I. — Sur la force des Huguenots et le

La base d'opération du protestantisme était, comme on le sait, dans les régions du sud et sud-ouest, entre les Cévennes et la mer, les Pyrénées et la Loire. Cette importante partie du royaume abritait, derrière la légalité de l'Édit de Nantes, ses tendances séparatistes et ses aspirations indépendantes. Ainsi subsistait, jusque dans le système militaire, quelque chose de ce dualisme qui, pendant de si longs siècles, a été une des lois de l'histoire de France. Il fallait encore quinze ans de guerres, des expéditions considérables et de longs sièges, il fallait, en un mot, une nouvelle conquête du midi par le nord, pour que la force de l'État fût définitivement constituée et reconnue.

Le roi était puissant; il était riche; il était victorieux. Il pouvait braver la coalition des plus grands parmi ses sujets et, comme le Jupiter de la fable, les soulever tous au bout d'une chaîne à laquelle ils se seraient suspendus. Cependant, en cas de guerre étrangère, les révoltes intérieures mettaient le royaume en péril. Le pays, divisé contre lui-même, n'avait pas une pleine conscience de sa force. Le sentiment de la solidarité commune n'était pas assez vif pour imposer à tous, les sacrifices qu'exigeait la défense du territoire. Il n'y avait pas d'armée nationale.

Le système de l' « enrôlement », intermédiaire entre le « service » féodal et la « conscription » moderne, donnait des troupes solides et braves, mais ni assez nombreuses, ni assez réellement patriotes pour faire face, le cas échéant, à une attaque simultanée sur toutes les frontières. Par contre, ces troupes sans patrie, sans foi ni loi, ces officiers de for-

---

péril qu'ils faisaient courir à l'unité du royaume, voir notamment *la Breve Relatione de Gli Ugonoti di Francia* (nov. 1619), par Bentivoglio, nonce du pape en France; dans : *Relationi del Cardinal Bentivoglio*, Colonia, 1646, in-8° (p. 144).

tune, ces soldats de rencontre faisaient, de l'armée royale, un puissant instrument de despotisme. Saint-Barthélémy ou Dragonnades, quelque besogne qu'on leur commandât, ils étaient prêts. Pactisant trop facilement avec la rébellion, ils ne demandaient pas mieux que de l'étouffer dans les flots de sang.

Les institutions militaires étaient, en somme, comme toujours, l'image de l'ordre social et politique. Dans le détail, beaucoup de désordre et d'incertitude, l'encombrement d'un passé qui se mêlait confusément au présent et embarrassait sa marche; mais, dans l'ensemble, de l'élan, de l'entrain, une grande confiance en l'avenir; peu de calculs, nulle prévoyance, du bonheur et de la bonne humeur. Les résolutions étaient promptes, le langage fier, les actes vigoureux, et l'épée tranchait, avec une allégresse juvénile, des problèmes qui, dans une civilisation plus avancée, eussent fatigué inutilement les délibérations des conseils.

### La Justice.

Toute société qui s'organise aspire à la justice. Le premier acte d'une autorité qui étend son action sur une région nouvelle est d'imposer sa juridiction. Dès que la paix est établie, les intérêts se tournent vers le magistrat et implorent son intervention. Il en a été ainsi dans l'ancienne France. Au fur et à mesure que la conquête territoriale s'étendait, les juges royaux arrivaient et ouvraient leurs assises. De là, la part importante qui revient aux hommes de loi dans la constitution politique du pays.

Mais s'il est facile de constater leur action, il est plus difficile de la définir clairement. Ces praticiens obscurs et tenaces, ont partagé les préjugés et les passions de leurs contemporains; ces procureurs ne sont pas des héros; ces logiciens ne sont pas des philosophes. Leur pensée ne se dégage pas avec une clarté suffisante. Ils sont souvent divisés entre eux. Dans les batailles qui se livrent, ils ne savent pas toujours à quel camp ils appartiennent. Dans leurs livres, dans leurs recueils de sentences et d'apophtegmes, on trouve des armes pour tous les combats.

C'est ce qui fait la difficulté de ces études. Digeste, pandectes, coutumes, droit canon, ordonnances royales; arrêts, jurisprudence, compilations de toutes sortes et de toutes formes; gloses, notes, articles, commentaires, cette lourde masse encombrante qui constitue la législation du moyen âge a lassé l'effort de l'érudition et de l'histoire. Montesquieu a reculé devant la tâche qu'il avait entreprise de débrouiller les origines de notre droit public. Les jurisconsultes contemporains s'y perdaient. Voici la parole de découragement du plus aigu d'entre eux, Loyseau : « Je le dis après l'avoir essayé, qu'on lise toutes les coutumes qui ont traité des Justices, on n'y trouvera que diversité et confusion; qu'on étudie tous les auteurs anciens et modernes qui en ont écrit, on n'y trouvera qu'absurdité et répugnance; qu'on y rêve à part soi, tant qu'on voudra, il sera bien habile celui qui, parmi ces grandes variétés et des temps et des lieux, et parmi tant d'absurdités, pourra choisir une résolution assurée et équitable. C'est ici le nœud gordien qu'il faut couper et non découdre (1) ».

Constatons, avec ces hommes de grand savoir, que le chaos était inextricable et indescriptible, et contentons-nous d'indiquer, s'il se peut, dans quelles conditions il finit par se débrouiller et, comment une première lueur apparut. Nous pourrons, ainsi, reconnaître le procédé instinctif des

(1) *Traité des Seigneuries*, chez la veuve Abel L'Angelier, 1613, in-4°.

âges chez un peuple qu'une aspiration continue vers l'idéal a toujours dirigé dans son évolution séculaire.

Que, dans la faillite de l'État romain, les institutions judiciaires se soient émiettées et localisées, comme les autres éléments constitutifs de l'autorité publique, cela ne peut surprendre. Mais ce qui est vraiment extraordinaire, c'est que la notion d'une justice humaine se soit comme effacée dans les esprits et qu'on ait été réduit, pour régler les difficultés privées, à légitimer l'usage de la force. Aucune autre société, peut-être, n'a rien vu de plus barbare que la preuve par l'eau ou le feu et le duel judiciaire. Montesquieu a expliqué comment ces usages se sont établis : les lumières et les mœurs ayant disparu simultanément, la preuve par écrit étant impossible, la preuve par témoins tumultueuse et corrompue, le mieux était encore d'en finir par un procédé brutal, en rapport, d'ailleurs, avec la brutalité générale du temps.

Il fallut donc revenir de loin. Les premiers essais furent pénibles et incertains. Tout le monde y mit la main. L'Église d'abord, par sa prédication morale et par la constitution du droit canon ; la féodalité, par l'établissement des juridictions seigneuriales ; les villes, par la rédaction des chartes et par la création des premières justices municipales ; les hommes de science, par la restauration du droit antique ; la royauté enfin, par la hardiesse de son entreprise unificatrice et par l'autorité suprême dont elle se saisit.

L'Église appuyait ses revendications en cette matière sur la parole du Christ : « Ce que tu lies sera lié ; ce que tu délies sera délié au ciel comme sur la terre. » Elle affirmait que tous les clercs relevaient de son tribunal ; elle prétendait qu'il en était de même des laïcs, pour toutes les matières ayant un caractère étroitement moral ; elle déclarait que le pape était le suzerain spirituel de tous les souverains ; en outre, grande propriétaire féodale, elle réclamait, à ce titre, la juridiction appartenant au détenteur du fief.

La féodalité faisait reposer son système judiciaire, comme toutes ses institutions, sur la possession de la terre. Il faut reconnaître cependant que la justice féodale avait aussi d'autres origines, soit dans l'autorité originaire du père de famille, soit dans un démembrement de la puissance du prince accordé par voie de concession privilégiée. Le seigneur était maître de la justice sur son fief (1). Mais, l'un des principes du gouvernement féodal étant la délibération en commun, certaines maximes restrictives de l'autorité du seigneur s'établirent, comme celle-ci : « Juger est le fait de plusieurs » ; « nul ne peut être jugé que par ses pairs. » En principe, le jugement devant le tribunal féodal était réservé à ceux qui avaient une tenure féodale, aux vassaux et aux arrière-vassaux, de sorte que les serfs n'étaient pas justiciables de cette cour, en vertu du dicton : « Justice n'est mie à vilain. » Ce système dont on voit la limite par-dessous, se bornait, par-dessus, en ce que, pour les *hommes de poeste* (c'est-à-dire *en puissance* du fief), il n'admettait pas l'appel ou recours à une juridiction supérieure, en vertu de cet autre dicton : « Entre toi et ton maître, il n'y a autre juge, fors Dieu (2). »

Les communes et les villes à établissements tenaient leur autorité judiciaire, soit d'une usurpation violente sur le seigneur, soit de la libre concession de celui-ci, soit de l'octroi royal. « Les bourgeois ne peuvent être jugés que par leurs pairs », tel est le principal article des chartes de

---

(1) Pour les origines, Viollet, *Institutions politiques*, t. I.
(2) Beaune, *Droit coutumier français*, Paris, 1880, in-8°.

libertés ou de privilèges. Cette juridiction particulière est naturellement bornée à l'étendue de la ville libre et de sa banlieue. Elle tend à se soumettre à la juridiction royale (1).

Celle-ci réclamait, en vertu de principes divers, une autorité suprême sur toutes les cours du royaume. Comme seigneur de ses domaines, le roi avait pleine justice, haute et basse, sur ses vassaux. Comme suzerain fieffeux, il intervenait légitimement en cas de *fausseté de jugement* (2) et de *défaute de droit* (3). Comme patron des églises, et comme bras séculier, il revendiquait une certaine surveillance sur les tribunaux ecclésiastiques; l'exécution de leurs jugements lui était attribuée. Comme protecteur de la bourgeoisie et des communes, il se réservait, à chaque délivrance ou confirmation de chartes, le droit de haute justice et l'appel de certaines sentences rendues par les tribunaux municipaux. Enfin comme roi, comme successeur de Charlemagne et des empereurs, il revendiquait la haute autorité judiciaire que le droit romain assurait au prince. De bonne heure, les légistes avaient traduit à son profit le *quod principi placuit, ita lex esto,* par la formule française : « si veut le Roi, si veut la loi ». La royauté laissait planer, d'ailleurs, sur ses ambitions en cette matière, une habile obscurité. En les précisant, elle les eût bornées ; elle préférait laisser beaucoup au temps et poussait devant elle,

---

(1) Giry, *Établissements de Rouen*, t. I.

(2) *Fausser le jugement* c'était déclarer que le jugement avait été faussement rendu. Saint Louis établit que, quand le plaideur « faussait le jugement » des barons, le procès était porté devant les juges royaux et jugé par témoins.

(3) Il y avait *défaute de droit* quand la cour du baron tardait outre mesure à rendre le jugement. Dans ce cas, l'affaire était portée devant le tribunal du suzerain.

insensiblement, vague à vague, la lente inondation des *cas royaux*.

La multiplication des cas royaux et l'institution de *l'appel*, tels furent les instruments les plus puissants dont se servit le pouvoir pour accroître son autorité à partir de la fin du douzième siècle. Les prévôts et les baillis, à la fois administrateurs et juges en premier ressort dans les domaines du roi, considérèrent comme cas royaux tout d'abord le meurtre, le rapt, l'homicide, la trahison; puis, peu à peu, tous les crimes qui dérivent de ceux-ci : révolte, port d'armes illicite, émeute, fausse monnaie, résistance aux officiers royaux, attentats contre la sûreté de l'État ou contre les ministres des cultes; par la suite, enfin, les causes intéressant les personnes qui s'avouaient « bourgeois du roi » et, par une définition très élastique, tous les litiges dont les lois romaines avaient réservé la connaissance à la juridiction des empereurs.

Par des moyens analogues, la même campagne d'envahissement se poursuit sur le domaine réservé aux tribunaux ecclésiastiques. On leur arrache les causes par l'habile revendication des *actions possessoires*, par la restriction du *privilège de clergie*, par la nécessité de rédiger les actes en français, par le contrôle exercé sur l'exécution des jugements émanant des officialités. Souvent, les clercs se sentent impuissants à défendre leurs droits et leurs privilèges; d'eux-mêmes ils s'adressent à la justice royale. Nombre de prélats, d'abbés, de maisons religieuses implorent la faveur des *lettres de committimus* qui les rendent judiciables des tribunaux émanés du Conseil du Roi. Ainsi s'esquisse, de bonne heure, ce système « d'évocation à la personne » qui se présente à la fois comme un privilège pour le particulier et comme une nouvelle extension de l'autorité du prince.

Sur toute la face du royaume, un duel âpre s'engage entre les juridictions royales et les juridictions seigneuriales, municipales et ecclésiastiques. Dans chaque ville, dans chaque village, les divers tribunaux sont établis porte à porte et se font concurrence. Toutes les passions de clocher entrent en jeu, la vanité, la cupidité, l'ambition. La rivalité de nos notaires ou de nos médecins de campagne peut nous donner aujourd'hui l'idée de ce que furent autrefois ces milliers d'Iliades obscures. Le justiciable pèse les mérites des concurrents et donne la préférence à celui d'entre eux qui lui paraît procéder avec le plus de célérité, d'exactitude et d'autorité. A ce jeu, les tribunaux royaux l'emportent, parce qu'ils ont la force derrière eux.

L'extension des *appels* ne fut pas moins féconde en résultats que la multiplication des *cas royaux*. Ceux-ci visaient les causes en première instance; l'appel habitua le plaideur mécontent à trouver un secours dans l'autorité du roi. Dans le droit féodal primitif, nous l'avons dit, l'appel n'existait pas. Si le plaideur n'était pas satisfait, il n'avait d'autre ressource que « de fausser le jugement », c'est-à-dire d'accuser le juge de félonie et de l'appeler en champ clos, nécessité pénible pour l'un comme pour l'autre. C'est saint Louis qui réforma cet abus : « Combat, dit-il, n'est pas voie de droit », et il institua quatre bailliages devant lesquels devaient être portés les appels des tribunaux seigneuriaux. On devine aisément le parti que les légistes royaux tirèrent de l'institution des appels. Tout motif fut bon pour arracher un plaideur à son tribunal ordinaire et pour l'amener devant les assises du prince. De là, ces nombreux « appeaux volages » que le pouvoir royal lui-même finit par trouver excessifs, mais dont, au début, il recueillait tout le profit.

Plus le roi devenait fort, plus ses juges étaient ardents.

Tout leur servait : les progrès de la conquête, l'adoucissement des mœurs, la restauration des études. Derrière les soldats, le juge arrive sans tarder. Les procès se multiplient autour de lui. Il déclame contre l'abus de la force et, selon la loi du progrès humain, remplaçant un mal par un autre mal, il lui substitue la chicane.

Après plusieurs siècles de ce régime, une grande révolution s'est accomplie. La justice, qui reposait sur le sol et sur le droit du propriétaire, est attachée à la personne du prince ; elle descend d'en haut sur les justiciables. Les anciens principes sont niés ; les vieux dictons féodaux sont retournés. C'est maintenant la « raison » romaine qui tend à remplacer la « coutume » barbare ; c'est le Digeste qu'on étudie et que l'on consulte, en y ajoutant quelque lambeau du droit canon et de la tradition biblique. La théorie légiste traduit, dans son langage hérissé de citations latines, le fait que le roi est juge suprême dans son royaume : « Dieu est la justice même et la vérité, dit un jurisconsulte. Le roi de France tient son sceptre de Dieu, comme il fait la justice qui est une marque principale des rois qui ne sont établis pour autre chose que pour faire justice. Les rois ne pouvant en leur personne administrer la justice, la communiquent à leurs sujets... De sorte que les justices que tiennent les seigneurs en France viennent du roi : « *a rege omnes jurisdictiones procedunt, sicut omnia flumina per meatus terræ fluunt a mari et ad mare refluunt* (1). »

L'organe principal de la volonté royale, en matière judiciaire, était le Parlement de Paris. Un heureux démembrement d'une ancienne institution féodale, la cour du Roi,

(1) *Maximes générales du droit français*, par Pierre Delommeau, Saumur, 1610, in-12.

lui avait donné naissance. On sait comment le grand despote, Philippe le Bel, partagea sa cour en trois fractions : le Grand Conseil, la Chambre des Comptes et le Parlement ; comment, peu à peu, les grands vassaux furent écartés de la cour judiciaire ; comment les bourgeois s'élevèrent aux « hauts bancs » ; comment enfin le Parlement, fixé à Paris, reçut la délégation permanente de la plus importante des attributions royales.

Il faut considérer maintenant cette institution, non pas dans ses débuts pénibles et obscurs, mais à son apogée, alors que son triomphe exalte les victoires ininterrompues de cette bourgeoisie de robe que le roi avait, depuis si longtemps, associée à ses luttes pour l'unité et pour la centralisation. « Le roi Louis XII ayant quitté son palais aux juges, pour montrer l'honneur et révérence qu'il avoit à la justice, se retira au Bailliage tout contre le Palais, et pour ce qu'il avoit les gouttes, il se pourmenoit sur un petit mulet dans les jardins du Bailliage, où il digéroit les affaires de l'État ; et lorsqu'il avoit besoin de bon conseil, il montoit au Parlement, demandoit advis et quelquefois assistoit aux plaidoiries, jugeoit les causes, son chancelier prononçant les arrêts en sa présence. A cette occasion, on avoit dressé, depuis le bas des grands degrés jusques en haut, une allée faite d'ais et planchéiée de nattes où son mulet le montoit pour le mener, peu après, jusqu'à la porte de la Grand'-Chambre où les gentilshommes le prenoient et le portoient en place, sous son dais (1) ». Ce tableau nous représente la familiarité dont les rois en usaient avec la justice. Ils la logeaient chez eux, lui cédaient la place, se réfugiaient dans les dépendances et puis, avec une agréable bonhomie, ils

(1) *Treize livres des Parlements de France*, par Bernard de La Roche-Flavyn, Genève, 1621, in-4°.

allaient, de temps à autre, voisiner avec elle et prendre l'avis des sages bourgeois, leurs compères, qu'ils avaient assis sur les lys.

Ce Louis XII, si simple pour lui-même, n'avait rien trouvé de trop beau pour son Parlement. C'était lui qui avait construit la façade de la Cour du Mai, plus belle que celle du Palais de justice de Rouen, avec le fameux perron des « Grands-Degrés », avec le portail majestueux en arc brisé, avec le luxe de ses baies ogivales et, sur les hauts toits d'ardoises, les lucarnes toutes fleuries de motifs sculpturaux et de choux grimpants. C'était lui encore qui avait fait venir d'Italie le moine-artiste Fra Giovanni Giocondo, pour lui confier la décoration de la *Grand'Chambre* ou *Chambre Dorée*. Il se complaisait dans cet endroit somptueux qu'il avait orné de tout ce que le goût de son temps pouvait rêver de riche et d'exquis. Dans un demi-jour discret où les vitraux historiés laissaient filtrer de calmes lueurs, s'estompaient les velours bleus tendus contre les murs, le mat des boiseries naturelles, l'or des franges et des fleurs de lys. Le plafond cloisonné du plus riche ouvrage de menuiserie relevé d'or et de vermillon, laissait pendre, comme autant de stalactites, les pointes des culs-de-lampe ouvragés. Partout était semé le porc-épic de Louis XII. Au fond de la salle, une belle peinture, de la main de Jean Van Eyck, représentait le Christ en croix entouré des apôtres et des saintes femmes ; et cette image qui, dès l'entrée saisissait le regard, donnait à l'enceinte un caractère religieux.

Près du Christ, dans l'angle à gauche, était dressé le trône sur lequel, dans les jours d'audience solennelle, le roi était assis. C'était une sorte de lit, ainsi que l'expriment les mots *lit de justice*, et la Roche-Flavyn nous décrit avec onction ce « siège préparé et paré au-dessus d'un couvert, ciel ou dais de drap d'or ou de velours avec des oreillers et un autre grand drap de velours azuré, semé de fleurs de lys d'or qui sert de dossier à ce trône et qui, coulant par-dessous les oreillers où sied le Roi, vient à descendre par les degrés et s'avance bien avant dans le parquet. » Ce même auteur ne manque pas de faire la comparaison de ce trône avec « celui du grand Négus, roi ou empereur d'Éthiopie, sur lequel ceux qui vont le saluer le trouvent assis, dans sa magnificence, avec force oreillers de soies de toutes sortes autour de lui ».

En temps ordinaire, le trône royal restait vide et dépouillé de ses ornements ; mais on ne l'enlevait pas. Sa présence rappelait que la majesté royale était toujours prête à venir siéger au milieu de cette Cour qui rendait la justice en son nom. Dans les grandes cérémonies, le roi était assis, vêtu de ses attributs royaux. Il avait à ses pieds, sur un coussin de velours, le grand chambellan ; à droite, sur le haut banc, les princes du sang, les ducs pairs laïcs, vêtus du chaperon et du petit manteau, l'épée au côté ; à gauche, les six pairs ecclésiastiques, en rochet et camail ; à l'extrémité de ces deux bancs, le surintendant des finances et quelques courtisans debout. Plus bas était assis le chancelier, dans sa robe violette et, sur les marches, le Prévôt de Paris. Sur le banc dit des Présidents, d'abord le premier président, puis les autres présidents de la cour avec le mortier et le manteau ; puis, sur les trois gradins disposés à droite et à gauche aux pieds du roi, les autres membres de la Cour selon l'âge et la dignité : les présidents des enquêtes, les présidents des requêtes, les conseillers-clercs d'un côté, les conseillers-lays de l'autre, tous en robes rouges et chaperons fourrés ; le procureur général et les avocats généraux qui n'étaient considérés alors que « comme les pieds de ces grands corps et les derniers des conseillers » ; enfin sur le parquet ou derrière le barreau, les greffiers civils et criminels, les gardes des sacs et les clercs, les avocats, plaidants, écoutants, consultants, les procureurs du Parlement et les huissiers.

Il y avait un personnel d'environ 200 conseillers ou présidents, remplissant les fonctions judiciaires (1). Le corps se divisait en Grand'Chambre, Chambre criminelle ou Tournelle, Chambre des enquêtes et Chambres des requêtes. Quand le Parlement avait à délibérer sur des matières autres que les causes judiciaires, il se réunissait en Conseil secret. Dans toutes les séances, les opinions étaient prises par les présidents, en commençant par les plus jeunes et en terminant par les plus élevés en âge ou en dignité.

L'installation de la Cour du parlement en plein cœur de Paris, dans le vieux palais féodal berceau de la monarchie, la splendeur du monument, la pompe des cérémonies, la richesse des costumes, les attentions continuelles dont les rois l'entouraient, tout indiquait l'importance de ce corps dans la constitution intérieure du royaume. Les rois de France n'avaient rien plus à cœur que leur rôle de justicier; sur aucun point, ils ne se montraient plus entreprenants à la fois et plus chatouilleux; car, comme dit Loyseau, « Justice est le plus fort lien qui soit pour maintenir la souveraineté. »

Le Parlement est donc, pour la royauté, un instrument de conquête et un instrument de pacification. Il doit être fort; mais dans la mesure où il est fidèle. C'est cette formule qui trace les limites de sa compétence et de ses attributions. Elles s'étendent à tout, quand il faut seconder le pouvoir de l'État; elles se restreignent soudain, quand il s'agit de l'entraver.

(1) 276 à la mort de Richelieu.

Le Parlement de Paris est le Parlement de France. En principe, son ressort n'a d'autres limites que celles du royaume. Les autres parlements, constitués au fur et à mesure de la conquête, ne sont que des démembrements de la première cour qui siège près du roi. Son autorité directe s'étend, en tout cas, sur les six dixièmes du pays. Il est, par essence, un tribunal d'appel. Il représente la sagesse suprême de l'État et sanctionne, de ses arrêts, le droit définitif. Il connaît non seulement du droit, mais du fait. Au criminel, il a toute puissance pour la répression. Ses huissiers vont chercher le coupable, si grand qu'il soit, au fond des hôtels ou des châteaux fortifiés. Une procédure sévère saisit l'accusé et le traîne au pied du tribunal qui le présume criminel. La torture brise son corps ; l'inquisition scrute sa conscience. On doit dire au Parlement ce qu'on sait et ce qu'on ne sait pas, ce qu'il veut savoir et ce qu'il croit deviner. Si forte que soit la volonté particulière, elle doit plier devant cet organe de la volonté publique. Une exigence et une sévérité sans contrepoids et sans frein sont nécessaires pour tenir les esprits en respect et les cœurs en alarme. Les usuriers, les sorciers, les blasphémateurs, les hérétiques rendent compte au Parlement du trouble jeté dans les fortunes, dans les imaginations et dans les consciences. La question, le pilori, la pendaison, la décapitation, la strangulation, l'estrapade, la roue, le plomb fondu, les supplices les plus raffinés, contiennent le déchaînement des instincts brutaux et répandent, par des spectacles publics fréquemment renouvelés, le prestige d'un tribunal qui dicte la *vengeance de la loi*.

Au civil, la chicane qui est le premier tribut payé à la justice par les sociétés qui s'organisent, la chicane emplit le greffe de dossiers énormes, de sacs poudreux où s'enferment les lentes procédures et les hésitations d'un droit qui se cherche encore. Mariages, successions, substitutions, testaments, toute l'histoire de la famille et de la fortune privée, en France, repose encore dans ces archives inexplorées. Des résolutions longtemps contradictoires finissent par se rapprocher les unes des autres et par constituer une jurisprudence ; celle-ci se fixe à son tour et, condensée, elle devient loi. Une sorte d'unité se constitue ainsi ; des règles, inspirées par un esprit nouveau, s'établissent dans les relations entre les personnes et les biens ; les registres des naissances et des décès sont ouverts ; l'enregistrement des actes leur donne l'authenticité, leur rédaction en langue française met la connaissance des titres à la portée de tous les intéressés. Le droit, enfin, se laïcise par le refoulement des justices ecclésiastiques.

Sur aucun point, la politique parlementaire n'a été plus persévérante et plus passionnée. L'atteinte portée au « privilège de clergie », la distinction du « possessoire » et du « pétitoire », l'établissement de « l'appel comme d'abus », la surveillance des communautés et la destruction de la « mainmorte », la poursuite et la condamnation des ordres religieux étrangers, la surveillance attentive de la claustration forcée et de la captation, enfin l'intervention constante de l'autorité judiciaire dans les choses de la foi et de la discipline, excommunication, confession, prédication, inhumation, tels sont les procédés d'une sorte de *culturkampf* soupçonneux et violent qui se mesure à l'étendue du terrain à reconquérir.

Le parlement ne fait pas que juger : il administre et il légifère. Il est comme l'intermédiaire entre la cour féodale, établie sur le principe médiéval de la délibération en commun, et les parlements modernes qui reposent sur la représentation. Parfois, il remonte vers le passé et invoque des traditions d'un autre âge. Mais, parfois aussi, on dirait qu'il devine l'avenir et il revendique des droits qui ne peuvent appartenir qu'à l'assemblée des délégués de la nation.

C'est en vertu de ses origines que le Parlement intervient dans tout ce qui touche à l'administration du domaine royal, apanages, dots et douaires des princes et princesses du sang ; par là s'explique également sa compétence dans les matières féodales : érection des terres en fiefs, lettres d'anoblissement, réglementation de la chasse et de la pêche. Mais, c'est en vertu d'une délégation partielle de la puissance politique, qu'il exerce des attributions de haute police, notamment sur les juifs, sur les étrangers, sur les prisons, sur les hôpitaux et les maladreries ; sur la circulation publique, les coches et les voitures ; sur l'administration intérieure en matière de commerce, de douanes, péages, foires et marchés ; en matière d'agriculture, protection du pauvre peuple contre « la foule » des gens de guerre ; qu'il encourage le perfectionnement des outils, l'acclimatation des espèces nouvelles ; qu'il édicte des règlements, trop souvent nuisibles, en cas de famine ou de cherté ; qu'il surveille les corps de métier et corporations, confirme et homologue leurs statuts, détermine, dans chaque spécialité, le taux des salaires et les heures de travail, fait visiter les ateliers, prend des mesures somptuaires et réprime le luxe. C'est ainsi encore qu'il décide de la valeur des métaux, exerce son contrôle sur la frappe des monnaies, la banque, les émissions d'emprunt, rentes de l'Hôtel de Ville, rentes constituées, aliénation du domaine, concession de mines, brevets d'invention, monopoles, privilèges commerciaux ; c'est ainsi, enfin (car il faut se borner, même quand le sujet est infini), qu'il considère comme une de ses principales fonctions la haute direction de l'enseignement public.

A partir de Louis XII, l'Université a perdu son autonomie et se trouve placée sous la direction du Parlement. Celui-ci la soutient énergiquement dans la lutte qu'elle engage contre les ordres enseignants et notamment contre la Compagnie de Jésus. Mais s'il la protège, il la surveille. Toute nouveauté l'effraie. Sa politique, ici comme ailleurs, est rétrograde et oppressive. Il s'oppose aux progrès de l'imprimerie. S'il l'eût pu, il l'eût étouffée au fond des caves où elle installa ses premières presses. Il lit les livres avant qu'ils paraissent, poursuit ceux qui ont échappé à sa surveillance, les brûle, et parfois leurs auteurs. Le Parlement, en un mot, est le maître des doctrines comme il est le maître des mœurs. L'autorité royale prend, dans ses actes, un caractère d'âpreté qui tient à ce que les décisions sont anonymes et collectives. Il informe de tout, décide sur tout ; il conseille et il dicte ; il dénoue et il tranche ; rien ne l'arrête rien ne l'émeut. Ses membres, à la fois juges et administrateurs, inamovibles et irresponsables, finissent par se convaincre qu'ils sont les seuls et véritables représentants de la nation.

Les ambitions politiques du Parlement s'étaient développées à la faveur de l'incertitude qui existait sur l'origine et le principe de la souveraineté. Avant que la théorie du droit divin se fût constituée, on gardait un fond de respect pour les assemblées délibérantes et je ne sais quel vague souvenir de ces *Champs de Mars* ou *Champs de Mai* qui avaient réuni, dans les premiers temps de la monarchie, les membres de la nation souveraine. Les parlements, sans plus de façon, s'étaient emparés de cette origine illustre et ils assuraient que leurs assises représentaient les *plaids* contemporains de Charlemagne. La rareté des sessions des États généraux avait autorisé leurs prétentions. Ce nom

8.

même de *parlement* flattait leur vanité et stimulait leurs ambitions.

Ils avaient adroitement poussé leur entreprise dans les périodes d'affaiblissement du pouvoir. Au début des régences, ou bien quand l'héritier du trône était incertain, l'intervention d'une haute cour de justice paraissait tout indiquée pour débrouiller les droits rivaux. Le parlement de Paris était ainsi devenu, du consentement de tous, le gardien de la constitution traditionnelle et non écrite du royaume. Il pouvait se considérer comme placé en dehors et au-dessus de cette constitution : « C'est une loi fondamentale du royaume, dit d'un de ses défenseurs, que rien ne peut être imposé sur les sujets du roi et qu'on ne peut faire aucun officier nouveau que par le consentement du Parlement qui représente l'aveu général de tout le peuple. Il connaît du domaine, du droit de Régale, des duchés-pairies et de tous les droits éminents de la couronne... C'est lui qui fait les régents, qui déclare la majorité des rois, qui autorise les ordonnances et qui maintient la loi salique... » En un mot : « Nous voyons que le Parlement de Paris a toujours été un abrégé des Trois États, l'image et le raccourci de tous les ordres du royaume (1). »

La Royauté avait, comme à plaisir, développé dans le Parlement les sentiments qu'exprime ce fier langage. Pour des motifs de bon ordre et de publicité, elle avait soumis ses actes à la formalité de l'*enregistrement*. Elle avait toléré d'abord, reconnu ensuite, *le droit de remontrances*. Dès le quinzième siècle, les royalistes les plus fervents ne le contestaient plus. Il est vrai que le roi se réserva toujours de passer outre au moyen des « lettres de jussion », ou par le procédé sommaire « du lit de justice ». Mais n'était-ce pas

(1) *De la nature et qualité du Parlement de Paris*, 1652, in-4° (p. 5 et 6).

un grand sacrifice que de tolérer, dans un corps constitué et permanent, cette libre expression de la critique, ce rôle d'opposant, en quelque sorte régulier et constitutionnel? Ne devait-on pas craindre que, dans les périodes de crise, le Parlement, se sentant nécessaire, ne se posât en *tuteur des rois?*

Il y avait, dans le royaume, tout un parti politique qui ne se lassait pas de dénoncer les prétentions du Parlement et de les tourner en raillerie. C'était le parti aristocratique. L'école libérale du seizième siècle notamment, n'avait eu que des paroles de dédain pour cette « espèce d'hommes nouvelle, née depuis trois siècles, dont la ruse a usurpé le nom et l'autorité des assemblées de la nation et qui a fini par vouloir les subordonner à sa prétendue grandeur (1) ».

Le roi n'était pas fâché de ces querelles et, au besoin, il les envenimait. Sa politique, à l'égard de la cour judiciaire, était alternativement douce et rude, selon qu'il attendait d'elle des services ou qu'il appréhendait ses remontrances. Lors des changements de règne, au temps des minorités, on la flattait, on la caressait, on reconnaissait « qu'elle était habituée de pourvoir à la régence ». Mais quand le gouvernement était fort, si le Parlement se mêlait avec trop d'insistance de la chose publique, on le rabrouait vivement. Témoins les propos de Henri IV, en 1595, où perce tout le dédain de l'homme d'action et du maître pour les discoureurs importuns. « Vous m'avez dit la charge que porte cet édit en nos finances; mais vous ne m'apportez point de remèdes pour m'en tirer et moins pour faire vivre mes armées. Si vous me faisiez offre de deux ou trois mille écus chacun ou me donniez avis de prendre vos gages ou ceux des trésoriers de France, ce seroit un moyen pour ne point faire des

---

(1) Hotman, *Franco-Gallia*. Passage ajouté en 1586.

édits ; mais vous voulez être bien payés et pensez avoir beaucoup fait quand vous m'avez fait des remontrances pleines de beaux discours et de belles paroles ; et puis vous allez vous chauffer et faire tout à votre commodité (1). »

Au fond le roi savait, mieux que nul autre, à quoi s'en tenir sur la faiblesse de cette opposition. Il la tolérait comme un dérivatif commode aux humeurs critiques et frondeuses de la nation. Il n'ignorait pas qu'elle était sans autorité et sans prestige.

Fille de la Paulette, la classe des parlementaires trembla toujours pour les charges qu'elle avait payées si cher et qu'un caprice de la Royauté pouvait supprimer d'un mot. Une opposition qui a de ces inquiétudes n'est pas bien redoutable. Le courage ne va pas sans le désintéressement. Les membres des parlements ne faisaient rien, d'ailleurs, pour corriger, par des choix heureux, les vices inhérents à la vénalité des offices. Le recrutement étant limité à un certain nombre de familles riches, la facilité avec laquelle les fils de magistrats ou de traitants étaient admis, après un examen dérisoire, exerçait la verve des satiriques.

La classe était aussi bridée par l'ambition des hauts emplois. Dans l'intérieur de la Cour, le premier président, nommé par le Roi, pouvait être remplacé *ad nutum*. Les présidents à mortier étaient tous plus ou moins candidats à ce poste élevé ; et, quant aux conseillers, le premier président les tenait par la distribution des rapports qui étaient la véritable source des revenus pour les magistrats de l'ancien régime. Au dehors, les ambitions, plus ardentes, dépendaient davantage du prince. Ces conseillers, ces maîtres aux enquêtes, si fiers sur les lys, étaient les fils, les frères, les cousins des conseillers d'État, des maîtres des

---

(1) *Lettres missives* (t. IV, p. 415, note).

requêtes, des commissaires départis et des intendants. Les Séguier, les Servien, les d'Argenson, les Machaut, alternativement assis ou debout, et même à cheval, apparaissaient, toujours et partout, comme les agents de la même autorité suprême. Que pesaient, en face de ces traditions et de ces intérêts, les velléités d'opposition qui agitaient parfois de jeunes têtes échauffées? On savait, à la Cour, qu'on pouvait toujours gagner un conseiller remuant par l'offre d'un emploi lucratif, détruire une cabale par une contre-mine prudemment conduite, et, enfin, en mettant les choses au pis, apaiser tout l'ordre parlementaire par la menace d'une diminution de ses privilèges.

Ainsi le Parlement n'avait de force que pour frapper les adversaires de la royauté. S'il tournait ses armes contre le prince, elles s'émoussaient. Il montrait au peuple la face d'un juge redoutable, d'un administrateur vigilant, d'un personnage intègre et respecté. Mais, auprès de la royauté, il n'était qu'un serviteur empressé, dont les boutades étaient sans conséquence. En rédigeant ses plus célèbres remontrances, le Parlement servait encore la cause monarchique. Le bruit qu'elles faisaient suffisait pour enlever aux actes du prince l'odieux de l'arbitraire. Il y avait, en France, un grand nombre d'esprits raisonnables qui trouvaient que les attributions du Parlement étaient une garantie suffisante pour les libertés de la nation. On le comparait au Parlement d'Angleterre et si l'on voyait entre eux quelque différence, elle paraissait plutôt en faveur de celui de Paris. On le trouvait plus sage, plus modéré, plus grave. Son autorité passait pour plus assurée et mieux obéie (1).

(1) Voir le livre si curieux et si hardi qui est le point de départ du mouvement d'opinion parlementaire en France : *Traité des Parlements ou États Généraux*, composé par Pierre Picault, à Cologne, 1679, in-16.

L'ordre parlementaire traversait, d'ailleurs, à l'époque où nous nous plaçons, la phase héroïque de son histoire. Nourrie aux fortes études dans les universités, formée aux affaires publiques par la confiance des rois, gardant encore dans ses mœurs, non seulement l'autorité, mais quelque chose de la vigueur qui avait signalé les belles années du seizième siècle, cette génération dessinait la figure idéale de l'ancienne magistrature française, de celle qu'on a appelée, d'une expression un peu solennelle, « le clergé de la loi (1) ». C'était un clergé, en effet ; mais le culte qu'il servait, était celui du prince : gallicans, adversaires des jésuites, politiques enfin, ils étaient, selon le mot de Du Perron, de « ces froids et irréligieux catholiques qui n'ont d'autre loi, comme dit Grégoire de Nazianze, que la volonté de l'Empereur ».

Dans l'universel effort vers l'unité et la subordination, le rôle du Parlement est de réclamer, pour le prince, l'arbitrage de tous les conflits de la paix. Il habitue les peuples à s'incliner devant la raison suprême ici-bas qui est la parole du roi. Le roi, ou plutôt l'État, c'est l'intérêt général vivant, édictant, agissant ; telle est la doctrine parlementaire, celle que la cour applique dans ses arrêts, dans sa jurisprudence, dans ses remontrances, enfin dans les *lits de justice* où, donnant l'exemple de la discipline sociale, elle finit par s'incliner devant la volonté du souverain. Le Parlement fut le plus puissant organe d'unité et de centralisation qu'ait connu la France pacifiée. Les contemporains ne s'y trompent pas et Loyseau le dit fortement : « Il faut confesser que ça été le Parlement qui nous a sauvés en France d'être cantonnés et démembrés comme en Italie et en Allemagne, et qui a maintenu le royaume en son entier. »

Mais ce même Loyseau qui discerne si heureusement le

---

(1) Mignet.

rôle unitaire de la Cour du Parlement ne se faisait aucune illusion sur les difficultés qui restaient à vaincre pour que l'action de la justice royale s'étendît à tout le royaume. Son traité des *Seigneuries*, écrit en 1617, et qui éclaire d'une vive lumière tout l'ordre politique de l'ancienne France, n'est rien autre chose que le tableau des souverainetés et, par conséquent des justices particulières qui subsistaient à cette date.

Faut-il refaire, après lui, cet exposé ? Faut-il discuter avec lui la question, qui se débattait encore, de savoir « si la justice appartient nécessairement au fief et quels sont les rapports de la justice et de la seigneurie ? » Faut-il, après lui, examiner les trois justices seigneuriales, haute, moyenne et basse, et passer en revue les signes visibles de ces justices, le pilori ou échelle, le gibet ou potence « qui est à deux piliers pour le haut justicier, à trois pour le châtelain, à quatre pour le baron, à six pour le comte et à huit pour le duc », sans qu'on ait jamais réglé la grave question de savoir « si les piloris doivent être liés par dedans ou par dehors, pattés, enfestés ou surfestés ? » Faut-il considérer la « variété des coutumes touchant la justice foncière » et dire « comment les justices foncières se sont amplifiées » : faut-il énumérer « les abus des justices de village » ; commenter le vieux proverbe qui résume d'un trait les maux résultant de la partialité des justices particulières : « Le seigneur de paille mange le vassal d'acier ? » En un mot, faut-il rappeler, qu'au début du dix-septième siècle, chaque ville, chaque bourg, chaque corps, chaque communauté avait conservé ses tribunaux, rivaux les uns des autres, que la confusion régnait partout et que l'offensive, pourtant si vigoureuse des juges royaux, n'avait pu encore percer jusqu'au fond la couche épaisse des seigneuries féodales superposées ?

Compétence, ressort, procédure, législation, c'étaient là

autant de retraites où les vieux droits se réfugiaient et luttaient avant de mourir. Dans ce désordre, les plaideurs cherchaient leurs juges et les juges se disputaient les plaideurs. On a observé que la plupart des procès étaient, comme on dit, en « règlement de juges », si bien que la chicane finissait par se perdre en ses propres détours ; épuisée, mais non rassasiée, elle s'endormait sur ces procès interminables qui voyaient passer des générations de plaideurs et de magistrats.

L'œuvre royale, sans cesse entravée par les résistances locales ou particulières, manquait, d'ailleurs, de clarté et de simplicité. Les institutions judiciaires nouvelles, moulées trop souvent sur celles qui les précédaient, en reproduisaient la configuration et les défauts. C'est ainsi que, par une grave dérogation au principe de l'unité, la royauté n'avait pu se refuser à établir des cours souveraines dans les chefs lieux des provinces les plus récemment réunies à la couronne. Les parlements de Toulouse, de Grenoble, de Bordeaux, de Dijon, de Rouen, d'Aix et de Rennes avaient été créés au fur et à mesure que la conquête royale s'étendait et, le plus souvent, par une clause de l'acte qui établissait, sur ces régions, la souveraineté du roi. Chaque parlement, tout en rendant la justice au nom du Prince, se considérait comme souverain ; et comme l'égal du parlement de Paris Le privilège d'une juridiction particulière concédé à ce provinces entretenait chez elles des idées d'autonomie ap puyées, d'ailleurs, sur tout un système politique que nou aurons à examiner bientôt.

Dans l'ordre des juridictions inférieures, les réforme accomplies par la royauté étaient plus illogiques encore e' plus incertaines. Au début, faute d'argent ou faute de clair voyance, elle n'avait pas cru devoir distinguer entre les at tributions judiciaires et l'autorité administrative. Des fonc tionnaires à toutes fins, les prévôts, les baillis, les sénéchaux, recevant en bloc le délégation de la puissance royale, étaient devenus de petits despotes régionaux. On avait fini par leur enlever une autorité dont ils abusaient, mais sans aller jusqu'à les supprimer tout à fait, et ces organismes antiques entravaient de leur poids inutile la marche des affaires publiques.

Vers le milieu du seizième siècle, cependant, un grand progrès fut accompli. La royauté prit une mesure générale et applicable sans distinction à toutes les provinces : elle créa les *présidiaux*. Par cet acte, elle constituait le tribunal royal de première instance et, en même temps, elle pourvoyait, dans des conditions extrêmement fortes, à la sécurité publique. Ces tribunaux, en effet, jugeaient en premier et en dernier ressort, au criminel et au civil, les causes nettement définies qui leur étaient attribuées. Ils connaissaient, sans appel, des brigandages sur les grandes routes, des vols à main armée, des vols avec violence et effraction, des révoltes et des rasssemblements en armes, des levées de troupes faites sans commission, des crimes de fausse monnaie, des attentats commis par les vagabonds ou par les soldats en marche (1). Cette institution, qui établissait à demeure, dans les provinces, des magistrats devant tout au roi, avait une importance capitale. Mais, entravée dans son développement par les longs troubles civils, elle ne devait prendre conscience d'elle-même que dans le cours du siècle qui s'ouvrait.

S'il s'agissait de tracer ici le tableau complet des institutions judiciaires de l'ancienne France, il faudrait ajouter bien des pages à celles qui précèdent. Une foule de tribunaux à compétence mal définie exagéraient leurs préten-

(1) Jousse, *Traité des juridictions des présidiaux*, Paris, 1755, in-8°.

tions en raison de leur inutilité. Ce qui est étonnant, c'est qu'on ait trouvé des plaideurs en nombre suffisant pour occuper et nourrir tant de juges. Mais, c'est un fait d'observation que l'augmentation des tribunaux multiplie les procès et, qu'en cette matière, l'organe crée la fonction. Il y avait toute la série des tribunaux administratifs : *Grand Conseil, Cour des Comptes, Table de Marbre, greniers à sel*, etc. Il y avait les juges de police, par exemple la série des prévôts : *grand prévôt, prévôt de l'hôtel, prévôt des maréchaux, prévôt de Paris, prévôts des grandes villes ;* il y avait des tribunaux de commerce, *prévôt des marchands, roi des merciers, consuls et échevinages*. Nous n'avons dit qu'un mot, en passant, des juridictions ecclésiastiques, qui, cependant, au dire d'un contemporain, « tenaient encore en leur autorité la plupart des sujets du Roi (1) ». Dans chacun des diocèses de la France, il y avait une *officialité* qui occupait, pour le moins, cinq ou six personnes.

Bornons-nous et concluons.

En 1614, la lutte entre la juridiction royale et les juridictions particulières n'était pas terminée et, selon le mot d'un jurisconsulte contemporain, « ces grands différends n'étaient pas vuidés ». Cependant, en thèse générale, le droit du prince se substituait à celui du propriétaire. La doctrine romaine triomphait.

Le droit royal, en matière juridictionnelle, se distinguait, par un trait significatif, du droit impérial. Il était moins abstrait. A Rome, l'autorité du prince, héritier de la République, représentait des entités, le peuple, le Sénat, les comices, l'État. Le roi de France, au contraire, était un grand seigneur au milieu de ses fidèles, un père de famille parmi les siens ; saint Louis s'asseyait sous le chêne

(1) *Plaidoyers* de Le Bret, p. 9.

de Vincennes et rendait la justice en personne ; le Parlement n'était qu'une fraction du conseil du prince, appelée à donner des avis et non à rendre des sentences. Quelque chose de cette origine patrimoniale, je dirai presque familiale, se conservait dans les institutions monarchiques et atténuait la rigueur des principes romains. Le roi, homme vivant et mourant, jeune ou vieux, instruit ou illettré, était juge suprême de tous ses sujets.

De là, le *droit d'évocation,* droit singulier, droit touchant, droit redoutable, qui marque d'un trait particulier la monarchie française de l'ancien régime. Il y eut toujours, de l'aveu de tous, des causes que les tribunaux ordinaires n'étaient pas aptes à juger ; il y eut toujours, derrière et au-dessus de la dernière sentence rendue par les tribunaux de l'ordre le plus élevé, la ressource d'un appel direct au roi. Celui-ci, impuissant à contenir et à satisfaire cet élan des justiciables vers sa personne, s'efforce de le modérer et de le régler. Mais, c'est en vain qu'il crée certains corps — *Conseil privé ou des parties, Grand Conseil* — chargés de juger ces litiges obstinés ; c'est en vain qu'il donne des attributions judiciaires au conseil politique par excellence, le *Conseil des Dépêches.* Il y a toujours une prière, une supplication plus ardente que les autres, qui monte jusqu'à lui et qui l'atteint. Au-dessus de l'*évocation par propre mouvement* qui est encore soumise à certaines règles, subsiste, malgré tout, l'arbitraire de l'*évocation à la propre personne*, qui s'adresse directement au droit originel et magistral du Roi-Juge.

Le roi, qu'il le veuille ou non, remplit personnellement toutes les fonctions de son métier. Dans sa cour, au milieu de ses gentilshommes, dans ses camps, au milieu de ses soldats, dans les assises du parlement, parmi ses magistrats, il gouverne, commande et juge lui-même.

La familiarité de son existence parmi les siens ajoute à la force de son autorité sur ses sujets. Il pénètre, sans que personne y trouve à redire, dans leur vie privée et règle en père, en ami, en maître, leurs différends et leurs querelles. S'il apprend que, dans ses provinces, les magistrats ordinaires remplissent mal leur office, il envoie de ce côté quelqu'une de ses assises ambulatoires, nommées *Grands-Jours*, qui donnent, avec pompe, le spectacle éphémère de la justice royale. Ou bien c'est quelque agent de passage, un maître des requêtes, un intendant qui reçoit une commission pour aller régler sur place certaines difficultés particulières, ou bien ce sont des *lettres de pareatis* qui, expédiées en grande chancellerie et munies du grand sceau, rendent exécutoires les sentences de certains tribunaux dans une province où ces juges n'ont pas juridiction. Ou bien encore, dans des cas plus graves, lorsque la sécurité de l'État est en jeu, *le droit du Roi* apparaît dans toute sa rigueur; il saisit le soldat ou le grand seigneur accusé de rébellion et de lèse-majesté et le livre sans défense à ces terribles Chambres de commissaires qui frappent sous l'œil du prince et dont les sentences pèsent encore d'un poids si lourd sur la mémoire de Louis XIII et de Richelieu. Le roi ici est juge et partie. Les bornes de l'arbitraire sont atteintes et nous sommes en plein despotisme. Mais la conception de l'autorité du prince ne recule pas devant cette conséquence et le roi lui-même ne peut distinguer dans sa propre volonté ce qui est le droit de ce qui est l'abus. Il faut mettre le bien à côté du mal : c'est à la même origine que se rattache, en France, le droit de grâce qui réserve au prince une appréciation suprême sur les sentences pénales rendues par les tribunaux ordinaires et dont le miséricordieux illogisme a subsisté jusqu'à nous.

Le roi conquérant et maître de son royaume, prince

comme un empereur romain, suzerain comme un seigneur
féodal, fort comme un pharaon biblique, clément comme
un père, a la plénitude de l'autorité juridictionnelle. Il la
délègue à son parlement et à ses présidiaux, l'octroie en
tant que privilège, à la noblesse, au clergé, aux villes, à
certaines corporations. Tout droit se résout dans son droit.
La théorie l'élève si haut que la justice même peut être
atteinte par l'autorité qu'on lui reconnaît sur la justice.
Cette conception redoutable se corrige, dans la pratique,
par la douceur des mœurs, par les lumières du prince, par
la prudence de ses conseillers, et par le sentiment mutuel
de l'honneur qui anime le roi et les sujets. Elle n'en subsiste pas moins comme une pierre d'attente pour l'édifice
prochain de l'absolutisme monarchique. La menace qu'elle
contient n'échappe pas à l'attention des contemporains.
Mais le désordre judiciaire légué par le moyen âge était si
réellement intolérable que les peuples armaient, d'eux-
mêmes, le bras royal et attendaient. de sa vigueur seule,
l'ordre, la régularité, la paix.

### L'administration.

L'histoire de France est si complexe qu'au moment où
l'on croit, d'un sommet, découvrir des aspects d'ensemble
et la configuration générale des masses, on s'aperçoit que
l'horizon reste obscur et encombré. Il faut revenir en arrière, suivre d'autres voies, aboutissant par un détour à
quelque perspective inattendue. Tout change alors : c'est
à peine si quelques points de repère permettent de rapprocher et de coordonner des notions dispersées et qui, au
premier abord, paraissent inconciliables.

L'étude des institutions judiciaires nous a montré la civilisation romaine laissant ses rayons mourants traîner jusqu'à l'aube des temps modernes. Tout au contraire, s'il s'agit de l'ordre public et politique, du gouvernement proprement dit, ce sont les coutumes germaines qui l'emportent et qui, pendant des siècles, couvrent de leur ombre, la tradition antique.

Celle-ci était foncièrement administrative et bureaucratique. Rome n'avait pas seulement conquis le monde ; elle l'avait dénombré. L'institution du cens, sur laquelle reposait la cité, s'était étendue à l'Italie d'abord, puis aux provinces de l'Empire. « Du temps d'Auguste, dit Cassiodore, le monde romain fut divisé en parcelles agraires et décrit par le cens. » Chaque parcelle avait donc été numérotée ; chaque champ immatriculé. On peut s'imaginer ce qu'était l'armée de fonctionnaires chargée d'établir et de reviser un pareil répertoire. Les ingénieurs, arpenteurs, géomètres, comptables, inspecteurs (*mensores, censitores, inspectores, descriptores, perœquatores*) pullulaient dans les provinces. Qu'on suppute le personnel des douaniers et agents des fermes, celui qui était préposé à la marche des affaires politiques ou de la justice, et l'on se rendra compte de la place que le système administratif tenait dans l'Empire. Les villes de provinces étaient remplies d' « employés », tout gonflés de leur importance. Rome, et plus tard Constantinople, s'encombraient des « services » de l'administration centrale. Les écritures étaient infinies, les archives immenses. Les affaires se traitaient sur rapport. La hiérarchie était scrupuleusement observée. « Les bureaux *couvraient* l'empereur comme nos modernes ministères *couvrent* le roi ou le président. » Enfin la manie du fonctionnarisme alla si loin, ou plutôt les abus s'engendrent si naturellement les uns les autres que, sur la fin de l'Empire, l'idée germa, dans les cervelles qui présidaient à cette étrange décadence, de faire, de tous les contribuables, des fonctionnaires obligatoires (1).

Les premiers barbares qui s'établirent dans l'Empire furent frappés par le spectacle que présentait cet arrangement magnifique. Ils admirèrent ces points de vue rectilignes et ces perspectives muettes. S'ils essayèrent de toucher à ces chefs-d'œuvre d'un art où s'était épuisé l'effort des siècles, ce fut uniquement dans l'intention de les consolider ; mais leur main maladroite ne fit que hâter la chute de ce qu'ils voulaient restaurer. Le bel édifice s'écroula, et ses ruines mêmes périrent. La brousse féodale recouvrit les dernières traces du cadastre antique et quand les chefs des Francs eurent pris tout à fait possession du sol, celui-ci était retourné à la nature.

Qu'on imagine un des princes que nos soldats rencontrent à l'extrémité de leurs expéditions coloniales, un Samory, un Tiéba, une reine de Madagascar. La demi-civilisation à laquelle ils sont parvenus, le secours d'une religion empruntée à d'autres peuples et qui, jusqu'à un certain point, règle leurs mœurs, quelques principes traditionnels qui les dirigent et qui assurent à leur pouvoir une certaine stabilité, tout cela n'est qu'un vernis superficiel dissimulant mal un fond de barbarie épais. Il en était ainsi des premiers Capétiens.

Entourés de leurs vassaux et de leurs barons comme ces princes modernes de leurs *honneurs*, de leurs *almanis* et de leurs *sofas*, ils n'ont d'autre autorité que celle qui résulte du commandement militaire et de la possession de domai-

(1) Voir Jullian : Le *Breviarium totius imperii* de l'empereur Auguste, dans *Mélanges d'archéologie et d'histoire de l'École de Rome*, 1883 ; Duruy, *Histoire des Romains*, t. VI ; et surtout Fustel de Coulanges, *Histoire des Institutions politiques de l'ancienne France*, au chapitre de la *Centralisation administrative*.

nes considérables. Ils savent à peine lire. A l'exception de quelques prêtres ou moines, leur entourage est composé d'illettrés. Les résolutions sont prises en commun après de longues délibérations où chacun parle haut, long et fort. Passée la limite du camp ou la banlieue des villes munies de garnisons, leur pouvoir est nominal. Les moyens d'action, comme les résolutions, ont quelque chose de violent, de matériel. La force est la seule règle de la politique. Les besoins immédiats dictent la conduite journalière. Quand l'argent ou les bras manquent, on procède à une razzia. On ravage une province pour emporter un maigre butin vite épuisé. Parfois on se précipite, tête baissée, par un coup de passion, dans quelque folle aventure, croisade ou guerre sainte.

On pense bien que de pareilles gens ne tiennent pas des écritures bien compliquées. Jusqu'au règne de Philippe-Auguste, le trésor des chartes est renfermé dans quelques caisses qui suivent partout le roi. C'est ainsi qu'on le perdit à Fretteval. Si les moines n'avaient pris le soin de copier, dans leurs cartulaires, les parchemins relatant les donations faites aux églises, nous ne saurions presque rien de précis sur une longue période de notre histoire. Les comptes, quand on en tenait, étaient fragmentaires, souvent inscrits à la pointe du style sur des tablettes de cire que le pouce efface. L'épée réglait les déficit et pourvoyait aux excédents.

Cette vie en plein air que menait le roi, de gîte en gîte, de château en château, était tout l'opposé de celle que suppose une administration régulière. Soldat et juge, le souverain portait avec lui tout son bagage, et ses aides naturels étaient les gens qu'il avait sous la main, son chancelier, ses chambellans, son maître d'hôtel, son boutillier, le chef de ses écuries, sénéchal ou connétable, ses écuyers ou maréchaux. Telle fut l'une des origines de l'administration royale. Elle a un caractère actif et *debout*. Les noms de ces grands officiers, qui se transmettent traditionnellement jusqu'à la fin de l'ancien régime, conservent un parfum d'antiquité barbare qui rappelle la fraîcheur des métairies septentrionales, premier séjour des rois, au sortir des forêts de la Germaine.

L'organisation féodale de la société rendait, d'ailleurs, inutile tout système administratif dérivant du type romain. Les deux principes sur lesquels repose la féodalité, à savoir la localisation de la souveraineté et l'hérédité du fief, suppriment l'action régulière du centre sur les extrémités. Chacun est maître chez soi et gouverne son champ à son gré. Tout seigneur édicte sa loi, nomme ses juges, prélève ses impôts, administre, en un mot, de son autorité propre. Si le monarque délègue quelque chose de la puissance qui lui reste à l'un des hommes de son entourage, celui-ci s'empare de cette concession et la garde, sans retour, pour lui et ses descendants. Le roi ne peut plus ouvrir la bouche, sans que, de sa parole, naisse un fief. Il y a des fiefs de terre et des fiefs d'argent, des fiefs de service et des fiefs d'honneurs. On met en fief la cuisine du roi. De même que, dans les derniers temps de l'Empire romain, tout citoyen tournait au fonctionnaire, de même tout fonctionnaire tourne maintenant au vassal (1).

Le mécanisme qui transformait la chose publique en chose particulière n'avait de frein que quand il s'agissait des dons faits aux églises. Si forte qu'ait été la pression féodale, elle ne put aller jusqu'à créer l'hérédité des offices ecclésiastiques. Le célibat des prêtres tint bon, malgré les assauts que lui livrèrent la cupidité privée et les tenta-

(1) Luchaire, *Institut. des Capétiens* (t. I). — Waitz, *Deutsche Verfassg.* (t. VI).

tions de l'exemple. Sur l'Église, l'autorité du roi ne s'effaçait pas tout à fait. Par le droit de régale, jalousement gardé, et dont le nom si noble indique l'importance, le prince reprenait, à chaque mutation de titulaire, la disposition momentanée du bénéfice ; le droit de patronage créait un lien analogue et plus puissant encore. Le roi, d'ailleurs, ne renonça jamais à son autorité souveraine sur le temporel. Pour arrêter la dislocation excessive de la suzeraineté et de la propriété domaniale, il restait, comme une ressource suprême, la donation aux Églises. On sait qu'elle se pratiqua, avec excès, pendant tout le moyen âge. De même, dans le monde musulman, l'offrande aux mosquées des biens *habous* ou *vacoufs* est encore, à l'heure présente, un mode de sauvegarde de la propriété menacée.

Ces services mutuels fortifièrent les rapports intimes qui existaient entre la royauté et l'Église. Seule, celle-ci avait gardé des vues assez générales, une instruction assez étendue, des habitudes d'ordre et de régularité suffisantes pour pourvoir aux premiers besoins du nouveau gouvernement. « L'ancien système administratif avait pu subsister, jusqu'à un certain point, sur le domaine ecclésiastique. » Pour mettre en valeur ses propres domaines, le roi avait pris là ses exemples. Quand il songea à étendre, sur d'autres parties du royaume, l'action d'une volonté plus soutenue et plus réglée, il eut naturellement recours aux membres du clergé. Ce fut là l'autre embryon du pouvoir administratif en France.

Ainsi, d'une part, des soldats, des hommes d'épée, amis et familiers du roi, partageant sa vie active, ses plaisirs et ses combats, mais portés, par l'esprit aristocratique et par l'instinct féodal, à s'approprier la part d'autorité à eux confiée par le pouvoir royal ; d'autre part, des gens de cléricature, doux, souples et graves, confidents discrets des soucis et des peines, amis des heures mauvaises, instruits, modérés et sages, et dont les ambitions, bornées au cours de leur propre existence, n'offrent jamais un réel danger pour l'institution héréditaire qui les emploie : tels sont les premiers serviteurs des rois de France. Cette double origine marque, pour l'avenir, les traits distinctifs des influences qui se disputent la direction de la politique française. Avec des alternatives de succès et de revers, l'école romaine et l'école féodale se heurtent sous les yeux du prince qui penche tantôt vers l'une, tantôt vers l'autre. En général, dans des temps de minorité, ou bien quand le pouvoir est entre les mains impuissantes ou incapables, le parti aristocratique tient le premier rang dans les conseils, parle et règne au nom du roi. Dans les provinces, il lutte pour l'indépendance, pour l'extension de ses domaines ou de ses privilèges. Armagnac, Bourbon ou Lorraine, ces ministres sont les plus dangereux serviteurs des rois. L'autorité monarchique exercée par eux s'emploie à diminuer la puissance de la royauté.

Mais, quand le prince redevient puissant, il écarte ou il écrase le parti aristocratique. Il recherche dans le clergé, ou, non loin, parmi les hommes de loi, les petites gens auxquelles il confie la conduite des grandes affaires. Les uns et les autres portent la robe, les uns et les autres tiennent la plume. Ils sont docteurs de l'un ou de l'autre droit. Ils invoquent les lois, citent des textes, se plaisent dans les négociations patientes, dans les discussions de parole que le temps amortit et que la paix couronne. Un Suger, un La Balue, un d'Amboise, un Duprat, un Tournon sont les ministres des rois dans la force de l'âge et qui exercent un pouvoir absolu.

Ces deux partis qui se disputèrent, pendant des siècles, la confiance de la royauté, se retrouvent debout et rivaux, après des siècles d'existence monarchique, à la fin du règne de Henri IV. Ce prince avait, il est vrai, assez heureusement juxtaposé, dans ses conseils, les deux types de serviteurs qui s'offraient à lui. Il avait su réprimer les ambitions déréglées d'un Biron et d'un Angoulême, utiliser les services d'un Nevers, d'un Soissons, d'un Bouillon, d'un Montmorency. Par contre, il se confiait aux hommes de robe soit laïques, soit clercs : le cardinal du Perron, le cardinal de Joyeuse, Villeroy, le président Jeannin, les chanceliers Bellièvre et Sillery ; quelques protestants gentilshommes, comme Sully, complètent cet ensemble qui présentait un résumé assez exact de toutes les forces vives de la nation.

Marie de Médicis réservait une place plus grande encore aux gens de robe. Les confesseurs, le nonce du pape, les cardinaux se pressaient autour d'elle. Parmi les jeunes évêques, une grande poussée d'ambition se manifestait. Leur zèle officieux s'offrait à la régente et il était d'autant mieux accueilli que les gens d'épée gagnaient à la main et se rendaient redoutables.

Ces deux influences rivales se trouvent également en présence dans toutes les institutions qui détiennent une partie de l'autorité publique : dans les conseils, dans les grandes charges de l'État, dans l'administration des provinces. Dès le temps des premiers Capétiens, le *Conseil du Roi*, héritier de l'ancien *Comitat* mérovingien et de la *Cour féodale*, réunit auprès des grands vaissaux, mais à un rang inférieur, les chevaliers, les clercs, les bourgeois « serviteurs maniables d'un gouvernement qui se concentre et se fortifie » (1). On sait comment ce conseil primitif finit par se divi-

(1) Luchaire. — V. aussi Valois, *Inventaire des arrêts du conseil d'État sous le règne de Henri IV*.

ser en *Conseil* proprement dit, *Cour des Comptes et Parlement* et comment les gens de robe exclurent peu à peu l'élément féodal de ces deux dernières institutions. L'histoire du Conseil proprement dit est marquée par un nombre infini de réformes intérieures qui ont pour objet d'adapter la principale des institutions monarchiques aux transformations successives de la royauté elle-même. *Grand Conseil, Conseil du mois, Conseil majeur, Conseil étroit, Conseil privé, Conseil des affaires,* de quelque nom qu'on l'appelle, il est toujours recruté selon le bon plaisir du prince, et celui-ci en modifie la composition suivant les nécessités du moment et surtout selon ses goûts propres, ses habitudes de travail, l'idée qu'il se fait de son métier de roi. A certaines époques, on croyait utile de ménager les vassaux, les fidèles, et l'on ouvrait la porte à deux battants. En d'autres temps, le roi aimait à se renfermer dans le secret; ses confidents peu nombreux tenaient avec lui dans l'embrasure d'une fenêtre. Le Conseil était alors réduit à sa plus simple expression. Il ne comportait que deux ou trois personnes, quelque prince du sang, ou quelque favori. Nous avons dit ce qui se faisait sous Henri IV et sous Marie de Médicis. Un Conseil extrêmement nombreux avait été constitué dès le lendemain de la mort de Henri IV; mais un autre, non officiel et secret, se réunissait dans les appartements privés et gouvernait à la muette, sous l'influence directe de la Reine et de ses favoris.

Quelle que fût la composition du Conseil, son concours était considéré comme nécessaire à l'exercice du pouvoir monarchique en France. La tradition de la cour féodale subsistait en lui; on le considérait comme le seul organe capable de modérer un pouvoir que tout portait vers l'absolutisme. Le prince étant souverain, on ne pouvait songer à entraver sa volonté. Il fallait donc qu'elle se réglât elle-même. Mais on désirait qu'avant de se manifester au dehors elle se contemplât, en quelque sorte, comme en un miroir, dans les délibérations du Conseil. Le roi avait tout pouvoir sur ce corps; il choisissait et révoquait ses membres; mais il *devait* les écouter. Cette garantie de lenteur, de gravité et de décence était considérée comme nécessaire, mais comme suffisante. En dehors de cette nécessité de « prendre conseil », la volonté du prince était libre. Nulle formalité pour la suspendre, la modérer, la canaliser : elle jaillissait en toute sa vigueur spontanée, sans qu'aucun obstacle légal s'interposât entre la décision et l'exécution.

La haute noblesse singulièrement déchue de son ancienne autorité, trouvait, par contre, dans les grandes charges de la couronne, une ample moisson de bénéfices et d'influence. Le chancelier et les secrétaires d'État représentaient la robe.

Mais le véritable mécanisme par lequel s'élaborait, se transmettait et s'exécutait la volonté royale, c'était la *Cour*. Un entourage nombreux, actif, toujours en mouvement se presse autour du prince pour arracher de sa bouche un ordre qui est, en même temps, une faveur. Dans les fêtes, dans les voyages, partout où se trouve le roi, ce zèle est toujours prêt et le pied à l'étrier. En dépit de la hiérarchie, un valet de chambre, un page, un tendeur de toiles, un fauconnier recevaient les missions les plus importantes. Le cuisinier du roi s'intitulait *sergent d'armes*; employé dans les négociations, il se faisait représenter sur sa pierre tombale, le casque en tête, la cuirasse au dos et ses armes sur l'écu, comme un chevalier banneret. De même qu'il n'existait pas de régime constitutionnel soigneusement pondéré, il n'y avait pas de système administratif minutieusement réglé. L'État ne devait rien à personne.

Chacun poussait son jeu à sa façon et le plus habile était le plus heureux.

Il ne faut pas s'étonner si, dans ce monde ardent et ambitieux, un rôle prépondérant était réservé aux influences personnelles, aux coteries, tandis que, dans l'ombre, agissait la puissance occulte des confesseurs, des maîtresses et des favoris. Le roi, assiégé de toutes parts, entouré d'intrigues et de complots, menait une vie qui était une lutte perpétuelle.

Parmi cette multitude, il est seul. Fatigué de sa grandeur, il cherche, autour de lui, un ami sûr avec qui passer les heures, une tête douce où s'appuyer. Michelet a salué l'influence des maîtresses, comme la représentation de la démocratie auprès des rois. Agnès Sorel, et Gabrielle d'Estrées, M$^{lle}$ de la Vallière et la Du Barry auraient eu leur mission; le délassement de leur sourire aurait atténué les durs conseils de la politique et de la raison d'État. Assurément, l'amour est un grand niveleur. La femme, quelles que soient ses origines, est peuple. Trop souvent sa caresse arrache l'homme aux conceptions audacieuses, à l'orgueil des entreprises intellectuelles. Sa grâce met en valeur et ennoblit la série des petites causes et des petits effets qui font agir son cerveau et qui font battre son cœur.

Que leur influence ait été heureuse ou funeste, les femmes tenaient à la cour de France un rang qu'elles n'ont occupé peut-être nulle part ailleurs. Leur présence cause les délicieuses et troublantes surexcitations produites par la vie commune des deux sexes : chez l'homme, la recherche, l'empressement, les espérances et les désespoirs; chez la femme, le jeu de la coquetterie, les hardiesses de la liberté, les réserves inattendues du caprice et de la pudeur; ce sont encore les trames emmêlées des commerces, des liaisons, des tendresses, la fureur des passions et de la jalousie; tantôt ce sont les parties sur l'eau, comme celle que décrit le récit du *Menteur;* tantôt les fêtes éblouissantes, comme dans les *Plaisirs de l'Ile Enchantée,* ou bien les haines atroces, comme celle qui assombrit la brune figure d'Henriette d'Entragues ; ou bien les abandons, comme celui dont se vante la fatuité de Bassompierre. En un mot, c'est la figuration continuelle et magistrale d'un sexe sous les yeux de l'autre, avec le sentiment que, de ce genre de succès, dépendent la réputation et l'avenir.

Un auteur contemporain décrit cet aréopage devant lequel les premiers pas sont si difficiles et si glissants : « Il n'y a point de lieu où la conversation se voie avec tant d'éclat et d'appareil que dans le Louvre, lorsque les reines (1) tiennent le cercle, ou plutôt qu'elles étalent comme un abrégé de tout ce que l'on a jamais vanté des merveilles et des perfections de ce monde. Quiconque a pris plaisir à considérer, dans une nuit bien sereine, la lune entre un million d'étoiles, briller d'une splendeur si vive et si nette et répandre une lueur si claire qu'il semble que toutes les étoiles qui l'accompagnent soient autant de ses rayons qu'elle va semant, celui-là se peut figurer, au moins imparfaitement, l'abord de tant d'illustres et belles dames devant les reines à qui elles viennent comme rendre hommage de tout ce qu'elles ont de plus charmant et de plus admirable. Ce n'est point mentir, de dire que quand on se trouve devant ces grandes lumières, il n'y a guère de cœur si peu hardi qui ne se sente secrètement tenté du désir de devenir un honnête homme » (2).

C'est dans les détours de cette cour attentive et subtile, à l'aspect militaire et mondain, où, parmi les sourires, les ambitions vont à leur but, que se forme l'homme d'État qui

(1) Marie de Médicis et Anne d'Autriche.
(2) Faret, *L'honeste homme, ou l'art de plaire à la Court,* 1636, in-8°.

demain gouvernera la France. Là se nourrit, du suc des préceptes et des exemples, cet « honnête homme », cet « homme de cour », dont Balthazar Gracian, Faret et du Refuge nous ont tracé le portrait.

« Le but commun auquel tous les courtisans visent est de gagner la faveur du Prince. En ce point gît toute leur science et s'emploie tout leur travail » (1). L'éternelle contemplation d'un seul visage, la recherche, sur ses traits, du moindre signe pouvant laisser paraître le désir d'un service et ouvrir la voie des grâces, telle est donc l'occupation unique du courtisan. Il vit dans l'idée que le prince est « son père », « son Dieu », « son créateur ». Certes, une telle existence est dure; il n'y a rien de plus pénible qu'un effort constant et une attention toujours en éveil ; appelons-la par son nom : c'est « la servitude ». Mais, à ce prix, on réussit. La première qualité de l'homme de cour, est l'assiduité ; la seconde, la complaisance pour les actions, les pensées, les caprices du prince. Il faut être prêt à toutes les besognes et quoiqu'il y ait, entre les courtisans, un point d'honneur rigide, le courtisan lui-même avoue, qu'à l'égard du prince, « son honneur n'a pas de chausses » (2).

Parmi tant de dévouements empressés, l'offre d'une vie, corps et âme, n'est pas un mérite, puisque c'est la règle. Il faut d'autres qualités pour réussir. On les résume en un mot qui, emprunté à l'italien, n'a vécu que deux cents ans dans notre langue : *l'accortise* : « L'accortise consiste à savoir faire différence des personnes et des affaires et des autres circonstances et, selon cela, régler sa façon de procéder, son parler et son silence. » On reconnaît là « l'esprit de finesse », dont Pascal a parlé si justement et si fortement, d'après le

(1) *Le traité de la cour, ou instruction des courtisans*, est d'Eustache du Refuge, conseiller d'État, qui mourut en 1617 ou 1618.
(2) Mot de Bussy-Rabutin.

modèle que lui offrait son ami, le chevalier de Méré, — mais doublé de l'esprit de conduite.

Une prudence aiguë, dissimulée sous les formes d'un élégant détachement, une vertu adroite, une longue patience, telles sont les parties principales de l'accortise. Il faut y joindre le liant, l'agrément, le savoir-faire dans le monde et auprès des femmes, en un mot tout l'art des relations sociales. « En la contenance, il faut que la rencontre du visage soit douce et gracieuse, modeste, non affectée et sans grimaces; le port du corps bien-séant, sans gestes extraordinaires ; en toutes actions, soit boire, manger ou autres semblables, montrer modestie et suivre ce qui est reçu entre ceux avec lesquels nous conversons. » La jolie plaisanterie, la repartie prompte qui amuse et ne blesse pas, les traits « entrelacés comme des éclairs parmi l'obscurité d'un grave discours », toute la bonne humeur du cavalier qui vit d'une vie pleine, claire et saine, en un mot la santé du corps et de l'esprit met en valeur le mérite du courtisan élevé à l'Académie et jeté à quinze ans dans un monde où il fait ses véritables études.

Il faut des traits plus rares encore pour signaler l'homme d'État. Celui-ci est froid, sûr de lui, « il ne se passionne jamais » (1). Il fait sa lecture de Tacite, de Machiavel et de Juste Lipse (2). Il a des ambitions âprement personnelles ; mais son esprit est assez fier et son cœur assez noble pour les subordonner au bien de l'État. Ses vertus maîtresses sont la sûreté du jugement, l'énergie de la volonté et la dissimulation. Celle-ci a, chez lui, quelque chose d'aisé et d'ouvert ; il ne se cache jamais complètement, parce qu'il sait qu'il ne

---

(1) Balthazar Gracian, *L'homme de Cour*, traduction d'Amelot de la Houssaye, 1687.

(2) Justi Lipsii *Politicorum sive civilis doctrinae libri sex*. Ce sont des extraits, mais excellents.

peut pas être deviné : « il agit quelquefois finement, quelquefois rondement. Il change de jeu et de batterie pour changer de ruses. Son artifice est de n'en avoir pas et toute sa finesse consiste à passer de la dissimulation à la candeur ». Il est heureux : ce qu'il touche, prospère ; ce qu'il néglige. languit ; ce qui lui fait obstacle, périt. La voie, pour lui comme pour les autres, est la faveur du prince ; mais, au lieu de s'attarder dans les services de cour, ou dans la recherche des charges, offices et dignités, il prend un chemin plus prompt et plus ardu. Il s'emploie dans les commissions extraordinaires et dans les affaires particulières du prince. Il se connaît lui-même, pèse le pour et le contre, fait savamment alterner les coups d'éclat de la plus brillante faveur avec l'affectation d'un détachement désireux du repos. Il agit rarement, mais alors il donne tout son effort ; s'il sent une résistance, il se replie et attend son heure en silence. Il ne se plaint jamais et meurt plutôt, son secret dans le cœur.

Il subordonne naturellement à lui les esprits auxiliaires ; car le trait caractéristique de son génie, c'est cette autorité qui se fait reconnaître sur les traits du visage, dans la démarche, aux premiers mots prononcés : « Quelques-uns naissent avec un pouvoir universel en tout ce qu'ils disent et en tout ce qu'ils font. Vous diriez que la nature les a faits les aînés de tout le genre humain. Ils sont nés pour être supérieurs partout, sinon en dignité, du moins en mérite. Il émane d'eux un esprit de domination et cela jusque dans leurs plus communes actions. Tout leur obéit, parce qu'ils excellent en tout ; ils se rendent d'abord les maîtres des autres en leur dérobant le cœur, car tout peut tenir dans leur vaste capacité. Et, bien qu'il s'en trouve d'autres qui ont plus de science, de noblesse et même de vertu, ils ne laissent pas de l'emporter par un je ne sais quoi (*despejo*) qui leur donne la supériorité. » C'est cette vertu suprême, l'*ascendant* qui désigne les véritables hommes d'État. Elle est quelquefois gênante dans un courtisan, parce qu'elle offense les regards du prince. Mais elle est admirable chez un capitaine, car elle le rend assuré sur le champ de bataille, et, dans le bruit du canon et de la fumée, maître de soi et maître des autres ; dans un magistrat, car elle lui donne cette tranquille vertu qui lui permet de disposer de la fortune et de la vie de ses semblables ; chez un orateur de la chaire, car elle attache à ses paroles cette grâce souveraine qui glisse, au cœur de ceux qui l'écoutent, la confiance en celui qui parle plus encore que la foi dans les vérités qu'il enseigne. Surtout elle est à sa place dans un prince, car il est juste que celui qui commande ait le don du commandement, et c'est cette rencontre trop rare de la puissance et de la vertu qui ramène les siècles de Saturne pour les peuples gouvernés par de tels princes. « Ainsi fut Henri IV, le Thésée de la France qui, à l'aide de ce fil d'or, a fini par arracher son pays au labyrinthe de misères où ses prédécesseurs l'avaient embarrassé. »

Sous l'œil de ce prince, la cour de France, revenant au naturel de la race, refoulé, pendant quelque temps, par l'italianisme des derniers Valois, a repris son aspect tumultueux et familier, un air de sens pratique et de bonne humeur enjouée qu'elle garde sous la régence de Marie de Médicis. Laïques ou clercs, gens d'épée ou gens de robe, magistrats ou prélats, chacun, à sa place ou hors de sa place, se tient dans son tempérament propre, agit avec une liberté d'allures, parfois un peu rude, mais pleine de franchise et de verdeur.

Il y a, dans les services comme dans les costumes, quelque chose de pimpant, de svelte et de dégagé. Des généraux vont haranguer des assemblées au nom du roi; des magistrats montent à cheval et répriment une sédition; des prélats ceignent l'épée et, bottés jusqu'aux cuisses, commandent des armées. Parmi cette existence variée et si peu méthodique, personne n'est sûr du lendemain. Un duel tragique, une pistolade dans quelque rencontre, ce sont des aventures normales qui suppriment à la fois les ambitions et l'ambitieux. Aussi on se hâte : de même qu'on se marie jeune, parce qu'il faut des enfants pour entretenir la race, de même l'ambition juvénile, en panaches et bottes molles, se pousse vers les satisfactions immédiates.

L'hérédité et la faveur troublent sans cesse l'ordre de l'âge, du mérite et de l'expérience. Tel, à vingt ans, dirige une grande entreprise, et tel autre, barbon, blanchi sous le harnois, est mis au second rang et obéit sans se plaindre. Les situations sont instables; les traitements incertains et mal payés. L'administration n'ayant rien de régulier, chacun procède à sa façon, s'indemnise de ses propres mains et « plume la poule sans la faire crier ». Les plus honnêtes boivent aux « pots de vin ». Dans une pénurie dont tout le monde se plaint, les grandes fortunes privées accompagnent toujours les grandes fortunes publiques et l'État souffre du désordre qui excite les ambitions particulières.

On le voit, depuis cinq siècles que Hugues Capet est monté sur le trône, les moyens d'action du pouvoir n'ont pas été modifiés dans leur essence. Le roi est resté le grand chef mobile et accessible qu'il était à l'origine. Son entourage lui obéit et l'exploite. On vit sur un pied de familiarité et de méfiance réciproques. L'esprit du système repose sur le développement des aptitudes individuelles et non sur le fonctionnement d'institutions régulières. Une élite restreinte s'emploie seule au gouvernement du pays. Le reste est une masse en proie à ces ambitions rivales. La période de la conquête n'est pas close. Dans cette chasse au pouvoir, depuis le roi jusqu'aux moindres de ses courtisans, chacun joue son jeu et risque sa personne. Qualités et défauts, tout sert ; l'homme naturel est sans cesse tenu en haleine, et si le roi dirige la meute, ce n'est pas toujours pour lui que sonne l'hallali.

Peu maître de sa cour, le roi était presque impuissant dans les provinces. Le choix des agents chargés de le représenter au loin avait toujours été, pour lui, une cause de grands embarras. Avec la tendance des fonctionnaires royaux à s'approprier l'autorité dont ils étaient investis, toute délégation devenait un danger. Aussi la royauté se trouva-t-elle, presque toujours, dans la nécessité d'affaiblir les agents qu'elle créait. Ses serviteurs devenaient rapidement ses plus dangereux adversaires ; elle ne songeait qu'à les abattre après les avoir élevés.

A l'origine, les premiers Capétiens avaient confié l'administration de leur domaine à des espèces de gérants ou de comptables nommés *prévôts* et dont le type était emprunté à l'administration ecclésiastique. C'étaient de fort petites gens. Mais ils avaient pris rapidement de l'importance ; comme les *Vicomtes* de Normandie, primitivement leurs égaux, ils avaient émis la prétention de garder leurs emplois à titre de fiefs héréditaires. Par une précaution qui fut, pendant des siècles, toute sa politique en cette matière, la royauté, pour les amoindrir, créa, auprès et au-dessus d'eux, une autre catégorie de fonctionnaires, les *baillis* et *sénéchaux*. Au début, il n'y avait que quatre baillis qui se partageaient le domaine royal. Ils cumulaient les fonctions judiciaires, administratives, militaires et financières. A leur tour, ils devinrent redoutables. On ne songea plus qu'à détruire cette espèce d'omnipotence qui leur était confiée. Des tribunaux réguliers, parlements et présidiaux, s'emparèrent de leurs attributions judiciaires ; des fonctionnaires spéciaux, trésoriers et intendants des finances, furent chargés d'assurer la rentrée des deniers et, enfin, des agents nouveaux qui paraissent avoir été, à l'origine, les commandants des armées opérant dans les provinces, les « lieutenants du roi », furent chargés de l'autorité militaire qui appartenait aux baillis et sénéchaux. A partir du seizième siècle, ceux-ci n'ont plus qu'une ombre de pouvoir. Fonctionnaires de parade, respectables par l'antiquité de leur institution, ils voient leurs attributions se réduire à commander l'arrière-ban qu'on ne convoque plus, et à procéder aux élections pour les États généraux qui sont tombés en désuétude.

Nous avons prononcé le nom de lieutenants du roi. Substitués aux baillis et sénéchaux pour l'exercice des attributions militaires, ils deviennent, à leur tour, des fonctionnaires importants. Devenus les *gouverneurs des provinces*, ils subsisteront jusqu'à la fin de l'ancien régime. Les circonstances dans lesquelles cette institution, créée à la fin du quinzième siècle, se développa dans le cours du seizième siècle, lui donnèrent un caractère aristocratique très prononcé. François I<sup>er</sup> s'était cru assez fort pour diviser la France en douze gouvernements. Mais, dès 1542, il s'aperçut de la faute qu'il avait commise. Il suspendit les gouverneurs par une seule et même ordonnance. Ils reparurent bientôt et, à la faveur des guerres de religion, ils se rendirent presque souverains et héréditaires dans les provinces. En un temps où le pouvoir était faible, le roi, obligé de s'attacher des dévouements exigeants ou de satisfaire des ambitions menaçantes, en revenait à la politique des derniers carlovingiens. Il confiait aux chefs des familles puissantes, à des hommes connus et populaires, une délégation de l'autorité royale qui bientôt tournait contre la royauté. Ainsi se reconstitua une sorte de féodalité administrative. Un Lesdiguières, un Montmorency, un Vendôme étaient vice-rois dans leurs provinces. Ils se raillaient des ordonnances royales et de la formule des provisions qui limitaient la durée de leurs pouvoirs à un maximum de trois années. La politique des gouverneurs, pendant la Ligue, avait mis en péril l'unité du Royaume. On l'avait vu se diviser en « satrapies », selon l'expression d'un contemporain, et Henri IV, impuissant à réduire ces adversaires, avait dû transiger avec eux et leur racheter, l'une après l'autre, chacune de ses provinces.

Même à la fin du règne de Henri IV, on n'osait encore les attaquer de front. On essayait de les affaiblir par des mesures indirectes. C'est ainsi que, pour diminuer l'étendue des gouvernements, le nombre en avait été porté de douze à dix-neuf, puis à vingt-cinq. C'est ainsi qu'on prenait la précaution d'établir, dans chaque province, un fonctionnaire sûr, nommé, lui aussi, lieutenant du roi. Choisi le plus souvent parmi les officiers de fortune, il surveillait le gouverneur et contrebalançait son autorité. Enfin, on ne laissait le commandement d'aucune place importante et, autant que possible, d'aucune place frontière, entre les mains du gouverneur de la province. Des fonctionnaires particuliers, les gouverneurs des villes, nommés directement par le roi, y exerçaient le pouvoir, répondaient de la sécurité, et, en cas de troubles, donnaient aux troupes royales le temps d'accourir.

La grande complication d'attributions qui était le résultat naturel de ces combinaisons, les rivalités d'influence entre les fonctionnaires, les juges, les prélats, les agents de tout ordre, empruntant leur autorité soit au pouvoir central, soit aux institutions locales, par-dessus tout la survivance de la tradition féodale, toutes ces causes contribuaient à l'affaiblissement de l'autorité monarchique. En somme, le roi était mal obéi. En 1598, l'ambassadeur Pietro Duodo, réclamant auprès du gouvernement français la restitution de deux navires vénitiens qui avaient été confisqués à tort, prévient le sénat que, si l'affaire n'aboutit pas, il ne faut pas s'en prendre au roi. « Les gouverneurs non seulement des provinces, dit-il, mais des simples places fortes se sont tellement multipliés et ont pris une telle importance que l'action du pouvoir royal en est tout entravée. » Il ajoute que le roi connaissait cette situation et qu'il avait un grand désir d'y porter remède ; mais qu'il ne pouvait le faire, à cette date, tant les désordres de la Ligue étaient encore proches. Henri IV exécuta en partie ses intentions et laissa à son fils l'autorité bien plus forte qu'il ne l'avait reçue ; mais ce résultat tenait surtout à l'ascendant personnel du prince ; à sa mort, les germes d'indiscipline, restés latents au cœur de la haute noblesse provinciale, devaient reparaître.

L'administration régulière n'était donc pas encore constituée. Les rouages que le pouvoir avait successivement créés pour transmettre sa volonté aux provinces, ou refusaient le service, ou détournaient à leur profit la force qui leur était communiquée. Quand le roi voulait être obéi, il ne pouvait compter sur ces institutions permanentes, qui, par une loi fatale, suites des coutumes féodales, devenaient, de subordonnées, concurrentes. Il ne lui restait qu'une ressource, quand il ne pouvait se rendre lui-même sur les lieux, c'était de remettre, à quelque personnage sûr et dévoué, un mandat particulier, à l'effet de terminer rapidement les affaires dont on désirait la solution. Ces personnages qui recevaient une délégation temporaire et spéciale de l'autorité publique, étaient des *commissaires*. On opposait la *commission* à *l'office* ; la première, provisoire et particulière ; l'autre, général et permanent. Le commissaire, qui représentait l'exception, était considéré comme un rival par les officiers qui représentaient la règle.

De la cour, partaient, à tout instant, surtout dans la seconde moitié du seizième siècle, de ces agents spéciaux, qui, après une courte apparition sur un point déterminé du royaume, rentraient, en toute hâte, pour dire ce qu'ils avaient vu, entendu, exécuté. Les archives de l'histoire de France contiennent un nombre considérable de *commissions* données, soit pour surveiller la rentrée des impôts, soit en vue de pourvoir à l'exécution des édits, soit pour réprimer rapidement quelque acte de rébellion, soit pour régler une affaire privée (1). Quand ces missions avaient surtout pour objet le contrôle et qu'elles s'appliquaient à des régions assez vastes, on les appelait, d'une expression pittoresque et qui exprime bien leur caractère ambulatoire : des *chevauchées*. Elles étaient généralement confiées à des gens jeunes, actifs, ambitieux, dépendant étroitement de la personne du prince : les maîtres des requêtes de l'Hôtel. Dès le milieu du seizième siècle, leurs tournées sont régulières et annuelles. Le pouvoir d'investigation qui leur est confié s'applique à toutes les matières administratives ; en 1555, un rôle arrêté au Conseil porte cet intitulé : « c'est le département des chevauchées que MM. les maîtres des requêtes de l'Hôtel ont à faire en cette présente année, que nous avons départis à nos recettes générales, afin qu'ils puissent plus facilement servir et entendre à la justice et aux finances, ainsi que le roi le veut et entend qu'ils fassent. »

---

(1) Voir mon étude sur l'origine de l'*Institution des Intendants*, Paris, Champion, in-8°.

Dans cet embryon, on retrouve, à peine indiqués, les principaux linéaments d'une institution qui, développée par la forte main de Richelieu, doit constituer le type définitif de l'administration royale sous l'ancien régime : c'est l'institution des *Intendants*.

L'Intendant de justice du seizième siècle, précurseur de l'Intendant des provinces des dix-septième et dix-huitième siècles, est un commissaire dont les pouvoirs, au lieu d'être spéciaux et bornés à une seule affaire, embrassent l'ensemble des questions qui se rattachent à la pacification d'une région déterminée. Dans les époques de troubles, parmi les désordres des guerres religieuses, le pays étant en proie aux excès de la soldatesque, les armées mal approvisionnées, mal payées et sans discipline, on s'était habitué, pour porter remède à ces maux, à confier une autorité très étendue et presque absolue au personnage chargé d'assurer les vivres, la solde et la discipline de l'armée en campagne : c'est-à-dire à l'intendant. On avait ajouté à ses attributions ordinaires des pouvoirs de justice et de police qu'il exerçait tant au civil qu'au militaire, sur toute la surface de la province dans laquelle l'armée opérait. Cette combinaison offrait un double avantage : tout d'abord, l'autorité pacificatrice était plus forte ; en outre, on échappait aux inconvénients et aux rigueurs du régime militaire absolu ; la puissance, parfois dangereuse du commandant de l'armée, trouvait un contrôle et un contrepoids dans celle du magistrat civil, de fidélité moins suspecte, qui lui était adjoint. Les armées disparurent ; mais les intendants restèrent. Leurs missions se prolongèrent pendant des mois, des années. Les magistrats locaux se plaignirent ; les gouverneurs protestèrent très haut. Les parlements, surtout, prétendirent vérifier les lettres de provision ou les commissions en vertu desquelles les intendants s'immisçaient dans les affaires locales. Les municipalités des villes, le peuple lui-même, animé par des excitations habiles et intéressées, essayèrent de s'opposer par la force à l'installation des intendants.

Les premiers progrès de l'institution furent lents, incertains, entravés par cette résistance universelle et par la timidité du pouvoir qui hésitait à se servir de toute sa force. Qu'y avait-il de plus extraordinaire, en effet, que de voir, dans une monarchie ancienne où tout le monde se plaignait du nombre excessif des fonctionnaires, apparaître une nouvelle et soudaine poussée d'agents ardents, vigoureux, ingénieux, se glissant, s'imposant, écartant ou bousculant les anciennes administrations pour se faire place, touchant à tout, au militaire, au civil, à la justice, aux finances, agents de commandement et agents d'exécution, ne dépendant que de la cour, et responsables seulement devant le roi ! Ces espèces de vice-rois pouvaient, à la rigueur, être tolérés dans les temps de crise grave et de révolution profonde pour agir vite, frapper fort et pourvoir au plus pressé ; mais, dans les temps calmes, la présence, dans les provinces, de ces fonctionnaires exigeants et tracassiers pouvait-elle se tolérer ?

Henri IV avait paru frappé par ces considérations. Les intendants, très nombreux au début de son règne, avaient peu à peu regagné Paris et repris leur place au Conseil. Sous la régence de Marie de Médicis, c'est à peine si, dans quelques rares circonstances, on voit un conseiller d'État ou un maître des requêtes recevoir de la cour une mission d'intendant, qui ne se prolonge guère au delà d'une année. Pourtant le principe n'est pas abandonné. L'institution n'est pas morte; elle sommeille. Bientôt Richelieu la réveillera et l'active énergie de ses intendants d'armée ou de province, les Laffemas, les Machault, les d'Argenson, les Laubardemont en fera le plus puissant instrument d'unification et de centralisation qu'ait connu l'ancienne France. Admirée et critiquée, proclamée indispensable par le parti royaliste, violemment combattue par le parti libéral et aristocratique, soutenue par les Richelieu, les Colbert et les Turgot, odieuse aux Fénelon, aux Saint-Simon et aux Montesquieu, elle a préparé l'œuvre de la Révolution et on peut dire qu'elle se survit dans l'institution des préfets.

Ce fut une heure décisive que celle de l'apparition des premiers intendants dans notre histoire. Car c'est elle qui signale la transformation du système monarchique. Des deux éléments qui, pendant des siècles, avaient lutté l'un contre l'autre et qui s'étaient partagé le pouvoir, l'un d'eux prenait le dessus ; la robe l'emportait. De féodale et de cavalière, la royauté devenait dès lors autoritaire et bureaucratique.

### Les Finances.

A l'origine de notre existence nationale, il y a une catastrophe économique. La chute de l'empire romain n'avait été rien autre chose qu'une faillite à laquelle, pendant douze siècles, l'histoire romaine avait travaillé. Cette histoire, en effet, est un long ravage des extrémités au profit du centre. Le système économique et le système politique romains reposaient uniquement sur la force : travail servile et impôt extorqué, telles étaient les deux sources de la richesse particulière et de la richesse publique. A la fin, pourtant, il fallut s'arrêter. Rome avait dépeuplé le monde pour assurer la paix du monde. L'ère des conquêtes fut donc close, bon gré mal gré, et l'ère des exactions financières s'ouvrit. « L'or et l'argent devinrent extrêmement rares en Europe ; mais les Romains y voulurent exiger les mêmes tributs, ce qui perdit tout. »

Les mines aussi s'épuisèrent. La valeur disparut, en même temps que le numéraire qui la représente. Les richesses amassées par des moyens destructifs de la richesse s'évanouirent. Les champs étaient incultes ; les approvisionnements manquaient. On retenait de force les colons sur le sol et pourtant ils n'en tiraient qu'à peine leur subsistance. Les curiales, rendus responsables des impôts, étaient parqués dans les villes et, s'ils se sauvaient, ils étaient traqués par les champs comme des bêtes. L'Empire ne pouvant plus payer ses fonctionnaires, ni ses défenseurs, fut éventré par l'invasion des barbares. Il se divisa, puis s'écroula.

Quoiqu'ils eussent pour base la force, les impôts romains, établis par des maîtres en l'art d'administrer, n'en étaient pas moins répartis entre les contribuables avec une certaine équité. Comme nous l'avons déjà dit, une administration immense avait constitué et tenait à jour le cadastre universel pour que chaque parcelle payât sa juste part. On trouve dans les codes de Justinien un principe vers lequel le progrès politique tend encore à s'élever : « les charges publiques doivent être en proportion de la fortune; *Civilia munera per ordinem pro modo fortunarum sustinenda sunt* » (1).

L'unité du système résulte de ce récolement général des fortunes, œuvre du cens et base de la perception de l'impôt direct. Sa variété vient de la diversité des autres contributions : « Impôts ordinaires ou extraordinaires, impôt sur les champs, impôt sur les édifices, impôt sur les bestiaux, impôt par tête, impôt sur le commerce, impôt sur le revenu des sommes prêtées à intérêt, impôt sur certaines dignités, impôt sur les marchandises, impôt sur les ventes, impôt sur les hérédités et sur les affranchissements ; impôts acquittés en or ou en argent, impôts acquittés en denrées, impôts acquittés en services ; charges patrimoniales, charges per-

---

(1) *Cod.* X, 41, I.

sonnelles, charges sordides ; impôts payés par les curiales, impôts perçus par les procureurs de César, impôts perçus par les publicains » (1), cet ensemble magistral, qui atteint la fortune dans toutes ses manifestations, frappe d'étonnement et d'admiration le spécialiste. C'est le triomphe d'une fiscalité qui sut arracher au monde les sommes nécessaires aux immenses besoins de l'Empire.

De l'époque romaine, il devait rester le souvenir et les débris de cette vaste organisation. Quelques-uns des procédés du fisc impérial survécurent ; mais la plupart d'entre eux et notamment la savante et délicate institution du cens, tombèrent en désuétude par suite de la détresse générale. Le mécanisme cessa de fonctionner faute d'aliments.

Cette ruine économique en faisant disparaître le numéraire, en diminuant les échanges, en rétrécissant le monde, enleva à la fortune toute sa mobilité. Il n'y eut plus d'autres richesses que la terre. Mais la terre n'a de valeur que par le travail de l'homme. L'appauvrissement des plus belles contrées du globe et surtout de l'Italie, par le manque de bras, l'avait bien prouvé. Aussi on ne songea plus qu'à maintenir, par tous les moyens, le laboureur sur le territoire, on unit l'homme au sol par les liens les plus étroits : le *colonat*, le *servage de la glèbe* ; et, de ces deux éléments, ainsi rivés l'un à l'autre, on fit une valeur d'échange, qui devint la monnaie courante des transactions du moyen âge : le *domaine* qui, plus tard, lorsqu'il se subordonne à la hiérarchie sociale, s'appelle *fief*.

Cette conception du *domaine* est capitale ; elle détermine, pendant des siècles, la physionomie de l'histoire de l'Europe. Non seulement l'homme qui possède un vaste domaine très peuplé est un homme riche, mais encore il est un sou-

(1) Clamageran, *Hist. de l'impôt en France* (I, p. 84).

verain. Il a droit à tous les honneurs et à toutes les obéissances. Lui seul a des revenus, puisqu'il n'y a plus de profit en dehors des produits de la terre ; lui seul a la force, puisqu'il peut nourrir des hommes ; lui seul a le droit, puisque tous les principes de la législation se subordonnent à la possession du sol qui est le principal fait social subsistant.

On a débattu la question de savoir si, au temps des invasions, les barbares se sont partagé les terres du vaincu. Je ne pense pas qu'on puisse dire qu'il y ait eu un partage universel et systématique. Mais le nombre des héritages vacants était considérable, le domaine impérial était étendu, les violences de la conquête furent nombreuses. Une grande partie des propriétés rurales vinrent aux mains des vainqueurs. Les rois, embarrassés de cet immense butin, le distribuèrent, à la mode germanique, entre leurs fidèles. Plus d'un Gallo-Romain s'enrichit aussi des dépouilles de ses concitoyens. Il y a, dans tous les temps, des hommes qui se tournent du côté du succès et qui adhèrent aux révolutions par esprit conservateur. Ceux-ci gardèrent leurs domaines et même ils les augmentèrent. Les propriétaires moins riches ou moins adroits furent trop heureux de placer leurs biens sous la protection de quelque seigneur ou officier germain, par un acte d'offrande nommé *recommandation*. Quoi qu'il en soit, après plusieurs siècles de mystérieuse évolution interne, la société nouvelle se trouva constituée avec une figure plutôt germaine et assise sur la base exclusive de la propriété domaniale. Elle tire son nom du mot qui désigne l'union du domaine et du service noble : c'est la féodalité.

Le domaine ou le fief étant le principal élément de la richesse fut aussi, nous l'avons dit, la principale valeur d'échange. C'est par l'octroi du fief que les princes et les particuliers nourrissaient et indemnisaient leur entourage.

Est-il nécessaire de signaler les inconvénients de ce genre de monnaie ? Sa lourdeur, son immobilité, son indivisibilité ? Pour obvier, autant que possible, à ces inconvénients on s'habitua, peu à peu à distinguer entre les deux éléments qui constituaient le domaine : d'une part, le sol lui-même et, d'autre part, les objets mobiliers nécessaires à son exploitation et surtout le plus mobile de tous, c'est-à-dire l'homme. On vit donc se briser l'étroite union qu'avait connue le moyen âge, et le *service* tendit à se séparer du *domaine*.

Depuis les âges reculés où cette séparation s'est faite, tout l'effort de la civilisation a consisté à isoler et à libérer le travail de l'homme, à le rémunérer à part et à lui faire rendre, par cette délivrance même, des résultats supérieurs à ceux qu'on obtenait de lui quand il était lié aux fers ou attaché à la glèbe. Telle est l'origine de la société moderne qui roule sur ces deux pôles : travail libre et impôt consenti.

La disparition rapide de la servitude en Europe, en des temps, en somme, très barbares, est un des phénomènes surprenants de l'histoire. Ce fait économique considérable ne paraît pas pouvoir s'expliquer uniquement par des considérations humanitaires ou religieuses. Certainement, la prédication morale du christianisme a préparé ce grand bienfait; cependant elle n'a pu empêcher la servitude de subsister, jusqu'à nos jours, dans un grand nombre de pays chrétiens, en Amérique, aux Antilles, en Russie, au Brésil. Je pense qu'il faut tenir grand compte, pour expliquer les résultats si prompts obtenus dans les années les plus sombres du moyen âge, des conditions du travail dans les régions tempérées et plutôt septentrionales de l'Europe, ainsi que des mérites propres aux populations qui y vivent. Un air salubre, à la fois rafraîchissant et excitant, des besoins nombreux et les moyens de les satisfaire au prix d'un certain effort, ces circonstances sont favorables au développement de l'activité individuelle. Les températures extrêmes le dépriment et l'accablent sous le fardeau de leurs exigences ou de leurs facilités. Il faut toute l'autorité de la discipline sociale pour l'arracher à l'indolence du midi ou à l'atonie du nord. Les populations de l'Europe sont peut-être, de toutes les races humaines, les plus réellement *laborieuses*. Elles aiment le travail pour lui-même ; elles cherchent par lui et en lui leur récompense. Non seulement elles ne reculent pas devant l'effort nécessaire pour satisfaire leurs besoins qui sont grands ; mais encore elles se préoccupent d'autre chose que du présent. L'ouvrier ne trouve pas que sa peine soit payée par le gîte et la nourriture de chaque jour ; il appréhende les douleurs d'une vieillesse misérable. Il ne se contente pas de travailler « au pair » ; il veut économiser pour l'avenir ; de là, le *salaire*, de là *l'épargne*. Ajoutons que l'épargne constitue le *capital*, avec son corollaire, la *rente*, et nous aurons indiqué les principaux éléments économiques de la civilisation moderne.

Une expérience lente, mais dont les premiers résultats apparurent pourtant à une époque assez reculée du haut moyen âge, apprit au propriétaire du domaine qu'il avait intérêt à laisser au laboureur une certaine liberté. On se rendit compte que l'ouvrier rapportait davantage si on lui laissait le soin d'arranger son temps à sa guise, en lui abandonnant une part du profit qu'il retirait de son travail. On apprit à affranchir les colons moyennant une rente qu'ils s'engageaient à payer régulièrement. On délivra des permis de travail libre aux serfs-ouvriers, sauf le prélèvement d'une quote-part sur leurs bénéfices. Par un nouveau progrès, le « service » eut une tendance à se transformer en

« redevance »; il se fit un forfait entre le propriétaire et ses hommes. Mais, qu'on remarque la portée de cette évolution : ce forfait est un contrat. Ceux qui le signent sont libres de part et d'autre. Ainsi pénètre dans les mœurs avec la liberté, le principe de la rente et celui de l'impôt librement consenti.

Cette tendance apparaît clairement dans le système des impôts féodaux. Il faut distinguer entre les charges qui pèsent sur les roturiers et celles qui incombent aux vassaux nobles. A l'origine, le seigneur touche directement les fruits de son domaine et le produit du travail de ses hommes. Il assure, en échange, à ceux-ci les premières nécessités de l'existence. Puis, en vertu du forfait dont nous avons parlé, le seigneur abandonne à ses serfs une certaine quantité de terre en *tenure* ou en *censive*. Ceux-ci s'appellent *vilains, hommes de poëste, hôtes*. En échange de la concession qu'il leur a faite, il reçoit d'eux certaines redevances roturières dont les principales sont les dîmes, le cens, les corvées partielles, les fournitures de bestiaux ou de main-d'œuvre, puis le champart, le formariage, un droit de relief ou de rachat qui rappelait le droit primitif du seigneur, chaque fois qu'une mutation se produisait dans la tenure, soit par cession, soit par héritage. On ne devait arriver que par un progrès très lent au métayage, aux baux à ferme, aux arrérages fixes qui sont des modes de conduction corrélatifs d'un état de pleine liberté.

Certaines parties du domaine étaient occupées non par des serfs, mais par des nobles. Ces portions s'appelaient fiefs; elles étaient, comme on disait alors, « tenues à foi et à hommage ». Ceux qui les avaient reçues devaient aussi des services, mais nobles : le service militaire, le conseil, le plaid. Ces services eurent aussi une tendance à se transformer en redevances pécuniaires ; de là, les aides féodaux, et notamment les *aides aux quatre cas*, qui étaient dues dans certaines circonstances graves de la vie du seigneur ou du vassal. Les droits de mutation frappaient d'ailleurs le fief comme la censive. On appelait ces droits les *lods et ventes*, le *relief*, le *quint* et le *requint*. La féodalité nous présente donc tout un système d'impôts qui repose principalement sur la propriété et la possession du sol et qui se confond, jusqu'à un certain point, avec le revenu de la terre. Mais il devient plus mobile, plus souple, au fur et à mesure que se dégage le principe de liberté qui est, en somme, à la base du régime féodal.

Déterminé d'avance et pour longtemps par un contrat synallagmatique, l'impôt de la terre a un caractère de fixité qui est tout à l'avantage du contribuable. Celui-ci sait d'avance ce qu'il doit payer et, quels que soient les besoins nouveaux du seigneur-propriétaire, le vassal ou le vilain est toujours en droit de lui opposer le forfait écrit ou traditionnel qui seul l'engage. Le seigneur a beau s'ingénier à multiplier ses exigences selon les diverses manifestations de la richesse agricole, il trouve toujours ses rentes insuffisantes parce qu'elles n'augmentent pas et comme elles sont, le plus souvent, payables en nature, il n'en tire que peu de profit pour faire face à des besoins croissants.

Aussi voit-on que, de toute antiquité, les seigneurs réclamèrent certains droits, en raison de l'exercice de la souveraineté. C'étaient de véritables droits régaliens : amendes résultant des sentences judiciaires, profits provenant de l'émission de la monnaie, droits perçus sur les concessionnaires de mines, revenus du greffe, du sceau, du tabellionat, droits de patronage sur les églises et, en outre, deux sortes de contributions qui présentent un intérêt particulier et sur lesquels il convient d'insister maintenant :

les droits frappant l'entrée ou la circulation des marchandises et les tributs se rattachant à l'idée de la défense du sol et de la protection accordée aux citoyens.

Les droits sur le transport et la vente des marchandises, tonlieux, douanes, péages, etc., sont désignés par les publicistes modernes sous le nom d'impôts indirects. La tradition en est romaine. Mais, à l'époque féodale, ils furent réclamés par chaque seigneur particulier. Il n'y a rien de moins compliqué que ce genre d'impôt : une perche en travers d'un chemin, une chaîne sur un cours d'eau, quelques agents en force, et les revenus du seigneur augmentent. Ces procédés sommaires et même les abus qui en étaient le corollaire naturel, convenaient au caractère de morcellement et d'isolement excessif qui était celui de la société du moyen âge. Aussi ne faut-il pas s'étonner de voir se multiplier à l'infini cette sorte de droits. Ils prennent un tel développement qu'ils relèguent au second plan la véritable source des revenus féodaux, c'est-à-dire l'impôt de la terre.

Un autre impôt qui est appelé à jouer un rôle considérable dans les finances de l'ancien régime, trouve encore ses origines dans les institutions du moyen âge. Il n'est pas sans analogie avec le tribut antique ; mais il se rattache, en même temps, à une idée aristocratique, à savoir que les nobles seuls rendant le service militaire, les manants doivent payer, pour assurer la défense du sol et la sauvegarde des personnes et des propriétés. Nous savons que, dès le temps de Charlemagne, le service militaire pouvait être racheté moyennant une somme d'argent. Nous savons aussi qu'au fur et à mesure qu'on avance dans le moyen âge, cette tendance s'accentue et que le service personnel fait place, dans les choses de la paix, comme dans les choses de la guerre, à la redevance pécuniaire. On s'habitue, dans les cas de nécessités urgentes, à faire appel à cette ressource exceptionnelle, à cet impôt régalien par excellence, prélevé par le seigneur sur ses sujets selon ses besoins, c'est-à-dire, en somme, selon ses caprices : c'est la taille à volonté, la taille à miséricorde, que l'auteur de l'*Histoire des Impôts* appelle si justement « le fisc d'hommes de guerre, de violences et de rapines. » Elle était levée sur les serfs et ceux-ci étaient dits « taillables et corvéables à merci. »

Le système des taxes féodales, tel qu'il vient d'être décrit, contient le germe de toutes les contributions royales. Impôts d'origine romaine et impôts d'origine germanique, impôts directs et impôts indirects, impôts consentis et tributs exigés, redevances de la terre et droits régaliens, tous se retrouvent dans le budget royal, mais les uns développés, les autres atrophiés, selon leurs relations plus ou moins étroites avec le principe de l'institution monarchique.

On reconnaît que, pendant une période de deux cent vingt-trois ans, aucun impôt général n'a été levé en France. Cette période peut même être prolongée d'un siècle ; en réalité, jusqu'au règne de Philippe le Bel, il n'y eut pas un pouvoir assez fort pour atteindre le contribuable sur toute la surface du royaume. Le roi n'était, en fait, qu'un grand seigneur féodal et il n'avait guère d'autres ressources que celles des autres barons. Les produits de son domaine et les débris des droits régaliens, qui lui étaient disputés par les suzerainetés locales, formaient le plus clair de son revenu.

Ce sont les légistes de Philippe le Bel qui, sur ce point, comme sur beaucoup d'autres, entrèrent dans les voies nouvelles. La royauté, au moment où elle se préparait à assumer les responsabilités d'une politique d'unification au dedans et d'expansion au dehors, prétendait s'assurer les ressources nécessaires pour mener à bien cette double tâche. La grandeur des ambitions et la médiocrité des moyens forment, dès cette époque, un contraste qui durera jusqu'à la fin de l'ancien régime ; de là, cette dramatique histoire financière qui doit se terminer par une catastrophe et qui met en présence, pendant quatre siècles, d'une part, la fiscalité royale avec sa volonté implacable, son empirisme grossier, ses violences nécessaires et maladroites et, d'autre part, la passivité inorganique des contribuables, leur inintelligence presque absolue des devoirs et des droits, avec, parfois, des soubresauts de colère ou des élans de générosité et d'enthousiasme.

Philippe le Bel jette les bases de l'administration financière monarchique. Les droits domaniaux sont augmentés, des taxes sont frappées sur les marchandises, c'est alors qu'apparaît la *maltôte*, odieuse aux peuples. On inaugure, en même temps, cette politique des *expédients* qui sera, dorénavant, la contre-partie fatale des déficit budgétaires. On recourt également à la vénalité des offices. Les altérations des monnaies s'invétèrent dans les mœurs fiscales. Partout où l'argent s'est amassé, les agents royaux le traquent. On fait rendre gorge aux Juifs, aux Lombards, aux Templiers. De saint Louis à Philippe le Bel, les revenus du roi sont décuplés (1).

Mais un grand bienfait accompagne ces abus. Le contribuable étant si précieux, on a tout intérêt à le multiplier. La royauté encourage, de toutes parts, les affranchissements. Une longue suite d'actes particuliers prépare la fameuse ordonnance de 1315, qui rend la libération des serfs obligatoire. Dans tous ces actes, l'intérêt fiscal domine. La

---

(1) Sur le système des impôts sous Philippe le Bel, voir Vuitry, *Étude sur le régime financier de la France*, t. II.

confirmation de la charte d'affranchissement motive toujours le payement d'une indemnité au roi, dont le fief est *abrégé*. En outre, le serf libéré est immédiatement frappé d'impôts. On a pu dire, qu'en moyenne, le paysan libre rendait au seigneur un bénéfice double de celui que produisait le paysan serf (1). Le grand fait de la libération de l'homme par le travail résulte ainsi de la volonté persévérante de la royauté qui, poussée par ses besoins mêmes, sait trouver, dans cette heureuse excitation de l'activité individuelle, les moyens d'augmenter ses revenus, en améliorant la situation de ses sujets.

Un autre événement considérable coïncide avec la constitution du bugdet royal et avec l'extension de la liberté individuelle, c'est la première réunion des États généraux. Par une sorte de paradoxe historique qui n'a pas été suffisamment expliqué, cette innovation est due au roi qui passe, à juste titre, pour le fondateur de la politique autoritaire en France. Les uns n'ont vu, dans cette convocation des États, rien autre chose qu'une application normale des coutumes féodales. D'autres la saluent comme l'avènement des libertés modernes et comme une esquisse lointaine des institutions parlementaires. Chacune de ces explications contient une part de vérité. L'initiative prise par Philippe le Bel est comme la rançon de l'activité autoritaire de ce prince. La réunion des États, en 1302, figure au premier rang parmi les actes transactionnels au moyen desquels la royauté dut acheter au monde féodal l'accroissement d'autorité qu'elle revendiquait en sa qualité de pouvoir extraféodal.

Contentons-nous d'exposer ici le point de vue financier. Théoriquement, chaque seigneur est maître de sa terre, de

---

(1) Doniol, *Classes agricoles* (p. 254 et suiv.).

ses hommes et de tous les bénéfices que celle-là ou ceux-ci peuvent produire. Les communes bourgeoises sont dans une situation analogue. En effet, il est démontré aujourd'hui qu'elles constituaient des seigneuries indépendantes, ayant leur place dans l'ordre féodal et représentées par leurs magistrats comme les fiefs le sont par leurs maîtres et seigneurs. Donc, en droit, le roi n'a aucun moyen d'atteindre la masse des contribuables qui n'habite pas sur ses domaines propres. Mais, en fait, il est le plus fort. Depuis le temps de Louis le Gros, de Philippe Auguste et de saint Louis, sa puissance matérielle et son autorité morale se sont singulièrement accrues. Personne ne nie que, comme monarque et comme suzerain, il n'ait des devoirs à remplir qui emportent des droits supérieurs et véritablement régaliens. Aussi les barons, le clergé, les communes, en un mot tous les détenteurs de la souveraineté féodale comprenant, d'une part, les besoins de la royauté et, d'autre part, appréhendant son pouvoir, préfèrent traiter avec elle et *consentir* l'aide ou secours pécuniaire qu'elle demande et qu'elle pourrait exiger. Avec cet esprit de conciliation et cette bonne volonté réciproques, qui sont parmi les procédés les plus fréquents de l'histoire de France, au lieu de se renfermer dans son droit, chacun s'ingénie à trouver un accord sortable pour les deux parties. D'ailleurs, un sentiment commun, l'hostilité contre une puissance extérieure, cimente des bonnes volontés qu'on peut déjà appeler patriotiques.

Les seigneurs féodaux, réunis en assemblée solennelle, sont ainsi amenés à concéder au roi le droit de prélever un certain impôt sur leurs domaines. Théoriquement, le pacte féodal n'en est pas affaibli. Il a été, en quelque sorte, prorogé et vidimé par la royauté, puisque celle-ci a reconnu qu'elle ne pouvait passer outre. Cependant, l'idée d'un sacrifice nécessaire pour les besoins de l'État a pénétré dans les esprits et le droit strict de l'ancien seigneur, maître sur sa terre, s'est transformé en une adhésion volontaire au nouvel ordre de choses. En échange, il réclame de la royauté certains avantages particuliers que nous étudierons par la suite, ce sont les *privilèges*.

L'autorité financière des États généraux dont l'origine, comme on le voit, est féodale, s'accrut dans les proportions extraordinaires au cours de la guerre de Cent ans. Alors, le principe de l'impôt consenti fut nettement proclamé et effectivement mis en pratique. Le grand parti libéral et aristocratique, qui essayait de se constituer aux dépens de la royauté affaiblie, ne devait pas négliger l'instrument de résistance que lui avaient légué les âges précédents. Les États généraux et les États provinciaux sont, pendant toute cette période, les véritables maîtres de l'impôt. Si, vers la fin de la guerre, et au moment où la féodalité périclite, le roi Charles VII, invoquant la nécessité de constituer une armée moderne, introduit la taille permanente, c'est par une sorte de subterfuge : le montant de cet impôt est d'ailleurs déterminé et fixé, sous forme de pragmatique sanction, dans une assemblée d'États et il reste entendu que le chiffre n'en pourra être modifié sans leur consentement.

Durant tout le quinzième et le seizième siècle, cette conception domine le système financier de la France. Le roi ne peut innover, en matière d'impôts, sans le concours des États. Le rôle des grandes assemblées du seizième siècle est célèbre à ce titre. Peu s'en fallut qu'à Blois, en 1588, la politique royale ne fût obligée de se subordonner à l'autorité financière des trois ordres. En 1614, la question est de nouveau posée ; mais, cette fois, elle va être tranchée définitivement en faveur de la royauté.

Comment cette dernière solution s'explique-t-elle ? Il y avait, dans la constitution traditionnelle de la France des principes libéraux. Ils se sont maintenus pendant des siècles. Pourquoi ont-ils été étouffés par le principe autoritaire qui devint, peu à peu, le seul moteur de l'institution monarchique ? Il suffit d'indiquer ici, d'un mot, qu'ils ont disparu en même temps que succombait le particularisme féodal sur lequel ils s'appuyaient. C'est là, d'ailleurs, le problème capital de notre histoire politique. Avant de l'aborder, il faut demander encore à l'histoire financière tous les éclaircissements qu'elle peut nous fournir.

Seule, en effet, elle rend apparente la complexité des intérêts sociaux et politiques de l'ancien régime : inégalités entre les classes, inégalités entre les provinces, inégalités entre les villes et les campagnes, inégalités entre les individus, elles ont, toutes, leurs origines dans une conception de l'ordre social qui, divisant les personnes et les propriétés en nobles et roturières, rejette toutes les charges publiques sur la classe pauvre qui va toujours en s'appauvrissant. Disproportion entre les aspirations nationales et les ressources financières; effort immense, nécessaire pour repousser l'étranger et pour achever l'unité, concours insuffisant de la part des classes supérieures et des détenteurs de la fortune, toutes ces causes réunies excitent et stimulent la royauté, l'acculent aux grands besoins et aux violences dernières. Ainsi, d'une constitution incohérente vient la ruine de toute constitution et, de libertés mal réglées, naît l'arbitraire. Mais il faut considérer ces principes et ces résultats, tels qu'ils apparaissent et qu'ils s'inscrivent, d'eux-mêmes, dans le budget royal soumis aux États généraux, en l'année 1614.

Le budget royal gardait encore, à cette époque, quelque chose de féodal, rien que dans sa forme et, si je puis dire, dans sa coupe extérieure.

Il se divisait, en effet, en « deniers ordinaires » et « deniers extraordinaires ». Or, dans le principe, les recettes ordinaires étaient les produits du domaine, les revenus de la fortune du roi ; les recettes extraordinaires étaient toutes les autres ressources et notamment celles qui provenaient des impôts. Dans les recettes ordinaires, on distinguait encore entre le *domaine immuable* et le *domaine muable*. On reconnaissait le premier comme la base traditionnelle de tout le système financier : « Domaine immuable sont censives et rentes foncières et perpétuelles appartenans au roi à prendre sur aucuns héritages des bailliages et prévôtés. Le chapitre du domaine immuable est le premier chapitre en une recette du domaine (1). »

Ce premier chapitre subsiste, dans le budget royal, comme la houlette dans la malle du berger devenu riche. C'est un souvenir de l'époque où le roi n'était qu'un seigneur d'avenir dans la grande armée féodale. En raison même de son immutabilité, il n'avait pu se plier aux nécessités d'une administration en voie de progrès et on l'avait dédaigné. Le domaine dit *muable* offrait plus de souplesse : il comprenait les revenus des greffes, sceaux, tabellionages, ventes de bois, lods et ventes, reliefs, quints et requints, en un mot les droits et bénéfices féodaux qui ne constituaient pas des rentes régulières et fixes ; la plupart d'entre eux étaient affermés pour un, deux ou trois ans aux agents royaux chargés de les percevoir.

Tant que la royauté garda son caractère féodal, les ressources du domaine tinrent la plus grande place dans le budget des recettes. Mais, au fur et à mesure que les charges et les responsabilités proprement royales s'accroissent, les

---

(1) *Le vestige des finances,* publié par M. Jacqueton dans *Documents relatifs à l'administration financière en France de Charles VII à François I*er, Paris, Picard, 1891 (p. 206).

deniers du domaine deviennent insuffisants ; le budget féodal craque, et c'est alors qu'on voit se développer le chapitre des ressources annexes, des deniers dits « extraordinaires » qui, gonflé et hypertrophié de façon effrayante, finit par étouffer, de son poids, le budget principal insuffisant depuis longtemps.

Que sont, à l'origine, les finances dites « extraordinaires? » Le *Vestige des finances* les définit encore, au début du seizième siècle « le revenu des greniers, aides et tailles du royaume » ; en un mot, ce sont les produits de l'impôt : la gabelle du sel, les impôts indirects et autres revenus affermés, les impôts de capitation. On voit bien, par cette définition, qu'au seizième siècle, l'impôt était encore considéré, par les hommes du métier, comme une ressource accidentelle et que le roi devait, en temps normal, se suffire avec les revenus de son domaine. Mais, en réalité, les sacrifices, exigés tout d'abord des peuples dans les temps de crise et à titre exceptionnel, étaient déjà devenus permanents. Il n'y avait donc aucune raison de leur conserver ce nom de deniers extraordinaires.

Une autre source de revenus se développait qui avait ce caractère accidentel, longtemps attribué aux aides et aux tailles ; c'étaient les *parties* dites *casuelles,* profits exceptionnels, ventes d'offices, revenus provenant des emprunts, etc. Dès la fin du seizième siècle, Sully propose donc de faire passer les anciennes « ressources extraordinaires » au rang d' « ordinaires », et ce sont les revenus qui viennent d'être énumérés qui sont appelés maintenant « extraordinaires ».

On se trouve donc en présence des trois budgets, ayant chacun ses recettes particulières, son personnel spécial, son affectation propre, trois budgets, juxtaposés, ou superposés : un budget seigneurial, un budget monarchique normal et un budget d'expédients. C'est au milieu de cette confu-

11.

sion originelle que l'historien des finances de l'ancienne France doit se débrouiller.

Sully, dans l'exposé des finances qu'il dressa problablement en 1614, néglige le *domaine* proprement dit, ne tient pas compte des *parties casuelles*, en raison de leur caractère variable, et ne considère que les recettes du budget normal, c'est-à-dire les produits des impôts.

Il les divise en deux parties à peu près égales : les revenus que les agents royaux tirent directement du peuple et ceux qui proviennent des *fermes*.

Cette distinction correspond, à peu près, à celle qui existe aujourd'hui entre les impôts directs et les impôts indirects. Cependant elle était beaucoup plus marquée sous l'ancien régime, puisqu'elle entraînait la coexistence de deux personnels différents et que les sommes perçues ne se confondaient pas dans une caisse unique.

La façon dont se percevaient les impôts, notamment la *taille*, avec l'injustice et les inégalités qui faisaient porter la charge, non sur toutes les provinces ou sur toutes les localités, mais sur certaines d'entre elles, non sur tous les contribuables, mais sur certains d'entre eux, est notoire. On connaît aussi le système en vertu duquel les *aides* ou impôts indirects adjugés « à ferme, » au plus haut enchérisseur, livraient le peuple à l'armée des publicains dont les exactions n'étaient limitées que par la détresse du contribuable. A quoi bon insister sur les abus, plus détestables encore, provenant de la perception des *gabelles?* Tous ces faits de notre histoire administrative sont connus et il suffit de rappeler les noms de ces impôts dont l'effrayante complexité était à la base du budget royal (1).

(1) Voir notamment l'ouvrage de M. le vicomte d'Avenel : *Richelieu et la monarchie absolue*, t. II.

Tailles et taillons, aides affermées, gabelles du sel, telles étaient les sources qui approvisionnaient régulièrement cette « mer de l'épargne » dont parle Sully. Il est vrai que l'expression paraît un peu emphatique si l'on compare les revenus royaux à nos énormes budgets modernes. Cependant les contemporains ne tarissent pas sur l'importance des sommes tirées du pays. On disait que ces revenus étaient, pour le roi de France, d'un secours plus puissant et plus assuré que, pour le roi d'Espagne, les galions de l'Amérique.

Le rendement normal des impôts, entre les années 1608 et 1617, ne paraît pas avoir dépassé, en moyenne, la somme de 35 millions de livres. Mais ce total ne revenait pas en entier au trésor. En effet, par un système de comptabilité qui était loin d'être simple, on défalquait de la recette, avant compte, des sommes considérables qu'absorbaient les frais de recouvrement, certaines charges locales et certaines dépenses affectées traditionnellement à telle ou telle partie du budget des recettes, par exemple le payement des officiers de justice. Ces prélèvements une fois opérés, les contemporains évaluent à environ 17 ou 18 millions de livres le revenu net de l'impôt, ce qu'on appelait les « revenants bons mis dans la main du roi ».

D'après les calculs de M. d'Avenel, il faut multiplier par 6 pour obtenir la valeur, en francs actuels, les livres du temps de Louis XIII. Cette opération donne, pour le produit brut, $35 \times 6 = 210$ millions de francs et, pour les « revenants bons », $17 \times 6 = 102$ millions. Il est vrai qu'il faut ajouter les parties casuelles qui ont monté souvent à près de 10 millions et, parfois, dépassé ce chiffre. Les recettes brutes, y compris les parties casuelles, seraient donc d'environ 45 millions de livres ou 270 millions d'aujourd'hui, et les recettes nettes 27 millions de livres, soit

162 millions de francs. Le budget de la France représentait en recettes seulement le dixième du budget actuel. Et pourtant les plaintes incessantes des contribuables prouvent qu'ils en étaient comme accablés.

Henri IV avait vécu avec des ressources moindres encore ; cependant il avait payé ses dettes et fait des économies. Mais c'était un roi très serré et Sully était un ministre très vigilant. Il faut aussi tenir compte de ce fait que, pendant les dix dernières années du règne, les troupes furent réduites aux cadres et aux mortes-payes. Quand on examine les chiffres donnés par Sully, on est étonné du peu de place qu'y tiennent, en somme, les dépenses d'État.

Voici le compte les dépenses de l'année 1609, d'après les *Économies Royales* :

| | |
|---|---:|
| Ponts et Chaussées.................. | 1.149.151 livres. |
| Bâtiments...................... | 633.298 |
| Voyages et ambassades........... | 459.369 |
| Marine...................... | 465.175 |
| Guerre (artillerie, fortifications, troupes ordinaires, suisses, gardes)... | 4.118.486 |
| La Cour (maison du Roi, vénerie, étrennes, maison de la Reine)... | 2.293.692 |
| Pensions...................... | 2.056.486 |
| Dons........................ | 1.684.52 |
| Comptant du Roi................ | 2.299.226 |
| | 15.159.405 |

Voici maintenant le budget de l'année 1614 :

| | |
|---|---:|
| Recettes.................... | 29.423.740 livres. |

DÉPENSE.

| | |
|---|---:|
| L'extraordinaire des guerres...... | 6.424.985 |
| L'ordinaire des guerres.......... | 32.000 |
| *A reporter*............. | 6.456.985 |

|                                     |            |
| ----------------------------------- | ---------- |
| *Report* ........                   | 6.456.985  |
| Artillerie ....................     | 239.442    |
| Dons........................        | 3.043.249  |
| Pensions ....................       | 5.182.935  |
| Deniers payés et acquits du Roi...  | 733.688    |
| Comptants ...................       | 1.936.958  |
|                                     | 17.593.257 |

« Le surplus de la dépense est employé dans les autres chapitres ordinaires, ainsi qu'il est dit ci-devant (1) ».

En publiant le premier de ces comptes, M. Clamageran s'écrie : « On est épouvanté de voir à quelle somme s'élèvent les dépenses de la cour, les *pensions* et les *dons* réunis au *comptant du roi*. Cette somme dépasse huit millions. Elle emporte la moitié du budget! » Peu s'en faut qu'elle n'atteigne 11 millions en 1614, et cette fois c'est beaucoup plus de la moitié du budget.

Donc, un revenu brut d'environ 35 millions de livres, un revenu net de 18 à 20 millions, une dépense atteignant toujours ou dépassant ce chiffre et consacrée, pour près des deux tiers, aux besoins ou aux prodigalités de la cour et des classes privilégiées ; celles-ci indemnes des charges publiques ; certaines provinces, certaines villes également indemnes ou du moins singulièrement favorisées ; un contribuable accablé en raison de sa pauvreté ; un gouvernement toujours aux abois en raison de la misère du contribuable, telle était la situation en 1614.

A la moindre complication intérieure ou extérieure, le rendement des impôts diminue. Pour faire face à ces crises, le pouvoir ne dispose d'aucun procédé pratique. Son crédit n'est pas organisé. Il est entre les mains des traitants qui font payer chèrement au peuple les avances usuraires faites

(1) Arch. des aff. étr., *France*, t. XXVI, pièce 29.

à la royauté. Aussi la difficulté financière est, si je puis dire, sans cesse à l'ordre du jour. Henri IV n'est pas mort depuis quatre ans que ses économies sont épuisées et qu'on ne sait plus où donner de la tête pour se procurer de l'argent. Il en faut cependant : les besoins de la cour se sont accrus ; les exigences des grands sont insatiables. C'est alors qu'on songe à convoquer les États. Grave conjoncture et qui pose, une dernière fois devant les Français, la question de savoir quelles sont les conditions et les limites du pouvoir royal d'imposer.

La réponse à cette question n'était pas des plus claires, en 1614. Le budget royal avait encore le caractère d'un budget seigneurial. Les grands besoins n'avaient pas imposé les grands sacrifices et le prince était toujours censé se suffire avec ses ressources propres. Aussi l'autorité du roi en matière financière n'était pas nettement définie. En théorie, les publicistes se prononçaient dans le sens du pouvoir absolu ; mais dans la pratique, on pensait généralement que, pour créer de nouveaux impôts, le roi devait obtenir l'assentiment des États. Au fond, tout dépendait des circonstances ; si le gouvernement était fort et s'il inspirait confiance, il faisait ce qu'il voulait. S'il était faible et s'il se montrait sensible aux attaques de ses adversaires, on se faisait une arme contre lui de la demande de convocation des États.

Même en temps normal, une résistance fortement organisée s'opposait aux exigences fiscales de la royauté : c'était celle qui s'appuyait à l'origine sur le droit seigneurial, maintenant sur le privilège. Elle n'avait pas, il est vrai, un caractère général ; mais, soutenue par l'intérêt particulier des classes, des provinces, des localités, des individus, elle n'en était pas moins puissante. Muni d'un acte spécial qui établissait un avantage exceptionnel en sa faveur, le privilégié fermait sa porte au percepteur royal. Ces exceptions multipliées constituaient un régime de libertés très arbitrairement et très inégalement réparties sur la surface du royaume. Le pouvoir royal, absolu dans ses prétentions, était ainsi borné de toutes parts. Son champ d'action se trouvant étroitement limité, il était contraint de creuser toujours plus bas et de rechercher dans les couches profondes de la population, les ressources qui lui étaient nécessaires.

En 1614, une dernière assemblée des États se prépare à examiner, une fois encore, le problème financier posé depuis des siècles. Qui va l'emporter? Sera-ce la tradition médiévale avec ses principes aristocratiques, ses engagements étroits, ses entraves apportées à l'unité? Ou bien, sera-ce l'État moderne, conçu selon les exemples romains, avec ses exigences souvent mal justifiées, avec ses procédés arbitraires et sa revendication incessante et souvent abusive de la maxime antique : « *Salus populi suprema lex?* »

Ce grand débat s'ouvre sous l'œil de Richelieu ; ou plutôt, il n'y aura pas de débat. L'histoire de France n'est qu'un long pèlerinage vers l'unité. Ce n'est pas quand elle touche au but, qu'elle va s'arrêter. Les libertés médiévales, odieuses, en raison du principe d'inégalité sur lequel elles reposent, vont succomber définitivement devant l'offensive hardie du pouvoir royal. Celui-ci se sent soutenu par les aspirations instinctives des masses. La plus puissante des institutions libérales, les États généraux, se prépare à abdiquer ; puis ce sera le tour des libertés locales, États provinciaux, municipalités à chartes ou à établissements. Il est vrai que la royauté ne parviendra jamais à briser les inégalités sociales, ni à détruire les privilèges des classes et des individus. Il est vrai que, prisonnière de son passé, elle ne saura jamais constituer un système financier adéquat à ses besoins, à ses ambitions et répartissant équitablement la charge sur tous ceux qui bénéficient de l'action de l'État. Mais c'est cette impuissance qui doit amener sa chute, et quand deux siècles encore auront accumulé leurs déficit, on verra s'achever, dans une catastrophe économique, l'évolution d'une histoire que la ruine économique du monde romain avait préparée.

### III. — Les libertés générales et particulières.

Par l'armée, par la justice, par l'administration, par les finances, le roi était, en 1614, le maître incontesté du royaume de France. La conquête est un fait accompli. L'institution monarchique est, depuis longtemps, entrée dans le droit. Le droit, en effet, résulte du consentement des parties. Or, les peuples sont visiblement satisfaits de l'état de choses nouveau et de la substitution d'un pouvoir central fortement organisé à la multiplicité des pouvoirs locaux. Le régime féodal disparaît et ne laisse que peu de regrets derrière lui.

La royauté avait, d'ailleurs, très habilement ménagé la transition. Consciente des difficultés de sa tâche, elle n'avait rien brusqué et son progrès avait été si lent qu'il pouvait paraître insensible aux yeux des contemporains.

Prorogeant sans cesse les difficultés, retardant les solutions, gagnant du temps, elle avait fondé son pouvoir sur la procrastination. Presque tous les rois de France ont un caractère commun ; ce sont des esprits conciliants, grands amateurs de tractations de cotes mal taillées. L'histoire devrait leur savoir gré de leurs traités plus encore que de leurs victoires. La royauté a vécu d'année en année, de siècle en siècle, poussant le temps par l'épaule, sans rien brusquer, sans rien achever, laissant le vague planer sur ses desseins et sur ses droits. Quelque pressantes que fussent ses ambitions ou les nécessités du moment, elle remettait à d'autres temps les solutions brutales, qui étaient peut-être les plus logiques et les plus promptes, mais qui eussent interrompu les traditions de modération et de patience d'une politique qui se sentait assurée du lendemain.

La constitution non écrite de l'ancienne France, souple et mobile, s'adaptant toujours aux circonstances, est le résultat de cette méthode politique. Son incohérence apparente s'explique, si on observe qu'elle se compose de la série des transactions passées par la royauté pour s'assurer le pouvoir. « *Sire, nous sommes vos sujets, mais avec nos privilèges,* » ainsi s'expriment les gens du Languedoc, en s'adressant à Henri IV, et ils définissent, d'un mot excellent, toute la constitution de l'ancien régime, le droit de la royauté et les limites de ce droit.

### Le privilège.

Il faut remonter au point de départ et à ces multiples principautés co-souveraines qui se partageaient le territoire de la France. Chacune d'elles avait un droit plein, indiscutable. Elles l'eussent prouvé, au besoin, par titres ou par possession immémoriale. Elles l'exerçaient en fait : elles levaient des troupes ou entretenaient des milices, rendaient la justice haute et basse, frappaient monnaie, prélevaient des impôts.

Comment expulser les seigneurs féodaux de ce domaine de la souveraineté, qu'à une époque ancienne leurs pères ont envahi? Contre eux, le roi se sert de deux moyens d'action, conformes à son rôle qui est double : en tant que seigneur féodal et suzerain fieffeux; il procède à l'agrandissement de son domaine; en tant que roi, héritier de la tradition biblique et romaine, il cherche à étendre et à affermir son autorité suprême.

Nous avons dit plus haut comment le domaine royal s'était développé du centre aux extrémités, comment les pays relevant directement de la couronne et placés « dans l'obédience le roi » s'étaient multipliés. Mais nous n'avons pas assez insisté sur le caractère souvent pacifique de cette conquête territoriale. Elle ne s'était pas accomplie, en effet, sur des terres irrémédiablement hostiles, sur des races rivales qu'il eût fallu opprimer ou détruire. Il n'y avait pas eu, comme en Angleterre, un coup soudain suivi d'une sujétion universelle. En tout temps, les combattants, de part et d'autre, s'étaient sentis frères. Ils parlaient presque tous le même langage ; ils portaient le nom commun de *Français*. Aussi les mots de « réunion à la couronne » emportent-ils des idées beaucoup plus complexes que celles d'un simple succès militaire. Les règles féodales interprétées dans un sens favorable à la royauté, la tutelle royale intervenant à la suite de désordres locaux intolérables, une acquisition par argent, une cession librement consentie, un héritage un mariage, telles avaient été les causes habituelles des faits d'annexion les plus profitables à la royauté. Les jurisconsultes et les diplomates s'y étaient employés au moins autant que les soldats.

Le plus souvent, la royauté assurait l'ordre, la tranquillité, la paix. Dans les villes, il y avait un parti royaliste, généralement le parti populaire, qui ne demandait qu'à présenter au prince les clefs des portes sur un coussin de velours. Le mouvement qui emportait les populations vers le capétien unificateur et pacificateur, était parfois instinctif, mais le plus souvent parfaitement déduit et raisonné.

Quand, lors de l'avènement de François I<sup>er</sup>, les États de Bretagne furent appelés à décider du sort de la Duché, ils se prononcèrent, après mûre délibération, dans le sens de la réunion à la couronne. A cette heure décisive, cette province, dont les tendances restèrent pourtant toujours très particularistes et qui ne pouvait oublier son ancienne indépendance, tint un langage qui eût été, probablement, celui de toutes les autres parties du royaume si on les avait également consultées : « Tant qu'il y aura un chef en Bretagne, dirent les États, il ne faut espérer nulle paix. Le roi de France est un grand roi qui ne souffrira jamais cet angle du pays en repos, s'il n'en est chef irrévocable et, à vrai dire, l'*espérance de la paix qu'on peut avoir par l'union est à préférer à tout ce qu'on pourrait dire et opposer.* »

On se servait de cet exemple pour déterminer d'autres provinces hésitantes; Bassompierre disait, en 1609, au duc de Lorraine : « La Bretagne, pour être incorporée à la France, n'en a pas été de plus malheureuse condition ; ses privilèges et immunités lui ont été conservés et les personnes et biens des Bretons plus puissamment contregardés par un roi de France qu'ils n'eussent été par un duc de Bretagne; la condition de chaque corps de la Bretagne s'est accrue et améliorée par cette réunion ; car l'ordre ecclésiastique a été capable de posséder les amples bénéfices consistoriaux de France ; la noblesse s'y est enrichie et agrandie parce qu'il se fait de bien plus hautes fortunes en de grands royaumes qu'en de petites provinces, et le tiers état est parvenu aux grandes et lucratives charges de judicature et de finances de France. »

Cette argumentation était spécieuse et, le plus souvent, ces idées se présentaient d'elles-mêmes à l'esprit de ceux qu'il s'agissait de convaincre. Le royaume, donc, se constitue autant par le concours des volontés que par l'emploi de la force. Malgré des luttes pénibles, il n'y eut pas de haines inexpiables; les pires adversaires se rapprochaient, bientôt après la soumission, dans un esprit de fidélité au prince qui les avait vaincus, et « la paix royale » s'étendait aisément sur un pays qui n'a jamais connu d'outlaws.

Pour obtenir des populations ce concours spontané ou cette soumission facile, la royauté se faisait un devoir de ménager les sentiments, les coutumes et les intérêts locaux. Ces provinces qu'il s'agissait de réunir dans une seule et même nationalité avaient joui, pendant des siècles, d'une pleine indépendance. Plusieurs d'entre elles avaient été des nations libres. Puisqu'on ne voulait pas qu'elles gardassent les rancunes et les haines des peuples vaincus, il ne fallait pas faire peser trop lourdement sur elles le fardeau de la victoire. On leur reconnaissait donc une certaine autonomie et on laissait au temps le soin de les fondre insensiblement dans la patrie commune.

L'histoire se répète sans cesse et la politique contemporaine a retrouvé inconsciemment une des formules qui servit, dans le passé, à désigner ces sortes d'annexions imparfaites, si nombreuses sous l'ancien régime : c'est le mot *protection* ou *protectorat*. On disait, par exemple, des Trois Évêchés qu'ils étaient placés « sous la protection du roi de France ». Encore à demi-allemands et déjà en partie français, ces pays frontières attendirent pendant un siècle, dans cette situation transitoire, l'époque de la réunion et de l'assimilation définitives.

Sous des rubriques et dans des conditions différentes, il en était de même de beaucoup d'autres provinces : elles ouvraient les portes de leurs villes et en confiaient la garde aux troupes royales ; elles recevaient de Paris la haute impulsion administrative et judiciaire ; elles payaient au roi une sorte de tribut annuel et consenti. Mais, pour le reste, elles demeuraient ce qu'elles étaient auparavant. Elles gardaient leur langue, leurs coutumes, leur jurisprudence, leurs administrations locales et, autant qu'elles le pouvaient, la libre disposition des impôts.

Ces situations adaptées, selon l'improvisation des circonstances, à la complexité du système féodal, variaient à l'infini. Autant de provinces, autant de traités différents, autant de régimes distincts. Une fois la grande concession faite et l'autorité du roi reconnue, chaque fraction du royaume se sentait à l'aise pour défendre, contre l'humeur envahissante des agents royaux, la part d'autonomie qu'elle s'était réservée. Presque toujours, il était intervenu un pacte écrit, résultant d'une sorte de marchandage engagé par les autorités locales avec le pouvoir royal au moment où elles consentaient à se laisser absorber par lui. Celui-ci, en s'emparant de la souveraineté, ne la prenait pas toute. Par esprit de conciliation et aussi par un habile respect des droits anciens, il se modérait lui-même et renonçait à l'application stricte du principe en vertu duquel il intervenait.

Ainsi se trouvait consacrée, par des transactions écrites et indéfiniment renouvelables, une série d'avantages particuliers faits aux provinces, aux villes, aux corps avec lesquels traitait le pouvoir royal. Une fois le pacte signé, il était conservé jalousement. La province appliquait sa ténacité étroite, sa processivité méticuleuse, à défendre cet antique reste de son ancienne indépendance et ce qu'elle appelait d'un mot dont on peut maintenant apprécier toute la portée, ses *libertés*, ou mieux encore ses *privilèges*.

Nous n'avons parlé jusqu'ici que des populations et nous n'avons considéré que l'un des procédés de la politique monarchique, celui qui consistait à étendre le domaine et à réunir de nouvelles provinces à la couronne. Il faut essayer de déterminer maintenant la méthode de la royauté dans ses relations avec les pouvoirs locaux subsistants et le procédé qu'elle emploie pour accroître son autorité à leur détriment.

Ceux-ci n'avaient pas les mêmes raisons que les populations, de désirer l'accroissement de la puissance monarchique, et les seigneurs n'avaient pas été amenés de plein gré à s'effacer devant le conquérant royal. Pour réduire cette puissante et fière féodalité dont les chefs s'étaient considérés un instant comme les égaux des rois, il avait fallu le fer et le feu. La lutte contre l'aristocratie domaniale avait formé, pendant des siècles, la trame ininterrompue de l'histoire intérieure de la France. Les premiers Capétiens jusqu'à Philippe le Bel, avaient eu affaire à la féodalité primitive, celle dont les origines remontaient au démembrement de l'empire carlovingien; ils n'en étaient venus à bout que difficilement. Après la mort de Charles V, une nouvelle poussée aristocratique s'était produite à la faveur des grands désordres de la guerre de Cent ans; Charles VII et Louis XI avaient combattu près d'un demi-siècle pour mettre la dynastie hors de page. Enfin, pendant les troubles de religion, les grands seigneurs, les gouverneurs de province, les chefs du parti huguenot avaient fait des efforts désespérés pour secouer le joug et pour diviser le royaume en un certain nombre de principautés indépendantes, de « satrapies » comme dit Ph. Hurault. Ces efforts avaient échoué et, tout récemment encore, au fort des guerres de la Ligue, la coalition d'un grand nombre d'intérêts, atteints ou menacés par le développement du pouvoir royal, n'avait pu avoir raison de celui-ci. Il était sorti victorieux d'une crise si grave. La puissance politique de l'aristocratie française avait sombré dans la tourmente.

Si long qu'ait été ce combat, il avait eu cependant ses trèves et ses armistices. Pas plus entre le prince et les seigneurs qu'entre les provinces d'obédience ancienne et celles qui étaient nouvellement réunies, il n'y avait de haines farouches. Le roi qui, pendant si longtemps, n'eut d'autre objectif que la destruction de la noblesse comme corps politique, vivait avec elle sur un pied de cordiale familiarité. C'étaient des amis, des parents, des fils qu'il trouvait à la tête des ligues qui lui étaient opposées. Plusieurs de nos rois avaient, eux-mêmes, tenu la campagne contre leurs prédécesseurs avant de monter sur le trône. Ainsi Louis XI, ainsi Louis XII, ainsi Henri IV. Même dans les périodes d'hostilité, on s'engageait rarement à fond. Comme dans les batailles du temps, on frappait de grands coups sur des cuirasses retentissantes, mais on se tuait peu. A la fin, tout s'arrangeait. Le roi recourait à son éternel procédé de la transaction ; il ne demandait qu'une chose, c'est qu'on reconnût son autorité politique et qu'on abdiquât toute prétention à l'indépendance. Pour le reste, il se montrait coulant. Il accordait tout ce qu'on lui demandait, les avantages particuliers, des honneurs, des distinctions, en un mot des *privilèges*.

Qu'il s'agisse des peuples ou qu'il s'agisse des gouvernements locaux, la même méthode est employée et elle est efficace. Les uns et les autres sentent qu'ils ne peuvent prolonger indéfiniment la résistance contre le pouvoir. Les uns et les autres renoncent, bon gré mal gré, à leur indépendance ; ils plient devant la force ou s'inclinent sous la caresse. Ils offrent spontanément ce qu'on pourrait leur arracher et ils ne demandent en retour que des bénéfices particuliers, bénéfices d'honneur et bénéfices d'intérêts qui sont le reliquat de leurs anciens droits abandonnés.

Ce sont les *privilèges* : privilèges des provinces, privilèges des villes, privilèges des classes, privilèges des corps ou des particuliers, leur accroissement est la contre-partie constante de l'extension de l'autorité royale. La royauté les prodigue. Par une politique pleine de ménagements et de prévenances, elle les renouvelle et les confirme sans cesse et, par contre, ce sont ces privilèges que les individus, les corps, les villes, les provinces, les classes, défendent avec une ardeur jalouse en les décorant des beaux noms, — noms trompeurs, — de *franchises* et de *libertés*.

Cette notion du *privilège* a, sous l'ancien régime, une importance considérable. Nous l'avons vu jouer un grand rôle dans les derniers temps de la monarchie carlovingienne et contribuer à la dislocation de l'unité antique. A cette époque, les privilèges héréditaires ont été arrachés au monarque et ils se sont transformés, peu à peu, en droits. Maintenant que l'État se reconstitue, le mécanisme du privilège fonctionne en sens inverse. Il substitue, aux droits usurpés, des avantages moindres, mais qui reçoivent du pouvoir leur consécration et leur investiture. La loi particulière est toujours concédée au détriment de l'État. Mais celui-ci est heureux de faire cette concession parce qu'elle lui permet d'absorber les petits États rivaux qu'il s'est donné mission de détruire. Pour la royauté qui l'accorde, le privilège est un instrument de règne ; pour les sujets qui se le disputent, c'est un instrument de résistance ou, si l'on veut, de liberté. Le privilège est la transaction dernière entre le droit du roi et les droits des seigneurs. A ce titre, il est toute la constitution de l'ancien régime ; il représente le droit public durant l'époque de transition qui sépare la chute de la féodalité de l'avènement de la démocratie.

On a dit que le privilège était, à l'origine, la récompense d'un service rendu. Cette vue suppose, dans les choses de la politique, un ordre moral qui n'y existe pas toujours ; elle ne tient nul compte des usurpations et de l'intervention de la force; elle n'explique aussi qu'insuffisamment l'existence de certains privilèges concédés non à des classes ou à des individus, mais à des régions géographiques particulières, à des provinces, à des villes. Une vue plus large me paraît se dégager des observations qui précèdent : *dans l'histoire de France, le privilège est l'embryon d'un droit qui se constitue ou le résidu d'un droit qui disparaît.*

Quand les comtes carlovingiens voulurent se rendre indépendants, ils arrachèrent au fantôme de César qui subsistait, des lambeaux de son autorité sous la forme de privilèges. Quand les habitants des villes s'insurgèrent contre la tyrannie des seigneurs, ils obtinrent, de gré ou de force, des chartes de privilèges. D'autre part, quand la royauté reprit sur l'aristocratie féodale la souveraineté usurpée, elle lui reconnut, en échange, des privilèges. Quand elle traita avec les provinces ou les villes pour les réunir à la couronne, elle promit de respecter leurs privilèges; elle leur en accorda de nouveaux. Enfin, quand ce même pouvoir se sentit assez fort pour imposer à l'Église son autorité régalienne, il lui laissa, à titre de compensation, un ensemble d'avantages connus sous le nom de *libertés, franchises et privilèges* de l'Église gallicane.

On voit, par tous ces exemples, que le privilège suppose l'existence antérieure d'un pouvoir qui le reconnaît. Il ne naît pas spontanément. Il est « octroyé ». Qui dit privilège ou loi particulière, dit loi générale ou État. Mais, en même temps, la multiplication du privilège marque la faiblesse de l'État, soit qu'il naisse, soit qu'il meure.

Le premier effet du privilège est donc de diminuer l'autorité du pouvoir qui le concède. A ce point de vue, il apparaît comme l'auxiliaire et le précurseur de la liberté. Il peut servir de base à des institutions politiques robustes parce qu'elles reposent sur des intérêts de classes, de corps, de communautés. Le privilège donne même à l'espèce de liberté qui découle de lui un caractère légitime, puisqu'elle prend son origine dans le consentement du prince.

Cependant, par définition, le privilège ne satisfait que des intérêts particuliers ou du moins des intérêts restreints. La recherche des avantages qu'il procure peut, il est vrai, développer l'émulation et devenir un stimulant pour les ambitions personnelles. Mais, d'une façon générale, il entretient l'égoïsme et l'orgueil. Il renonce aux vues larges et aux conceptions d'ensemble; l'œil toujours fixé sur le passé, il rétrécit l'horizon de la politique et c'est par là que son libéralisme étroit constitue, malgré les apparences, une atmosphère peu favorable au développement des libertés publiques.

En tout cas, le privilège est anti-égalitaire. Il établit des distinctions entre les sujets du prince; il pousse à l'envie et à la discorde. Il maintient, dans le sein d'une nation, diverses catégories de personnes vivant sur un pied d'animosité réciproque. On sent combien cette condition est favorable aux entreprises d'un pouvoir ambitieux qui met en pratique la formule : diviser pour régner

Les effets du privilège atteignent non seulement les différentes parties de la nation qui le détiennent ou le convoitent, mais aussi le pouvoir qui le concède. En signant les actes constitutifs du privilège, l'État s'est engagé. Il a distingué, pour toujours, entre les intérêts particuliers et s'est lié au sort de certains d'entre eux. Les divisions qu'il a fomentées finissent par se retourner contre lui. Les inégalités devenant de plus en plus choquantes, les haines s'excitent. Il arrive une heure où la masse des non-privilégiés, mieux éclairée sur ses intérêts et sur ses droits, demande compte au pouvoir du dépôt de l'autorité publique qu'il a gaspillée. L'heure est pénible pour lui. Il n'ose se retourner vers les privilégiés ; ils le tiennent en vertu de ses propres engagements. Il ne peut faire de concessions nouvelles ; il a tout donné. Trop faible pour réfréner ceux d'en haut et pour contenir ceux d'en bas, il périt enfin, victime du système politique auquel il a dû ses premiers succès.

L'histoire de la royauté française est inséparable de celle du privilège. Nous avons dit leur origine commune. Nous avons rappelé leur existence parallèle, et « ce chaos de l'ancien régime où chaque ordre, chaque province, chaque corps, chaque individu invoque des avantages et des titres particuliers, où la liberté est sans cesse froissée dans le choc des prétentions diverses et où le prince est obligé, pour conserver sa puissance légitime, de recourir à la force militaire et aux ordres absolus » ; il suffit de rappeler d'un mot que la royauté, le privilège et les institutions intermédiaires qui réglaient leurs rapports réciproques, devaient périr simultanément, dans cette fameuse nuit du 4 août, où la vieille France fut comme rayée, d'un seul trait, par un acte volontaire et libre de ses représentants.

Mais ces jours sont encore éloignés et, pour donner une idée exacte des forces respectives de la politique autoritaire et de la politique libérale en 1614, il faut passer en revue les institutions que le moyen âge avait créées et qui subsistaient encore au moment où leur plus redoutable adversaire, Richelieu, arrivait au pouvoir. De ces institutions, une seule a un caractère national : ce sont les États généraux ; les autres sont, au contraire, étroitement particularistes : ce sont les États provinciaux et les municipalités des villes. Fondées sur le privilège, elles contiennent toutes un élément qui les met en contradiction avec le violent esprit unitaire et égalitaire qui s'empare peu à peu de la masse de la nation.

### Les États généraux.

Une institution antique, longtemps entourée du respect et de la confiance des peuples, une institution qui, par la noblesse de ses origines, pouvait marcher de pair avec la royauté, et qui, pourtant, s'appuyait sur le principe populaire du suffrage, une institution libérale par tradition et par tendance, l'assemblée des États généraux, paraissait faite pour servir de contrepoids à l'autorité royale et pour apprendre à la France la pratique des libertés publiques. Cependant, elle a échoué. La France n'a pas su se constituer un régime représentatif autochtone. L'histoire des États généraux n'a été qu'une série d'élans brusques et de chutes profondes. De grands talents ont été dépensés, de grands courages se sont déployés, des scènes dramatiques se sont produites et tout cela sans grand profit pour la liberté. A aucune époque, les États n'ont joué un rôle décisif; pendant de longues périodes, ils se sont éclipsés devant l'astre brillant de la royauté. Par une étrange destinée, ils n'ont fait œuvre durable qu'en disparaissant et ils ne sont véritablement illustres que par leur mort. Il faut essayer de déterminer les causes de l'échec des États, ou, pour voir les choses de plus haut, de l'échec des assemblées politiques sous l'ancien régime.

Nous avons déjà indiqué l'origine des États généraux. Le roi féodal, au moment de prendre une résolution grave ou d'engager une dépense supérieure à ses ressources ordinaires, convoquait ses vassaux et arrière-vassaux et leur demandait le *conseil* et *l'aide*. Tous ceux qui sont appelés par le roi sont des *seigneurs*; en qualité de possesseurs de fiefs, ils détiennent une portion de la puissance publique. Il en est ainsi des nobles, des membres du clergé, et même des magistrats des communes et des bonnes villes, qui ne siègent aux États qu'en raison de la place occupée par le corps qu'ils représentent, dans la hiérarchie féodale (1).

De cette origine féodale, les États garderont jusqu'à la fin plusieurs traits caractéristiques qui doivent décider de leur destinée : la distinction entre les trois ordres, clergé, noblesse et tiers état, est une cause de division qui enlèvera presque toujours la force de l'unanimité aux décisions des assemblées; l'importance accordée aux deux ordres supérieurs assure la prépondérance de l'élément aristocratique et donne la majorité, dans les États, à ceux qui sont indemnes des charges : les efforts du Tiers, qui, lui-même, n'est le plus souvent représenté que par l'élément urbain, se briseront contre la coalition des deux ordres privilégiés. La non-représentation de certaines provinces, soit qu'on ne les considère pas comme placées sous l'obédience directe du prince, soit qu'en vertu de conventions particulières, elles aient droit à des assemblées spéciales, enlève aux États l'autorité que leur eût assurée la réunion des délégués de la nation tout entière. Enfin, il ne peut être question de convocation périodique, puisque le pacte féodal n'a rien prévu de semblable et que le suzerain reste libre d'apprécier les circonstances dans lesquelles il doit demander le *conseil* ou solliciter de ses vassaux les *aides* qui ne sont pas conformes aux coutumes ou aux contrats existants.

Ces traits originaires, qui reparaîtront par la suite, tendent à s'effacer pendant la guerre de Cent Ans. Par la faute des rois, des malheurs immenses accablent le pays; le pouvoir est en échec ; il a des besoins pressants. Les États sont fréquemment convoqués. On a besoin de tout le monde. On

(1) Voir Mayer, *Collection des États Généraux*. — G. Picot, *Histoire des États Généraux*. — Hervieu, *Recherche sur les États Généraux*. — Boutaric, *La France sous Philippe le Bel*.

s'adresse non seulement aux seigneurs et aux habitants des villes, mais aux habitants des campagnes. Les députés des trois ordres, rapprochés par une même émotion patriotique, s'habituent à délibérer en commun. Profitant de la faiblesse du pouvoir et, sous le prétexte de veiller à l'emploi des deniers qu'ils votent, ils mettent la main sur le gouvernement et sur l'administration du royaume et deviennent de véritables assemblées politiques. Avant de voter les subsides, ils exigent du gouvernement la promesse formelle de convocations fréquentes et à dates fixes.

L'autorité des États se serait peut-être fondée sur des bases inébranlables, si elle n'eût été affaiblie par l'état de dislocation où se trouvait le royaume. Dans cette crise redoutable, les provinces tendaient à s'isoler les unes des autres et à ressaisir leur autonomie. Même celles qui restaient le plus fidèles à la royauté, n'avaient pas, dans les destinées du pays une confiance suffisante pour rechercher une union qui paraissait si difficile à réaliser. Aussi chacun s'organisa et lutta à sa façon pour l'indépendance. Ce fut la grande époque des États provinciaux. Ils apparaissent simultanément sur tous les points du territoire. Ils usurpent souvent le titre, quelquefois le pouvoir des véritables États généraux. C'est contre cette tendance particulariste que se heurta, en 1358, l'effort des États de Paris, dirigés par Étienne Marcel. C'est ainsi que devait échouer, en 1484, cette fameuse assemblée de Tours qui marque le point culminant et qui clôture la période héroïque de l'histoire des États.

L'heure était décisive. La politique de Louis XI, audacieusement froide, n'avait pas cherché à atténuer les maux et les périls du despotisme qu'elle inaugurait. Après une longue compression, la détente était puissante. L'aristocratie féodale était encore riche et respectée. Elle n'avait qu'à se mettre à la tête du mouvement libéral pour s'assurer les sympathies populaires. Tous les hommes qui avaient le souci de l'avenir cherchaient les moyens de modérer la puissance royale. C'est le moment où Ph. de Comynes écrit la fameuse page où il invoque l'exemple de la grande charte anglaise. On pouvait profiter de la minorité d'un roi, d'ailleurs aimé de tous, pour introduire dans la constitution quelques principes nouveaux qui eussent été le prélude des futures libertés.

Au point de vue pratique, l'assemblée prit certaines dispositions qui paraissent révéler comme une sorte d'intuition de ce qu'il y avait à faire. Elle ne se divisa point par ordres, mais se réunit sous l'autorité d'un président unique. Dans les six bureaux constitués pour étudier les affaires, les députés des trois classes étaient confondus. On mit nettement en délibération cette question : quel est le pouvoir des États ? Ce qui revenait à dire : quelles sont les bornes du pouvoir royal ? Un gentilhomme bourguignon, le sieur de la Roche exprima, avec une éloquence antique, des idées vraiment modernes sur les droits réciproques du gouvernement et des sujets. Mais les députés de Languedoc, de Provence, du Dauphiné, en un mot des pays d'États, réclamèrent contre le droit des États en faveur de leurs libertés particulières. Une fois de plus, le particularisme local s'insurgea contre l'intérêt national. Il fut décidé tacitement que l'ordonnance de perception serait ratifiée par les États provinciaux. Il ne fut plus question, dès lors, de la promesse de convoquer les États généraux.

L'échec de l'assemblée de 1484 est décisif et les raisons de cet échec sont caractéristiques. Le privilège des classes et le privilège des provinces brisèrent l'élan d'un patriotisme plus clairvoyant. Par contre, la royauté fit, dans cette assemblée, l'essai de la tactique qu'elle devait employer désormais à l'égard des États. Exciter les intérêts particuliers les uns contre les autres, les satisfaire à tour de rôle, fomenter la discorde et enfin intervenir comme l'arbitre dont l'autorité est nécessaire pour mettre fin à de méprisables querelles, tel sera désormais son invariable procédé. En tirant parti des causes trop réelles de dissentiments qui existaient entre les classes, elle aura peu à peu raison des revendications les plus justes et des tentatives libérales les plus heureusement conçues et les plus fortement conduites.

Pendant soixante-seize ans, il n'y eut plus de réunion d'États (1). Quand, après cette longue interruption, une nouvelle assemblée fut convoquée à Orléans, en 1560, les choses étaient bien changées. Soixante-seize ans de pouvoir absolu avaient donné à la royauté une assurance faite pour intimider toutes les oppositions, même celles qui auraient eu une conscience exacte de leurs droits, de leur autorité et de leurs intentions. On était en pleine guerre de religion. Les Guises gouvernaient la France et la poussaient dans le sens catholique. Leur politique profonde avait préparé les élections dans les bailliages. Un homme prudent et souple, dont la véritable figure historique n'a pas encore été dégagée, le chancelier de l'Hôpital, avec des attitudes et des paroles solennelles, dirigeait fort habilement les esprits. Cependant les divisions qui existaient dans le pays se manifestèrent dans l'assemblée. La noblesse et le tiers demandaient qu'on mît la main sur les biens du clergé. Celui-ci se défendait. Les gentilshommes se plaignaient de la multiplicité des anoblissements « qui mêlaient à la noblesse de race un alliage impur ». Le Tiers censurait les richesses et le luxe du clergé, les grands biens et les privilèges de la noblesse, tandis qu'elle remplissait si mal le but de son

(1) Je ne parle pas des États de 1506, sous Louis XII; ils n'eurent d'autre objet que de consacrer par leurs applaudissements la politique du roi populaire qui les avait convoqués.

institution et qu'elle ne rendait même plus le service militaire. Catherine de Médicis, d'une main tantôt plus ferme et tantôt plus molle, précipitait les États vers leur fin. Elle craignait qu'ils ne profitassent de la minorité de Charles IX pour lui enlever la régence. Enfin, ils votèrent les subsides et disparurent. Bien entendu, aucune des questions constitutionnelles soulevées au cours du débat ne se trouvait résolue.

Cependant la royauté entrait dans une nouvelle phase critique. Comme au temps de la guerre des Anglais, les troubles intérieurs et la guerre extérieure imposaient au pouvoir de grandes tâches en lui retirant les moyens de les accomplir. La succession sur le trône des trois fils de Henri II anéantissait le prestige monarchique. Il n'y avait qu'un cri dans le royaume : celui de *liberté*. Dans ces conditions, il semblait que les États eussent un rôle tout tracé. La déchéance de la royauté leur ouvrait l'accès du pouvoir. Les esprits étaient disposés à cette révolution.

En effet, depuis le début des guerres de religion, une enquête avait été ouverte par les publicistes protestants ou catholiques sur les droits réciproques du prince et des sujets. Il ne s'agissait plus du contrat féodal, ni des traditions médiévales. Des écrivains, nourris du suc des lettres antiques et animés d'un puissant esprit philosophique, avaient rejeté ces liens surannés et déchiré tous les voiles. Leurs recherches sur les origines du pouvoir les avaient amenés à ne considérer le prince que comme le serviteur de la nation. Ils le dépouillaient du droit de souveraineté ; ils attribuaient ce droit au peuple ou à ses représentants délibérant en assemblée.

On sent combien cette thèse était favorable aux prétentions des États. Les publicistes nouveaux avaient été trop heureux de trouver, dans l'existence de cette institution, la confirmation en quelque sorte expérimentale et pratique de leurs théories. Hotman, notamment, qui fut le trompette de ces nouvelles doctrines, mena grand bruit autour du droit des États. Il nia la tradition qui attribuait leur création à Philippe le Bel. Il alla chercher dans le plus lointain passé, le souvenir confus des plaids mérovingiens, « des champs de mars » et des « champs de mai » de Charlemagne pour y rattacher l'origine des assemblées nationales. A ses yeux et aux yeux de toute son école, l'institution des États était la plus ancienne du royaume, la plus noble, la plus respectable. En dehors d'elle, il n'y avait qu'abus, usurpation, tyrannie. Rien ne doit primer, rien ne peut périmer, selon lui, « la sacrosainte et perpétuelle autorité de l'assemblée » et, comme il dit, du « comité de la nation ».

Il démontre ou il croit démontrer que ces assemblées se sont réunies, sans interruption, depuis l'origine de la monarchie jusqu'au temps de Louis XI et que ce prince lui-même, le « premier tyran », n'a pu enfreindre cette tradition : « Il dut plier devant elles, celui qu'on peut considérer comme le véritable meurtrier et profligateur de la liberté française, et l'histoire de son règne suffit pour prouver qu'il n'y a pas cent ans que la liberté de la France-Gaule et l'autorité du concile solennel des États étoient en pleine vigueur, et cela en face d'un roi qui certes n'était ni d'âge, ni d'esprit imbécile, mais dans la force de sa quarantième année et peut-être le plus grandement habile de tous ceux qui régnèrent en France... et aujourd'hui, on va criant que cette bonne réunion des États est dangereuse; des gens d'on ne sait où, disent que c'est crime de lèse-majesté de demander leur convocation, que c'est attenter au pouvoir royal. Qu'ils se taisent ; car c'est eux qui commettent un crime et contre Dieu et contre le roi et contre la république. On sait à quoi ils sont bons : à cueillir places et honneurs sans vrai mérite, à approuver, à chauvir des oreilles et à faire de longs discours sur les bagatelles. Mais ils craignent les grandes assemblées des hommes, de peur qu'on ne voie là le peu qu'ils sont et que leurs capacités ne soient appréciées comme elles le méritent (1). »

C'est par ce langage hardi et dont « l'humanité » fait contraste avec la « scolastique » des défenseurs du pouvoir royal, que Hotman revendique les « droits des États », *negotia statuum*, en opposition aux « droits du Roi », *regalia Franciæ* : les États choisissent et déposent les rois ; ils délibèrent de la paix et de la guerre ; ils édictent les lois ; ils délèguent les pouvoirs publics ; ils nomment aux emplois élevés, etc. Toute l'école protestante partagea bientôt cette manière de voir et peu de temps après, quand le jeu des intérêts et des passions politiques eut détaché les catholiques de la royauté, ceux-ci, à leur tour, adhérèrent à la doctrine qui faisait, des États, les véritables dépositaires de la souveraineté et de l'autorité publique dans le royaume. L'ambassadeur vénitien, Giovanni Michieli, écrit que, de l'avis commun, il fallait une profonde réforme du pays « dans le chef et dans les membres, *faite en assemblée des États* ». L'avocat Jean David, dont les Mémoires, authentiques ou non, reflètent certainement la pensée de la majorité des catholiques, écrit, « qu'il y a lieu d'annihiler la succession ordinaire introduite par Hugues Capet et rendre la déclaration d'icelle sujette à la disposition des États, comme il était anciennement. »

Ce sont là, dira-t-on, des opinions extrêmes. Voici maintenant la doctrine en quelque sorte officielle, enseignée par un auteur étranger, par conséquent impartial, dans un livre qu'il dédie, en 1588, au chancelier Montholon. « La

(1) Franc. Hotomani jurisconsulti *Francogallia*, éd. de 1573, in-12 (p. 140 et suiv.).

puissance appartient à la nation, mais cette puissance n...
pouvant pas s'exercer directement par suite de l'incommo-
dité et de l'impossibilité de réunir, à tout instant, les membres du corps social, on l'a déléguée à un seul, au roi. Une
fois cette délégation faite, la puissance appartient au monarque ; les États n'en conservent aucune part, tant que
le roi est vivant et habile... Mais si le roi meurt sans laisser
d'héritiers ou s'il y a doute entre ceux qui se prétendent
héritiers, alors la puissance revient aux États qui en disposent pour l'élection ou pour le choix d'un successeur... Il
y a donc un certain nombre de cas dans lesquels il est *nécessaire* de convoquer les États. Ces cas sont ceux qu
mettent en jeu la conservation même de la société, ou q
engagent son action au delà des mesures ordinaires
gouvernement et de la défense. Il est nécessaire de réu
les États pour élire un successeur au royaume, s'il n'
pas d'héritier direct, — pour choisir entre plusieurs p
tendants, — pour déléguer l'administration en cas de m
norité ou d'incapacité mentale, — pour consentir ou di
sentir à l'aliénation d'une partie du royaume, — po
consentir ou dissentir à la déclaration d'une guerre offensive, — pour consentir ou dissentir à l'imposition de
nouvelles charges et impôts sans nécessité... Il est d'autres
cas dans lesquels il est simplement *commode* de réunir les
États. Ce sont ces cas qui sont laissés au bon plaisir du
roi. Il n'est pas de coutume, en effet, que les États soient
rassemblés fréquemment et à dates fixes ; ils doivent être
convoqués seulement quand le besoin s'en fait sentir
plutôt à des dates éloignées de peur que les peuples
s'habituent à mépriser l'autorité du roi qui seul détien
doit détenir la puissance souveraine dans le royaume (.

(1) *Des États de la France et de leur puissance*, traduit de l'i
du sieur Mathieu Zampini, Paris, 1588, in-12.

Telle est la thèse modérée, la thèse royaliste. On sent combien les temps sont changés et quelle large part est laissée désormais à l'action des États. Le roi est obligé de s'incliner devant cette puissante poussée de l'opinion. Henri III, qui avait cependant une très haute idée de ses droits souverains, prête, après en avoir pesé tous les termes, le serment de la Ligue où se trouve cette phrase : « Pour l'entière exécution de ce qui sera ordonné par Sa Majesté et par les États assemblés », phrase où les droits des deux institutions, la royauté et les États, sont mis en face l'un de l'autre, sur un pied d'égalité et sans qu'on puisse dire laquelle des deux doit s'effacer devant l'autre.

Les trois grandes assemblées réunies sous le règne de Henri III et dans la période d'interrègne qui suivit la mort de ce prince, revendiquent effectivement la haute direction des affaires publiques. Aux premiers États de Blois, 326 députés, tous catholiques, ont reçu pour mission de défendre l'unité religieuse de la France. A la tête du Tiers, des hommes éminents, Hémar, maire de Bordeaux, le jurisconsulte Guy Coquille, le futur ministre de Louis XIII, Pierre Jeannin, et, au premier rang, le plus illustre de tous, Jean Bodin, mènent la campagne contre la politique royale. Henri III croit qu'il est habile de se placer sur le terrain où s'engageait la passion catholique des États. Il leur demande des subsides, en alléguant qu'ils sont nécessaires pour faire la guerre aux huguenots. Mais il ne peut les obtenir.

S'il s'agit de résister, les États sont forts ; pour agir, ils se divisent. Les esprits politiques cherchent un mode de procédure parlementaire qui réalise l'union. Ils ne le trouvent pas. L'idée si simple de la fusion des trois ordres et du vote par tête ne leur vient pas. Après de stériles débats, on reprend, tout au contraire, la formule surannée : « Les deux ordres ne lient le Tiers », qui n'est que la constatation découragée de la méfiance réciproque des trois ordres.

Quand il fut question de désigner une commission choisie par les États pour pénétrer dans le conseil du roi et y surveiller l'exécution des prescriptions des cahiers, des dissentiments analogues se produisirent. Le nombre des délégués devait être de trente-six ; la part du Tiers était de douze. Mais cet ordre eut le sentiment que ces douze députés seraient noyés dans le chiffre considérable des membres du conseil. Il ne sut pas prendre un parti et se montra moins actif que le clergé lui-même sur une question si importante. Le roi profita de ces tiraillements pour traîner les choses en longueur, et, finalement, il échappa au danger qui, un instant, avait menacé son pouvoir.

Les seconds États de Blois eurent quelque chose de plus violent et de plus tragique. Après douze années de détresse et d'anarchie, les partis étaient arrivés à un état d'exaspération inouïe. De part et d'autre, on pensait que l'heure des grandes résolutions était sonnée. La royauté avait été acculée, par le besoin d'argent, à la convocation des États. Ceux-ci avaient donc, entre les mains, un instrument puissant. L'assemblée était favorable à la Ligue. Elle était maîtresse de la capitale et de la plupart des grandes villes. La famille des Guise dirigeait l'attaque avec la vigueur et l'audace qui avaient rendu ses ambitions populaires. Il semblait qu'elle n'avait qu'à tendre la main pour s'emparer du pouvoir.

Cependant, si l'offensive était puissante, la défensive n'était pas désarmée. La tradition royale pesait de son poids séculaire sur des esprits qui, tout en ayant perdu le respect, avaient gardé, si je puis dire, la superstition monarchique. Le roi, il est vrai, était faible, de vie honteuse et efféminée ; mais, alors qu'il abdiquait sans cesse dans le détail des affaires, il se reprenait dans les grandes circonstances et quand il s'agissait de « faire le roi ». Il retrouvait alors un courage, une dignité, une aisance à porter la couronne et à parler de haut, qui rappelaient toutes les espérances de sa glorieuse jeunesse. Autour de lui, des conseillers vigoureux et résolus, comprenaient la gravité du duel qui s'engageait. Ils avaient le souci de leur rôle et ne voulaient pas laisser s'amoindrir, entre leurs mains, l'autorité du prince ; une bande de mignons et de spadassins vivant dans l'entourage intime de Henri III, étaient prêts à toutes les besognes du despotisme et de l'arbitraire. Enfin, derrière cette cour tumultueuse et troublée, dans la solitude du cabinet où elle s'était retirée, la vieille Catherine de Médicis, toujours maîtresse de l'esprit de son enfant, tenait, de sa main pâle de mourante, les fils du drame qui se jouait et dont la perfidie italienne préparait le dénouement.

Il faut suivre, dans l'histoire journalière des États, le mouvement des passions et la gradation des sentiments qui, peu à peu, s'accélèrent et se précipitent vers la catastrophe : les élections préparées par la Ligue et écartant presque partout les partisans du roi ; la séance d'ouverture où Henri III prenant lui-même la parole fait, avec une dignité pleine de grâce, l'aveu de ses fautes et, au nom de l'intérêt public, invoque le concours des États ; les longues tergiversations des partis hésitant à s'aborder de front ; puis, le courage venant aux députés et la lutte se précisant sur la question de savoir « si on besoigneroit par résolution ou par supplication envers le roi », c'est-à-dire si les États se contenteraient de présenter leurs doléances, comme par le passé, ou s'ils imposeraient leur volonté ; dans Paris, le populaire stimulant la lenteur et la timidité des députés et leur criant sous le nez, quand ils sortaient par petits groupes : « A quand la fin ? » ; le débordement des pamphlets, la violence des prédicateurs, l'alarme jetée dans les esprits par l'annonce des violences que préparait la cour; l'argent de l'Espagne glissant de main en main et enrôlant tout ce qui était à vendre ; à la nouvelle que le territoire était envahi par le duc de Savoie, la question des subsides se posant brusquement ; le roi, implorant, suppliant, humilié; les États de plus en plus fermes et arrogants au fur et à mesure que le roi s'abaisse davantage; leur refus répété de voter les subsides ; enfin leur demande hautaine de connaître la liste des conseillers du roi pour en exclure les « suspects » et les remplacer par des délégués des États.

Le nœud se serre de plus en plus. Guise est recherché par le roi comme l'arbitre de la situation. C'est à lui qu'on s'adresse pour faire fléchir la résistance des États. Il la fomente sous main. Cependant il hésite; on dirait qu'il appréhende déjà de diminuer un pouvoir qu'il ne tient pas encore. Le roi, par contre, abreuvé d'humiliations, prend son parti. En apparence, il cède sur tous les points. Il se rend dans l'assemblée : « Je vous accorde toutes vos requêtes », dit-il. Tout le monde crie : « Vive le Roi ! » La joie des trois ordres ne connaît plus de bornes. Ils se croient les maîtres.

Quinze jours après, le 23 décembre, les deux Guise étaient assassinés; la salle des États était envahie; le grand prévôt, M. de Richelieu, entrait à la tête de soldats armés de piques et de hallebardes. L'épée nue, il crie : « Tue, tue, tire, tire. » Des députés s'enfuient ; d'autres protestent. Les plus compromis, La Chapelle-Marteau, le président Neuilly, Compans, l'avocat d'Orléans sont arrêtés. Richelieu ordonne à l'assemblée terrifiée de rester immobile. Le double coup d'État est accompli : sur la haute noblesse dont il supprime les chefs, et sur l'assemblée dont le prestige est détruit et dont l'impuissance lamentable s'accroît de tout le mépris qu'inspirait le pouvoir. Le rôle important que les livres des théoriciens avaient attribué aux États, la haute mission que paraissaient leur déférer le concours des circonstances et le consentement populaire, tout cela leur était enlevé par un de ces coups de force dont les assemblées politiques sont les trop faciles victimes.

Pourtant, une fois encore, dans cette période troublée, l'autorité des États fut invoquée. Après la mort de Henri III, la majorité catholique du royaume refusait de reconnaître, comme héritier légitime du trône, le plus proche parent du roi défunt, Henri de Navarre. Après la mort du Cardinal de Bourbon, le trône était considéré comme vacant, et plusieurs candidats se mirent sur les rangs. Pour choisir entre les compétiteurs, on résolut de recourir à l'assemblée des États. L'institution atteignait ainsi, au plus fort des troubles civils, à cette puissance souveraine si longtemps réclamée pour elle par ses défenseurs.

Les États furent donc convoqués à Paris par le duc de Mayenne et par le parlement de la Ligue. Mais cette origine séditieuse infirmait d'avance les décisions de l'assemblée. Le nombre des députés fut presque dérisoire au début; il n'atteignit jamais la moitié du chiffre habituel. Un ordre, la noblesse, faisait presque entièrement défaut. Tels quels, les États de la Ligue étaient une force et chacun des prétendants s'efforçait de la mettre dans ses intérêts. La majorité, très nettement catholique, hésitait entre les diverses solutions que la Ligue, divisée elle-même, lui proposait. Mayenne tenait Paris. Il était le véritable chef du parti; mais, sans ressources, il avait perdu tout prestige depuis la bataille d'Ivry. Le duc de Guise était trop jeune et la rivalité de son oncle le tenait à l'écart. Le duc de Lorraine n'était pas connu. Le duc de Savoie était odieux.

L'Espagnol jetait l'or à pleines mains; mais c'était l'Espagnol. Seuls pourtant, les ambassadeurs de Philippe II osèrent poser la candidature de l'infante devant les États assemblés. Une séance solennelle se tint au palais du Louvre, dans les appartements du roi. Là, au lieu même où, depuis six siècles, avait vécu la dynastie capétienne, on demanda l'abrogation de la loi salique et le changement de la dynastie. L'ambassadeur parla très haut et dit « qu'on était au bord de la fosse »; qu'il fallait opter entre l'hérésie ou l'étranger.

Ce dilemme brutal dessilla tous les yeux. Le Parlement intervint et défendit aux États d'écouter les propositions des ambassadeurs. Les négociations qui s'étaient engagées à Suresnes avec les commissaires du Béarnais, aboutirent soudain à un accord. Le peuple aussi se retourna et cria sus à l'Espagnol. Dans le sein des États, l'ordre de la noblesse, quoique peu nombreux, se détacha de la majorité et demanda la trêve immédiate. Le clergé et une partie du Tiers eurent beau protester, les Seize eurent beau menacer, les prédicateurs eurent beau rugir. Le branle était donné. Bientôt on apprenait la conversion de Henri IV. Les États de la Ligue, honteux et confus, heureux peut-être de leur impuissance, n'eurent plus qu'à disparaître. Les députés s'enfuirent un à un et rentrèrent dans leurs provinces.

C'est ainsi que se termina, dans une aventure moitié tragique, moitié burlesque, la brillante carrière des États du seizième siècle. Des deux institutions antiques que le moyen âge avait léguées à la France moderne, l'une, la Royauté, sortait triomphante de la crise où elle avait failli périr, tandis que cette même crise laissait l'autre épuisée, amoindrie, déshonorée. La royauté devait poursuivre maintenant, avec tous les raffinements d'une politique qui avait connu la crainte, la suppression entière des États. Henri IV avait pourtant juré de les convoquer pour consacrer, dans une assemblée solennelle, l'union du royaume et de la nouvelle dynastie. Mais il se garda bien de tenir sa promesse ; et personne ne songea à le lui reprocher.

En effet, même pour les bons citoyens, le nom des États, mêlé à ce qu'il y avait eu de plus regrettable dans nos troubles civils, était devenu suspect. De là, les froides paroles d'un Pasquier : « C'est une vieille folie qui court en l'esprit des plus sages français qu'il n'y a rien qui puisse tant soulager le peuple que de telles assemblées ; au contraire, il n'y a rien qui lui procure plus de tort pour une infinité de raisons... Car, comme ainsi que le commun peuple trouve toujours à redire sur ceux qui sont appelés aux plus grandes charges et qu'il pense qu'en découvrant ses doléances, on rétablira toutes choses du mal en bien, il ne désire rien tant que l'ouverture de telles assemblées. D'ailleurs, se voyant honoré pour y avoir lieu et chatouillé du vent de ce vain honneur, il se rend plus hardi promettant à ce qu'on lui demande... Tellement que, sous ces doux et beaux appâts, l'on n'ouvre jamais ces assemblées que le peuple n'y accourre, ne les embrasse et ne s'en réjouisse infiniment, ne considérant pas qu'il n'y a rien qu'il dût tant craindre, comme estant le général refrain d'iceux de tirer argent de lui (1) ».

Un historien du dix-septième siècle exprime, en un langage analogue, l'opinion des hommes modérés : « Le nom d'États, dit-il, donne l'idée de je ne sais quoi de grand. Les peuples s'en forment une idée si avantageuse qu'ils s'imaginent que le royaume doit reprendre une nouvelle face... L'on espère une restauration des lois et des

---

(1) *Lettres,* éd. in-fol. (t. II, p. 84) et *Recherches* (t. I, p. 87).

privilèges ; on dresse les cahiers de remontrances et de plaintes et l'on fait choix de députés que l'on estime bien intentionnés. Mais il a toujours esté que les particuliers trafiquent de l'intérêt public ; les députés prennent adroitement leurs précautions pour ce qu'ils ont à dire et tout se passe en harangues et révérences après que le chancelier a assuré tout le royaume réputé présent des bonnes intentions du gouvernement (1) ».

Il n'y avait plus rien à espérer des États. Tout le monde le sentait. Bien loin de songer à opposer leur souveraineté à celle du roi, les publicistes répudiaient avec horreur une thèse qu'ils considéraient comme entachée de lèse-majesté. Il est vrai qu'au point de vue législatif, l'œuvre des États ne paraissait pas, au premier abord, aussi stérile ; les grandes ordonnances du Roussillon, d'Orléans, de Blois, avaient été rédigées d'après les cahiers des assemblées ; mais leurs dispositions incohérentes et obscures les rendaient le plus souvent inapplicables. Les contemporains ne s'y trompaient pas et il était passé en proverbe de dire, de ces actes législatifs solennels : « Après trois jours non valables. »

L'échec des États généraux tient à leur origine, à leur constitution, à l'état politique et social du pays dont ils étaient l'émanation. La féodalité a laissé son empreinte sur le système de la convocation, soumise au bon plaisir du prince, et sur celui de l'élection, qui donne une importance prépondérante aux seigneurs et aux populations urbaines.

Le privilège entre aux États et y fomente la rivalité des trois ordres. De là le duel permanent de l'intérêt des classes et de l'intérêt public. Les deux ordres supé-

---

(1) Le Laboureur, *Hist. de la Pairie*, édit. de Londres, chap. 15.

rieurs sont exempts des charges : la royauté s'appuie sur eux pour obtenir des subsides. Mais leur fidélité est souvent suspecte et leur opposition pourrait devenir redoutable : la royauté excite contre eux les passions et la jalousie du Tiers. Toutes les inégalités et toutes les rivalités répandues sur la surface du royaume se reproduisent et s'accentuent au sein de l'assemblée des États. On y vote par *ordre* et par *province*. Il n'y a d'assemblée plénière que le jour de l'ouverture et le jour de la dissolution. En un mot, les États généraux ne forment pas corps et leurs délibérations, qui n'aboutissent qu'à des « doléances » et non à des décisions, ne traduisent jamais la volonté d'une nation qui s'ignore encore elle-même.

La royauté, malgré ses défauts, avait incontestablement des vues plus élevées et un sentiment plus large de l'intérêt public. Elle avait le souci toujours présent des grandes tâches à accomplir, de l'unité à achever, du pays à organiser et à défendre. Le contraste était saisissant entre ces ambitions vastes et les préoccupations mesquines des représentants des trois ordres. Il donnait au pouvoir confiance en lui-même, et aux États le sentiment de leur imbécillité. Ceux-ci finissaient par accepter docilement la tutelle qui s'offrait à eux. Presque toujours accompagnés, au début, des vœux et de la confiance de tout un peuple, ils se séparaient au milieu de l'indifférence générale. Ainsi se terminaient la plupart des sessions d'États ; ainsi devait finir l'institution.

Nous assisterons à une nouvelle et dernière expérience, celle de 1614. Dans l'inquiétude soulevée par la révolte des princes, les yeux se sont tournés, une fois encore, vers l'antique institution. Les États se réunissent à Paris. Le futur ministre de Louis XIII, Richelieu, prend part à leurs délibérations. Il doit même porter la parole au nom du premier

13.

des trois ordres. Sa jeunesse, attentive et encore inexpérimentée, va suivre ce spectacle d'intrigues stériles et d'agitations vaines. Il sentira naître en lui ce mépris pour les grandes assemblées, si naturel aux hommes d'action. Il achèvera son éducation politique, en observant l'agonie de la vieille institution libérale. Sous ses yeux, l'assemblée délibérera longuement et, sans même pouvoir conclure, sur ce fameux « article du Tiers » qui proclame la souveraineté absolue du prince et qui n'est rien autre chose, en somme, que l'acte d'abdication des États entre les mains de la royauté.

### Survivance des autonomies locales.
### Les libertés provinciales.

Malgré la vigueur et l'élan de la campagne centralisatrice, la province, en France, a été lente à mourir. Pendant tout le moyen âge, le royaume fut dans un perpétuel devenir. Tandis que certaines régions étaient réunies depuis longtemps, d'autres n'étaient rattachées au centre que par un lien extrêmement lâche et qui menaçait, à chaque instant, de se rompre. Même au dix-septième siècle, il y avait des degrés dans l'absorption et dans l'assimilation.

Peut-être, un jour, écrira-t-on la véritable histoire de France, celle qui « dort encore dans la poussière des chroniques ». Elle dispersera ses origines sur toute la surface du pays et, saisissant la vie nationale au moment où elle jaillit du sol avec la multitude des existences particulières, elle suivra, depuis leur source, le cours de ces ruisseaux innombrables, qui, peu à peu, en se réunissant, ont formé la large nappe de l'unité. Chaque motte de terre, chaque fief ou châtellenie, chaque toit donne sa goutte d'eau.

Dans une clairière de la vieille forêt druidique, une agglomération de cases s'est formée et, depuis ces temps reculés, des hommes vivent et meurent dans ce village qui a gardé son nom celtique. — Maîtres du sol par la victoire, les Romains l'ont traversé de part en part, volant vers d'autres contrées à conquérir ; les légions ont tiré, à travers champs, le ruban des routes et, au bout, ils ont planté, avec les bornes milliaires, des colonies qui ont survécu parmi les ruines de leurs temples, de leurs palais, de leurs thermes et de leurs institutions municipales. — Les Francs sont venus et ayant, comme tous les Germains, horreur du séjour des villes, ils ont installé leur vie agreste dans les fraîches métairies où paissent les troupeaux. — Un moine suivi de plusieurs compagnons, sylvains roux comme les bois qu'ils fréquentent, se sont installés en quelque val solitaire et l'ont défriché ; la cellule est devenue un moûtier, le moûtier un centre d'habitation autour duquel les hommes se sont réunis, cherchant un peu de sécurité et le repos de la prière aux heures où la cloche tinte. — Un propriétaire rural, fier de son alleu et décidé à le défendre contre toute agression a élevé un donjon sur le point le plus élevé ; tel le château des quatre fils Aymon dans la forêt d'Ardenne : « Il était bâti sur un rocher auprès duquel passait la Meuse ; d'une part, il y avait une grande forêt et d'autre côté de belles prairies... » Le maître vit là seul avec les siens, comme un loup dans son hallier. Les grands bois protègent sa solitude. Dans ce coin égaré, entre ces quatre murs rugueux, il est animé de sentiments très étroits, la méfiance, l'hostilité à l'égard du château voisin, du marchand qui passe, de l'oiseau qui vole. Les ponts sont levés et les épieux brillent derrière les poutres bardées de fer... Tels sont les premiers centres d'habitation et les pierres d'assise de la future société.

Cependant, peu à peu, le cercle des relations s'étend ; les

intérêts se rapprochent. De leur choc naissent des luttes qui ne sont pas sans résultat. Le vaincu cède à la force ; son château est détruit. Le domaine du vainqueur s'agrandit. Des familles habiles ou heureuses se transmettent héréditairement des propriétés étendues et peuplées. En même temps, l'autorité du pouvoir central s'affaiblit. Les fonctionnaires provinciaux font main basse sur les circonscriptions dont l'administration leur a été confiée. Leurs fils héritent d'abord du titre et de la fonction, puis du territoire lui-même. Ainsi, par un double travail, l'un d'agrégation, l'autre de désagrégation, se constitue l'aristocratie primitive, la haute baronnie féodale.

Pour raconter l'histoire du sol de la France, il faudrait dire la puissante attache de la féodalité à la terre, les raisons multiples de ses origines, de son expansion et de son déclin. Alleux possédés par des hommes libres, bénéfices royaux, constitutions de fiefs en faveur des vassaux et des arrière-vassaux, aveux et commendes, cessions temporaires ou héréditaires faites par les églises aux hommes d'armes qui les défendent, vidames et avoués ; grandes seigneuries : pairies, duchés, marquisats, comtés et principautés ; médiocres seigneuries : vicomtés, sireries, baronnies ou châtellenies ; petites segneuries et simples justices de village ; lois de succession et de transmission du fief : loi salique en vertu de laquelle ces royaumes, duchés, comtés, marquisats et baronnies ne se démembrent pas, droit d'aînesse qui réserve au premier mâle, au moins le cri, les armes pleines, le manoir entier et, autour de celui-ci, le vol du chapon ; apanages constitués en faveur des cadets ; retour des fiefs à la mouvance par confiscation, refus de service ou déshérence et enfin, parmi tant d'alternatives parfois contradictoires, cette loi historique qui accroît sans cesse le fief supérieur et qui, par conquête, par rachat, par mariage, par héritage, par droit, par violence, lui permet d'absorber les fiefs inférieurs disparaissant l'un après l'autre (1).

Tandis que le domaine rural s'organise ainsi et que les plaines se soudent en principautés, les centres urbains évoluent dans le même sens, mais par un procédé différent. Dans leurs murailles, la population agglomérée étouffe. Elle se jette sur le donjon seigneurial et le détruit. Elle proclame son indépendance, nomme ses magistrats et demande à sortir de chez elle. Les marchands veulent aller et venir librement par le pays. Les foires couvrent les chemins de longs pèlerinages qui réclament protection et sécurité. Les corporations urbaines s'associent, forment des ligues, des hanses très riches qui lèvent des armées, concluent des traités, tiennent les rois par les besoins de la vie matérielle, les emprunts et le luxe. Celles de ces villes qui prospèrent deviennent des centres d'activité, d'industrie, d'intérêts, par conséquent des chefs-lieux, des capitales. Autour d'elles, les populations se groupent en vertu d'attractions naturelles qui remontent souvent à la plus haute antiquité, et qui subordonnent au centre urbain des circonscriptions politiques plus ou moins étendues.

Ainsi se dessinent les nombreuses subdivisions territoriales qui se partageaient la France du moyen âge. Comme cadre primitif, la Gaule avec les trois parties dont parle César : « *Gallia est omnis divisa in partes tres, quarum unam incolunt Belgæ, aliam Aquitani, tertiam qui ipsorum lingua Celtæ, nostra Galli appellantur... Gallos ab Aquitanis Garumna flumen, a Belgis Matrona et Sequana dividit.* » Là dedans, les peuples gaulois, dont ce même César et les géographes anciens nous ont transmis les noms, au nombre

---

(1) Loysel, *Inst cout.* Des Fiefs.

de cent sept : les uns comme les *Ædui*, les *Senones*, les *Carnutes*, les *Arverni*, formant des confédérations puissantes, mais les autres n'étant vraisemblablement que des tribus peu importantes cantonnées sur des territoires restreints (1).

L'administration romaine divisa la Gaule en quinze *provinces* et soixante-dix-huit *cités*. Beaucoup de ces circonscriptions ont duré jusqu'à nous, sous la forme des diocèses ecclésiastiques et se confondent, jusqu'à un certain point, avec nos départements.

Cependant l'invasion des barbares brise ces cadres trop rigides. La Gaule, qui a été longtemps le boulevard de la défense, est le grand chemin de l'invasion. Tous les Allemands passent sur son sol. Beaucoup s'y installent. Ce mouvement perpétuel détruit la plupart des liens anciens ; mais il en crée d'autres. La *France*, nom nouveau, occupe le territoire de l'ancienne Belgique et rattache le nord de la Gaule à l'Allemagne du Rhin, d'où sont venus les conquérants. La *Bretagne* subsiste avec son vieux nom celtique ; tandis qu'elle s'isole du reste du pays, elle garde le contact avec les îles d'outre-Manche. L'*Aquitaine* survit aussi avec son nom ancien ; par le pays des Vascons et la Septimanie, elle est à demi espagnole. La *Provence* reste toute romaine et italienne. Enfin la *Bourgogne* s'appuie, d'une part, aux contreforts des Alpes et, d'autre part, pousse sa frontière jusqu'aux portes d'Orléans et de Paris.

Rien que par cette énumération, toute notre histoire s'éclaire. La longue lutte du Nord et du Midi, sous les noms de France et d'Aquitaine ; le combat non moins redoutable de l'Est et de l'Ouest, sous les noms de France encore et de Bourgogne, la résistance obstinée des vieilles provinces séparatistes, l'une toute celtique, la Bretagne, l'autre toute

(1) Longnon, *Atlas historique de l'ancienne France* et *Géographie de la Gaule au sixième siècle*.

romaine, la Provence, et enfin l'intervention perpétuelle de l'étranger dans nos luttes intérieures, jusqu'au jour où les séparations inévitables seront accomplies et où les frontières définitives seront tracées.

Après la vaine tentative de reconstruction de l'édifice romain par Charlemagne, le morcellement médiéval se produit. Une vieille subdivision locale réapparaît et se substitue à la cité romaine. C'est le *pagus*, le *gawe*, ou *gau* de l'ancienne Germanie, le *pays* des temps plus modernes. On a énuméré près de trois cents *pagi*. Rien de plus intéressant que cette nomenclature, si on veut considérer le sens profond des mots. C'est le sol qui parle. De ces noms, huit sur dix sont celtiques, tant le vieux moule gaulois est fort, tant la civilisation est adaptée aux lieux et réellement autochtone. Les noms romains se trouvent surtout dans le midi provençal ou, à l'extrémité des routes, sur les bords des mers septentrionales où étaient constitués les dépôts et la relève des légions. Il en est aussi d'allemands qui viennent d'un nom de tribu ou de chef; il en est enfin qui sont empruntés à un accident naturel, forêt, rivière, montagne, ou bien, assez souvent, au nom d'un de ces sommets isolés, vus de loin dans la plaine, sur lesquels la haute antiquité avait élevé ses dolmens, Rome ses autels, et le moyen âge ses cathédrales et ses donjons.

Ces *pays* deviendront bientôt des *comtés*, et ils se livreront alors la grande bataille féodale qui effacera les uns, maintiendra et ennoblira les autres. Nombre d'entre eux disparaîtront pour ne laisser de trace que dans quelque obscure appellation rurale; d'autres verront leur destinée croître et briller avec le succès d'une province, d'un royaume, dont ils auront été le berceau. Une sorte de hiérarchie s'établit entre les différentes parties du territoire. Les grands fiefs comme la France, la Provence, la Bretagne, la Normandie, la Navarre, la Lorraine se subordonnent la plupart des comtés maintenus au rang d'arrière-fiefs.

Le territoire de plusieurs de ces provinces est vaste, leur population nombreuse ; par contre, les relations de pays à pays sont rares, la guerre est presque continuelle entre leurs chefs. N'est-il pas naturel que, retournant par une sorte d'instinct vers le vieux système fédératif gaulois, chacune d'elles, repliée sur elle-même, se soit constituée, selon ses goûts et ses traditions, une administration, une législation, une langue, en un mot une civilisation particulière et différant, par des traits assez fortement accusés, de celle des provinces voisines ?

Au début de l'histoire moderne, ce qu'on appelait la France n'était rien qu'une fédération hiérarchisée d'États particuliers unis par un lien des plus faibles, l'hommage féodal. La plupart des provinces de l'Est, l'Alsace, la Lorraine, la Bourgogne, le Lyonnais et le Forez, le comté de Vienne, le comté de Viviers et la Provence, s'étaient même détachées et faisaient partie d'un autre corps fédératif, l'Empire Germanique. Toutefois, dans la fédération française, une principauté assez puissante portait spécialement le nom de *France* et prétendait à une suprématie qu'allaient établir bientôt le courage et la fortune de la dynastie royale.

Le développement rapide d'un des États fédérés, la Normandie, qui conquiert l'Angleterre et dont la domination, en moins d'un siècle, s'étend sur près de la moitié du royaume de France, menace la fortune de l'État qui se qualifie de souverain et perpétue, dans les autres provinces, un goût de l'indépendance et une force de résistance qui prolongent, pour des siècles encore, leur autonomie. Après la chute de la domination anglaise sur le continent, cet esprit subsiste dans les provinces éloignées. Elles se tiennent à l'écart et on observe que l'ancienne division de la Gaule, faite au lendemain des grandes invasions, en France, Bretagne, Aquitaine, Provence et Bourgogne, dure jusqu'aux temps modernes. Seulement le succès de la conquête capétienne a, peu à peu, fondu les intérêts et atténué les divergences.

Au moyen âge, on distingue encore parmi ces pays, ceux qui sont placés *sous l'obédience du roi* et ceux qui sont placés *hors de cette obédience*.

Le temps marche; au début du dix-septième siècle, la distinction ne se fait plus qu'entre les *pays d'Élections* et les *pays d'États*. Un certain nombre de provinces ont conservé des institutions politiques particulières ; elles s'administrent elles-mêmes; elles débattent leurs intérêts avec la royauté et ne paient d'autres impôts que ceux qui sont consentis par leurs représentants : c'est la Bourgogne, c'est le Dauphiné, c'est la Provence, c'est le Languedoc, c'est la Bretagne; ce sont, en un mot, ces vieilles nations qui, pendant des siècles, sont restées libres et dont le génie particulariste s'affirmait encore, au moment où succombait leur indépendance, en réclamant et en obtenant de la royauté, des concessions qui leur réservaient un rang à part dans le royaume.

Ces concessions sont toujours les mêmes, à savoir le maintien des libertés, des franchises, des coutumes, des privilèges. Tous ces mots ont un sens unique : c'est toujours la *loi particulière*, celle que proscrivait l'ancienne Rome. C'est toujours la résistance contre le centre et l'insurrection tacite contre l'État. Vaincu sur le terrain politique, cet esprit de résistance se réfugie dans le détail de l'administration, ou mieux encore dans l'intimité de la vie journalière et des relations civiles, là où le pouvoir ne peut que difficilement pénétrer. Ainsi la province, la vieille province, toute pétrie d'histoire et de traditions, dure par ses *libertés* qui, à l'égard de l'État, sont des *privilèges*, et par ses *coutumes* antagonistes de la *loi*.

### Les États provinciaux.

L'institution des États provinciaux, qui doit subsister jusqu'à la fin de l'ancien régime, témoigne de la robuste survivance des autonomies régionales. L'avènement bien caractérisé de cette institution coïncide, presque partout, avec les époques de crise où, après la chute des grandes dominations féodales, les provinces eurent à décider de leur destinée politique. Ce sont ces assemblées, librement consultées, qui ont voté la réunion à la couronne et qui ont, en même temps, stipulé les conditions de l'annexion. En un mot, la création des États provinciaux est généralement la manifestation suprême de la nationalité locale, au moment où elle disparaît.

Il faut ici quelques exemples : l'historien des États provinciaux dit : « La première réunion des trois ordres paraît avoir eu lieu dans le Languedoc, après le traité d'avril 1228 qui stipulait et préparait l'incorporation du comté de Toulouse au royaume de France », et il ajoute que « c'est cette première assemblée qui fonda l'union du pays à la couronne (1) ». — Nous n'avons que de rares mentions des États de Guyenne. L'un des documents qui nous révèlent leur existence est de 1450 ; ce sont les « Lettres homologatives d'un traité, fait entre le lieutenant général du roi et les trois États de Guyenne, par lequel elle se soumet à l'obéissance du roi, à condition d'une abolition générale et d'avoir une justice souveraine ». C'est le point de dé-

(1) La Ferrière, *Étude sous l'histoire et l'organisation composée des états provinciaux*, dans *Séances et travaux de l'Ac. des sc. mor. et pol.* (année 1860, p. 111).

part de la soumission de Bordeaux à la France et l'origine de son parlement. — En Normandie, l'année climatérique de l'institution est 1458. Nous sommes encore en pleine guerre de Cent ans. La province, après avoir été reprise par les Anglais, est réunie définitivement à la couronne. A ce moment, elle fait aussi ses réserves en matière juridictionnelle; elle réclame le maintien de la fameuse « charte normande ». Dans ses lettres confirmatives, Charles VII prend l'engagement de ne lever aucune taxe sans le consentement des trois États. L'historien des assemblées de cette province ajoute : « A partir de Charles VII, les États qui, sous les rois de France, ses prédécesseurs, avaient été tout à fait exceptionnels, se succédèrent avec une périodicité qui ne fut guère interrompue que sous le règne de Louis XIII. » Ces faits sont caractéristiques. Ils montrent bien, qu'à des dates diverses, la création ou la confirmation des États fut obtenue comme la rançon de la réunion des provinces à la couronne.

Il serait facile de prouver, en même temps, que les assemblées des trois ordres ont pris part à la lutte contre l'étranger et à la constitution de l'unité nationale : sous le roi Jean, les États de Languedoc donnèrent à la France l'exemple du patriotisme et dépouillèrent la province pour le rachat du roi et pour la défense du royaume. En 1358, les États de l'Artois, du Vermandois, de la Picardie, de la Champagne, de la Normandie, de l'Anjou, du Maine, de l'Auvergne, offrirent le concours de leurs deniers à la royauté menacée; en 1374, une réunion des États d'Auvergne stipula directement la retraite des troupes anglaises, en 1367, une assemblée des États du Dauphiné racheta les châteaux occupés par le comte de Savoie et, par contre, obtint du roi le privilège d'élire les personnes chargées de répartir et de lever les impôts; en 1368, les États du Poitou, réunis à Niort par le prince de Galles, lui refusèrent l'impôt et firent entendre le premier cri de guerre et d'indépendance nationale; en 1375-1376, ceux de Quercy, du Rouergue, du Gévaudan s'imposèrent de grands sacrifices pour la défense du pays; en 1381-1382-1385, ceux de Vienne, du Velay, du Vivarais, du Valentinois, accordèrent au duc de Berry, après la mort de Charles V, les secours nécessaires pour chasser les ennemis; enfin, en 1399, les États du Limousin votèrent une somme considérable pour combattre les Anglais jusqu'à leur entière expulsion.

Toutes ces dates sont contemporaines de la guerre de Cent ans. Partout la province s'organise en vue de défendre le territoire envahi; partout on voit l'institution des États provinciaux s'appuyer sur ces deux principes, l'un traditionnel : que chaque communauté reste maîtresse des sacrifices qu'elle croit devoir consentir; l'autre, moderne : qu'un peuple dispose de sa propre destinée soit directement, soit par la voix de ses élus. Ces principes sont présents à l'esprit des membres des assemblées locales; ils expliquent la vigueur avec laquelle on discute le concours prêté au gouvernement.

Au moment où elle adhère au corps national, la province inscrit ses privilèges dans l'acte par lequel elle donne son consentement, et le premier de ces privilèges c'est la reconnaissance de l'institution des États. La royauté accepte le pacte, et désormais son pouvoir est limité. Trop heureuse de s'appuyer sur le patriotisme national des États, elle ne peut que s'incliner devant leur patriotisme local. Autant de traités particuliers, autant de régimes différents. La plupart des provinces qui ne faisaient pas partie du royaume avant la captivité du roi Jean, ont ainsi leur constitution propre, leur constitution privilégiée qui les distingue les unes des autres et qui les distingue surtout des provinces placées antérieurement sous l'obédience du roi.

Étant données ces origines, il n'est pas étonnant que les États provinciaux aient un caractère plutôt aristocratique. Les détails de l'organisation variaient de province à province; mais partout les souvenirs féodaux dominaient. La représentation du Tiers était réduite au minimum, ou plutôt les magistrats des bonnes villes ne figuraient, le plus souvent, dans les assemblées que comme représentants d'une communauté ayant un caractère seigneurial.

De toutes les assemblées d'États, la « Convention » de Normandie était celle peut-être qui tenait le plus de compte de l'élément démocratique. Mais son autorité était bien réduite. — En Bretagne les États étaient une véritable diète polonaise où tout noble de race avait accès et voix délibérative. Les assemblées étaient animées d'un esprit d'indépendance que l'on qualifiait, dès lors, de « républicain ». — En Bourgogne, comme en Bretagne, le système de la représentation directe dominait. Tout gentilhomme, noble depuis quatre générations, avait le droit d'entrer aux États; seuls les possesseurs de fiefs avaient voix délibérative; la chambre du Tiers était composée des maires de certaines villes et des députés de certaines autres villes. — Le Dauphiné avait été réuni à la couronne par une donation libre et non par une conquête. D'après l'acte de cession du dernier Dauphin, en 1349, le pays devait rester un État séparé. La province prétendait qu'elle ne devait pas de tailles, le dauphin Humbert ayant affranchi ses sujets de tout impôt, le 1$^{er}$ septembre 1341. Les États, où l'élément aristocratique dominait, n'avaient guère d'autres préoccupations que de défendre ce privilège vraiment excessif contre les empiètements du fisc royal. — La Provence soutenait qu'elle était « un état distinct uni et annexé à la couronne, sans être confondu ni autrement subalterné ». Ses États, oratoires et tumultueux, portaient haut la tête; ils opposaient aux gouverneurs et aux intendants de la monarchie, une résistance que devait seule briser la fameuse apostrophe de Mirabeau : « Vous croyez-vous donc un État dans l'État, un co-État ? »

La *municipalité languedocienne* était le type et le modèle des assemblées provinciales. Ici aussi, le caractère de l'assemblée était particulièrement aristocratique. Aucun député ne figurait aux États en vertu d'une élection, mais bien en raison de son titre, soit comme seigneur, soit comme détenteur de fonctions publiques. La compétence des États s'étendait à presque toutes les matières administratives et financières intéressant la province.

Les États communiquaient directement, chaque année, avec le roi *par une ambassade* qui se composait d'un évêque, d'un baron, de deux membres du Tiers et du syndic général. Elle présentait au roi le cahier des États. Jusque dans cette formalité, on voyait se perpétuer la conception d'un État demi-souverain, ayant avec la couronne des relations de subordination et non de sujétion.

En somme, en 1614, tout le midi de la France, organisé en pays d'États, jouissait d'une sorte d'autonomie. Le Languedoc abritait, derrière son exemple, le comté de Foix, le Marsan, le Nébouzan, les Quatre-Vallées, le Bigorre, le Béarn, la Soule, la Basse-Navarre, le Labourd et presque tous les pays qui avaient été réunis à la couronne par l'avènement de Henri IV. Beaucoup de provinces plus centrales n'avaient perdu que depuis un temps relativement court le privilège des États et toutes n'y avaient pas renoncé définitivement : c'étaient le Maine, l'Anjou, la Touraine, l'Orléanais, la Champagne, le Bourbonnais, le

Nivernais, la Marche, le Berry, l'Aunis, la Saintonge, l'Angoumois, la haute et basse Auvergne, le Quercy, le Périgord, le Rouergue.

On le voit, les pays d'États en France étaient nombreux ; il faut ajouter que leurs droits incontestables s'appuyaient sur des contrats authentiques, de date certaine, et signés par les rois. Il y avait, dans chaque province, des corps politiques intéressés à rappeler sans cesse au pouvoir ses engagements et à les faire renouveler au besoin.

Il a donc fallu à la royauté une volonté persistante, une énergie toujours tendue pour mener à terme la campagne de destruction qu'elle avait engagée, de si bonne heure, contre les libertés provinciales. Il lui a fallu, non seulement une résolution inébranlable, mais l'aiguillon d'un intérêt toujours présent, le sentiment d'une nécessité inéluctable, plus forte à ses yeux que le droit de ses sujets, plus forte que ses propres engagements, plus forte que l'appréhension des révoltes et que le danger de remettre sans cesse en question les titres sur lesquels était fondée la réunion des pays d'États à la couronne.

Pour agir avec tant de rigueur, la royauté devait être poussée par la conviction intime d'un devoir supérieur à remplir et par le sentiment, en quelque sorte instinctif, que, malgré tant de plaintes, de protestations et de reproches, elle était en communauté de vues avec la majorité du pays ; et on est amené à penser, par une étude attentive des faits, que les tendances générales du pays étaient en désaccord, sur ce point, avec l'esprit particulariste qui animait les classes et les corps directement intéressés au maintien des États.

Je ne parle pas seulement des rivalités qui existaient entre les pays d'États et les pays d'Élections ; ceux-ci supportant toutes les charges et pliant sous le faix, ne pouvaient voir de bon œil les faveurs dont les autres étaient accablés. Tandis que les vieilles provinces avaient seules combattu et payé, depuis des siècles, pour les grandes causes de l'unité et de l'indépendance, les provinces réunies plus récemment étaient caressées, choyées, privilégiées et assises, comme la Marie de l'Évangile aux pieds du Seigneur. Les premières se plaignaient, et nous trouvons un écho de ces plaintes jusque dans les cahiers des États de 1789 : « Une province n'étant pas plus tenue qu'aucune autre aux charges communes, la surcharge des impôts sous lesquels gémit depuis longtemps la Picardie, ne doit pas être éternellement l'unique distinction qui lui ait valu son antique attachement à la couronne et sa constante fidélité. Et le roi, en garantissant les privilèges d'une province, ne s'est pas interdit de les communiquer à une autre. Les députés insisteront donc sur ce que les impôts soient uniformes par toutes les provinces et villes du royaume ».

Les esprits élevés, les hommes de gouvernement, ceux qui avaient mis la main aux affaires savaient qu'en raison des distinctions qui existaient entre les provinces, toute mesure d'ordre général était impossible à prendre dans le royaume. Nous avons vu que l'action des États généraux fut contrecarrée, à diverses reprises et notamment à l'heure décisive, en 1485, par celle des États provinciaux. L'extension des justices royales, alors considérée comme un grand bienfait, rencontrait partout l'opposition des assemblées locales. De même, nous voyons, qu'en 1610, au moment où Sully, grand voyer de France, fait un effort sérieux pour créer un vaste réseau de voies de communication, les États de Normandie protestent : « Les mandements envoyés presqu'en tous endroits de la province par les lieutenants de M. de Sully, grand voyer, pour élargir et esplanader les chemins sont fâcheux au peuple, qui supplie Votre

Majesté, faire cesser telle poursuite et recherche ». Et en 1611, encore : « Supplions Votre Majesté révoquer absolument l'office du grand voyer inventé à la ruine du peuple contre les privilèges de la province. » Si c'était là l'œuvre de ces fameux États tant vantés, autant valait les supprimer. Aussi remarquons-nous que, dans plusieurs provinces, ils tombaient d'eux-mêmes en désuétude.

Les sessions passent le plus souvent inaperçues. Elles ne prennent un regain de popularité que, dans les circonstances, fort rares, où les États essaient de s'opposer aux exigences sans cesse croissantes du fisc. Alors, toute la province est derrière eux. Mais leur action manque d'autorité, parce qu'elle manque de souplesse et d'intelligence. S'obstiner dans le refus n'est pas un bon procédé d'opposition, pas plus que se buter dans le commandement n'est une bonne règle de gouvernement. C'est ici qu'on s'aperçoit que le privilège est une base mauvaise pour la liberté. Il se refuse à l'examen de toute concession. L'action des États se borne à une routine sans horizon ; leur égoïsme local renonce à jeter les yeux au-dessus des limites de la province ; il se désintéresse des destinées générales du pays et il oppose un *non possumus* niais aux demandes les plus légitimes du pouvoir.

Celui-ci s'irrite à la fin. Il traverse des conjonctures graves, il est accablé ; il cherche à qui parler. Mais non, personne ne veut l'entendre ; on en est toujours au vieux contrat rédigé, il y a cinq cents ans, quand les circonstances étaient tout autres. A la fin, l'envie vient aux meilleurs d'en finir par un coup de force. En 1593, Henri IV, luttant désespérément pour l'indépendance du royaume, s'adresse aux États de Provence et leur demande de voter la somme nécessaire pour protéger la province contre l'invasion dont elle est menacée de la part du duc de Savoie. Les

États refusent. Henri IV, se sentant encore peu solide sur le trône, présente quelques observations sur un ton modéré. Mais on devine, au fond de ses paroles, toute l'amertume que lui cause une pareille réponse : « Le duc de Savoie, dit-il, peut porter en quinze jours plus de foule au pays que la somme demandée. » On verra alors, et il sera trop tard pour obvier « au mal qui en pourra retomber sur lesdites provinces avec un repentir trop tardif d'en avoir négligé le remède pendant qu'il pouvait servir ».

La mauvaise volonté des États qui, souvent, entravait ses projets ne trouvait pas toujours ce prince d'une humeur aussi égale. En 1595, il écrit au maréchal de Matignon : « J'ai satisfait le plus favorablement qu'il m'a été possible au désir des jurats de Bordeaux, lesquels vous m'avez recommandés par votre lettre particulière ; mais il m'a semblé à propos ne leur refuser ni accorder la tenue des États de mon pays de Guyenne dont ils m'ont fait instance, jusqu'à ce que j'en eusse votre avis, car j'ai reconnu qu'ils l'affectionnent grandement ; et toutefois il me semble que le temps n'est pas propre à de telles assemblées, *lesquelles ordinairement tendent plus à décharger mes sujets de dépenses qu'à me fortifier et assister en mes affaires* (1) ».

Toute la question des États est exprimée dans ces dernières lignes. Une nation unifiée et à qui les nécessités de sa politique extérieure imposent des charges très lourdes peut-elle subordonner sa destinée aux vues de pouvoirs intérieurs particuliers, prétendant jouir d'une partie de la souveraineté ? Est-ce là une base solide et pratique pour la liberté ?

Posé dans ces termes, le problème devait fatalement se résoudre contre l'institution des États. L'histoire de France

---

(1) *Lettres missives* (t. IV).

ne pouvait changer sa loi. Au fur et à mesure que les responsabilités du pouvoir central augmentaient, les divers pactes qu'il avait conclus avec les provinces perdaient leur raison d'être. Les résistances provinciales, d'abord légitimes, devenaient, dans leur forme surannée, à la fois fâcheuses et redoutables. Durant tout le seizième et la première moitié du dix-septième siècle, le midi, pays d'États, est en lutte avec le nord, pays d'Élections. Montauban, Montpellier, sont des La Rochelle plus méridionales et par conséquent plus dangereuses. La demi-indépendance du Languedoc sert de point d'appui à la fortune politique des Montmorency. Le privilège provincial, abusant de ses avantages, exaspère le pouvoir qui, pendant si longtemps, l'a ménagé. Richelieu est à peine arrivé au ministère qu'il reprend la pensée de Henri IV. Il la précise avec la netteté qui est dans son caractère : « Il y avoit longtemps, dit-il, que le roi Henri désiroit établir les élus dans cette province (Languedoc), pour empêcher les désordres qui provenoient de la licence que les États de chaque diocèse prenaient d'imposer tout ce que bon leur sembloit sur le pays. Ce désordre étoit venu jusque à ce point que cette province qui était, en apparence, exempte de tailles, avoit payé, depuis quatre ans, trois ou quatre millions de livres chaque année. L'autorité du roi y étoit peu connue, ces levées se faisoient au nom des États, le nom du gouverneur de la province y avoit quasi plus de poids que celui de Sa Majesté. Le feu roi connoissant ces inconvénients avait désiré cet établissement (des élus) et n'avoit osé l'entreprendre... (1) ».

Ces paroles sont d'un homme qui a pris son parti. Peut-être cependant ne se rend-il pas assez compte des difficultés

(1) *Mémoires* (t. II, p. 27).

qu'il va rencontrer. Nous verrons que Richelieu fit un grand effort pour supprimer les États provinciaux. C'est une des pages les plus importantes de l'histoire de son ministère. Il n'y réussit pas complètement, tant les traditions étaient puissantes sous l'ancien régime ; tant le droit des provinces ayant traité avec la royauté était indubitable. Mais nous verrons aussi que la prolongation d'un état de choses, incompatible avec la pensée unitaire qui dirigeait la politique générale du pays, fut la cause de grands troubles dans le royaume et lui fit courir de graves périls.

La survivance des institutions locales avec caractère de co-souveraineté, dans quelques-unes des régions les plus importantes de la France, laisse un grave problème posé, jusqu'à la Révolution. Ce problème, c'est celui du fédéralisme. La France sera-t-elle une et fondue en une seule masse pour faire face à tous ses adversaires et pour suffire à toutes ses tâches ? Là est la question. Elle est connexe à cette autre, non moins grave : la France s'organisera-t-elle en monarchie libérale, dominée par une puissante aristocratie ; ou bien risquera-t-elle l'aventure d'une autocratie centralisée, conduisant infailliblement au régime démocratique ?

On sait ce qu'il en est advenu ; mais on ne sait pas assez que la double solution est restée en suspens pendant tout l'ancien régime. L'école libérale, Bodin, Guy Coquille, Fénelon, Saint-Simon, Montesquieu, Mirabeau l'ami des hommes, se déclarent pour le système aristocratique et, par conséquent, ils sont favorables à l'institution des États. Les ministres des rois et le parti populaire sont au contraire hostiles, et ils travaillent, sans relâche, à la destruction des vieilles institutions particularistes.

A la veille de la Révolution, en 1788, la royauté, dans le

désarroi des grandes crises qui se préparaient, abandonna un moment ses propres traditions ; elle convoqua les assemblées provinciales, et essaya de ranimer ces institutions locales qui avaient, pour ainsi dire, péri sous ses coups. Mais l'expérience ne fut pas longue. On vit, d'un bout à l'autre du royaume, reparaître, avec une fougue redoutable, les idées de séparatisme et de fédéralisme. La Bretagne, le Dauphiné, la Provence, réclamèrent nettement leur autonomie. Plusieurs de ces provinces refusèrent d'envoyer des députés aux États généraux. L'unité française, constituée avec tant de peine, était de nouveau mise en péril. A voir la force et l'élan de ce mouvement, on pouvait se demander si la Révolution allait se faire dans le sens du provincialisme aristocratique et fédéral, ou dans le sens de l'unitarisme démocratique.

Cette fois ce fut le parti populaire, le vieux parti légiste qui, aidé par la démocratie des provinces du centre, reprit, des mains de la royauté, l'œuvre que celle-ci se déclarait impuissante à achever. Paris proclama l'unité et l'indivisibilité de la République. Mais il ne faut pas s'étonner de voir les constituants chercher, parmi les ministres des rois, les précurseurs de leur politique de centralisation et de nivellement : « Laissons les aristocrates, dit le résumé des cahiers des États généraux, laissons les aristocrates se déchaîner contre la mémoire de ce ministre intrépide qui terrassa leur orgueil et vengea le peuple de l'oppression des grands. En immolant de grandes victimes au repos de l'État, il en devint le pacificateur. Il porta, le premier, le véritable remède au mal, *en abaissant les pouvoirs intermédiaires qui opprimaient la nation depuis près de neuf siècles.* »

### Les libèrtés municipales.

Je parlerai brièvement des libertés municipales. Le bruit qu'elles ont fait dans l'histoire a quelque peu exagéré leur importance. Certains écrivains se sont demandé si la France n'avait pas été, à une certaine époque, sur le point de se découper en une foule de petites républiques indépendantes, comme l'Italie et les Flandres. Quelques érudits même, un peu enflammés pour l'objet de leurs études particulières, ont manifesté le regret que le principe de la souveraineté des communes n'ait pas eu sa place dans notre constitution politique. Il est inutile de troubler, dans leur chimère rétrospective, des hommes honorables dont les travaux n'en restent pas moins utiles, et je constaterai simplement qu'aux environs de l'année 1614, les libertés municipales étaient mourantes.

Le type le plus connu de ces constitutions urbaines, celui de la *commune jurée*, ou *commune à charte*, avait disparu depuis longtemps. Il ne s'était guère développé, d'ailleurs, que dans certaines régions voisines des frontières ou placées sous la domination de grands seigneurs rivaux des rois. Dans ces petites républiques, constituées par la violence, des oligarchies locales s'étaient emparées du pouvoir et l'avaient exercé tyranniquement; la paix sociale avait été continuellement troublée. Aussi, les populations urbaines demandèrent elles-mêmes à être débarrassées du fardeau de leur indépendance. Les premières chartes n'étaient pas en vigueur depuis deux siècles, qu'elles tombaient en désuétude et qu'on voyait se multiplier ce qu'on a appelé, d'une expression énergique, les *suicides de communes*.

Mais un autre type de constitution municipale, celui de la *bonne ville*, ou *ville privilégiée*, eut à la fois plus d'extension et plus de vitalité. Il subsista jusqu'aux temps modernes. Son origine se rattache à la période d'annexion et de conquête. Aux villes qui se révoltent contre leur seigneur ou qui s'arrachent elles-mêmes à la domination étrangère, le roi accorde sans compter les franchises et les privilèges. L'Anglais d'ailleurs lui avait donné l'exemple. Les deux partis se disputaient les places fortes à coups de traités avantageux. Celles qui ouvraient leurs portes aux rois de France recueillaient le bénéfice de leur prompte décision; celles qui résistaient plus longtemps élevaient le prix de leur capitulation. La « bonne ville », la « ville privilégiée » se multiplie dans le royaume au fur et à mesure qu'il étend ses limites.

La *bonne ville* est, par essence, ville royale. Elle ne constitue pas un État, pas même une seigneurie. La charte lui était octroyée par le prince. Celui-ci se réservait, outre la souveraineté proprement dite, une sorte de contrôle sur l'administration municipale. Partout il plaçait, à côté des magistrats locaux, des fonctionnaires royaux, les baillis, les prévôts, qui, dans la confusion des pouvoirs, cumulaient les attributions les plus diverses, la justice, les finances, et même le commandement militaire.

La royauté fait un grand effort pour ramener les constitutions ainsi concédées à une certaine uniformité. C'est à cette politique de la royauté qu'est dû le succès des *Éta-blissements de Rouen*, charte non de *libertés*, mais de *privilèges* qui, au fur et à mesure de la conquête, est acceptée, sauf de légères modifications, par la plupart des villes normandes et, en outre, par la Rochelle, Saintes, Oléron, Bayonne, Tours, l'Ile de Ré, Niort, Cognac, Saint-Jean-d'Angély, Angoulême, Poitiers, en un mot par la plupart des villes de l'Ouest arrachées à la domination anglaise. Ces chartes de privilèges ne sont pas perpétuelles. Ce sont des *compositions*, des *concessions*. Les villes s'habituent à en demander le renouvellement à chaque changement de règne.

Il faudrait commencer l'histoire du régime municipal en France à l'époque où la plupart des historiens spéciaux la terminent. En effet, le système d'institutions propre aux « villes royales » ou « prévôtales », — qui furent de beaucoup les plus importantes et les plus nombreuses — ne meurt pas avec le moyen âge comme celui des « communes. » Il persiste jusque dans les temps modernes et c'est par la série des actes transactionnels qui l'établissent et qui le modifient que se fonde l'union si intime et si féconde de la royauté et de la bourgeoisie des villes.

A partir du règne de Louis XI, le pouvoir procède par des mesures d'ensemble dans un royaume restauré et agrandi. Il se fit alors comme une espèce de liquidation du moyen âge. Le roi rentrait en conquérant dans des provinces qui, depuis longtemps, avaient échappé à sa domination. Les anciens engagements étaient rompus, les vieux moules se brisaient. Louis XI, bonhomme et savamment familier, aimait à traiter de pair à compagnon avec les bourgeois des villes. Il flattait leur vanité pour les séduire; il les ennoblissait pour diminuer la noblesse. Il multiplia les concessions de privilèges et de franchises; mais, en même temps, il les régla. Il suivit cette politique dans la mesure où elle pouvait lui être utile contre la haute féodalité, mais jusqu'au point où elle ne pouvait nuire à son autorité.

Aussi, tandis que ce règne assistait à la consolidation et à la coordination des libertés municipales, il voyait les débuts d'une campagne très vive engagée par les agents royaux contre le principal privilège reconnu aux villes, celui de la juridiction. Cette campagne aboutit, après un demi-siècle, à l'article 71 de l'ordonnance de Moulins (1566) qui enlève aux magistrats locaux la connaissance des causes criminelles. La création des présidiaux met, dans la main de la royauté, tout le personnel des légistes, et l'innombrable basoche répandue dans les villes où s'installent les nouveaux tribunaux.

Dès 1550, la royauté avait créé dans chacune des dix-sept généralités du royaume, un fonctionnaire spécial chargé du contrôle des deniers des villes et devant lequel les maires, gouverneurs, échevins, conseillers et receveurs devaient répondre de leur gestion. Cet ensemble de mesures avait touché les familles municipales à la prunelle de l'œil. Justement les guerres de religion venaient d'éclater. L'opposition aristocratique reprenait quelque vigueur. Aux États d'Orléans, on dut, à la demande du Tiers, revenir sur la mesure créant des contrôleurs. Les municipalités n'en gardèrent pas moins rancune à la royauté et on sait avec quelle violence la plupart des villes privilégiées se jetèrent dans la Ligue. Tous les éléments de désunion, féodalité, aristocratie, autonomie provinciale et communale, s'associèrent dans cette conjuration, pour livrer un dernier combat à la royauté absolutiste et centralisatrice.

La cause du particularisme fut vaincue encore une fois, mais au prix d'une lutte longue et pénible. Dans les négociations qui ramenèrent la paix, les villes trouvèrent une occasion suprême de rendre quelque apparence de vie à leurs antiques constitutions. Pour faire rentrer dans le giron de l'unité ces vieilles cités enorgueillies par dix ans de liberté, Henri IV ne ménagea pas les sacrifices. Avec chacune d'elles, il dut conclure un véritable traité, dont l'article le plus important stipulait toujours la reconnaissance des privilèges, franchises et libertés municipales.

Meaux est exemptée de tailles pour neuf ans ; Orléans est dispensée de toutes garnisons et le roi prend l'engagement de ne pas y construire de château ; Paris voit confirmer, dans leurs privilèges, son université, son corps de l'hôtel de ville, son prévôt des marchands, son échevinage et tous les autres collèges et communautés de quelque titre et qualité qu'ils soient. Rouen est exemptée de gens de guerre ; ses dettes lui sont remises ; elle obtient, pour six ans, des dispenses d'impôts et de tailles. Troyes s'assure la remise des arriérés de ses impôts de trois ans ; Sens n'a pas de garnison, tous ses tribunaux locaux sont confirmés, elle est déchargée de deux années d'arriérés de tailles ; Lyon n'aura pas de citadelle, pas de garnison, pas de Suisses ; reconnaissance de ses privilèges en matière de foires, de manufactures de soie, de drap d'or et d'argent, exemption de tailles, exemption de ban et d'arrière-ban, privilège d'anoblissement pour les échevins et leur descendance ; avantages analogues pour Poitiers, Château-Thierry, Agen, Laon, Amiens. Cette ville, d'ailleurs, comme la plupart des places frontières, est exempte de l'impôt de la gabelle, sous la condition de pourvoir à sa propre défense : « Et par ce moyen, dit le texte du traité, sera et demeurera le Gouvernement et la garde de la ville entre les mains du maïeur, prévôt et échevins. » On sait que Henri IV eut à se repentir de cette concession qui remettait entre les mains des magistrats municipaux la plus importante des attributions royales, c'est-à-dire l'autorité militaire. La ville, mal gardée, fut reprise par les Espagnols, et il fallut un siège long et pénible pour l'arracher aux mains des ennemis de la France.

On devine, par cet exemple, les vices d'un système qui eût abandonné aux oligarchies locales une partie importante de l'administration publique. Étroites, routinières et obstinées, elles ne songeaient, le plus souvent, qu'à accroître leurs exemptions particulières ou, du moins, à en laisser le legs intact à leurs successeurs. Dans les villes privilégiées, les chefs de la bourgeoisie, en se perpétuant dans les charges municipales et en administrant à leur profit, formaient « des lignages échevinaux » et constituaient, en quelque sorte, une nouvelle aristocratie. Ce résultat était d'ailleurs conforme aux vues qui, sous le règne de Louis XI, avaient présidé à l'organisation de la plupart des constitutions municipales. La génération spontanée de cette « noblesse de cloche » avait multiplié le nombre des privilégiés, et, en cela, elle avait paru favorable, tout d'abord, à la royauté, dans sa lutte contre la noblesse et la baronnie féodale. Mais la mesure avait été dépassée et ces nouveaux anoblis, par leur nombre et par leurs prétentions, étaient devenus, sinon dangereux, du moins très encombrants.

Au point de vue politique, Henri IV avait été averti par le rôle qu'avaient joué, pendant la Ligue, les aristocraties municipales. Tout en faisant les nouvelles concessions imposées par les nécessités de la pacification, il avait gardé une arrière-pensée, celle de détruire, l'heure venue, ces organismes à demi-indépendants qui écrasaient les masses de leur poids superflu et qui, dans les époques de troubles, offraient un point d'appui à la rébellion. Il faut voir de quel ton il parle, dans ses lettres, « de ces magistrats de petite étoffe, lesquels sont en possession d'abuser de l'autorité de leurs charges et de mal faire ». Il n'aura de cesse que quand il aura réduit à l'impuissance « ces villes faibles et hargneuses qu'il faut brider de façon qu'elles ne puissent jamais plus regimber contre leur prince ».

Les raisons de l'intervention de la royauté étaient multiples. Les villes étaient lasses de l'état de discorde où les entretenaient les rivalités politiques. Presque partout, le parti populaire, accablé sous le poids des charges publiques, implorait la tutelle d'un pouvoir supérieur. « Dans ces milieux, que nous nous figurons volontiers calmes et à moitié morts, les compétitions électorales donnaient naissance à des querelles furieuses et à des haines irréconciliables. » Jamais administrations municipales ne furent plus corrompues et plus immorales qu'à cette époque. « De tous côtés, dit Forbonnais, ce n'étaient qu'action de contrainte entre les maires, échevins et communautés, recours de garantie, emprisonnements, procès, inimitiés entre les habitants, au point que le commerce en était interrompu (1). »

La plupart des villes étaient obérées et touchaient à la faillite. On réclamait partout un contrôle gardant les communautés contre les folies de leurs administrateurs héréditaires. Enfin, les justices municipales avaient les mêmes défauts que les justices seigneuriales, et les légistes poursuivaient, partout en même temps, leur entreprise de les réduire à rien ou de les subordonner à la justice royale.

A partir du règne de Henri IV, la royauté mit directement la main sur les élections. A Angers, à Poitiers, à Cognac, le système communal fut remanié et les villes durent se conformer, pour la désignation de leurs magistrats, aux indications qui leur arrivaient de la cour. Nous avons dit comment les choses se passèrent à Paris et nous avons vu que le gouvernement de Marie de Médicis ne se départit pas, sur ce point, de la politique suivie par Henri IV. Il en devait être de même après l'avènement de Richelieu au ministère; et, sans exagérer la portée de son œuvre sur ce point, il n'était pas inutile de rappeler comment elle se rattachait à la politique générale des rois, et comment elle découlait, pour ainsi dire, de la nature des choses et de la force des circonstances.

(1) Forbonnais, *Recherches et considérations sur les finances de la France* (t. I, p. 311).

Vers le même temps, une institution nouvelle apparaît qui doit être l'instrument de la ruine des libertés municipales : c'est celle des intendants. Dès que ces fonctionnaires arrivent dans les provinces, ils sont choqués par la fierté des magistratures locales ; ils en découvrent promptement les défauts et les faiblesses. Un plan d'ensemble dirige l'assaut qu'ils livrent aux municipalités. Ils en ont raison bien facilement ; car elles s'écroulent d'elles-mêmes, et si les familles urbaines restent attachées aux honneurs et aux distinctions qui résultaient de leurs chartes, la royauté exploite ce sentiment, pourtant respectable ; elle leur vend, à beaux deniers comptants, le maintien de *privilèges* qui, depuis longtemps, ne sont plus des *libertés*.

### Les Coutumes.

Les institutions politiques, si étroitement unies qu'elles soient à l'existence des peuples, ne sont pas ce qui les touche le plus. Il y a, dans la vie sociale, quelque chose de plus intime et de plus délicat, ce sont les règles du Droit civil, celles qui décident des rapports des personnes et des biens, qui prennent le citoyen au berceau et le conduisent jusqu'à la tombe. Les conditions de la paternité, du mariage, de la filiation, de la propriété, des successions, intéressent immédiatement et continuellement tous les individus. Leur harmonie caractérise une société bien ordonnée. On peut concevoir un régime politique mauvais, subsistant avec un système de lois civiles satisfaisant ; mais il est certain que des institutions politiques même excellentes ne pourraient durer, si elles imposaient aux citoyens des lois qui ne seraient pas en conformité avec les mœurs.

Dans quelle mesure le gouvernement doit-il s'employer à régler les relations privées ? C'est là, peut-être, le plus difficile de tous les problèmes sociaux. La solution varie suivant les circonstances de temps et de lieux. La tendance actuelle est d'accroître l'autorité disciplinaire du pouvoir sur les mœurs. L'attribution législative est considérée aujourd'hui comme la principale des fonctions gouvernementales. Il nous paraît indispensable qu'elle soit exercée normalement pour qu'un organisme politique soit complet et sain. Les temps modernes consomment une si prodigieuse quantité de lois que si l'on suspendait, seulement pour une année, le travail de nos parlements et de nos assemblées délibérantes, les sources de la paix et de la liberté publiques en paraîtraient taries.

Mais il n'en a pas toujours été ainsi. De longs siècles se sont écoulés durant lesquels il ne se faisait pas de lois. Le besoin de créer ou de restaurer les organes chargés de cette fonction ne s'est fait sentir que très tard et après d'autres nécessités considérées comme plus urgentes. Pendant longtemps, les populations de la France se sont accommodées, tant bien que mal, soit des législations anciennes, soit d'un régime d'usages et de coutumes se dégageant naturellement des relations quotidiennes. Il n'y avait pas de pouvoir législatif; ou plutôt, le peuple était son propre législateur. Les enfants faisaient ce qu'avaient fait leurs pères, sans qu'ils fussent tenus d'obéir à des prescriptions nettement définies. Le citoyen était enfermé dans la tradition, non dans la règlementation (1).

L'usage a été, pendant longtemps, tout le droit de la France. C'est ce qui explique l'impossibilité où s'est trouvé l'ancien régime de constituer une législation nationale. Jusqu'à la révolution, les différentes parties du royaume sont

(1) On se souvient de l'adage du moyen âge : « Coustume passe droit ». Viollet définit en termes poétiques mais justes, la coutume : « L'âme des ancêtres qui plane sur les fils ».

restées attachées à leurs régimes particuliers. Il a fallu un bouleversement complet de l'ordre politique et de l'ordre social pour que, par un retour vers les idées antiques, on ait pu tirer du chaos des coutumes accumulées depuis des siècles, cette noble synthèse de l'expérience sociale qu'on appelle *loi*.

La décadence où la fonction et la production législatives étaient tombées au moyen âge est d'autant plus extraordinaire que les temps immédiatement antérieurs avaient assisté à l'efflorescence juridique la plus féconde que le monde ait connue. Le Droit romain ayant produit sa moisson la plus abondante dans les derniers siècles de l'empire, Justinien, à la dernière heure, avait tout engrangé.

C'est probablement parce que le Droit romain était trop riche qu'il fut abandonné par les peuples. La fertilité de ses ressources embarrassa les esprits simples qui étaient obligés d'y recourir. On commença par résumer les grands recueils de Justinien, pour les rendre accessibles à la masse des plaideurs et des juges. Puis on trouva les résumés trop lourds et, enfin, les peuples laissèrent tomber les lois, l'une après l'autre, sur leur route, comme le Petit Poucet ses cailloux blancs.

Ce n'est pas que les nations germaniques qui avaient envahi l'Occident, à la chute de l'Empire romain, n'eussent une certaine aptitude à produire et à recueillir les lois. Il n'est pour ainsi dire pas une d'entre elles qui n'eût son code et qui n'ait pris soin de le faire écrire et promulguer : loi salique, loi ripuaire, loi burgonde, loi des Allamands, elles ont été appliquées, elles sont parvenues jusqu'à nous. Quoique rudimentaires, elles ne nous paraissent ni trop singulières, ni trop déraisonnables. Pourquoi furent-elles abandonnées, comme les lois romaines, à partir du huitième et du neuvième siècle? A ce phénomène, on a donné diverses explications; il faut admettre la plus simple de toutes : c'est que le moyen âge a connu des générations plus barbares encore que les barbares.

Il y avait, d'ailleurs, un grave élément de désordre dans le fait même de la multiplicité des législations. En raison du caractère de la conquête, qui ne se fit pas d'un seul coup, mais par afflux successifs, chaque nouveau venu apportait sa loi propre, comme son bagage, sous l'arçon de sa selle. Une fois installé, il la gardait précieusement. De là une confusion, par suite, une ignorance qui s'ajoutèrent à tant de causes de décadence. Enfin, on trouva plus simple et plus commode de tout oublier et chaque famille, chaque seigneurie, chaque canton se constituèrent leurs lois, comme ils l'entendirent. En cas de difficulté insoluble, il restait toujours l'appel à la force et il y a eu, dans notre histoire, une époque si misérable que tout l'effort des pouvoirs publics se bornait à essayer d'en réglementer l'usage.

La génération spontanée des lois nouvelles sur un terrain ainsi épuisé et abandonné depuis des siècles, est un phénomène tout aussi surprenant que la disparition complète des lois antiques. Trois siècles de repos furent comme une jachère qui rendit au sol sa fertilité. Vers le onzième siècle, une poussée extraordinaire se produisit, mais si capricieuse, si déréglée, que son abondance parut, au premier aspect, aussi fâcheuse que la stérilité de l'âge précédent.

Qui fera le dénombrement des lois particulières que la France a connues? D'après Beaumanoir, chaque seigneurie avait son droit civil « si qu'on ne pourrait pas trouver le royaume de France, deux chastelenies qui de toz cas usassent d'une meisme coustume ». Un auteur qui cite et commente ce texte célèbre, fait observer que, dans une seule province (le duché de Bourbonnais), il y avait deux cent quarante seigneuries avec droit de justice ; de façon que la loi civile changeait non seulement de bourg à bourg, mais de village à village, de quartier à quartier. Ainsi, dans la chatellenie de Vichy, le gain de survie de la femme était, hors la ville, d'un tiers denier ou moitié de la dot et, dans la ville, du tiers denier à son choix ou de la moitié des meubles en propriété et de la moitié en usufruit des héritages de son mari. A Lourdes, la rue du Bourg avait un droit différent de celui des autres rues et les filles y étaient exclues par les mâles de la succession paternelle ou maternelle. On ferait une carte très compliquée de la France, si on essayait de figurer les divers régimes appliqués à la communauté entre époux et à son corollaire, le douaire. D'ailleurs, la plupart des auteurs reconnaissent que « le chef de la maison, qui, pour les affaires extérieures, représentait sa « mesnie » devant la justice, était, pour les affaires du dedans, le juge et le chef de cette « mesnie » : « les femmes et les enfants, les serfs et souvent, à mon avis, les clients étaient jugés par lui. » Il était donc juge souverain et législateur, en vertu du proverbe : « charbonnier est maître chez lui ».

Cependant la vie sociale ne peut se réduire à n'être qu'une collection de taupinières existant côte à côte et sans aucune communication entre elles. Alors même que les lois se taisent, les besoins parlent. Il s'établit fatalement, par ces rencontres d'intérêts, des façons d'agir qui, en se répétant, deviennent des usages. La force du précédent a toujours été grande sur l'animal imitateur et éducable qu'est l'homme. Les précédents multipliés forment la « coutume ».

Comment la constate-t-on, au début ? Par le témoignage du nombre. De là, cette première forme d'édiction de la loi que nous trouvons aux origines du droit moderne et que les feudistes ont nommé *l'enquête par turbe*. On convoque un nombre suffisant d'habitants d'un canton, d'un village, et on constate l'usage d'après leur témoignage. C'est une sorte de *referendum* où mieux encore de plébiscite très rudimentaire, mais qui, pourtant, a cette portée de faire reposer la loi sur le consentement populaire.

Il est trop facile de signaler les inconvénients d'un tel système; le plus évident est l'abus résultant de la subornation de témoins. Des législateurs de cabaret rendirent des lois selon les besoins de la cause et selon les intérêts de ceux qui leur payaient à boire. Montesquieu a démontré avec force que la plaie du témoignage oral fut une des causes qui répandirent l'usage du duel judiciaire. Plutôt que d'en passer par ces enquêtes dispendieuses et sujettes à caution, on préférait s'en remettre au sort des armes, ou tout bonnement au hasard.

Les praticiens qui avaient abusé, plus que tous autres, de l'enquête par turbe, finirent par la prendre en dégoût. Les plus honnêtes d'entre eux, pour donner quelque fixité à ce terrain mouvant où le droit s'enlisait, se mirent à rédiger « le style » des tribunaux devant lesquels ils plaidaient. Ces recueils, tout informes, rendaient cependant des services si appréciés qu'on sentit le besoin de les multiplier et de les compléter. De là, les premières rédactions de coutumes, rédactions individuelles et particulières, mais qui, bientôt, reçurent une certaine autorité par la sanction des pouvoirs locaux qui en appréciaient l'utilité.

Tel fut également le caractère des premiers monuments législatifs où commence à se reconnaître l'empreinte des pouvoirs politiques : les *Assises de Jérusalem*, les *Établissements* de saint Louis, les *Coutumes du Beauvoisis*, de Beaumanoir, le *Grand Coutumier* dit de Charles VI et la *Somme rurale* de Boutillier. Tous ces recueils sont dictés par l'usage. La puissance législative du prince y est réduite à sa plus simple expression. Le plus souvent, ce n'est qu'un nom qui orne le frontispice du livre et qui inspire confiance dans les décisions qu'il contient.

C'est qu'en effet, jusqu'au quatorzième siècle, au moins, cette autorité législative était bien peu de chose. Si l'on examine attentivement les actes rendus sous les Capétiens antérieurs à Philippe le Bel et que les compilateurs ont appelés *ordonnances*, on s'aperçoit que cette qualification ne leur convient guère : ce sont de simples actes de règlement ou des dispositions prises en vue de cas particuliers; ce ne sont pas des mesures d'ensemble définissant les relations permanentes des personnes et des intérêts. Beaumanoir est d'avis de ne reconnaître force légale aux *établissements* royaux qu'à la condition qu'ils ne soient pas en contradiction avec les anciennes coutumes : « qu'il ne griève pas as cozes qui sont fètes du tans passé, ne as cozes qui avienent dusqu'à tant que li establissement commandé à tenir ». Boutillier lui-même, quoiqu'écrivant beaucoup plus tard, ne reconnaît au prince le droit de faire des « établissements » qu'en temps de guerre et de famine, parce qu'alors, dit-il, « nécessité excuse ».

Cependant le roi avait, comme duc de France, une certaine autorité de réglementation sur ses domaines. Comme suzerain, il pouvait aussi prendre, de l'avis de ses barons, des décisions que ceux-ci s'engageaient à appliquer dans leurs fiefs. Ce furent là les premières ordonnances. Elles sont, le plus souvent, contresignées par les grands feudataires et reçoivent ainsi une sorte d'exequatur pour les parties du territoire qui ne sont pas placées sous l'obédience directe du roi. C'est sous Philippe le Bel que cette mention disparaît. Mais, à partir de cette époque, la plupart des grandes ordonnances sont promulguées à la demande et d'après les cahiers des États généraux. Les trois ordres, représentant l'assemblée de tous les seigneurs du royaume cautionnent, en quelque sorte, la volonté royale, selon les termes de la règle traditionnelle en France : « Lex fit consensu populi et constitutione regis. »

Cette collaboration du peuple et du pouvoir pour l'édiction de la loi, soit sous forme de coutumes, soit sous forme d'ordonnances, est de règle dans notre histoire, et c'est toujours le peuple ou ses représentants qui jouent le rôle le plus important. La royauté, il est vrai, fit de grands efforts pour s'emparer du pouvoir absolu en matière législative. Dans les ordonnances, il n'est question que « de pleine et entière puissance », de « science certaine », « d'entière autorité ». Il se fonda, de bonne heure, une école qui se donna pour tâche de développer les principes et de réaliser les ambitions contenues dans ces formules. Ce sont les *légistes*. A la fois hommes de sciences et hommes de pratique, ils empruntèrent au droit romain le type de hiérarchie et de discipline qui avait produit, dans la famille, la puissance paternelle et, dans la société, le despotisme impérial.

Venus du midi, élèves des universités italiennes, ils gagnèrent le nord par des étapes successives qui sont Montpellier, Toulouse, Poitiers et Bourges. Ils apprirent aux feudistes français les doctrines méridionales et c'est à leur exemple que les jurisconsultes d'Orléans, restés fidèles à la langue populaire, traduisirent l'axiome latin : « Quod principi placuit ita lex esto », par le dicton français : « Si veut le roi, si veut la loi ».

Ils entourèrent la royauté, et c'est par leurs conseils que celle-ci s'engagea dans la politique des ordonnances, persuadée que puisqu'elle avait le pouvoir d'édicter la loi, elle avait aussi l'autorité nécessaire pour la faire appliquer. Mais les jurisconsultes royaux se trompaient. Le roi trouvait, sans presque s'en apercevoir, une résistance invincible dans l'inertie des peuples. Les ordonnances n'étaient pas discutées ; mais elles étaient le plus souvent éludées (1). Dans les lois, il se faisait une sorte de départ entre ce qui choquait les sujets du royaume et ce qui était à leur convenance. Les nouveautés, parfois les plus raisonnables, passaient rapidement à l'état de lettre morte. Même ceux des actes législatifs qui avaient été rendus après une assemblée d'États et sur les cahiers des trois ordres, même ces actes solennels ne faisaient qu'effleurer, si je puis dire, le bloc des usages et des coutumes antérieures et il était passé en proverbe de dire de ces ordonnances : « après trois jours, non valables ».

Ce dédain, en quelque sorte instinctif, des peuples pour la nouvelle loi écrite, explique le nombre infini d'actes législatifs, soit confirmatifs, soit contradictoires, qui encombrent le répertoire de l'ancienne jurisprudence française et qui forme « cet abîme judiciaire » dont parlait Richelieu. Il est pavé des bonnes intentions de la royauté. Les légistes, affairés et toujours à l'œuvre, brassaient sans cesse de nouvelles lois qu'ils croyaient bien supérieures à celles que leurs aînés avaient confectionnées avec un zèle non moindre. Mais ces produits hâtifs d'une sagesse à courte vue et d'une logique à courte portée, se heurtaient à l'indifférence générale et allaient bientôt emplir le charnier des lois mort-nées.

Le roi, maître en théorie, voyait, dans la pratique, son autorité de réglementation se borner aux actes nécessités par les besoins de la politique journalière et le mot de Beaumanoir restait toujours vrai : « On doit savoir que si

(1) « L'on dit, aux pays étrangers, qu'en ce royaume, nous avons les plus belles lois et ordonnances du monde, mais qu'elles sont très mal observées. » *Variétés historiques et littéraires* (t. II, p. 283).

15.

le roi fet aucun établissement novel, qu'il ne griève pas as cozes qui sont fetes du tans passé. » Le droit royal reste donc, de toutes parts, borné par la coutume.

C'est qu'en effet, la royauté, en matière législative comme en matière politique, était liée par des engagements solennels. La plupart des provinces, au moment où elles avaient consenti à faire partie du royaume avaient réclamé et imposé, comme première condition de leur adhésion, le respect de leurs lois particulières, « de leurs privilèges, libertés et coutumes ». Le roi avait donné sa foi ; il n'était plus libre. N'aurait-il pas eu à lutter contre les mœurs qu'il n'eût pu, sans déloyauté, rompre le pacte qu'on prenait soin, d'ailleurs, de faire renouveler à chaque changement de règne.

La royauté comprit, de bonne heure, son impuissance ; ou plutôt, par une heureuse prudence, elle ne tenta pas de s'arracher prématurément au cercle dans lequel les traditions, les mœurs, ses propres engagements l'avaient enfermée ; elle se décida à couvrir de son autorité ce qu'elle ne pouvait ni remplacer, ni détruire. Elle prit l'initiative de la rédaction officielle des coutumes.

Charles VII, par l'ordonnance d'avril 1453, décida que « les coutumes, usages et styles de tout le royaume seraient rédigés et mis en écrit, *tels qu'ils seroient accordés par les coutumiers, praticiens et gens de chacun estat desdits pays du royaume* ». Ces expressions sont significatives. Le roi se contente de recueillir, de la bouche du peuple, la loi qu'il s'agit d'écrire (1). Il ne parle pas ; il écoute. C'est la vieille « enquête par turbe » qui reparaît, entourée, il est vrai, de garanties qui vont donner, cette fois, à l'usage cons-

(1) Th. de Bèze ne dit pas qu'on *rédigea* les coutumes, mais uniquement qu'on les *homologua*. *Hist. des égl. réf.* (t. I, p. 34).

taté, une autorité qu'on n'avait pu lui attribuer dans les temps antérieurs.

Le procédé employé pour colliger les coutumes est non moins caractéristique que les expressions dont se sert l'ordonnance. Le roi désignait, d'ordinaire, deux ou plusieurs membres du parlement, personnages d'autorité et de doctrine, un Christophe de Thou, un Barthélémy Faye, un Jacques Viole et leur donnait l'ordre de se rendre dans les principales villes des provinces. « En chacune desdites villes, ils doivent convoquer et assembler les gens des trois États de chacune desdites provinces, lesquels à ce faire seront contraints...; en présence et du consentement desquels États vous enjoignons de nouvel rédiger et accorder, si besoin est même corriger et abroger lesdites coutumes ou partie d'icelles... pour lesdites coutumes ainsi rédigées, accordées, modérées et corrigées comme dit est, être publiées et enregistrées ès greffes des principaux sièges desdites provinces et dorénavant gardées et observées comme loy et édit perpétuels et irrévocables. »

Ces hommes convoquaient effectivement des gens des trois États, et alors avait lieu une assemblée tumultueuse où figuraient, pour le clergé, les évêques, les abbés, les représentants de toutes les institutions ecclésiastiques, grand nombre de curés, prieurs, chapelains, etc.; pour la noblesse, tous les seigneurs et détenteurs de fiefs, par eux-mêmes ou par leurs représentants; pour le Tiers, les officiers du roi et les praticiens, en outre les maires, échevins et représentants de chacune des villes de la province. Dans cette assemblée, composée souvent de près de mille personnes, les commissaires royaux prenaient la parole; ils rappelaient l'objet pour lequel on était réuni. Ils faisaient prêter par tous le serment accoutumé : « à savoir qu'en leurs loyautés et consciences, les assistants rapporteraient ce qu'ils avaient vu garder et observer des coutumes anciennes du pays et ce qu'ils en sauraient... ayant seulement égard au bien public, nous disant aussi leurs avis et opinions de ce qu'ils trouveront dur, rigoureux et déraisonnable des coutumes anciennes ci-devant par eux observé pour, comme tel, être, par nous tempéré, modéré, corrigé ou du tout tollu et abrogé ».

Les commissaires avaient pris soin de réunir, par avance, tous les documents écrits pouvant les renseigner sur les usages locaux. Ils donnaient lecture de quelque coutumier antérieur faisant déjà autorité devant les tribunaux. Au fur et à mesure que les articles défilaient dans leur ordre ancien, le plus souvent confus et illogique, les intéressés se levaient, les hommes d'expérience présentaient leurs observations ; des discussions s'engageaient ; des réclamations parfois très vives se produisaient. On s'efforçait de faire entendre raison à tout le monde et d'amener l'accord. Si, cependant, les réclamants s'obstinaient, on donnait acte de leur opposition, et on passait outre. Ils restaient libres de se pourvoir devant les tribunaux et de faire valoir leur droit contre celui qu'adoptaient les autres membres de l'assemblée. Le procès-verbal rédigé, lentement, péniblement, au milieu des interruptions continuelles, était enfin clos et authentiqué par les commissaires royaux. Les articles, apportés au Parlement, étaient enregistrés au greffe ; à partir de ce moment, ils faisaient foi comme coutume d'une des provinces du royaume.

La loi était ainsi constituée par la volonté nettement exprimée et débattue de tous les sujets du royaume ou de leurs représentants ; le roi, malgré l'ampleur des préambules, n'intervenait que pour l'homologuer et la ratifier. Sous cette nouvelle forme, plus authentique et plus solennelle, elle reste toujours loi particulière. Chaque province, chaque canton avait ses usages propres. Nombre de ces coutumes n'ont pas été rédigées ; elles n'en gardaient pas moins toute leur autorité aux yeux de ceux qui les suivaient. Dans la rédaction des plus importantes, les usages particuliers avaient été expressément réservés. Malgré l'effort accompli, le droit coutumier conservait donc son aspect hérissé et complexe. On cherchait en vain à confondre, dans un courant unique, ces sources diverses qui, tout en suivant des voies souvent parallèles, refusaient de mêler leurs eaux.

Dans ces conditions, le travail de compilation des coutumes était très ardu ; on comprend qu'il ait pris plusieurs siècles. Décidé sous Charles VII, poursuivi, avec une certaine ardeur, au début du seizième siècle et notamment sous le règne de Louis XII, interrompu par les troubles civils, il ne fut achevé que sous Henri IV. Les coutumiers colligés par les commissaires royaux gardent la trace des circonstances dans lesquelles ils ont été rédigés. Le désordre y règne; des lacunes capitales y subsistent ; l'esprit qui les a dictés est souvent rétrograde et s'inspire trop visiblement de la conception étroite des intérêts particuliers et de la vieille tradition féodale. Mais, sortie spontanément du sol, la nouvelle loi a quelque chose d'abondant, de vigoureux et de pratique qui livre une ample matière au travail de sélection qu'accompliront les âges futurs. Cette végétation luxuriante commence, d'ailleurs, à se régler. Le nombre excessif des lois antérieures est réduit et l'école des jurisconsultes royaux va s'employer à émonder et à purifier le recueil, si vaste encore, des coutumes rédigées. Il n'y a plus en France qu'environ deux cents législations différentes, et c'est là un grand progrès (1).

L'initiative prise par la royauté était aussi habile qu'utile. Une de ces heureuses transactions chères à sa politi-

(1) Le recueil de Coutumes le plus complet est celui de Richebourg, publié au dix-huitième siècle, 4 vol. in-fol.

que lui donnait, au point de vue législatif, les apparences d'une autorité dont la réalité lui échappait encore. Le roi promulguait des lois nouvelles ; il pouvait affirmer et ses légistes soutenaient, sans hésiter, qu'il en était l'unique auteur. Ils se complaisaient dans la formule que nous trouvons répétée à satiété dans leurs ouvrages que « le roi est fontaine et mer de tout droit ».

Un examen plus attentif des faits leur eût appris, tout au contraire, qu'au début du dix-septième siècle il n'y avait pas, à proprement parler, en France, de droit royal. Le droit romain occupait plus d'un tiers du pays ; le droit canon réglait toutes les matières ecclésiastiques et les matières connexes ; le droit coutumier ou, pour parler plus exactement, les droits particuliers des diverses provinces, cantons et localités, dominaient le reste du royaume. Certaines régions n'avaient pas de droit du tout ; elles empruntaient, selon les circonstances, telle ou telle partie des coutumes voisines ; d'autres hésitaient entre deux coutumes, et y recouraient concurremment. Partout, d'ailleurs, il fallait faire la distinction entre le droit noble et le droit roturier.

Dans cette confusion, on chercherait en vain un principe dirigeant. La grande école de jurisconsultes qui fleurit à la fin du seizième et au début du dix-septième siècles, reprend la tâche qui avait déjà fatigué l'effort des légistes ; ils poursuivent l'idéal de l'unité législative. Ils appliquent à cette recherche une ampleur de vues, une ardeur, une autorité sans égales. Les plus grands s'efforcent d'élever l'édifice d'un droit national ou, du moins, d'en jeter les bases. Mais aucun n'y réussit et la divergence de leurs doctrines prouve que la vue claire des choses leur échappe encore (1).

(1) Sur cette question de l'unité législative, voir Beaune : *Introduction au droit coutumier*.

Certains d'entre eux, frappés par la grandeur des lois romaines et par l'autorité de la raison écrite, voudraient faire refluer vers ce passé illustre, les hésitations des âges modernes. Tout le fatras des coutumes n'est, à leurs yeux, qu'une dégradation méprisable des doctrines découvertes et appliquées par la sagesse antique. Ils traitent le droit coutumier de barbare et de *haineux*. Ils proposent qu'en l'absence d'usages particuliers, on recoure toujours au droit romain, considéré comme le droit normal et naturel et ils entreprennent des travaux immenses destinés à préparer toute la réforme des lois par l'adaptation des textes anciens aux idées et aux aspirations nouvelles.

Il y avait, par contre, un parti national qui protestait vivement contre cette éternelle sujétion vis-à-vis de Rome. Il rejetait le droit romain comme le reste d'un joug depuis longtemps détesté. Il soutenait que tout ce qu'il y a de bon dans la législation antique était aussi dans les coutumes et qu'il fallait s'en tenir au droit autochtone. Pour ce parti, l'objet de la science juridique était le rapprochement et la féconde interprétation des coutumes. Il les complétait l'une par l'autre. En cas de lacune trop évidente, il pensait que la coutume de Paris, c'est-à-dire de la capitale, devait être imposée aux provinces et, poursuivant jusqu'au bout sa campagne très fortement nationale et centralisatrice, il affirmait que le droit romain lui-même ne devait être consulté que comme une coutume, à défaut d'un droit coutumier quelconque pouvant s'appliquer au litige débattu.

D'autres enfin, préludant de loin à l'œuvre de la Révolution, contemplaient avec dégoût le chaos des législations antérieures, et se demandaient si la raison pouvait réellement se satisfaire de cette effroyable incohérence. Leur esprit concevait l'idéal d'un droit supérieur et d'un ordre social meilleur se reflétant dans un appareil législatif heureusement combiné. Ils pensaient que le cerveau de l'homme peut tirer de l'expérience des siècles, une œuvre nouvelle, un code, qui fût, non comme celui de Justinien, une compilation de décisions particulières, mais la réalisation d'une conception rationnelle dosant avec équité les droits du citoyen et ceux de la société. L'un des plus grands, parmi les jurisconsultes français, Domat s'efforçait de rétablir « les lois dans leur ordre naturel ». Il créait un puissant modèle de logique qui ouvrait la voie aux tentatives plus pratiques des Pussort et des d'Aguesseau.

Tous ces efforts sont honorables. Ils devaient produire leurs résultats dans l'avenir. Mais, jusqu'à la fin de l'ancien régime, ils se heurtèrent à l'autorité des coutumes et aux engagements pris par la Royauté. La province, avec ses traditions fortes, sa crainte des nouveautés, son esprit trop souvent mesquin, s'opposa aux tentatives faites pour unifier les lois françaises. Les tribunaux, les hommes de loi, les plaideurs eux-mêmes se plaisaient dans ce labyrinthe des législations locales qui ouvrait aux subtilités de la chicane, des régions toujours inexplorées. Si le bon sens, la raison, la justice reprenaient leurs droits, quand les hommes étaient arrachés à leurs préoccupations journalières ou quand ils étaient placés assez haut pour voir mieux et plus loin, le poids des préjugés particuliers accablait bientôt les volontés les plus fermes et les esprits les plus éclairés.

Au début du dix-septième siècle, la France était encore bien éloignée de cet idéal qu'elle poursuivait depuis si longtemps. La rédaction des Coutumes venait seulement de s'achever. Les efforts des grands jurisconsultes du seizième siècle restaient à peu près stériles. La monarchie française n'a pas eu de droit propre. Liée indissolublement au passé, elle n'a pu établir, en matière de législation, un système unique dont l'effet eût été nécessairement de détruire les privilèges des provinces et les privilèges des classes.

Les coutumes subsistèrent intactes jusqu'à la Révolution. A l'Assemblée constituante, la vieille Normandie, féconde en procès, se plaignit vivement par l'organe de son député, Achard de Bonvouloir, de la prétention qu'affichait la majorité de ne tenir aucun compte des législations particulières et des engagements pris par la Royauté, au moment de la réunion des provinces à la couronne. Dans la séance du 11 mars 1791, ce député s'éleva avec énergie contre l'égalité proposée dans les partages de succession, déclarant que le projet du comité tendait à détruire les coutumes de la ci-devant province de Normandie et « *que la majorité des ci-devant Normands entendait conserver sa coutume* ». Vers la fin de la session, il protesta, de nouveau, contre l'abolition des prérogatives et des coutumes de Normandie « et se prononça pour une variété de lois et de règlements en rapport avec les mœurs et les habitudes particulières de chaque province. »

Ces paroles furent les dernières que prononça l'autonomie législative expirante. Sur les ruines du privilège, la nation unifiée allait élever cet édifice de l'unité législative auquel, pendant des siècles, la Royauté avait inutilement travaillé.

# CHAPITRE TROISIÈME

### I. — L'ORDRE SOCIAL. — LES CLASSES.

D'après la division ordinaire, la société française, sous l'ancien régime, se composait de trois classes : le clergé, la noblesse et le tiers état. Cette division, fondée sur des traditions et des considérations de fait d'une grande valeur, n'est pas cependant d'une exactitude absolue.

Il est facile d'observer, en effet, que le clergé n'est pas, à proprement parler, une *classe*, puisqu'il emprunte ses éléments à la noblesse et au Tiers ; sa raison d'être, les lois de son existence, ses aspirations, ne sont pas exclusivement nationales ; son histoire ne peut se distinguer tout à fait de celle de l'Église catholique ; elle subit des influences et tient compte de considérations extérieures. Pour toutes ces raisons, je me réserve d'examiner à part la situation du clergé ; j'en rattacherai l'étude à celle de la Réforme et aux modifications apportées à l'organisation religieuse de l'Europe, en général, et de la France, en particulier, par les troubles qui marquèrent la fin du seizième siècle.

Restent les deux ordres laïques, la noblesse et le tiers état, auxquels on peut donner le nom de *classes*. Il convient d'observer, toutefois, qu'au dix-septième siècle, il en existait une autre, née du peuple, mais qui s'était assurée certains des avantages réservés à la noblesse ; elle faisait ainsi partie des classes privilégiées : c'est la bourgeoisie de robe. Le rôle qu'elle a joué dans notre histoire mérite une étude spéciale. Quant au reste du tiers état, il se divise naturellement en habitants des villes et habitants des campagnes, et c'est en suivant cet ordre que j'achèverai le tableau de la société française en 1614.

### Les classes privilégiées : La Noblesse.

L'existence de la classe des nobles pose la question de savoir ce qu'il restait de féodalité dans les mœurs, en l'année 1614. Les nobles ont pour ancêtres les seigneurs souverains, grands ou petits, qui se partageaient le sol de la France, dans les premiers temps du moyen âge. Barons, vassaux ou arrière-vassaux, ces ancêtres avaient, à l'origine, un droit propre qui limitait le droit du suzerain et qu'ils pouvaient lui opposer. Dès qu'ils avaient rempli les conditions du pacte féodal, ils étaient libres; ils fermaient la porte de leur château et refusaient l'entrée de leurs domaines à tout le monde, fût-ce au roi. On ne pouvait exiger d'eux et de leurs hommes que ce qui était déterminé par le contrat ou par la coutume. Ils étaient des seigneurs, des *sires,* comme disait orgueilleusement le châtelain de Coucy. Leurs fils n'ont, par conséquent, rien de commun avec le reste de la nation qui descend des sujets, des vilains, des manants, c'est-à-dire de gens qui, à aucune époque, n'ont eu, eux ou leurs ascendants, aucune part à la souveraineté.

Ces autorités seigneuriales, si nombreuses au moyen âge, ont à peu près disparu au dix-septième siècle. Nous avons suivi les progrès de la campagne engagée contre elles par la royauté. Nous avons dit la conquête du territoire et nous avons rappelé la série des transactions pour lesquelles le droit du roi tendit à se substituer partout au droit des seigneurs. Cette campagne n'est pas terminée, au moment où

Richelieu arrive au pouvoir ; mais, incontestablement, il se conforme à la tradition monarchique, en y mettant la dernière main.

Si les résistances politiques s'affaiblissent, si les États rivaux de l'État disparaissent, si les vieilles institutions libérales périclitent, par contre, les conditions de la vie sociale, les relations entre les personnes, les rapports de la fortune et de la propriété présentent toujours des différences et des distinctions qui, bien loin de s'atténuer, ont plutôt une certaine tendance à s'affirmer, à se légitimer. La royauté les reconnaît et les consacre. Pour combler les fossés qui découpent la France en une multitude de dominations politiques, elle creuse ceux qui la divisent en classes rivales les unes des autres. Elle accable les nobles de ses faveurs ; mais à une condition, c'est que son autorité ne soit plus discutée. Sa politique est douce ou violente, selon que leur ordre se montre docile ou indépendant ; le plus souvent, elle revêt simultanément ces deux caractères, car la noblesse est hésitante et de conduite ambiguë ; elle ne sait ni ce qu'elle est, ni ce qu'elle veut, ni où elle va. Composée de deux parties qui ne s'entendent pas sur leurs intérêts, elle se divise sur la politique à suivre à l'égard de la royauté. Tandis que la partie la plus élevée et la plus riche continue la lutte, la plus nombreuse et la plus pauvre a déjà fait sa soumission. Ces dissensions intestines donnent la clef de l'histoire de la noblesse et expliquent la victoire de la royauté.

Même au moyen âge, la classe des seigneurs n'avait pas formé un tout homogène, ayant des aspirations identiques et subissant une direction unique. En tout temps, on avait distingué entre le grand feudataire et les simples seigneurs, vassaux ou arrière-vassaux. Les premiers sont des espèces de rois. Les seconds s'empressent auprès d'eux, leur servent de pages, tiennent la coupe ou l'étrier. Cette distinction est encore très marquée, au début du dix-septième siècle, et les *Grands* ne se confondent en rien avec les simples gentilshommes.

Les Grands représentent la tradition. Riches et puissants, ils gardent les mœurs de l'ancienne indépendance ; seuls, ils tiennent tête aux rois.

De quels éléments se compose cette haute aristocratie, peu nombreuse, mais encore si redoutable ? Au premier rang, les princes de la famille royale. On n'a pas écrit l'histoire des branches cadettes et on n'a pas dégagé cette loi du système héréditaire qui fait, infailliblement, des proches parents des rois, leurs adversaires constants. C'est pourtant là un des plus graves inconvénients de ce régime. En France, la haute féodalité d'apanages, issue de sang royal, avait mis en péril, pendant deux siècles, l'unité du royaume. Durant les guerres de religion, les princes du sang avaient adapté aux circonstances et aux passions nouvelles les calculs de leurs ambitions. Par une succession de hasards heureux, Henri IV, chef d'une branche cadette, était monté sur le trône. Mais, de son vivant, il avait vu l'opposition se grouper autour de son plus proche parent, le prince Henri de Condé. Louis XIII ne devait pas connaître de rival plus redoutable que son propre frère, Gaston d'Orléans ; entouré de la plupart des autres membres de la famille royale, ce prince allait, à diverses reprises, fomenter des troubles d'autant plus déplorables qu'ils divisaient la France au moment où elle était engagée à fond dans sa lutte contre la maison d'Espagne. Telle est l'histoire des branches cadettes jusqu'à Louis XIII. Le concours que les princes du sang prêtaient toujours au parti des Grands fournissait à celui-ci des chefs, et couvrait leur rébellion d'une apparente légitimité. Selon le mot de Machiavel, ces princes ne commençaient à ménager le royaume, qu'au moment où ils se croyaient sur le point d'en devenir les maîtres.

La royauté comptait encore, parmi les familiers les plus assidus et parmi ses plus dangereux adversaires, d'autres seigneurs dont la situation présentait quelque analogie avec celle des anciens grands vassaux de la couronne : c'étaient les « princes étrangers ». Ils appartenaient à des familles régnant sur de petits États qui évoluaient dans l'orbite de la France, mais qui avaient conservé leur autonomie politique. Tels étaient les princes de la maison de Lorraine. Leur fortune avait tenu en échec celle de la maison de Valois. Les Guise avaient appris à leurs fils et à leurs neveux comment on soulève les passions d'un peuple et comment on les précipite contre l'autorité légitime du prince. Les Bouillon, les Nevers, les Grimaldi et d'autres, moins illustres, étaient dans une situation analogue ; sujets du roi quand il s'agissait d'obtenir ses bonnes grâces, princes souverains et indépendants, s'il était question de lui résister. Il fallait des années encore pour que ces principautés, essaimées autour du royaume, fussent réunies à la couronne et pour que leurs maîtres se rangeassent sous l'obéissance directe du roi.

Nous avons eu l'occasion déjà de signaler la grande situation faite aux gouverneurs des provinces. Nous avons dit comment la Royauté, obligée de compter avec des personnages influents, avec les descendants des grandes familles locales, avait dû confier le gouvernement des provinces et des villes à des personnes de fidélité douteuse, cherchant à se perpétuer, eux et leurs héritiers, dans les grands emplois. On voyait un Montmorency, un Lesdiguières, un La Force, jouer aux vice-rois, se rire des ordonnances royales qui limitaient à trois ans la durée des fonctions de gouverneur, et enfin, si on les pressait trop, se jeter dans la révolte.

Et cette pente était si naturelle qu'elle entraînait ceux mêmes qui, en raison de leurs origines, auraient dû rester particulièrement attachés au service de la royauté, c'est-à-dire les favoris et les ministres du roi. A peine la fortune avait-elle souri à ces « champignons poussés en une nuit » qu'ils devenaient à leur tour dangereux. Au temps de la prospérité, ils ne songeaient qu'à s'assurer une opulente retraite. Si le prince se détachait d'eux, ou s'il venait à mourir, ils prenaient place parmi les ennemis du régime nouveau ; un d'Epernon, un Biron, un Sully, combattaient, dans les provinces, l'influence de ce pouvoir royal qui les avait tirés du néant.

Ainsi se composait ce que l'on appelait au dix-septième siècle le parti des *Grands*. Fils ou parents des rois, héritiers des grandes familles, gouverneurs, favoris, il comptait, en somme, tout ce qui était assez puissant ou assez riche pour tenir une province, lever des troupes, munir une forteresse à l'épreuve du canon.

Quand les Grands étaient unis, il fallait compter avec eux. Cependant ils n'avaient plus guère d'autorité que celle qui, directement ou indirectement, émanait de la puissance royale. L'heure était bien passée des puissantes dominations féodales. La haute aristocratie n'avait plus à sa disposition la hiérarchie disciplinée des vassaux et des arrière-vassaux. Elle pouvait encore, accidentellement, escompter l'avidité des soldats de fortune et des coureurs d'aventure. Mais, par comparaison, le service du roi paraissait autrement avantageux. Plus de principauté héréditaire, plus de fidélité héréditaire ; tout le système du moyen âge était rompu.

La royauté avait fort habilement profité de la ruine des vieilles traditions pour mettre la main sur la petite et la moyenne noblesse. C'est ce qu'il faut essayer d'expliquer maintenant.

70,000 fiefs, dit-on, existaient alors dans le royaume. Sur ceux qui formaient un domaine, s'élevait un château ancien, avec ses murailles, ses tours d'ardoises, son donjon, ou du moins son pigeonnier. Les créneaux étaient réparés, les fossés étaient entretenus ; le pont-levis tendait ses chaînes. A l'intérieur, on conservait, rangés dans les « salles d'armes », des arquebuses, des mousquets, des cuirasses qui n'avaient pas perdu tout usage et qui avaient servi, récemment, pendant les guerres de religion. La paix avait quelque chose de belliqueux et entretenait tout l'attirail de la guerre. La noblesse française gardait ce caractère rural et rude qui la rattachait à ses premières origines. Les Italiens le remarquaient tous : « Il gentiluomini francesi non sono come noi altri che abitino nelle città, ma per il più stanno fuori ai loro castelli, i quali sono così forti e ben fiancheggiati, che per una batteria da mano non vi è alcuno che non fosse sicuro. » Un autre dit : « ... tutta la nobiltà, quando non sta in corte che sono li tre quarti dell' anno, abita la campagna... ». Si le gentilhomme de province eût consenti à vivre, dans son domaine, du blé de ses champs, du vin de ses vignes, du gibier de ses garennes, du poisson de ses fossés et s'il se fût renfermé dans cette espèce d'isolement sauvage que le Tasse donnait comme un des traits caractéristiques de la noblesse française au seizième siècle, peut-être n'eût-il goûté à aucune des joies de la civilisation renaissante ; du moins, il fût resté libre. Personne n'eût songé à traquer son indépendance dans les halliers où sonnait éperdûment le cor seigneurial. Mais tel n'est pas le caractère de la race. L'isolement lui pèse, la vanité le stimule, le monde l'attire. Notre gentilhomme

s'ennuie au fond de ses bois taciturnes. Il veut vivre ; il veut
« paroître ». D'ailleurs la faim chasse le loup du bois et la
situation pécuniaire du gentilhomme français devient de
plus en plus pénible.

La découverte de l'Amérique et l'abondance du métal
précieux qui, de ses mines, se répandit sur l'Europe, provoqua, à partir du premier quart du seizième siècle, une
crise économique qui eut des répercussions infinies. Une de
ses conséquences les plus directes, fut la diminution du
prix de la terre et, par conséquent, l'appauvrissement de
la classe qui la détenait.

Dans cette révolution, que reste-t-il au seigneur féodal
de ce qui faisait autrefois son orgueil et sa force ? La valeur de la propriété foncière est réduite, en raison de la
baisse générale de l'or. Au moment où la cherté de tous les
objets nécessaires à la vie augmente, ses revenus diminuent.
Les vieilles rentes constituées jadis, à des taux maintenant
dérisoires, ne lui laissent plus que l'apparence de la fortune.
Beaucoup de titres, peu d'argent. En effet, en dehors des
satisfactions d'honneur, que valent aujourd'hui ces droits
nobiliaires tant vantés ?

Nous ne parlons pas du droit de faire la guerre, de rançonner le marchand et de piller le manant : cela s'appelle du
brigandage et relève de la juridiction de Messieurs des
Grands-Jours. Quant à l'autre droit souverain, celui de
battre monnaie, il a disparu également, et ceux des gentilshommes qui, trop attachés aux coutumes de leurs ancêtres, ont conservé un atelier dans les caves de leurs châteaux, ont toutes chances de finir leurs jours sur les galères
du roi.

Les justices seigneuriales, « haute, moyenne et basse »,
ces fameuses justices qui élèvent aux portes des châteaux
les deux, quatre ou six potences des fourches patibulaires,

nous avons dit ce qu'elles étaient devenues. Nominalement, le seigneur du fief a gardé le droit de constituer une cour et de tenir une assise, mais ces tribunaux, n'ayant qu'une compétence dérisoire, et devant soutenir partout la concurrence des magistrats du roi, ont fini par devenir onéreux et par embarrasser le juge plus encore que le justiciable.

Les droits pécuniaires, ceux qu'on a nommés les « droits utiles », n'étaient guère plus avantageux pour la petite noblesse. Si l'on en croit les titres qu'ils prennent dans les actes, les moindres de ces gentilshommes sont seigneurs, et, par conséquent, propriétaires de nombreux châteaux et domaines étendus. Quand on entre dans le détail des choses, on voit que les charges résultant de ces titres orgueilleux sont presque aussi lourdes que les bénéfices. C'est à peine si les recettes couvrent les frais de la perception.

Aussi, les seigneurs, — les seigneurs de la petite noblesse, du moins, — les laissaient tomber en désuétude (1).

En somme, le gentilhomme campagnard était pauvre, et au fur et à mesure que la richesse générale s'accroissait, que les tentations et le luxe devenaient plus provocants et plus onéreux, la petite et même la moyenne noblesse pouvaient, de moins en moins, suffire aux frais de la vie nouvelle. Réduite à l'inaction par son inaptitude aux arts de la paix, elle était acculée à la misère paresseuse et fière, la pire de toutes.

Le roi, qui vivait au milieu de ses gentilshommes, ne pouvait ignorer une telle détresse. La noblesse n'était bonne qu'à une chose : faire la guerre. Au moment où Charles VIII entreprenait l'expédition d'Italie, il cédait à la

(1) Voir *Indice des Droits royaux et seigneuriaux* (en 1620) par Ragneau.

poussée de son entourage qui ne voyait dans cette campagne, mère de si grands désastres, que de beaux coups d'épée à donner et surtout de bons profits à faire. Les guerres d'Italie durèrent jusqu'au moment où les guerres de religion commencèrent. Au lendemain de la paix de Câteau-Cambrésis, quand les armées royales furent congédiées, il se fit un reflux des camps sur la ville. Les passions religieuses s'en aigrirent. Les nobles, à court d'argent et de butin, se sentirent pris, tout à coup, d'un zèle extrême pour le problème de la destinée. Catholiques ou protestants, leurs convictions tournèrent au fanatisme implacable, et le royaume paya, par trente ans d'intolérables souffrances, l'excès soudain de ces pieuses ardeurs.

Ajoutons que la vie des camps ou la vie de garnison développait, chez les gentilshommes soldats, des appétits et des besoins qu'aucune fortune foncière n'eût pu satisfaire, et considérons, à la lumière de ces faits, la situation de la partie la plus nombreuse et la plus turbulente du corps des nobles : les *cadets*.

Machiavel, alors qu'il écrivait ses *Ritratti di Francia*, n'avait remarqué que les avantages du régime successoral, spécial à la noblesse française, qui réservait le fief à l'aîné. « Les cadets, dit-il, étant à charge à leurs frères, s'adonnent tous au métier des armes, et ils s'efforcent d'arriver à un grade élevé..., ce qui fait que la gendarmerie française est sans égale, parce qu'elle est composée surtout de nobles et de fils de seigneurs qui rivalisent tous par l'ambition d'atteindre aux plus hauts emplois ». A la fin de ce même seizième siècle, un autre Italien non moins perspicace, le Vénitien Angelo Badoer, montre le revers de la médaille : « Les gens de qualité, dit-il, habitués par la licence des guerres civiles à piller leurs ennemis et à vivre largement, une fois licenciés par suite de la paix, sont rentrés chez eux avec ce qui pouvait leur rester de tant de profits illicites, malheureusement, le plus souvent, bien peu de chose. Aussi, la plus grande partie de la noblesse étant pauvre, en raison du droit de primogéniture, ils tombent dans une misère d'autant plus pénible que leurs appétits sont plus déréglés. On en voit qui assassinent non seulement leurs ennemis, mais leurs amis ; d'autres ont tué leurs pères, leurs mères, leurs frères ; d'autres machinent sans cesse quelque piège contre leurs seigneurs ou patrons ; ils s'emparent d'une place forte pour la vendre à l'ennemi, ne songent qu'à troubler le royaume et vont même jusqu'à oser attenter à la vie du roi ».

Tant qu'ils habitent le château paternel, les nobles sont tenus à un certain respect. Cependant, les abus sont fréquents et les doléances du Tiers nombreuses : « Tantôt ils contraignent leurs vassaux à signer des reconnaissances contraires à la vérité,... tantôt ils font prendre chez eux deniers, grains ou autres choses non dues ; à quoi les pauvres gens, de crainte d'avoir pis et d'être battus, outragés ou tués, n'osent résister, ni même en faire plainte, ce qui est une vraie tyrannie. » « Ils obligent, dit l'ordre du clergé, les paysans à bailler leurs filles en mariage à leurs serviteurs contre leurs volontés. »

Quand ils sont loin de leur pays d'origine, maîtres d'une place forte ou à la tête de quelques soldats, leur insolence ne connaît plus de bornes. A la suite des longues guerres, de bons soldats ou capitaines, dénués de ressources, s'étaient fait « bandouliers ». On disait que le fameux brigand Carrefour était noble. Il se faisait appeler baron de Milly. Ce qui est certain c'est que, durant les mouvements de la minorité, la duchesse de Nevers s'était adressée à lui pour équiper une troupe de soldats. « Hercule d'Argilemont commandait alors, pour le comte d'Estouteville Saint-Pol, dans les châteaux forts de Caumont en Agenais et ·de Fronsac en Bordelais. Il se faisait gloire, selon le bruit public, de mépriser la justice, les procureurs, les avocats, huissiers et robins en général. Il commettait tous les crimes et était toujours soutenu par son maître qui lui donnait l'exemple et qui obtenait pour lui des lettres d'abolition. Ses méfaits durèrent longtemps. Enfin le parlement de Bordeaux mit sa tête à prix et il fut décapité en 1620 ». Les condamnations des nobles pour crimes analogues, pour assassinat, enlèvement, fausse monnaie, remplissent les archives des cours judiciaires. Qu'on s'étonne, après cela, du langage de Richelieu, noble d'origine pourtant, et, au fond, très entiché de sa naissance, avouant que « les nobles ne reconnaissent liberté qu'en la licence de committre impunément toutes sortes de mauvaises actions, leur semblant qu'on les gênait si on essayait de les retenir dans les équitables bornes de la justice » (1).

Par ce qu'ils ont d'excessif, ces exemples et ces textes indiquent à quel degré de misère et de déchéance morale en était arrivée la partie la plus remuante de la petite noblesse française. Assurément, il s'en fallait de beaucoup que le corps tout entier fût atteint de la gangrène qui frappait quelques-uns de ses membres. Élevés dans des principes d'honneur, ils savaient supporter les privations d'une fière pauvreté; mais, en somme, il fallait vivre. Ils sont rares ceux qui consentent à mettre l'épée au croc et à auner le drap. D'autres entraient dans les charges de robe, et les exemples de cette demi-dérogeance sont beaucoup plus fréquents qu'on ne le pense, surtout dans les premières années du dix-septième siècle (2). Il n'en reste pas moins une masse considérable apte seulement aux exercices du corps et à la

(1) *Mémoires* (t. I, p. 555).
(2) Par exemple, les Descartes, les Bérulle, etc.

guerre. Celle-là inquiète, troublée, haletante, se tournait du côté de la royauté et réclamait d'elle le salut.

La royauté poursuivant son œuvre, qui est la destruction des suzerainetés locales, saisit l'occasion qui se présente. Elle offre à la gentilhommerie besoigneuse un arrangement tacite dont les conditions peuvent se ramener à ces termes : « Renoncez à ces débris d'une vieille souveraineté qui ne vous rapportent rien. Aidez-moi plutôt à soutenir le poids de l'administration publique, et je vous assurerai, en échange, des privilèges durables qui vous exonéreront des charges qui pèsent sur le reste de la nation. Je vous réserverai, dans mes armées et à la cour, des emplois lucratifs, sur mon budget des avantages pécuniaires qui compenseront largement le peu que vous perdez. » En un mot, la noblesse française, se trouvant sans ressources, la royauté fut assez riche pour l'acheter et l'attacher définitivement à son service.

Comment la royauté s'y prit-elle pour tenir les conditions du marché? Comment put-elle subvenir aux charges si lourdes que l'entretien d'une partie aussi nombreuse de la nation faisait peser sur elle?

Les rois payent leur noblesse en *privilèges*, en *pensions* et en *bénéfices*.

Des privilèges, les uns sont *utiles*, les autres *honorifiques*; le plus important des privilèges utiles, est l'exemption de tous les impôts directs, tailles, taillons, etc. (1). En outre, les nobles sont affranchis de toute corvée personnelle, des logements de gens de guerre, des banalités de fours, moulins, pressoirs; les nobles ne payent pas le droit de franc-fief; en vertu d'une délégation particulière de la royauté, ils ont

(1) Il faut faire cependant exception pour les pays de taille réelle où ces impôts suivaient la qualité des terres.

le droit de chasse ; ils jouissent d'une juridiction spéciale et ils portent directement leurs causes, en première instance, devant les baillis et les sénéchaux, à l'exclusion des prévôts ; dans les affaires criminelles, ils peuvent demander à être jugés par le Parlement, la grand'chambre et la tournelle assemblées.

Les privilèges honorifiques ont pour effet de mettre en lumière, dans toutes les circonstances de la vie, la supériorité native du noble sur le roturier. Tout ce qu'on avait pu laisser à la noblesse des dehors de l'ancienne souveraineté lui est maintenu et confirmé par les édits royaux : privilège de construire un château, d'avoir un pigeonnier, préséance en toutes circonstances sur les roturiers, notamment, dans les églises, eau bénite. Le noble a le droit de port d'armes ; il garde l'épée au côté, même devant le roi ; la noblesse, en corps, se considère comme réellement supérieure au reste de la nation, et elle n'admet pas qu'aucune comparaison puisse se faire d'elle aux roturiers ; dans les occasions solennelles, ses délégués parlent au roi debout, tandis que ceux du tiers état devaient se mettre à genoux.

Les charges et les offices de la maison du roi étaient réservés aux gentilshommes ; toute la noblesse avait l'accès libre auprès du prince, et c'est ainsi que s'explique cette familiarité bruyante de la cour qui choquait tant les étrangers. Dans ce contact journalier, le roi s'applique à ménager la noblesse par les attentions les plus délicates. Henri IV était passé maître à ce jeu. « Il disait, nous apprend Fontenay, qu'elle se gagnoit mieux par bon visage et par paroles que par l'argent; aussi ne les épargnoit-il pas. C'est pourquoy pas un ne lui faisoit la révérence à qui il n'ostat le chapeau et ne dit quelque chose de particulier de lui ou de ses prédécesseurs, ou ne donnast lieu à celuy qui le présentait de le faire. Mais surtout il prenait soin, en ces occasions, de contenter ceux des provinces et qui n'étoient pas pour revenir souvent à la cour, les traitant comme des étrangers, afin que, se louant de lui quand ils seroient en leur pays, cela lui servit envers ceux qui n'y venoient point. »

Cette politique de séduction à l'égard de la noblesse fut toujours pratiquée par la royauté. Elle finit par créer, entre le roi et ceux qui l'approchaient, des liens si forts que Montesquieu les considère comme caractérisant tout le système politique et social de l'ancienne monarchie. Il dit qu'elle est fondée sur l'honneur, « c'est-à-dire sur le préjugé de chaque personne et de chaque condition » ; c'est cet « honneur » qui donne toute activité au corps social « par le désir qu'ont les sujets de se distinguer aux yeux du prince. »

Dans les premières années du dix-septième siècle, le gentilhomme français a déjà quitté son manoir. Il est venu à la cour, portant, comme on l'a dit, ses prés et ses moulins sur ses épaules. Il s'est ruiné, d'un seul coup, pour « faire figure » dès l'entrée. Là, il a suivi les compagnies, s'est approché des tables, a cherché les occasions de se distinguer, et de montrer ce qu'il vaut. Le roi l'a vu et l'a accueilli d'une bonne parole et d'un sourire. Il lui a demandé des nouvelles de son père, de quelque parent, vieux serviteur, compagnon des anciens combats. Mais ces premières avances n'ont pas de suite ; le roi est occupé ; il pense à autre chose. Quand on l'approche, il détourne la tête ; évidemment il craint de s'engager, il se réserve. Cependant, la vie est chère ; les causes de dépense se multiplient ; il faut s'armer pour une campagne, acheter quelque costume coûteux pour un tournoi ou pour un ballet, renouveler un équipage ; et puis, on joue follement parmi ce monde jeune, léger et inoccupé : « Quand ils viennent à la cour, dit l'ambassadeur vénitien, les gentilshommes français dépensent plus en une semaine qu'ils n'ont amassé chez eux en une année... si bien qu'au bout de peu de temps, il sont ruinés ; aussi, dit-on en manière de proverbe, d'un homme sans le sou qu'il a le mal français : c'est ainsi que, grands joueurs comme ils sont tous, soit aux cartes, soit aux dés, soit à la paume, ils ne se font pas crédit d'un liard les uns aux autres, et ils jouent jusqu'aux armes qu'ils portent sur eux, jusqu'à leurs vêtements. J'en ai vu plus d'un par la pluie et par la neige s'en aller de la salle de jeu en culotte et en chemise; cela n'a rien d'extraordinaire, je l'ai vu faire à des princes. Le roi lui-même au jeu n'a aucun crédit. D'ailleurs, ils acceptent tout cela sans rien perdre de leur belle humeur et de leur gaieté naturelle. Aussi dit-on, avec raison, que trois nations prennent le temps d'une façon très différente : les Espagnols vivent avec le passé, les Italiens avec l'avenir et les Français avec le présent. »

La voilà bien, cette noblesse française, brave, dépensière et insouciante qui perdit si follement et si gaiement son droit d'aînesse. Mais qu'attend-elle donc à la cour ? Que fait-elle auprès du prince, et les maigres compliments dont il la paye ont-ils suffi pour la retenir ? Non ; ses appétits sont plus exigeants et le roi emploie auprès d'elle des procédés de séduction plus efficaces.

La manifestation la plus éclatante des conditions dans lesquelles la royauté tint la noblesse à sa solde, à partir de la fin du seizième siècle, c'est le développement subit que prit, dans le budget royal, le chapitre des *pensions*. Les pensions constituent, en effet, ainsi que l'observe l'ambassadeur anglais, Carew, l'un des ressorts les plus puissants du gouvernement monarchique. Le roi prélevait, sur son budget ordinaire, des sommes considérables qu'il distribuait gratuitement aux gentilshommes les plus dévoués, Voilà ce que font tous ces seigneurs à la cour ; consultez leurs mémoires ; ils le disent sans vergogne : ils font la sentinelle et « dorment sur le coffre » pour saisir l'occasion de se faire inscrire au rôle des pensions.

Henri IV fut le véritable initiateur du système. Il tint, par *doit* et *avoir*, le grand-livre de la fidélité de sa noblesse ; malgré sa parcimonie, il pensa qu'il ne pouvait payer trop cher le repos du royaume. Les pensions s'élevèrent, sous son règne, au chiffre annuel de trois millions de livres. Il avait, en outre, distribué des sommes immenses dans la période de pacification qui avait suivi la Ligue.

Sous la régence, le pli étant pris, le pouvoir fit, d'une libéralité désordonnée, le principe de sa politique. Le rôle régulier des pensions s'éleva jusqu'à huit millions de livres ; près de quatorze millions furent distribués en outre, à la noblesse. Il n'est assurément pas exagéré de dire que *le cinquième* des ressources annuelles du roi était distribué aux seigneurs, et employé, comme dit Richelieu, à « étourdir la grosse faim de leur avarice et de leur ambition. »

Et ce n'est pas tout : ce que le roi faisait avec les pensions, il le faisait, dans des proportions beaucoup plus considérables encore, avec les bénéfices ecclésiastiques. Le concordat de François I$^{er}$ avait été un coup de maître de la part de la royauté. Le droit de nomination, appliqué en principe aux évêchés, étendu par la *commande* aux abbayes et à presque tous les bénéfices importants du royaume, était devenu, pour le prince, une source de revenus inépuisables, lui permettent de satisfaire les convoitises qui se pressaient autour de lui. Brantôme, qui écrivait au début du dix-septième siècle, a finement observé ce résultat de l'application du concordat. Il dit en parlant de François I$^{er}$ :

« Ce grand Roi fort libéral, et qui prenait grand plaisir à donner... ne pouvant récompenser sa noblesse des finances de son domaine et des deniers de ses tailles, trouva bon de la récompenser de quelques abbayes et biens d'église. »

La « feuille des bénéfices » devint ainsi un instrument politique plus puissant que le « rôle des pensions », et qui permit à la royauté de soutenir la classe des nobles en la débarrassant de ses cadets. Si le système roturier du partage égal de la fortune entre les enfants se fût appliqué à la noblesse appauvrie du dix-septième siècle, elle eût disparu rapidement. Mais tout ce qui, parmi les cadets, ne devenait pas soldat de fortune, prenait la soutane. Les filles entraient en religion. Ainsi, l'aîné pouvait, du moins, conserver intact le fief paternel. Les effets du concordat s'étendirent plus loin encore. On vit des familles toucher les revenus d'un évêché ou d'une abbaye comme ceux d'une ferme; on vit des soldats, des mineurs, des femmes, des hérétiques obtenir des bénéfices ecclésiastiques. La classe entière en vécut. Qu'on juge de sa reconnaissance pour le pouvoir qui la nourrissait. Toute la paresse du royaume fut comme pendue à cette main libérale qui distribuait les rentes si largement.

Imaginez que la moitié ou le tiers des revenus actuels du pays soit mis subitement à la disposition d'un de nos partis politiques; supposez que ce parti puisse accorder des rentes viagères et même héréditaires, en nombre pour ainsi dire illimité, aussi facilement, plus facilement même que ne se fait aujourd'hui la distribution des bureaux de tabacs, et vous apprécierez de quel poids une pareille innovation pèserait sur les destinées du pays. C'est ce coup de fortune qui enrichit la royauté, vers le milieu du seizième siècle, précisément à l'époque où la noblesse féodale périssait de misère et d'orgueil. Les rois, en subvenant à ses besoins, l'arrachèrent aux habitudes de turbulence et d'indiscipline qu'escomptait la persistante opposition des *Grands*. Si on examine avec attention l'histoire des familles nouvelles qui s'élevaient jusqu'aux grandes charges de l'État, ou seulement jusqu'à la faveur du prince, au seizième et au dix-septième siècles, on s'aperçoit que, presque toujours, un de leurs membres fut d'église et ouvrit ainsi, pour les siens, le chemin de la fortune et des grâces. Mais il donna aussi l'exemple de l'obéissance et de la soumission. Après lui, autour de lui, tout se range sous le joug, et la noblesse se décide à fermer l'oreille aux sollicitations de ceux qui évoquent les souvenirs de sa vieille indépendance.

Cependant, le dernier mot n'est pas dit. L'œuvre de séduction entreprise par la royauté n'est pas achevée. Ces deux instruments si puissants, le bénéfice et la pension, sont des inventions relativement récentes et plus d'un, parmi les nobles de province, hésite avant de prendre le chemin de la cour. Les souvenirs du passé travaillent plus d'une âme fière. Ces pensions, ces bénéfices étaient achetés bien cher. Il fallait se ruiner d'abord, dans l'espoir de s'enrichir. Et puis, il fallait « servir »; ce mot qui illustrait les armoiries des gentilshommes royaux, répugnait à plus d'un maigre châtelain entiché de ses droits : « Les pensions ont ruiné la noblesse, lit-on dans un pamphlet du temps. Tel qui vivait commodément et doucement dans sa maison, et qui même, aux occasions, pouvait assembler ses amis, mange le revenu de tout son bien en trois mois pour venir demander une pension. Un valet ou deux lui suffisaient; son village ne voyait ni clinquant, ni broderie. A la cour, il a un écuyer, des gentilshommes, des pages, quantité de plumes, quantité de passements d'or. Voilà où s'emploie son bien et ce qui lui revient de bon d'une pension mal payée, bien levée sur le peuple et encore mieux comptée sur le Roy (1). »

Il y avait donc des mécontents. Les Grands les recherchaient. Il se formait des « cabales », des « partis ». Un lien de camaraderie militaire s'établissait entre les chefs et les soldats. Tant qu'on marchait ensemble, le grand seigneur riche et influent, plus accessible que le roi, faisait profiter les gentilshommes qui le suivaient, de tous les avantages de sa situation exceptionnelle dans l'État. Il les poussait, les recommandait, leur assurait des emplois lucratifs, soit dans ses propres domaines, soit dans l'étendue de son gouvernement. Si les choses se gâtaient et s'il fallait recourir aux armes, on vivait tous ensemble de la guerre, on partageait les bénéfices et le butin. Si on traitait de la paix, le chef n'abandonnait pas ses partisans et il stipulait pour eux des avantages tels que, parfois, il était plus court de prendre, avec les princes, le chemin de la révolte, que de suivre lentement le troupeau et la route encombrée de la fidélité au roi. Les hôtels des grands et, au besoin, leurs places fortes étaient les refuges naturels de tous les ambitieux pressés ou mal satisfaits.

Quand le pouvoir était faible, le nombre des mécontents se multipliait. On ne pouvait que gagner dans les troubles et dans les « brouilleries ». Chacun avait à se plaindre. On parlait haut; on se sentait fort parce qu'on était nombreux; on était nombreux parce qu'on se croyait fort. C'est alors que la noblesse revenait à sa pente naturelle et qu'elle se reprenait aux souvenirs de son ancienne indépendance. Rohan explique cet état de choses avec sa force et sa brièveté ordinaires : « C'est une chose certaine, dit-il, qu'en tout le royaume, l'autorité du Roi diminue celle des

(1) *Advis à Messieurs de l'Assemblée*, 1617, plaquette in-12 (p. 12).

Grands, comme aussi l'accroissement d'iceux diminue le pouvoir royal ; c'est une balance qui ne peut demeurer égale ; il faut toujours que l'un des deux l'emporte ».

En somme, en 1614, le corps des nobles était divisé en deux parties ayant des vues, des aspirations, des intérêts opposés. La plus nombreuse et la plus brillante avait fait le sacrifice de ses ambitions politiques et elle se tenait fermement attachée à la fortune de la royauté. Les séductions de la cour, l'attrait de la carrière des armes, l'exemple des grandes fortunes faites par de simples gentilshommes devenus les ministres ou les favoris des rois, toutes ces raisons avaient agi simultanément. Henri IV disait à qui voulait l'entendre qu'il devait son royaume à la bravoure de sa noblesse. Le Béarnais, chef du parti aristocratique, avait su consolider, par une savante générosité, des engagements qui, entre des mains moins habiles, eussent été plus précaires.

Les compagnons de Henri IV avaient gardé, à la cour, quelque chose de l'allure et des mœurs militaires. Pressés autour du prince, vivant à sa table, l'accompagnant dans ses chasses, l'attitude, le geste et le langage libres, ce sont des cavaliers ; ce ne sont pas encore des courtisans. Ils mènent une vie généralement oisive, mais gaillarde et de belle humeur, toujours prêts à un coup de main ou à un coup de tête. Parmi eux, les exercices du corps sont en grand honneur. Le manège est leur grande occupation ; ils jouent à la bague et à la quintaine. Laissons parler un témoin oculaire : « La noblesse qui a survécu à ces longues guerres civiles fait son métier des armes ; elle est ardente et valeureuse, parfaitement bien montée, et elle ne s'embarrasse pas de dépenser beaucoup d'argent pour avoir un bon et brave cheval : il n'y a pas de spectacle plus admirable que de les voir réunis un millier ensemble. Ils veulent que leurs chevaux sachent trotter, galoper, vivevolter, tantôt d'une main, tantôt de l'autre, se coucher, et ils ne veulent, pour combattre, que des chevaux ainsi instruits et parfaitement en main. Ainsi, Sa Majesté, pour élever ses jeunes gentilshommes le plus vertueusement qu'il est possible, a créé, à Paris, une Académie où ils s'exercent tous les jours sous les yeux de son premier écuyer. Celui-ci doit les fournir de chevaux, pris dans les écuries du roi ; il leur apprend l'équitation et tous les autres exercices accessoires, l'escrime, la balle, la musique, les mathématiques, et on pourvoit à toutes leurs dépenses. »

Telle jeunesse, telle maturité. Devenus des hommes, les élèves des Académies conservent le goût de ces exercices qui priment, à leurs yeux, tous les talents. Dans les loisirs de la cour, les occupations amoureuses remplissent les heures. Elles ne sont pas toujours du goût le plus raffiné. Bassompierre nous donne la note. Dans les Mémoires du temps, il n'est question que d'enlèvements, de mariages clandestins, de couvents forcés et de filles mises à mal. Celles-ci ne se plaignent pas trop, ne s'étonnant pas que les choses se fissent, comme on dit, *à la soldade*. Cependant, on commence à s'engouer des pointes à l'italienne et du langage précieux. Les sentiments se surexcitent et s'affinent, dans les loisirs de la paix et par la vie commune des deux sexes. Un gentilhomme, d'Urfé, met son épée au croc pour écrire *L'Astrée*. Ce roman, selon la destinée réservée à ce genre de littérature, passe pour un chef-d'œuvre pendant vingt ans, et il impose aux soldats des guerres de religion, les fades bêlements des bergers du Lignon.

Le fond n'en reste pas moins rude. Les relations sociales ont toujours quelque chose d'âpre et de raboteux. L'habitude du danger déprécie la valeur de l'existence. Le point d'honneur est une élégance. Les épidermes sont sensibles au moindre froissement. Le duel est un exercice comme un autre, excellent en somme pour des hommes de guerre. On se bat, pour un sourire, pour une plume, pour rien. On va sur le pré en bande par deux, trois, quatre, de part et d'autre. A chaque rencontre, il reste des morts sur le terrain. Sans cela, la partie ne serait pas complète. Tout ce brave sang qui coule n'est pas considéré comme perdu. Ceux qui restent en ont acquis plus de courage, de sang-froid et quelque chose de cette confiance en soi, sans laquelle il n'est pas de gentilhomme, ni de soldat.

Cette vie développe, dans les corps et dans les caractères, la vigueur et la force. Quand un homme est courageux et droit, il est un homme : que peuvent lui demander de plus les gens qui prennent leurs talents dans les livres ? Jamais peut-être, il n'y a eu, en France, un plus grand nombre de braves gens, capables de se faire casser la tête, pour une cause quelconque, à condition qu'il y eût du gain et de la gloire à gagner.

Contarini écrit à la chancellerie de Venise : « Il y a, dans ce pays, une quantité de gens sans occupation et qui sont tout prêts à se porter là où ils peuvent espérer quelque profit; du moment où ils ont goûté du métier des armes, ils n'en veulent plus d'autres. Quant à moi, quand on sut que je pouvais avoir besoin d'hommes pour le service de V. S., ma maison ne désemplit pas et, si j'avais voulu, j'aurais vite fait d'enrôler 20.000 hommes pour vos armées. » Ceux qui se pressent en foule à la porte de l'ambassadeur vénitien, ne demandent pas mieux que de rester en France, si on trouve à les y employer. Richelieu les connaît bien. Ce sont ces hommes d'action, ces « gens de main », dont il parlera dans son *Testament politique*. En tout temps, il s'applique à les distinguer et à les attacher à sa fortune. C'est avec eux qu'il remplit les cadres toujours vides de ses armées. Il les emploiera dans les administrations, les intendances et les ambassades. Ils l'aideront à achever l'œuvre de la conquête et de la discipline sociale. Ces nobles de second rang sont ses égaux au début, ses meilleurs serviteurs à la fin. Il saura les récompenser et, fidèle, il s'assurera jusqu'au bout leur fidélité (1). On s'étonne de la durée de ce ministère, miné par tant de cabales et d'intrigues. Elle n'a pas tenu seulement à la volonté si souvent hésitante de Louis XIII, mais au concours réfléchi que prêta au grand ministre une partie très active de la nation. La noblesse royale, notamment, par une communauté de vues et d'intérêts, resta de plein gré attachée à la fortune de l'homme d'État qui fut pourtant un adversaire si ardent de la noblesse.

Quant à la partie de celle-ci qui resta dans les provinces, elle s'enfonça de plus en plus dans la mauvaise humeur et dans l'impuissance. Sa brutalité n'a d'égale que son ignorance. Intolérante et intolérable, elle encombre la vie sociale avec ses prétentions étroites, ses querelles de préséance et de pas, avec l'odieux abus du privilège de la chasse et les exactions dont sa misère inquiète accable le paysan. Personne ne la juge plus sévèrement que ses propres membres. Le Père Joseph parle en termes ironiques de « ces bons gentilshommes du pays qui ont restreint toutes leurs ambitions dans l'enclos de leur basse-cour, pour la loger en leur estable à vaches, dans leur écurie ou dans leur grenier, » et il se moque de « ces gentilshommes qui s'abêtissent après leurs chiens, chevaux et oiseaux, qui ne sçavent parler que de ces vilaines bêtes qui se moqueraient d'eux si elles savoient parler (2) ». Ce type ira désormais en

---

(1) *Testament politique*, édit. de Foncemagne, 1764, chapitres sur la *Noblesse* et les *Duels* (t. I, p. 184-196).

(2) *Lettres à sa mère*. Mss. des Capucins de la rue de la Santé (t. IV, p. 2860).

s'épaississant. A la fin du siècle, La Bruyère dépeindra « le noble de province inutile à sa patrie, à sa famille et à lui-même, souvent sans toit, sans habits et sans aucun mérite, etc. » Même les vertus de la race s'atrophient. La noblesse de province ne sait plus se battre. Quand, à de rares intervalles, et dans des cas de péril extrême, on la convoque pour le service de l'arrière-ban, elle refuse de marcher et elle donne le triste spectacle d'un troupeau turbulent et indiscipliné. Louis XIII écrit à Richelieu, en 1635 : « Il ne faut faire nul cas de notre noblesse volontaire que pour faire perdre l'honneur à celui qui voudra entreprendre avec eux quelque chose de bon où il y aura la moindre fatigue. Quand on les veut seulement envoyer à trois lieues d'ici, tirant vers Metz ou Nancy, ils murmurent, jurent et disent tout haut qu'on les veut perdre et qu'ils s'en iront... Je vous écris la larme à l'œil de voir la légèreté des Français. » Bientôt après, on écrit de Bourgogne au prince de Condé : « La noblesse du ban vient d'arriver ; la plupart prennent résolution, à ce qu'ils disent, de ne plus aller à la guerre, aimant mieux qu'on les déclare roturiers que de les faire mourir faute de pain (1). »

Inutile, la noblesse de province était suspecte. Son mécontentement entretenait un état de trouble permanent dans le royaume. Le pouvoir royal, sentant que toutes les responsabilités à la fois pesaient sur lui, et décidé à les assumer toutes, n'hésita pas à en finir avec cette opposition sans dessein et sans avenir. Contenir l'ambition des grands, réprimer les derniers vestiges du brigandage nobiliaire, démolir les châteaux et les gentilhommières, forcer les nobles à prendre un parti et enrôler dans les armées, à la cour et dans l'Église, tous ceux qui ne s'entêtaient pas

(1) Duc d'Aumale, *Histoire des princes de Condé* (t. III, p. 268).

dans des préjugés d'un autre âge, tel devait être le programme de tout ministre qui voulait établir, d'une façon durable, l'ordre et l'union dans le pays. Pour que l'État fût le maître en France, il fallait qu'il n'y eût plus dans le royaume qu'une noblesse royaliste. Les siècles avaient travaillé dans ce sens : on ne pouvait remonter leur cours.

La seigneurie féodale n'avait pas su se transformer en une aristocratie politique capable de s'opposer aux empiètements du pouvoir absolu. La pairie, qui relevait directement de l'autorité du prince, ne laissait aux grands seigneurs qui la recevaient qu'un fantôme d'honneur sans attributions effectives. Dans les conseils du royaume, la place de la noblesse est de plus en plus restreinte. Elle se plaint très haut de ne pas occuper les charges publiques ; mais, par une incroyable incurie, ou plutôt par paresse d'esprit et par fausse vanité, elle se détourne des fortes études et laisse échapper les occasions de gagner, par l'autorité des services rendus, la confiance et la reconnaissance des peuples. Presque toujours, ce sont les « petites gens » qui se rendent dignes des grands emplois.

La noblesse française a de lourdes responsabilités devant l'histoire. Elle n'a pas été la seule victime de ses fautes. La nation en a pâti. Cet ordre, auquel son passé historique imposait de grands devoirs, n'a pas su se plier aux nécessités de la vie nouvelle. Tandis que le développement de la richesse mobilière appelait des couches sans cesse renouvelées au travail et aux bénéfices de la civilisation moderne, la succession d'aîné en aîné clouait le seigneur rural sur son lopin de terre. Par contre, les cadets, transfuges d'un sol qui les repousse, forment une troupe mobile, livrée à toutes les séductions de l'esprit d'aventure et à tous les scepticismes de l'obéissance muette. Les aînés se perdent pour tenir trop à la terre et les cadets pour n'y tenir pas assez.

Dans sa conduite politique et sociale, l'ordre a manqué de discipline, de prévoyance et d'humanité : à toutes les époques de son histoire, il a été divisé contre lui-même ; il ne s'est jamais soumis à une direction unique, nécessaire cependant pour tenir tête à la politique soutenue et profonde des rois ; il a manqué de prévoyance parce qu'il n'a pas su trouver, dans sa situation privilégiée, les bases d'une organisation durable ; d'humanité enfin, car il n'a jamais voulu compatir aux maux de ceux qui lui étaient subordonnés. Renfermé dans l'orgueil de ses privilèges, il a toujours pensé que la force suffirait pour en défendre le réduit. Mais la force devait le déloger, un jour, de ces positions où il eût été mieux protégé par les mœurs et par les lois.

### La Bourgeoisie de robe.

La noblesse française était héréditaire ; mais ce n'était pas une caste fermée. Elle ouvrait sans cesse ses rangs aux parvenus du tiers état. Du haut en bas du corps social, un mouvement continuel élevait lentement les classes inférieures vers celles qui détenaient le privilège. La royauté présidait au fonctionnement du système et en tenait la clef.

Le rouage principal de ce mécanisme résidait dans l'existence d'une classe moyenne, issue du peuple, mais distincte de lui : c'était la bourgeoisie de robe. Comme une écluse ouverte sur les nappes profondes d'en bas, elle les portait, après un stage plus ou moins long, vers les régions supérieures. Sa destinée a été de servir d'intermédiaire, et elle a disparu en même temps que les forces qui se heurtaient ou se combinaient en elle.

Son point de départ est dans les villes qui, *Communes à charte* ou *villes à établissements,* s'étaient enrichies de bonne heure et soustraites à la rigueur du droit féodal. Le roi avait partout favorisé ses progrès. Vers la fin du moyen âge, un grand nombre d'habitants des villes recoururent à un procédé qui, par une fiction extrêmement simple, les plaçait directement sous la juridiction royale. Selon le mot en usage à cette époque, ils « s'avouaient bourgeois du roi » ; c'est-à-dire que, sans entrer dans une association locale particulière, ils se réclamaient directement de l'autorité du prince et déterminaient leur qualité « de bourgeois », par un acte spécial et purement individuel.

Comme protecteur des communes à chartes, comme initiateur des municipalités prévôtales, comme suzerain direct des habitants des villes qui se réclament de lui, le roi est le patron né de la bourgeoisie française. Le régent Charles affirmait dans son ordonnance de 1358, « le droit exclusif du roi de créer des consulats et municipalités libres ». Et Louis XI déclarait, en termes catégoriques, dans l'ordonnance de 1456, qu'« au roi seul, et pour le tout, appartient le droit de bourgeoisie ».

A partir du seizième siècle, la bourgeoisie, multipliée dans les villes, apparaît comme une classe particulière ayant sa physionomie distincte, ses droits, ses traditions, ses privilèges. De même que la noblesse se consacre spécialement à la guerre, la bourgeoisie réclame le monopole de la justice et de l'administration. Ces gens d'humeur grave et de mine replète, vêtus de long, le chaperon pendant sur l'épaule et les fourrures douillettes bouffant sur la poitrine, se glissent partout. Ils s'approchent du roi et portent jusqu'à son oreille leurs conseils muets. Ils sont toujours là, officieux, empressés, soumis, tandis que le chevalier bruyant et d'armure retentissante, se fâche, tape du poing et quitte la place, en faisant claquer les portes.

Les bourgeois ont sauté du comptoir dans les fonctions municipales. Puis, dans les assemblées provinciales et générales, ils se sont connus, concertés. Ils ont traité ensemble des intérêts de la province et du pays. Leur horizon s'est élargi. Ils accaparent, sous le nom heureux de *tiers état,* qui ne les sépare pas de la masse populaire, toute la puissance obscure d'une démocratie qui s'ignore encore. Dans les conseils, dans les tribunaux, dans les parlements, ils s'emparent de toute l'action publique. Partout leur robe. noire ou rouge, s'étale en larges nappes qui couvrent les parquets, les prétoires et montent « aux hauts bancs ». En province, tandis que le petit clan de la noblesse, relégué dans quelque quartier éloigné, aux jardins silencieux, est veuf des hommes mûrs qui sont à la cour et à l'armée, la bourgeoisie nombreuse, active, turbulente, déborde dans les quartiers populeux, parade dans les cérémonies publiques, tire le chapeau des têtes, gravit orgueilleusement les degrés de l'hôtel de ville, et là, elle trouve, dans toutes les salles, des sièges fleurdelysés où elle s'asseoit, d'où elle délibère, perçoit, commande au nom du roi.

Ce ne sont pas seulement les magistrats et les officiers du roi, c'est, derrière eux, la cohue infinie des serviteurs de dame basoche; tous ces hommes noirs, partis l'estomac creux et la bouche bien fendue, sont en route pour la fortune, pour les distinctions, pour les honneurs. Depuis le premier président du Parlement jusqu'au dernier des clercs de procureur, ils sont liés par une franc-maçonnerie instinctive. L'intérêt commun les rapproche étroitement et leur arrache, sans cesse, l'effort soutenu qui pousse en avant toute la machine.

L'honneur et la gloire de cette innombrable armée, répandue par tout le royaume, c'est le parlement de Paris.

Nous avons dit son autorité et sa puissance comme cour judiciaire, comme institution politique, et le reflet d'orgueil que son éclat répandait sur la bourgeoisie du royaume. Avoir son fils au parlement, donner sa fille à un conseiller, tel était le rêve de tout marchand enrichi. Par ce corps surtout, la classe touchait à l'exercice du pouvoir, c'est-à-dire à la jouissance du privilège. Du Parlement ou des familles parlementaires, sortaient les hommes qui, soit dans les conseils, soit dans les emplois publics, s'offraient à la faveur royale. Maîtres des requêtes, conseillers d'État, commissaires extraordinaires, intendants, ils étaient, dans l'administration, ce que leurs frères étaient dans la justice, les véritables détenteurs de l'autorité du prince. Parmi eux, au sommet de l'échelle roturière, était choisi le personnage, égal des plus grands seigneurs du royaume, œil, oreille et main du roi, le chancelier, garde des sceaux, l'un des grands officiers de la couronne.

Peut-on s'étonner que la bourgeoisie de robe, naturellement vaniteuse et gonflée de son importance, se soit quelquefois lassée des liens d'origine qui la rattachaient aux masses populaires et qu'elle ait songé à constituer un quatrième ordre, un quatrième État? Montaigne, observateur attentif des travers de ses contemporains, parle de ces prétentions de la bourgeoisie avec une pénétrante ironie : « Quoi de plus farouche, dit-il, que de voir cette marchandise (de la justice) en si grand crédit qu'il se fasse en une police, un quatrième état de gens maniants les procès, pour le joindre aux trois anciens de l'église, de la noblesse et du peuple, lequel état ayant la charge des lois et souveraine autorité des biens et des vies, fasse un corps à part celui de la noblesse?... »

Dans l'ordre social comme dans l'ordre politique, la bourgeoisie avait toutes les convoitises d'honneurs, d'exemptions et de distinctions ; son existence n'était qu'une poussée formidable vers le privilège.

Dès le moyen âge, la royauté avait eu l'œil ouvert sur ces aspirations. Par un coup de maître, qui eut encore pour auteur cet étonnant Philippe le Bel, elle avait institué l'*anoblissement* et s'était réservé le droit de l'accorder. Elle tenait donc l'écluse par les deux portes, à l'entrée par le droit de bourgeoisie, à la sortie par l'anoblissement. « Le roi, dit solennellement Loyseau, dans son traité des *Seigneuries*, est le distributeur ordonné de Dieu, de l'honneur solide de ce monde, selon ce passage d'Esther : *Honorabitis quem voluit rex honorari*, et le dire de Pline en son panégyrique : *Cesar nobiles efficit et conservat ;* et ces anoblissements purgent le sang et la postérité de l'anobli de toute tache de roture. » A partir de Philippe le Bel, le système fonctionne régulièrement ; c'est à peine s'il provoque, parfois, les réclamations intéressées du corps des nobles. L'anoblissement individuel ou anoblissement par lettres fut accordé, soit pour services exceptionnels rendus au pays ou à la cause monarchique, soit tout simplement acquis à prix d'argent.

Mais ce procédé donnait des résultats trop lents pour satisfaire les aspirations d'une classe ambitieuse et entreprenante. On vit s'établir bientôt un système d'anoblissement par masses, opérant pour ainsi dire de lui-même, sans que la royauté eût à intervenir directement, c'est celui qui résultait de l'exercice de certaines charges, états ou offices.

Tout homme qui participait à la marche des services publics recevait, par ce simple fait, une sorte d'investiture lui donnant une aptitude soit immédiate, soit indirecte à obtenir le privilège. Dans les fonctions civiles comme à l'armée, l' « officier » du roi revêtait cette aptitude en même temps que le costume ou l'épée. Comme toutes ces charges étaient vénales, il suffisait donc d'être riche, pour être en passe de la noblesse.

Non seulement la royauté vend les offices déjà existants, mais elle en crée sans cesse de nouveaux. Elle épuise l'imagination des « donneurs d'avis » à inventer des fonctions publiques qui s'adjugent au plus offrant. Depuis les plus hautes charges de l'État jusqu'aux emplois baroques de coureur de rôts et de gouverneur des serins de la Cour, tout s'offre, tout s'achète. Les sommes encaissées par le trésor du fait de la vénalité des offices, montent à des centaines de millions, à des milliards peut-être. C'était la rente ou la caisse d'épargne de ce temps-là, une sorte d'emprunt à fonds perdus ou de « monti », analogues à ceux qui existaient en Italie, dont le principe revient toujours à drainer, par un procédé de créance non remboursable, les sommes que la pénurie ou l'avidité du contribuable ne veut pas se laisser arracher par la voie de l'impôt. La fraction aisée du pays, en achetant le privilège, concourt aux dépenses publiques et elle s'attache de plus en plus au pouvoir royal qui l'exonère et qui la flatte.

La royauté poussa encore plus loin l'habile exploitation des convoitises bourgeoises ; par une invention admirable qui dérive de la première, mais qui la perfectionne, elle sut se faire un revenu plus stable en s'assurant une fidélité plus grande. A ce point de vue, le comble de la politique financière de la royauté, sous l'ancien régime, fut l'établissement du *droit annuel*, autrement dit — du nom de son inventeur — la Paulette. Ce fut à Henri IV que le contrôleur Paulet soumit son invention, et ce fut ce prince qui l'essaya en 1604. Comme le fait observer un des plus ardents défenseurs de cette mesure, elle ne fut pas prise à la légère : « Ce prince était le plus habile homme de son royaume, et, étant instruit par une longue expérience, pénétroit toujours plus avant dans les affaires et en prévoyoit plus loin les inconvénients. Or, cette affaire fut résolue dans le Conseil du roi, qui lors, étoit autant rempli qu'il fut jamais de personnages illustres et ornés d'une si grande suffisance qu'à peine étoit-il possible qu'ils fussent trompés en la connoissance des choses. » En effet, la Paulette réussit aussi bien qu'avait réussi la vénalité des charges et, de provisoire, elle devint perpétuelle.

Son objet était de rendre héréditaires les offices de judicature, sous la simple condition du paiement, par le détenteur, à l'État, d'une rente annuelle montant à environ 1/60° de la valeur. Par là, la possession des offices fut changée en pleine propriété. Les magistrats détinrent leurs charges comme un bien patrimonial. Ils les léguèrent, les vendirent, les louèrent, en firent trafic, comme bon leur semblait.

Voilà, certes, un abus insigne. Il est inutile de rappeler les plaintes qu'il souleva. L'opinion, avec son équité naturelle, ne pouvait s'habituer à voir l'antorité publique et l'exercice de la justice mis ainsi sur le marché comme valeurs de bourse. Elle protesta toujours. L'abus, cependant, persista, et il ne disparut qu'à la révolution. C'est qu'en effet, il était une conséquence logique du régime. Puisque le privilège de la noblesse était héréditaire, pourquoi pas celui de la robe? De même que la bravoure se transmettait du père aux enfants chez les gentilshommes, pourquoi pas les aptitudes judiciaires et administratives chez les fonctionnaires et les magistrats? Puisque toute la constitution du royaume reposait sur le privilège, pourquoi marchander à ces bourgeois si riches et si dévoués, ce qu'on ne croyait pas pouvoir refuser à la noblesse?

Ces avantages considérables, que l'exercice de la justice et des charges administratives conférait à la robe, la rapprochaient de la noblesse et la distinguaient du reste du peuple. Dans les anciennes provinces de la France, l'adage était le suivant : « Le conseiller est noble, ses petits-fils gentilshommes. » Dans les ressorts de création plus moderne, la noblesse était acquise héréditairement à une famille par la seule admission de son chef dans le parlement de la province; cela s'appelait *noblesse de premier degré*. Les chambres des comptes et cours des aides, les bureaux des trésoreries de France s'étaient assuré les mêmes privilèges que les parlements.

En plus de ces situations exceptionnelles qui arrachaient, pour ainsi dire, à la classe un certain nombre de ses membres et qui les projetaient dans la classe supérieure, les bourgeois jouissaient d'autres privilèges. Les parlementaires bénéficiaient du droit de franc-fief. La magistrature n'était pas soumise à la taille ou aux aides, mais seulement à la capitation. En Bretagne, les membres du parlement, exempts des affouages, avaient tous entrée aux États de la province dans l'ordre de la noblesse, étant réputés nobles en raison de leurs charges. Il est vrai que les immunités des conseillers étaient personnelles et non réelles; mais souvent ils possédaient des domaines seigneuriaux et titrés dont ils prenaient les noms. Les magistrats étaient dispensés de tout service militaire, c'est-à-dire du service de ban et d'arrière-ban. Ils ne supportaient pas la charge des logements de guerre. La multitude des gens de loi jouissaient à des degrés différents, d'avantages analogues : membres des bailliages, des sénéchaussées, des présidiaux, officiers des élections, des tables de marbres, des greniers à sel, des grueries, juges et fonctionnaires des villes, tous se précipitaient, d'une course haletante, vers l'exonération honorifique, et nous voyons, dans les procès-verbaux des répartitions des tailles, que les asséeurs et collecteurs de l'impôt passaient, sans frapper, devant la porte de tout homme qui pouvait arborer, en manière d'épouvantail pour les agents du fisc, la toge et le bonnet carré. Il n'est pas de ville, de bourgade reculée qui n'ait ses tribunaux, son grenier à sel, son bailliage, son échevinage et, sur le cours, il faut tirer le chapeau « à madame la baillive et à madame l'élue ».

Ne s'explique-t-on pas maintenant cette furieuse ambition des charges et des fonctions publiques, tant reprochée à nos Français et qui est restée comme un pli du caractère national? Ne voit-on pas les causes de ce dédain pour les « métiers de roture », pour l'industrie et le commerce? L'intérêt particulier a, pendant des siècles, conspiré avec la vanité naturelle à la race, pour précipiter tout le monde vers cette course aux honneurs qui était en même temps la course au privilège.

La plainte incessante des publicistes du seizième et du dix-septième siècles vise le nombre excessif des officiers : Seyssel disait déjà, de son temps, « qu'il y avait plus d'officiers en France que dans tout le remanent de la chrétienté ». Loyseau ajoute que « depuis cinquante ans, on en a érigé plus de cinquante mille, et que dans les villes chaque honnête homme a son office, comme chaque moine dans les cloîtres. » Il dit encore « que moitié des habitants des villes sont officiers, de sorte que la marchandise est délaissée et le labour laissé aux paysans. » Voici quelques faits précis : au dix-septième siècle, il y avait à Paris cinq cent soixante sergents, tandis qu'au Paris actuel suffisent cent cinquante huissiers. En 1606, il y avait deux cent quatre-vingt-treize procureurs au Parlement et trois cent quatre-vingts en 1627 ; dans un bourg de trois mille âmes, on comptait, outre le bailli, le prévôt, le lieutenant et le procureur fiscal, six notaires, quatre sergents, douze procureurs et quatre greffiers ; il n'est pas question de leurs clercs et de tous les gens qui vivaient autour de cette basoche. Une petite paroisse du Nivernais renfermait six procureurs et six notaires. En Auvergne, on compte par châtellenie jusqu'à douze notaires nommés par le seigneur. L'auteur qui cite ces chiffres ajoute : « Ces abus durèrent jusqu'en 1789. On est surpris du nombre d'avocats au parlement que l'on rencontre dans les petites localités et dans les assemblées électorales et législatives. » Au début du dix-huitième siècle, on compte deux cents officiers, à Chatellerault. En 1617, il y avait à Loudun dix-huit huissiers, dix-huit procureurs, vingt avocats et huit notaires (1).

Tout cela était l'objet d'un trafic continuel : une charge de conseiller au parlement se vendait plus de 100,000 livres ; en province, on trouvait des charges de conseiller qui valaient 60,000 livres ; un office de conseiller au présidial coûtait 13,500 livres. Une charge de seigneur conseiller à la cour des aides se payait 25,000 livres, celle de chevalier trésorier général des généralités ne s'acquérait pas à moins de 30,000. On pouvait être conseiller d'élections pour 8,000 livres.

Les fils des médecins, des chirurgiens, des pharmaciens, des marchands n'ont pas d'autre rêve que de se décrasser rapidement du métier paternel et d'acheter une charge. S'ils n'ont pas d'argent, ils trouvent à l'emprunter. Car, que faut-il, en somme, pour remplir l'office une fois qu'on en est titulaire? Beaucoup d'assurance et un peu de latin.

Le latin suffit à tout, mène à tout : de là l'élan, trop peu remarqué, des classes pauvres de la nation vers les études que nous appelons aujourd'hui classiques. Nous voyons,

---

(1) Babeau, *Village sous l'ancien régime* (p. 208). — Legué, *Urbain Grandier*, in-12 (p. 6).

dans les plaidoyers d'Antoine Lemaistre qu'un serrurier de Paris, pauvre, mal logé, n'ayant que deux chambres pour toute sa famille composée de cinq personnes, se tue à travailler « pour soutenir son fils aux études ».

Celui-ci est « élève en philosophie », au moment où, par malheur, il engrosse une fille, sa parente, qu'on faisait coucher dans le même lit que lui, *faute de place*. Que prétendait-on faire de ce fils de serrurier ? Un homme de robe assurément. Ils se comptent par milliers ceux qui ont les mêmes visées. Dès qu'un paysan, un artisan a pu amasser un petit pécule, il met son fils au collège. L'usage des fondations de bourses était très répandu. Aussi les étudiants pauvres foisonnaient. Il n'est pas un comtemporain qui ne signale le mal, et qui n'en dévoile l'origine. Voici d'abord les universités : « La trop grande fréquence des collèges occasionne de quitter le commerce, l'exercice de l'agriculture et autres arts nécessaires à la vie et à la société politique pour se précipiter aux écoles sous l'espérance que chacun a d'accroître et augmenter sa condition en portant une robe plus longue que d'ordinaire (1) ». Le clergé se plaint, à son tour, de cet abus « qui surcharge l'État de trop de gens de lettres, affaiblit la milice, détruit le commerce et les arts, dépeuple l'agriculture, remplit le palais d'ignorance, charge les princes et leurs États d'inventions pernicieuses, diminue les tailles, oppresse l'Église de simonie, l'État d'officiers supernuméraires, les finances de gages, pensions et dons ; bref, pervertit tout bon ordre (2) ».

« Je veux croire, dit l' *Avis donné à Messieurs de l'Assemblée du clergé, en* 1627, que l'intention de ceux qui nous

(1) Les Universités de France au Roy, *Mercure français* (t. X, p. 432).

(2) Harangue des députés du Clergé, *Mercure français* (t. III, p. 143).

ont donné ce nombre effréné de collèges était bonne, mais l'expérience nous a fait voir que les effets en sont pernicieux. Premièrement, ils ont fait quantité de lettrés, peu de savants, et puis la facilité a fait que les moindres artisans et les plus pauvres laboureurs ont envoyé leurs enfants à ces écoles où on montre gratuitement, ce qui a tout ruiné. Quiconque a mis le nez dans les livres, dès l'heure s'est rendu incapable de toute vocation. Si, dans un bourg, quelqu'un a appris à écrire trois mots de latin, *soudain, il ne paye plus la taille;* il est procureur, syndic, ou tabellion, ou sergent, et par ce moyen ruine ses voisins et chasse ses co-héritiers. »

Richelieu, enfin, signale aussi ces maux. Il y consacre tout un chapitre de son *Testament politique;* il se plaint « de ce grand nombre de collèges indifféremment établis en tous lieux »; il constate « ce peu de disposition naturelle qu'ont aux lettres beaucoup de ceux que leurs parents font étudier à cause de la commodité qu'ils en trouvent », et il affirme qu'il vaudrait mieux, dans un État bien réglé, « que ces enfants fussent dressés par des maîtres ès arts mécaniques, réduisant tous les collèges des villes qui ne sont pas métropolitaines, à deux ou trois classes, suffisantes pour tirer la jeunesse d'une ignorance grossière, nuisible à ceux-mêmes qui destinent leur vie aux armes ou qui la veulent employer au trafic ».

Les statistiques dressées par les historiens de l'Instruction publique, permettent d'affirmer, en effet, que le nombre des enfants apprenant le latin était peut-être, toute proportion gardée, *trois fois supérieur* sous l'ancien régime à ce qu'il est aujourd'hui. Ce sont non seulement des fils de bourgeois, mais aussi des fils de laboureurs, d'artisans, de marchands, de messagers, d'hôteliers, qui suivent, au nombre de 900, les cours du collège du Mans, tandis que, non loin de là, 500 élèves, sortis des mêmes rangs, étudient au collège de

Ceaulcé, paroisse rurale du Passais normand, et que, non loin de là encore, 2,000 élèves reçoivent les leçons des Jésuites de la Flèche.

Le latin conduisait à tout ; on se rua vers l'étude du latin. D'innombrables ambitions et d'admirables courages se trempèrent au feu de cette convoitise de science. Partis du fond de leurs provinces, des fils de paysans ou d'humbles robins viennent dans les universités et là, vivant de privations, dormant sur la paille, ils supportent les plus dures misères pour devenir bacheliers, maîtres ès arts, pour sortir du rang, pour approcher de cette arche sainte du privilège vers laquelle gravite toute la nation. Le fils du serrurier de Lemaistre se multiplie et s'appelle Légion.

Parmi ces soldats, combien de héros ! Ramus, fils d'un pauvre cultivateur de la Picardie, vient à Paris. A douze ans, il est domestique d'un jeune étudiant ; il consacre ses nuits au travail et devient ainsi la gloire des études françaises au seizième siècle. Il en est à peu près de même de son contemporain, Guillaume Postel. Le fameux jésuite Auger, né de pauvres laboureurs, dans un village de Champagne, demande l'aumône en chemin pour aller à Lyon faire ses études ; il sert à la cuisine dans un couvent de l'Ordre, dont il deviendra un des membres les plus influents. Le grand adversaire des Jésuites, Richer, quitte la charrue à dix-huit ans; comme Ramus, il est domestique dans un collège de la montagne Sainte-Geneviève ; là, il dérobe les premières leçons que la charité d'un prêtre lui permet d'écouter et qui feront de lui la lumière du Gallicanisme.

Voilà des noms illustres. Mais tous ne réussissent pas. Pour un vainqueur, combien renoncent à la lutte et retombent, les reins brisés, l'âme ulcérée de la défaite. Ceux-là forment, dans les bas-fonds de la bourgeoisie, une lie épaisse et trouble. Avocats sans causes, poètes crottés, abbés de ruelle ou de carrefour, Bridoison ou Bladius, ils remplissent la cour et la ville de leur inutilité bavarde ou de leur dégoûtante mendicité. Ils refluent sur la campagne : coiffés de la perruque du bailli seigneurial, chaussant les lunettes du magister ou brandissant la lancette de Sganarelle, ils répètent gravement les six mots de latin dont le collège a farci leur pauvre cervelle. Leur vanité grotesque excite la verve des satyriques, jusqu'au jour où leurs passions inassouvies et leurs rancunes accumulées fourniront une force d'explosion imprévue aux futures révolutions.

Tout ce qui appartient à la bourgeoisie, tout ce qui aspire à en faire partie, prend, dans les collèges, la teinture de latin et de connaissances littéraires, nécessaires pour faire figure sous la robe. Il est vrai que cette instruction, appliquée presque exclusivement à la minutieuse préoccupation de la forme, est courte ; elle attarde le raisonnement parmi les aspérités de la scolastique et bride l'imagination par l'usage exclusif d'une langue morte et par l'imitation des anciens. Ce n'en est pas moins elle qui forme le « goût » du public et qui prépare le génie du siècle.

C'est la férule du pédant de collège qui martèle, à coups répétés, la dialectique aiguisée, le bon sens solide, l'analyse psychologique pénétrante qui sont les instruments intellectuels de notre âge classique. Le remaniement perpétuel des idées générales, le développement ingénieux des lieux communs, donnent aux esprits la finesse, l'acuité, le sens de la mesure et du nombre, la décence. Ceux qui, par la force du génie, se dégageront des lisières où leur jeunesse a été enlacée, garderont, de cette première contrainte, la vigueur et la souplesse caractéristiques des générations qui vont illustrer le dix-septième siècle français.

Quant à la masse de la bourgeoisie, elle sort, de cette préparation, polie, lustrée, châtiée. A l'âge des passions, ces beaux fils sont prudents, réglés et timorés. Ils pèsent l'avenir, calculent au moment d'agir, et le fils de Diafoirus, avant de baiser Elvire, consulte son père. Ces collégiens, devenus grands, se mêlent à la société, aux conversations, aux cercles. Ils imitent les gens du bel air et avant d'entrer, sur le palier, frisent leurs moustaches : « J'estois en une fort honnête compagnie, l'autre jour, où il arriva un jeune muguet, vêtu à l'advantage, avec l'habit de satin découpé, le manteau doublé de panne de soie, le chapeau de castor et le bas de soie, lequel se mit à cajoler, une heure entière, et usoit de toutes sortes de compliments. Après qu'il fut sorti, je m'enquestois qui il estoit... L'on me dit qu'il estoit fils d'un chirurgien... » Molière n'a qu'à venir : les modèles sont prêts pour les *Précieuses ridicules* et pour le *Bourgeois gentilhomme*.

Cependant, quand l'âge mûr arrive, les défauts s'atténuent et les mérites de la race et de la classe l'emportent. La figure du bourgeois français, laborieux, économe et probe apparaît, à travers sa vanité cossue. Jamais (1), en somme, on ne l'a vue sous un jour plus favorable que dans les premières années du dix-septième siècle.

L'heure n'était pas si éloignée où l'habitant des villes avait payé de sa personne pour défendre son foyer, ses murailles ou son pays. Durant les guerres de la Ligue, il avait dû, plus d'une fois, décrocher l'arquebuse, sangler la cuirasse et, le pot en tête, veiller sur les remparts. Cela n'en a pas fait un matamore, mais, cependant, lui a relevé le cœur. Au sein des assemblées locales ou générales, il a, plus d'une fois, délibéré de la paix et de la guerre ; dans les moments critiques, on s'était disputé son concours ; ce gascon de

---

(1) V. de Ribbe, *Les familles et la Société en France avant la Révolution* (p. 410).

Henri IV l'avait appelé « mon compère ». Les chefs de la classe, les Brisson, les Harlay, les Lemaistre avaient tenu entre leurs mains le sort du pays. Les uns étaient morts, victimes de leur versatilité; les autres avaient acquis, par leur courage, un renom immortel. La bourgeoisie tout entière s'était attristée de ces malheurs ou enorgueillie de ces vertus. Tous, ils ont le sentiment clair, précis de la place qu'ils tiennent dans la nation. Langues déliées et plumes agiles, ils ont, — le plus souvent avec la précaution de l'anonymat, — exprimé leur opinion sur les faits et sur les gens. Dans les luttes politiques, la voix perçante de la bourgeoisie s'est élevée et s'est fait écouter.

La thèse qu'elle soutient est toujours la même. Elle demande l'ordre, la paix, la règle; par horreur des troubles et des aventures, elle tend sans cesse à fortifier la puissance de l'État. Cependant, avec ses principes de méthode et d'économie, la bourgeoisie tient aussi à la bonne gestion des intérêts publics, à un contrôle exact. Que ce contrôle soit entre ses mains, entre les mains du Parlement, et elle se déclarera satisfaite. C'est là que se bornent ses aspirations libérales.

Soucieuse avant tout de ses intérêts particuliers, elle les défend habilement, âprement : habilement, parce qu'elle se met du côté des rois, tout en les morigénant, et qu'elle obtient d'eux, par souplesse et par loyal service, des privilèges sans cesse accrus qui la distinguent de la masse du peuple; âprement, parce qu'elle poursuit, d'une dialectique infatigable, les ennemis de la royauté et qu'elle met tout son génie à détruire la puissance politique et l'autorité sociale de la noblesse.

Pleine d'envie pour celle-ci et pleine de dédain pour le peuple, la bourgeoisie, forte de son travail, de son économie et de sa probité, joue un rôle important dans l'État par ses défauts autant que par ses mérites. Son élasticité fait tampon entre les ambitions des grands et les convoitises des petits. Elle cherche toujours, dans les luttes sociales, un bénéfice qui ne serait qu'égoïste, s'il ne s'étendait, à son insu, au delà d'elle-même. Le progrès s'accomplit par elle, sans qu'elle le comprenne. Classe privilégiée, elle travaille à détruire le privilège, quand elle n'en profite pas. Malgré tout, par son nom, par ses origines, par ses affinités, elle reste peuple, et, dans sa course aux distinctions, elle entraîne vers l'égalité le tiers état tout entier, — le tiers état qui fait sa force et dont sa vanité ne peut renier l'alliance.

### Les non-privilégiés. — Le peuple des villes.

Nous sommes descendus, par une gradation insensible, jusqu'aux couches profondes de la société, à celles dont le travail produit, nourrit et soutient tout le corps de l'État ; aux classes qui ne jouissent pas du privilège et qui payent la taille. Il ne faut pas croire, d'ailleurs, que la condition des divers sujets du roi se trouvant dans cette situation fût uniforme. Il y avait ici encore des distinctions et des rangs. Cette masse populaire avait ses aristocraties et sa roture (1).

Ce qui la distingue des classes supérieures, c'est qu'elle s'emploie aux professions qui ne touchent ni à la religion, ni à la politique, ni à la justice, ni à la guerre. Aujourd'hui encore, dans les pays d'Orient, les peuples conqué-

(1) Jusque dans les moindres bourgs, il y avait un registre pour les préséances, un *Livre du Cérémonial* : « C'est une belle chose, comme dit Racine, de voir le compère cardeur et le menuisier gaillard, avec la robe rouge comme un président, donner des arrêts et aller les premiers à l'offrande. Vous ne voyez pas cela à Paris. » V. de Ribbe, *Les familles et la Société en France avant la Révolution* (p. 74.).

rants se réservent le gouvernement et le service militaire laissant, au-dessous d'eux, les nations soumises se livrer en toute tranquillité au commerce, à l'industrie, et aux métiers considérés comme avilissants, sous la seule condition de payer régulièrement l'impôt. Cet état social n'est pas sans analogie avec celui de la France au début du dix-septième siècle. Une partie de la nation gouvernait et défendait l'autre, qui subvenait à ses besoins. Par contre, la classe laborieuse et payante n'était guère plus considérée alors, par les classes dominantes, que ne le sont aujourd'hui les Grecs, les Arméniens ou les Juifs par les véritables Osmanlis.

Le petit bourgeois, le marchand, le courtaud de boutique, passait pour pusillanime, fourbe, cupide et malappris. Il y avait des vertus, des façons de parler, des procédés « bourgeois », et ce qualificatif emportait naturellement l'ironie ou le dédain. Quant aux paysans, rustres, manants et autres habitants des villages, l'idée de comparer leurs façons de sentir, de raisonner, et de vivre, avec celles des gentilshommes ou des parlementaires, eût été souverainement déplacée. Les nobles étaient très sincèrement persuadés que le sang bleu coulait dans leurs veines.

Tout était fait d'ailleurs pour autoriser cette opinion. S'il est un trait qui distingue les classes laborieuses en France sous l'ancien régime, c'est leur modestie, leur modération, leur effacement. La réserve, la déférence, l'économie sont leurs qualités natives. Leur imagination est lente et d'un vol court. Quand il s'agit de leurs intérêts, où ils sont si âpres, leur inquiétude tremble toujours. Jusqu'à la révolution, l'argent n'a pas eu, chez nous, cette grande allure qu'il a prise, de bonne heure, chez la plupart de nos voisins. Nous ne sommes les inventeurs ni des banques, ni des « monts », ni des emprunts, ni du crédit. Nos grands financiers, les Sully, les Colbert, sont des prudents, des épargnants. Les Law nous viennent du dehors. Dès le moyen âge, Venise et Gênes ont une tout autre tournure que Marseille. Nous n'avons eu ni les banquiers de Saint-Georges, ni les Fugger, ni les associés de la Ligue hanséatique (1). « Dès qu'un marchand a amassé un peu de bien, écrit un intendant sous Louis XIV, il ne songe plus qu'à être échevin, et puis il ne veut plus se mêler d'aucun commerce. »

La marchandise, alors même qu'elle s'élève au-dessus des métiers mécaniques, reste donc, en France, quelque chose d'inférieur, qui ne porte point haut la tête, qui n'a pas d'orgueil propre, comme il arrive en Italie, par exemple, où le commerce se complaît en lui-même et se fait patricien. Le commerçant, en France, est plutôt détaillant ; le prêteur prête sur gages ou sur bonne hypothèque ; le rentier est petit rentier. L'aisance à peine gagnée, il se retire en sa bastide, se chauffe au soleil et cultive son jardin ; sage, honnête, réfléchi, mais, il faut bien le reconnaître, quelque peu mesquin.

Il n'est peut-être qu'une seule catégorie d'hommes d'argent, qui, sous l'ancien régime, échappe à cette universelle médiocrité : ce sont les traitants ; ceux-là, il est vrai, sont riches, très riches : un Moysset qui, « de simple tailleur, est devenu riche partisan », a ses entrées partout, sa faveur est grande à la cour et il fait partager aux ministres les bénéfices dans les affaires qu'ils lui font avoir (2). Zamet s'intitule seigneur de trois cent mille écus de rentes ; Beaumarchais, autre partisan, beau-père du ministre La Vieuville,

---

(1) Sur l'importance des grandes sociétés de marchands, voir Jean Janssen, *L'Allemagne et la Réforme*, trad. Paris (t. II, p. 443).

(2) Richelieu le connaissait bien ; car il lui avait acheté Rueil, qui passait déjà pour une merveille.

gagne dix millions en quelques années qu'il est financier de l'Épargne. C'est le denier de la veuve qui s'entasse dans ces poches béantes, qui reluit sur les lambris magnifiques de leurs demeures, qui fleurit dans leurs jardins merveilleux. Aux yeux de l'opinion, ces fortunes sont mal acquises ; aussi, une fois constituées, elles n'aspirent qu'à se dissimuler sous l'hermine parlementaire ou sous le manteau nobiliaire. Les fils des traitants achètent très cher des charges de conseillers ou de présidents. Leurs filles épousent des marquis, et tout cet argent, après avoir fumé les terres de la noblesse, renaît et reverdit, transformé et purifié, en une frondaison de titres, d'honneurs et de privilèges. Ces fortunes subites n'ont donc rien de ce qui caractérise l'activité pratique et épargneuse de notre bourgeoisie. Pour la plupart, les traitants sont des étrangers, des commis ou des laquais parvenus. Ils sont en dehors de la hiérarchie normale des métiers qui nourrissent et enrichissent les habitants des villes.

Au rez-de-chaussée d'une maison à pignon, bâtie en torchis, avec charpentes apparentes, notre marchand est tapi, loin de l'air et de la lumière, au fond d'une boutique reculée à l'arrière d'une arcade surbaissée. A la pointe du jour, un auvent s'ouvre, comme une paupière timide ; il se referme, le soir, abritant, sous son cadenas solide, les marchandises précieuses dissimulées dans le clair-obscur de l'intérieur, ou soigneusement repliées au fond des coffres. On ne les montre qu'à bon escient, car toute pièce vue est par cela même déflorée. Si le chaland entre, un artifice mêlé d'insinuation et de brusquerie, le surprend, l'étourdit, le précipite au piège. « L'on ouvre et l'on étale, tous les matins, pour tromper son monde, et l'on ferme, le soir, après avoir trompé tout le jour... Le marchand fait des montres pour donner de sa marchandise ce qu'il a de pire ; il a le cati et les faux-jours afin d'en cacher les défauts (1). » On marchande beaucoup ; la femme surtout le fait avec cet entregent, cette parcimonie âpre, ce tact adroit qui caractérisent la commerçante française. Elle met tout en jeu pour arracher un écu au client surpris par tant de volubilité habile, parfois séduit par ce charme provocant. Le soir, les volets clos, dans l'arrière-boutique où s'entasse la famille, le mari pèse et trébuche, à la lampe, la recette de la journée, les ducatons, les angelots, les pistoles ; la femme le surveille de près et compte derrière lui, la balance à la main. Ces gens restent simples dans leurs costumes et dans leurs mœurs. Ils s'habillent d'étoffes sombres, de robes de futaine ou de bouracan, et les femmes au nez pointu, à l'œil fixe, pâles de l'humide immobilité où elles vivent, bornent tout leur orgueil à faire sonner, en allant et venant dans l'étroite demeure, les « trente-deux clefs et les bourses » pendues à leur « demi ceint d'argent ».

Pourtant, petit à petit, sou par sou, la fortune s'amasse. Aucuns frais dispendieux ne la dissipent ; pas de politique, pas de chasses, pas de courses, pas de goûts artistiques, pas de jeux de bourse, rien de ce qui tente et ruine le commerçant d'aujourd'hui. Le sac se gonfle, le coffre se remplit et, si notre homme a quelque envergure, il devient marchand en gros, « vendant ses marchandises par balles, caisses ou pièces entières ». Sa richesse finit par lui attirer une sorte d'estime et de respect. « Qu'est-ce qu'un marchand à présent, et se voit-il rien de plus honorable ? Il n'est plus reconnu que par ses grands biens ; vêtu d'un habit de soie, manteau de peluche, communiquant sur la place de grandes affaires avec toutes sortes d'étrangers, trafiquant, en parlant et devisant, d'un trafic secret, plein de gain, d'indus-

---

(1) La Bruyère.

tric et de hasard, inconnu à l'antiquité et qui se rendra commun à la postérité... Leur trafic se fait par commis ; car pour les maîtres, ils vivent honorablement. Le matin, on les voit sur le Change, vêtus à l'avantage, inconnus pour des marchands, ou sur le Pont-Neuf, devisant d'affaires, sur le Paillemail, communiquant avec un chacun. » Prenez garde. Ce marchand est au plus haut degré de l'échelle. Déjà, il touche aux classes privilégiées ; il n'a plus qu'un rêve, leur appartenir. A la première occasion, il achètera un titre de noblesse. En tout cas, son fils est aux études ; il quittera l'aune et la balance et sera magistrat et gentilhomme comme les autres.

Le négoce était considéré comme honorable, relativement à l'exercice des métiers mécaniques. Ces « industriels » qui aujourd'hui, tiennent le haut du pavé et ont, dans leur dépendance, les masses populaires des villes, étaient au début du dix-septième siècle, traités de « viles personnes », même par les jurisconsultes (1). Il était bien rare, d'ailleurs, qu'ils élevassent très haut leurs ambitions et qu'ils fissent fortune. La grande industrie n'était pas née et les maîtres-artisans vivaient dans des ateliers étroits, munis d'un outillage rudimentaire, pêle-mêle avec leurs ouvriers dont ils se distinguaient à peine : bouchers, boulangers, pâtissiers, rôtisseurs, menuisiers, serruriers, forgerons, chaudronniers, drapiers, toiliers, tisserands, selliers, layetiers, bonnetiers, chapeliers, tailleurs, cordonniers, armuriers, perruquiers (2), tout ce peuple était mal logé, médiocrement vêtu, nourri de peu, sans instruction et sans fierté ; mais pieux, polis,

(1) « Les artisans, étant proprement méchaniques, sont réputés viles personnes. » — Loiseau, *Traité des ordres,* chap. VIII, 48-53 (édit. de 1620, p. 139).

(2) Les deux industries françaises par excellence étaient alors la *draperie* et les *toiles*.

18.

convenables, ingénieux, ils se transmettaient les uns aux autres, par la vie en commun et par la durée des longs apprentissages, les traditions, les secrets, le tour de main, et cet amour du fini, de l'achevé qui a fait, de ces temps, la grande époque de l'art industriel en France. Beaucoup de ces artisans étaient des artistes, et, à vrai dire, la plupart des artistes dont les noms sont parvenus jusqu'à nous étaient considérés, par leurs contemporains, comme des artisans.

Au-dessous des maîtres, les ouvriers. L'histoire est presque muette sur leur compte. Il est certain que ce que nous appelons aujourd'hui la « question sociale » ne présentait point, sous l'ancien régime, le caractère d'acuité redoutable que nous lui voyons aujourd'hui. On a remarqué avec raison que, dans les cahiers des États généraux de 1789, les plaintes des ouvriers sont moins nombreuses et moins pressantes que celles des paysans. Plusieurs causes expliquent ce calme relatif. L'agglomération des populations industrielles dans des locaux étroits et malsains, avec toutes les contagions du malheur, de la misère et du vice, était l'exception. La plupart des ouvriers travaillaient chez eux, ou, du moins, dans de petits ateliers où ils vivaient d'une vie commune avec le maître et sa famille, « au même pot, feu et chanteau ».

La jalousie et l'hostilité des classes n'avait où se prendre dans de pareilles conditions. La ligne de démarcation entre les patrons et les ouvriers était pour ainsi dire imperceptible. On devenait d'apprenti, compagnon, et de compagnon, maître, avec une facilité qu'explique surtout le peu d'importance de l'outillage. Le menuisier avec son marteau, sa scie et son rabot, le cordonnier, avec son alène et son tranchet, même le tisserand avec son métier rudimentaire installé au fond d'une cave, avaient en main tout ce qu'il fallait pour vivre et soutenir la concurrence. L'intervention du capital pour frais de premier établissement était, pour ainsi dire, nulle. La vapeur n'avait pas réduit l'homme à n'être qu'un rouage dans la grande machine industrielle, et un chiffre dans le total des frais généraux.

Apprenti élevé et instruit rudement, mais partageant, en somme, le sort des enfants de la famille ; ouvrier, gai compagnon du tour de France, le bâton à la main et la chanson aux lèvres ; candidat à la maîtrise, visant au chef-d'œuvre et, « passé maître » enfin, sur une preuve de capacité appréciée par ses pairs, l'artisan conservait, en ces phases diverses de sa carrière, une valeur personnelle qui lui faisait supporter d'un cœur plus léger, ou plus résigné, les difficultés de l'existence et les maux qui ne lui étaient pas épargnés. Il faut ajouter que les exigences du fisc et du service militaire n'avaient pas la même rigueur qu'aujourd'hui. Presque partout, soit en raison du privilège des villes ou des corporations, soit en considération de sa misère, l'ouvrier était exempt d'impôts directs. Il ne payait guère que les contributions indirectes, les moins apparentes, et, en somme, les moins lourdes de toutes.

Les grandes misères publiques étaient, il est vrai, plus fréquentes ; mais il semble qu'on les supportait mieux : famines, pestes, guerres intérieures, inondations, ces maux s'abattaient sur une population presque impassible et qui ne criait merci qu'à la dernière extrémité. Cette passivité relative des masses populaires venait-elle, comme on l'a dit, d'un esprit de résignation entretenu par la religion, ou d'une sorte d'endurcissement provenant de l'habitude invétérée de la souffrance ? Dans cette soumission aux conséquences de l'inégalité sociale, quelle part faut-il faire à la docilité de la race, à la difficulté des relations, au manque de solidarité et d'instruction ? Ces différentes raisons ont toutes leur importance, et il suffit de les signaler sans y insister davantage.

Les questions « ouvrières » ou « sociales », aujourd'hui si pressantes et si douloureuses, n'entraient pour rien ou pour peu de chose dans les préoccupations des hommes d'État du dix-septième siècle (1). C'est à peine si on pouvait deviner, dans quelques faits épars, les premiers linéaments du caractère révolutionnaire qui devint, par la suite, celui des populations urbaines.

Quelques-uns de ces traits méritent cependant d'être signalés. L'un des plus frappants est la rapidité avec laquelle les classes ouvrières du seizième siècle ont adhéré à la Réforme. Tandis que le paysan, fidèle à ses anciennes croyances, résistait à la propagande luthérienne ou calviniste, le citadin se laissait plus facilement entraîner. A Angers, d'après une lettre du maire, les premiers protestants attirèrent à eux « toute la noblesse dépravée du pays », ainsi que « nombre de marcandeaux et artisans ». A Fontenay, « trois cents garçons de boutique, gentilshommes et autres gens de tous estats se déclarèrent huguenots ». Dans tout le nord de la France, ce sont les tisserands qui sont les premiers atteints. A Orléans, Théodore de Bèze cite, comme les initiateurs de la première église : « un jeune homme nommé Colombeau, un berger nommé François de la Fie, un cardeur nommé Jean Chenet, un autre, nommé François Doubte, et cinq autres dont on n'a pu savoir les noms. » De ces neuf, Colombeau seul paraît avoir quelque teinture des lettres. On pourrait multiplier ces exemples. Il est certain que la démocratie des villes joua un

(1) Il est utile de lire à ce sujet le livre de M. Fagniez : l'*Économie sociale en France sous Henri IV*, in-8º ; — l'*Histoire du commerce de la France* de M. Pigeonneau, et le *Traité de l'Économie politique* d'Antoine de Montchrestien, publié par M. Funck-Brentano, 1889, in-8º.

rôle important dans les guerres de religion et, qu'en plus d'un endroit, elle menaça les détenteurs de la propriété et de la fortune.

Sous le nom de « compagnonnages », il existait de vastes associations reliant entre eux les ouvriers d'un même métier et les faisant obéir à une sorte de direction occulte d'un homme ou d'une femme, *père ou mère des compagnons*. Ils se reconnaissaient à des signes spéciaux, comme l'habitude de *toper* ou de *hurler,* et se qualifiaient de noms bizarres, comme ceux de *Gavots*, de *Dévorants*. Dans chaque ville, ils avaient une auberge où ils se donnaient rendez-vous, où ils déposaient leurs sacs, leurs cannes, et leur argent. Ils se retrouvaient ainsi, parlaient entre eux un argot spécial comme les ouvriers drapiers de Rouen, se saluaient à l'arrivée, se faisaient la conduite au départ. Dans les temps de troubles, ces associations occultes étaient vraiment dangereuses. Il en fut ainsi, en Normandie, lors de la fameuse révolte des *Va-nu-pieds,* et en Bourgogne, lors de la révolte des *Lanturlus.*

Quand des faits aussi graves se produisaient, le pouvoir royal s'inquiétait. On appelait à l'aide l'autorité de la religion ; la faculté de théologie condamne, en 1635, certaines pratiques du compagnonnage comme impies, sacrilèges et tumultueuses. On interdisait les associations secrètes et même les confréries d'ouvriers dont les conciliabules donnaient le mot d'ordre pour des sortes de grèves consistant à mettre telle ou telle maison en interdit. Mais, par leur nature même, ces associations échappaient à la surveillance du pouvoir et elles n'étaient pas assez redoutables pour qu'un gouvernement, qui avait bien d'autres soucis en tête, ne crût pas préférable de fermer les yeux. D'ailleurs, l'habitude de l'association était tellement entrée dans les mœurs qu'il eût été difficile de la combattre sans froisser des intérêts, des traditions et des préjugés presque invincibles.

Le tiers état urbain avait, en effet, de longue date, cherché dans l'association un abri contre l'exaction des puissants et contre les rigueurs d'une société fondée sur la conquête. Le moyen âge avait été l'époque des corporations, des congrégations et des confréries. Au dix-septième siècle, les anciens cadres subsistaient. Cependant, une révolution importante s'opérait, dont la royauté était, pour le moment, la principale initiatrice, et qui avait pour but d'arracher le monde du travail au système vieilli des associations.

Il faut jeter ici un coup d'œil rapide sur ce passé qui était en train de disparaître, et signaler les abus qui, le rendant intolérable, préparaient sa ruine prochaine.

Les deux types d'association les plus répandus au moyen âge, dans les classes ouvrières, étaient les corporations et les confréries. La *corporation*, plus pratique et plus étroite, rapprochait les hommes qui exerçaient une même profession. La *confrérie*, plus large et plus souple, réunissait ceux qui aimaient à partager les mêmes sentiments, les mêmes émotions, les mêmes plaisirs. La corporation n'était pas sans analogie avec nos sociétés commerciales et avec nos syndicats industriels ; les confréries ressemblaient plutôt à nos sociétés de secours mutuels, à nos loges de francs-maçons, à nos sociétés de gymnastique et à nos fanfares. Ces deux types se combinaient souvent entre eux et la corporation professionnelle était presque toujours doublée d'une confrérie religieuse (1).

Il est facile de déterminer les raisons de l'engouement.

---

(1) Voir le livre de M. Fagniez : *Études sur l'Industrie et les classes industrielles à Paris au treizième et au quatorzième siècle*, 1877, in-8°.

qui avait porté les peuples vers ces groupements spontanés. Dans un temps où la sécurité, qui est le premier besoin du commerce, ne se trouvait que trop rarement garantie par les pouvoirs publics, les corporations assuraient au marchand et au maître artisan les débouchés et les relations appartenant à ces corporations puissantes. D'autre part elles garantissaient à l'ouvrier une certaine régularité dans les contrats, une certaine protection contre l'avarice patronale, une certaine fixité dans les heures de travail et dans les salaires. Ces résultats, en somme, avaient été atteints dans les bons temps du moyen âge.

Les confréries groupaient les citadins pour le plaisir, le repos et l'exercice de la charité, comme les corporations les réunissaient pour le travail. En apparence, du moins, l'objet principal de ces associations était de secourir les membres malades, d'aider ceux qui tombaient dans la misère, de veiller à leurs derniers instants et de les faire inhumer décemment. Mais la grosse gaieté et le pantagruélisme populaires avaient transformé le caractère de ces réunions. Ils en avaient fait des occasions de plaisirs, « de frairies » et de franches lippées. On se rencontrait pour danser, chanter, jouer la comédie, et surtout pour manger et boire ensemble. L'argent, réuni par les cotisations ou par les « entrées », servait à organiser des banquets interminables où on parlait librement. Il était arrivé plus d'une fois que des séditions avaient pris naissance dans des parties où les têtes échauffées ne connaissaient plus de lois.

Aussi, de bonne heure, la royauté avait surveillé ces assemblées. Une ordonnance de Philippe le Bel (1305) avait interdit à Paris, « aux personnes de toutes classes, de toutes professions, les réunions de plus de cinq personnes, publiques ou clandestines, pendant le jour ou pendant la nuit, sous n'importe quelle forme ou quel prétexte. » Bientôt après, à la suite d'une véritable sédition fomentée par la confrérie de Notre-Dame, le même roi avait aboli toutes les confréries religieuses. Cependant, la force qui portait les habitants des grandes villes à se grouper était si puissante que ces associations s'étaient bientôt reconstituées. Elles prirent une part prépondérante dans les révolutions qui ensanglantèrent Paris : ce furent les corporations qui dirigèrent et soutinrent la révolte des Maillotins. Charles VI les supprima de nouveau. Elles reparurent encore.

Outre les événements politiques qui viennent d'être rappelés, la constitution de ces sociétés et leur histoire intime justifiaient amplement l'intervention du pouvoir central. Il en avait été, en effet, de ces institutions économiques, comme des institutions politiques dont nous avons rappelé l'histoire. Les corporations et confréries, suivant une pente fatale, avaient versé dans l'oligarchie. Les patrons abusaient de leur influence pour entourer l'admission à la maîtrise de barrières presque insurmontables, non seulement en exagérant les difficultés de l'examen et du chef-d'œuvre, devenu de plus en plus spécial et compliqué, mais en établissant des droits d'entrée onéreux, qui, sous le nom de *past*, de *goûter*, d'*abreuvement*, étaient devenus presque prohibitifs. Puis, entre les patrons eux-mêmes, une sélection s'était faite ; les plus riches se perpétuaient dans les charges et dans les emplois, et se réservaient tous les bénéfices de la communauté.

En un mot, l'esprit de privilège pénétrait le système industriel et commercial. Certaines corporations prenaient la taille à forfait et se chargeaient de la percevoir sur leurs membres. Naturellement, les patrons influents, répartiteurs-nés, n'avaient pas manqué de rayer leurs noms des listes, selon la loi du privilège qui indemnise toujours l'opulence au détriment de la misère. Dans nombre de villes,

les corps de métiers et les confréries s'étaient assuré de grands avantages en matière d'administration municipale : les familles les plus influentes occupaient héréditairement ces emplois qui, en beaucoup d'endroits, exonéraient des impôts et parfois même anoblissaient (1).

Ces abus devenant insupportables, les gens de métier raisonnèrent comme avaient raisonné les provinces, comme avait raisonné la petite noblesse, comme avaient raisonné les justiciables, comme avaient raisonné les habitants des villes écrasés sous le poids de l'oligarchie communale. Pour avoir « la paix », pour secouer une tyrannie d'autant plus cruelle qu'elle était plus proche, on recourut à une autorité supérieure : on supplia le roi de surveiller et de contenir ces autorités particulières dont l'action n'aboutissait qu'à l'oppression du plus grand nombre. Toutes les assemblées d'États généraux réclamèrent de la royauté la réglementation des matières industrielles et commerciales. Le roi lui-même sentit bien vite qu'il avait un double intérêt à écouter ces ardentes prières : un intérêt politique et un intérêt fiscal.

La royauté engage, d'abord, la lutte avec une grande énergie. Mais elle ne tarde pas à comprendre qu'on ne peut détruire complètement les associations. Elle procède alors, à leur égard, exactement comme elle avait fait à l'égard des autres institutions du moyen âge : elle se décide à reconnaître leurs droits, en les diminuant et en les transformant en privilèges octroyés par elle. Les corporations acceptèrent avec empressement un régime qui, non seulement les laissait subsister, mais qui leur assurait une consécration nouvelle.

Ces réformes furent accomplies par une série de mesures

(1) Levasseur, *Hist. des classes ouvrières* (t. II, p. 97).

dont les plus importantes sont l'édit de 1581 et l'ordonnance de 1597, consacrés à la réglementation des corps de métiers. Leur objet, spécialement fiscal, ne peut être dissimulé. L'une et l'autre de ces mesures législatives ont été prises en un temps où la royauté aux abois recourait à tous les moyens pour se procurer des ressources ; l'une et l'autre ont pour but de constituer un régime de vénalité des maîtrises, au profit de la royauté, analogue à la vénalité des offices. Mais il faut reconnaître en même temps qu'elles marquaient un grand progrès et qu'elles ont eu pour effet de briser l'organisation surannée des vieilles corporations.

En édictant ces mesures, la royauté répondait certainement au vœu de la partie la plus éclairée de la nation. Aux États de 1614, le tiers état demande encore « qu'il soit permis à tout marchand de faire trafic tant dedans que dehors du royaume, de toutes sortes de denrées et marchandises ; et à tous les artisans et autres, d'ouvrer et faire ouvrer toutes sortes de manufactures nonobstant tous privilèges concédés à aucun. »

On voit, qu'à cette date, on se trouvait dans les matières économiques, comme dans les matières politiques et sociales, à une époque de transition. Les institutions du moyen âge survivaient, du moins nominalement ; mais le vœu populaire et la volonté royale s'efforçaient de les transformer. Là, comme partout ailleurs, il se produisait un courant invincible dans le sens de l'unité nationale et de la centralisation administrative. La royauté, dont les responsabilités s'accroissaient sans cesse, assumait, bon gré mal gré, des devoirs nouveaux. En partie pour faire face à des besoins d'argent, en partie pour vaincre la résistance étroite d'institutions surannées et odieuses ; en partie par le légitime souci d'établir l'ordre et la paix, là où régnaient le privilège et l'anarchie, le pouvoir royal s'institue le grand maître de tous les métiers et pénètre dans les voies politiques qui aboutiront au *Colbertisme*.

Le prince étend graduellement son autorité et sa compétence. Il n'est pas seulement soldat, juge et administrateur, il est aussi banquier, car il fixe le taux légal de l'intérêt; il est prudhomme et expert en marchandises, car il tarife les denrées et les salaires; il est économiste, car il réglemente l'importation et l'exportation, suivant les besoins qu'il se croit seul en état d'apprécier; il est patron, car il défend les patrons contre les ouvriers; il est ouvrier, car il défend les ouvriers contre les patrons; il est agriculteur, car il détermine le nombre d'arpents qu'il faut planter en vignes ou semer en blé. Sa vigilance s'étend partout, et prétend ne rien laisser au hasard. Il est comme un précepteur attentif veillant sur les premiers pas d'un peuple encore jeune, le mettant en garde contre ses propres entraînements, et le dirigeant selon les leçons d'une sagesse supérieure donnée au prince, à l'heure où il monte sur le trône.

Quelque opinion que l'on se forme sur le rôle de l'État dans les questions économiques, il faut reconnaître que l'heure de la naissance et de la formation d'une jeune nationalité n'est pas celle du laisser-faire et du laisser-passer. En tout cas, bien loin que cette intervention fût considérée comme gênante et tracassière, elle était au contraire énergiquement réclamée, au début du dix-septième siècle, par la majorité du peuple français : celui-ci, engagé dans sa lutte contre les oligarchies, ne sentant que le poids des charges dont elles l'accablaient, considérait la règle et l'uniformité royales comme de grands bienfaits. Dans le contrat d'assurance que tout membre d'une société passe avec celle-ci, pour obtenir la protection, la tranquillité et l'ordre, la prime à payer au roi était considérée comme moins lourde que celles qui avaient été perçues par les régimes antérieurs ; et, d'autre part, l'engagement paraissait mieux tenu et les catastrophes plus rares. En matière économique, comme dans les questions politiques, la nation française, avant d'en arriver à la conception et à la pratique de la liberté et de l'initiative individuelle, recourait volontairement et d'un élan unanime, à la tutelle de la royauté.

### Le paysan.

J'arrive enfin à ces millions de laboureurs et de paysans qui furent, de tout temps, la véritable force de la France. La pénurie des renseignements en ce qui les concerne est désolante. Il faut retourner le fatras des cartulaires et des vieux procès pour recueillir quelques vagues indications sur le côté matériel de leur existence ; il faut s'en rapporter à une littérature qui, sous des apparences de bonhomie, leur est presque toujours hostile, pour deviner quelque chose de leurs sentiments. Nos paysans n'ont pas d'histoire : en étaient-ils plus heureux ?

La différence était grande entre le peuple des villes et celui des campagnes : l'un voulait acquérir la fortune pécuniaire et, par suite, le privilège. L'autre ne pouvait avoir qu'une ambition : posséder le sol. Mais là il se heurtait directement au privilège de la noblesse. Pour arriver à ses fins, il avait à soulever le système féodal tout entier.

Dispersés dans les campagnes, dénués de tout renseignement sur leurs forces, dans l'impossibilité de se connaître et de s'unir, ignorants d'un droit qui existait à peine et dont la chicane gardait l'entrée, les paysans en étaient réduits à tout attendre du temps et de je ne sais quelle foi instinctive en un avenir meilleur. Tandis que le bouillonnement des convoitises bourgeoises agitait la surface du tiers état, ses masses profondes restaient calmes et comme endormies. Elles supportaient la charge qui pesait sur elles, comme une nécessité de la nature. Il fallait des temps particulièrement durs et des misères extraordinaires pour que ce peuple se soulevât et qu'il cherchât, dans la violence et la destruction, sinon un adoucissement, du moins une diversion à ses maux.

Ce calme séculaire du paysan français a souvent frappé et même étonné les contemporains. Les uns l'attribuaient à sa passivité; les autres, comme l'anglais Carew, au sentiment qu'il avait de son impuissance en présence de ce que ce diplomate appelle « la conjuration des hautes classes de la nation pour le mâter et l'écraser de longue main ». Il est certain qu'un même intérêt liait, les uns aux autres, tous ceux qui jouissaient du privilège, et la coalition que dénonce Carew était toujours prête à se former dès que l'on voyait apparaître la moindre velléité de revendication sociale. Que ce soient les *Croquants* du Poitou, les *Va-nu-pieds* de Normandie, les *Lanturlus* de Bourgogne, partout c'est la même histoire : le peuple, après chaque tentative de révolte, retombe plus las et plus bas.

« C'est une maxime d'État en France, dit l'ambassadeur anglais, que le peuple doit être abattu et découragé par les exactions et l'oppression ; car autrement il serait disposé à la révolte. En conséquence, il est, à l'heure présente (1609), accablé de charges telles, qu'elles lui enlèvent toute possibilité, je ne dis pas seulement de ruer ou de courir, mais même, pour ainsi dire, de marcher et de remuer sous elles. Ces charges n'ont pas été imposées par le roi actuel (Henri IV) ; mais il les conserve sous le prétexte de payer ses dettes... Le peuple est accablé et bâté par tant d'énormes exactions. Sa dépouille est partagée entre le clergé, la noblesse de cour, la noblesse de campagne et les officiers de justice... On tient les paysans dans une telle servitude qu'on n'ose pas leur confier des armes. Ils ne peuvent faire de bons soldats... on leur laisse à peine de quoi se nourrir. Leurs âmes sont basses et lâches et leurs corps fatigués et recroquevillés comme ceux des nabots (1) ». Un cardinal bien en cour, Duperron, ne s'exprime pas autrement : « En Angleterre, dit-il, ils boivent tous de bonne bière, mangent de bon bœuf, et on n'en voit pas un qui ne soit vêtu de drap et qui n'ait la tasse d'argent; en France, ils sont misérables, déchirés; les Rois devraient avoir quelque respect. Aussi, en Angleterre, ils disent que les paysans de France, ce sont des bêtes... » Cette comparaison avec les bêtes revient fréquemment sous la plume de ceux qui parlent du peuple. Le roi François Ier racontait un jour à l'ambassadeur vénitien que « l'Empereur est le roi des rois, le roi d'Espagne, le roi des hommes, et le roi de France, le roi des bêtes ». C'est ainsi que s'était créée cette réputation de douceur et de passivité qui se répandit en Europe, au sujet du peuple français. Tous les publicistes répètent, après Machiavel, qu'il n'y a pas au monde une nation plus soumise à son roi; et le proverbe disait, avec une sorte de fierté résignée :

La France est un pré<br>
Que l'on tond trois fois l'année.

Si l'on songe que ce pré tondu et rasé, c'est le travail du peuple qui le féconde; si l'on veut bien se rappeler qu'il est

---

(1) Relation de Carew, *État de la France sous Henri IV*, dans Birch, *An historical view of the Negociations between the courts of England, France and Brussels*, from the year 1592 to 1617, London 1749 (p. 427-461). — Voir aussi Hurault dans ses *Discours d'État* (p. 80-81).

sans cesse resserré et rendu plus étroit par le privilège qui va toujours grandissant ; si l'on considère que ce « plat pays » doit suffire chaque année, aux exigences du fisc royal et à l'entretien de tout ce qui demeure oisif dans le royaume ; si l'on énumère les maux des guerres civiles et des guerres étrangères, les excès commis par les routiers et par les troupes régulières, les entraves apportées au commerce des grains, les mauvaises récoltes, les famines et la peste, on se demande enfin, avec un autre contemporain « comment les laboureurs tant rabaissés et opprimés par les tailles et la tyrannie des gentilshommes, pouvaient subsister, et comment il en restait encore pour nourrir les autres classes. »

Ces pauvres gens excitent traditionnellement la pitié de ceux qui les regardent : « Commun, quémun peuple, gens de travail, gens de labeur, povres laboureurs de bras » de quelque nom qu'on les appelle, ils ont payé de leurs peines et de leurs sueurs l'édification de cette unité et de cette liberté dont si peu jouissent et depuis si peu de temps. L'histoire ne saurait leur être trop reconnaissante ; tandis que d'autres connurent du moins les satisfactions de la bataille au grand jour, et goûtèrent, de leur vivant, l'éclat des triomphes publics, le paysan français qui, poussant sa charrue, « traîna toujours, comme dit Pasquier, tout le malheur du temps quant et soi, » ce paysan sema toujours pour un avenir lointain. La récolte s'est levée ; ces « bonshommes », longtemps après leur mort, ont réussi ; mais leur succès reste comme un étonnant exemple d'abnégation, et comme la preuve la plus éclatante de la solidarité qui lie entre elles les générations successives.

En présence des maux immenses signalés par tous, comment expliquer à la fois la permanence de l'effort et son résultat ? C'est que la race a reçu un don admirable, l'endurance, et une aptitude sans égale, l'épargne : ces deux qualités en se combinant, en produisent une autre qui est tout le secret de la vitalité française ; elle se résume en trois mots : « content de peu (1) ».

En 1484, l'orateur du Tiers aux États généraux dit, qu'après les grandes guerres, on voyait dans la campagne, les paysans, « faute de bestes, labourant la charrue au cou », et il dit encore qu'on en voyait d'autres « travaillant la nuit par crainte d'être pris et appréhendés pour les tailles ». Au moment des guerres de la Ligue, les mêmes faits se reproduisirent : « Non loin des villes et des lieux fortifiés, dit un contemporain, les paysans qui parvenaient à se procurer quelques mesures de seigle, s'assemblaient la nuit comme des hiboux au nombre de trois ou quatre, s'attelaient à la charrue et, dans le silence et l'ombre, comme des malfaiteurs, semaient ce peu de grains... »

Une pareille race ne désespère jamais. Son énergie s'accompagne et se soutient d'une bonne humeur naturelle qui désarme le sort. Au moindre rayon, la prospérité latente reparaît. C'est ce qui explique les contradictions apparentes qui existent dans les récits des voyageurs et des historiens. A dix ans de distance, tout change ; qu'on laisse seulement le paysan respirer : il sort de sa misère, comme une marmotte de son sommeil ; il tire de sa cave le pichet de vin et le pain blanc dont parle J.-J. Rousseau ; il s'asseoit sur le pas de sa porte, au pied de sa vigne, en chantant sa chanson.

Que lui fallait-il donc ? Un peu de repos. Le sol est bon, les hommes « de grant peine et fort laborieux », les femmes

(1) C'est le proverbe français : « Contentement passe richesse »; et l'autre, extrait du *Proverbe au Vilain* : « Ki pains a et santé — riche est, si ne l'sait, — ce dist le villain ; » et l'autre enfin, si modeste et si résigné : « De petit petit et d'assez assez ».

« honnestes de vesture et de mesnaige (1) ». On attendait tout de ceux qui avaient la direction des affaires publiques ; on s'abandonnait à eux avec la confiance naturelle à un peuple qui s'est, de tout temps, volontiers déchargé sur ses chefs du soin de le conduire et de le diriger. Tant que la royauté comprit le rôle qu'elle avait à remplir à l'égard du peuple rural, tant qu'elle défendit les deux causes qui lui tenaient au cœur : la libération du sol et l'égalité civile, elle put compter sur le plus entier dévouement, sur la plus touchante et la plus naïve reconnaissance. Mais quand le roi, se laissant séduire par son entourage, commença à abandonner la cause du paysan, quand il s'appliqua à reconstituer et à protéger ces classes privilégiées qu'il avait autrefois secouées d'une main si rude, alors la désaffection fit des progrès rapides. Ce peuple si doux devint tout à coup impitoyable. Il continua sa marche en avant et il piétina, sans détourner la tête, cette vieille royauté française qu'il avait tant aimée.

L'organisation féodale de la société fut, probablement, à l'origine, accueillie comme un grand bienfait par les classes agricoles. L'antiquité, dans sa banqueroute, avait laissé derrière elle, deux institutions odieuses : l'esclavage et le colonat. L'invasion des barbares avait semé, de toutes parts, l'anarchie et la ruine. Quand le calme revint, on fut heureux de se grouper au pied d'un château et d'une église, sous la protection du seigneur et sous la sauvegarde de Dieu. Du moins, l'homme était sûr d'avoir, en échange de son travail, les premières nécessités de l'existence.

Aux champs comme à la ville, l'association joua un grand rôle; mais elle dut se conformer aux conditions si rudes et

---

(1) Voir L. Delisle, *Études sur la classe agricole en Normandie*, Introduction (t. I, p. 8).

aux résultats si lents du travail agricole. Pour accomplir l'œuvre de défrichement, de déboisement, d'assainissement qui s'imposait à une civilisation naissante, pour s'attaquer à ces forêts épaisses et à ces marais sans fin, l'individu isolé était trop faible; la liberté n'eût pas suffi. Il fallait une organisation forte et une discipline sévère. D'autre part, les moyens de communication faisaient défaut; les échanges et les approvisionnements étaient presque impossibles. Il était donc nécessaire que ceux qui fournissaient le pain fussent astreints à un labeur régulier. Les laboureurs et les boulangers ne sont pas libres. Une année de relâche dans la culture des champs, c'eût été la mort pour tous. Il y allait de la vie sociale elle-même. Le paysan fut donc lié à la terre et il y fut lié par troupes, par communautés.

Dans les bons temps du moyen âge, le régime du patronat seigneurial avec toutes les exigences de l'adscription à la glèbe fut, en somme, supportable. Il laissa même se développer parfois, dans les classes agricoles, un bien-être relatif et une certaine aisance. C'est ce bien-être et cette aisance qui commencèrent à donner du cœur au paysan. Un serf qui s'était amassé un petit pécule, devenait plus fier et plus mobile et, par conséquent, un tant soit peu plus exigeant. Dans les périodes de paix, le défrichement s'étendait rapidement; de nouvelles terres entraient, si je puis dire, dans la circulation; la main-d'œuvre manquait. Comme pour la mise en valeur de ces pampas de l'Amérique qui appellent aujourd'hui l'émigrant, le sol de la France réclamait des hommes. Le paysan plus riche était, en même temps, plus recherché. Les seigneurs se le disputaient. On ouvrait des refuges, des « villes neuves »; on distribuait des terres, des maisons; on offrait « l'hostise ». Le paysan posait ses conditions, toujours et partout les mêmes : il demandait la libre disposition de son pécule, la faculté d'acquérir un héritage transmissible à ses descendants ; en un mot, ce qu'il recherchait plus encore que l'argent, c'était la liberté civile. Cette terre, qu'il fécondait du dur travail de ses bras, cette terre il la voulait pour lui.

Le seigneur avait tout intérêt à accepter. Il s'apercevait sans peine que le travail libre est infiniment plus fructueux que le travail serf. Il comprenait que son avantage était de transformer en taxes, en rentes, en cens, en fermages régulièrement payés, les bénéfices plus ou moins aléatoires qu'il tirait du travail de ses hommes. Il faisait un calcul analogue à celui d'un patron qui préfère, aujourd'hui, payer l'ouvrier à la tâche plutôt qu'à la journée. C'est ce que Beaumanoir explique très bien : « les seigneurs ne font qu'y gagner, puisque leurs serfs deviennent plus riches, de sorte qu'à l'occasion les mortes-mains et les formariages sont plus élevés et, comme dit le proverbe : celui qui a une fois écorché, deux fois, ni trois ne tond ; et l'expérience apprend que, dans les pays où on leur prend, jour par jour, ce qu'ils gagnent, ils ne travaillent que juste pour gagner ce qu'il faut pour vivre, eux et leur maison, au jour la journée. »

La royauté fit précisément ce calcul au moment où son influence commençait à s'étendre sur le pays. Comme nous l'avons dit, en multipliant les hommes libres, elle multiplia les contribuables. De là cette entreprise générale d'affranchissement qui coïncide avec les grands besoins de la royauté et qui s'accentue sous les règnes de Philippe le Bel et de ses successeurs. De là, ces préambules fameux et ces dispositions célèbres qui promulguèrent la liberté comme une loi fondamentale du royaume, qui vantèrent le respect dû au « pauvre homme », et qui imposèrent, parfois même malgré eux, la franchise à tous les manants du royaume, obligés désormais de concourir aux charges d'une société dont ils devenaient citoyens.

Quels que furent les mobiles qui inspirèrent la conduite de la royauté, le résultat n'en fut pas moins heureux et fécond. Un pacte tacite se fit entre elle et les masses populaires. On travaillerait ensemble à la ruine du régime féodal. La royauté frappait à la tête ; le paysan fouillait l'arbre par la racine. Il persévérait dans son idée ; il voulait le sol. Peu lui importait la misère, peu lui importait la politique, peu lui importait même la liberté. Il voulait le sol.

La royauté l'aida au début. L'ordonnance royale de 1275 qui autorise l'achat des fiefs par les vilains, est décisive. Désormais, le paysan qui amasse son travail sur la terre, fera reculer pied à pied le seigneur héritier des conquérants. Son épargne aura raison du luxe seigneurial, et cette ordonnance, si mal vue par les pamphlétaires du temps, prépare l'heure « où il n'y aura plus de fiefs dans le royaume, mais uniquement des patrimoines. »

Même politique de la part de la royauté, dans une question non moins importante : celle du droit de chasse. Au fond, c'est le problème de la forêt. Subsistera-t-elle pour garder, dans ses repaires, le gros gibier cher au seigneur féodal ; ou bien s'éclaircira-t-elle sous la hache du paysan qui cherche, dans les « essarts », la bonne terre arable où planter sa charrue ? Malgré ses inclinations personnelles, le roi intervient pour interdire toute création ultérieure et toute extension des garennes, et il persévérera dans cette politique, jusqu'au moment où il aura perdu la notion des nécessités de son alliance avec les classes populaires.

Même parallélisme entre l'intérêt du roi et celui du paysan, dans la question de juridiction. D'après le droit féodal, la justice appartenait au fief : « Les roturiers ou vilains étaient justiciables des seigneurs desquels ils étaient manants et couchants. » Les seigneurs aliénaient leur autorité entre les mains d'agents qui en tiraient profit. Les juristes royaux entreprirent une campagne vigoureuse contre les « abus des justices de village (1). » Ils dépeignirent la situation malheureuse du paysan qui, plaidant pour ses brebis ou ses vaches, était contraint de passer par cinq ou six degrés de juridiction, avant de voir finir son procès; devant son propre tribunal, le seigneur à la fois juge et partie, l'emportait toujours; car « le seigneur de paille mange le vassal d'acier. » Pour remédier au mal, les légistes appliquèrent avec énergie les remèdes que nous avons, déjà, signalés : l'extension des cas royaux, l'appel, la limitation de la compétence, la nécessité, pour les seigneurs, de choisir leurs juges, leurs lieutenants et procureurs fiscaux parmi les gradués et de leur donner des gages.

Les légistes essayèrent également d'engager la lutte contre le principe des droits seigneuriaux; mais la royauté dut s'arrêter dans cette voie. Il s'agissait d'une véritable révolution sociale, d'une expropriation sur la classe des propriétaires-seigneurs. Or, c'était justement l'heure où la dynastie capétienne commençait à abandonner les masses populaires pour se retourner vers les privilégiés. Les Bourbons venaient de monter sur le trône avec l'appui de la noblesse. Henri IV, qui se disait « le premier gentilhomme du royaume », ne pouvait détruire, de ses propres mains, les derniers vestiges de la puissance seigneuriale, maintenant qu'elle n'avait plus rien de dangereux pour son pouvoir. D'ailleurs, le problème était complexe. Pour le régler pacifiquement, il eût fallu des siècles de patiente énergie. La royauté persévérant dans la politique de transaction qui avait toujours été la sienne, ferma les yeux sur un état de choses devant lequel les jurisconsultes eux-mêmes s'inclinaient.

(1) C'est le titre d'un ouvrage de Loyseau.

Dans la rédaction des coutumes, plusieurs fautes graves furent commises. La maxime « nulle terre sans seigneur », le principe féodal du droit d'aînesse appliqué au patrimoine roturier, maintiennent, ou plutôt ramènent, le peuple sous le joug des traditions médiévales, dont il ne pourra plus se dégager jusqu'à la Révolution.

En un mot, on remarque dans les questions législatives qui se rapportent aux matières agricoles, une incertitude qui finit par se transformer en une véritable réaction. La royauté n'était pas libre d'agir autrement. Liée à la transaction qu'elle avait conclue et sur laquelle reposait tout l'ordre politique et social, elle était tenue de défendre les privilégiés après avoir traité avec eux sur la base du privilège. Ils l'entouraient et ne lui laissaient pas oublier ses engagements. Qu'elle le voulût ou non, elle se trouvait portée vers la politique d'oppression dénoncée par l'ambassadeur anglais.

Elle eut dû se rendre compte, pourtant, que les charges publiques devenaient de jour en jour plus lourdes; qu'il fallait laisser à ceux qui les supportaient les moyens de se développer et de s'enrichir en proportion. Quelques-uns de ses ministres le comprirent; ils allaient répétant que « le labourage et le pâturage sont les deux mamelles de la France ». Mais ces paroles n'étaient que des paroles. Le ministre mort ou écarté, on voyait reparaître la déplorable insouciance à l'égard des paysans qui devint comme un système de la part du gouvernement. On fermait les yeux sur des maux tellement excessifs qu'on les croyait sans remède.

Les bonnes intentions de Henri IV et de Sully, en ce qui concerne les classes agricoles, sont incontestables. Ils s'appliquèrent à rendre à tous, et même à la noblesse, le goût des champs. Ils encouragèrent les travaux d'Olivier de Serres et cette littérature « ménagère » qui met comme une note d'idylle entre les désordres de la Ligue et les dévastations des guerres du dix-septième siècle. Ils rétablirent l'ordre dans les finances et maintinrent les tailles dans des limites raisonnables ; ils recherchèrent les faux nobles ou les nobles de fraîche date ; ils esquissèrent un plan de routes et de canaux qui devait faciliter l'écoulement des produits du sol. Par-dessus tout, ils donnèrent douze ans de répit au « bonhomme » ; il en profita pour reprendre haleine, et cette période si courte s'idéalisa, dans son souvenir, comme une de celles où il avait le moins souffert.

Si la poule ne fut pas mise au pot, du moins on en avait parlé, et l'eau en venait à la bouche de ceux qui plus tard se remémoraient ces heureux instants : « L'idée qui me reste de ces temps-là me donne la joie, écrivait l'abbé de Marolles, devenu vieux. Je revois en esprit la beauté des campagnes d'alors. Il me semble qu'elles étaient plus fertiles qu'elles n'ont été depuis, que les prairies étoient plus verdoyantes qu'elles ne sont à présent, que nos arbres avoient plus de fruits. Il n'y avoit rien de si doux que d'entendre le ramage des oiseaux, le mugissement des bœufs et les chansons des bergers. Le bétail était mené sûrement aux champs, et les laboureurs hersaient les guérets pour y jeter du blé que les leveurs de taille et les gens de guerre n'avoient point ravagé ! On ne se plaignait pas comme aujourd'hui des impositions excessives. » Le bon abbé se forge, par le souvenir, une félicité qui n'est pas entièrement conforme à ce que nous apprennent les documents plus exactement contemporains et plus précis. En tout cas, s'il y eut pour le peuple des campagnes quelques années de trêve, elles passèrent vite.

Les années de la régence de Marie de Médicis accablèrent le manant de tous les maux dont il avait jadis souffert :

les tailles s'étaient accrues ; les princes levaient des troupes : les gens de guerre rançonnaient le plat pays. La royauté, toujours à court d'argent, en est réduite aux expédients, c'est-à-dire aux pires moyens financiers : l'ère des *traitants* et des *fermiers* se rouvre pour ne plus se fermer, jusqu'à la fin de l'ancien régime. Avant même que les États soient réunis, les plaintes éclatent de toutes parts, et *Turlupin le souffreteux* fait entendre sa triste harangue au roi : « Plût à Dieu, Sire que vous puissiez connaître le détail de votre royaume... Vous verriez une infinité d'hommes, traîner misérablement leur vie sous un éternel travail qui ne leur produit, pour tout profit, que quelques bouchées de pain, exposés aux extorsions et concussions de vos officiers, à l'avarice des usuriers, à la vexation et rapine de vos sergents, sans une infinité d'autres accidents qui les font méconnaître par eux-mêmes et s'estimer, en leur création, au-dessous des plus abjects et contemptibles animaux. Vous arrêteriez votre regard sur tant de mortuissantes images de la mort, sur tant de visages mornes, plombés, hâves et ressemblants plus tôt à des phantosmes qu'à ce qu'ils sont... »

Ces plaintes sont-elles excessives et le tableau est-il assombri ? Beaucoup l'affirment aujourd'hui. Mais la plupart des contemporains sont d'accord pour noter, en traits expressifs, l'aspect misérable du paysan français, au début du dix-septième siècle, soit qu'on le rencontre dans les champs, derrière sa charrue, marchant contre la bise, tout habillé de toile comme dit la chanson :

> Tout habillé de toile
> Comme un moulin à vent ;

soit qu'on pénètre dans sa chaumière qui, la plupart du temps, n'a d'autre ouverture que la porte et qui, dans certaines provinces, est encore ronde et percée, au milieu du toit conique, d'un trou par où s'échappe la fumée ; soit qu'on observe la saleté et la promiscuité où il vit pêle-mêle avec les animaux domestiques ; soit qu'on considère sa nourriture, où la pomme de terre manque encore et dont le pain de seigle, la lourde « mâche », cuite pour trois semaines, fait le plat de résistance ; soit qu'on lise, dans les registres notariaux, les inventaires du mobilier où il n'y a guère de bon que le lit fait des plumes de la basse-cour, mais où l'on ne trouve ni linge de corps, ni vaisselle, ni horloge, ni confortable d'aucune sorte, sauf parfois quelques braveries pour la femme aux jours de fête.

Si l'on veut savoir quelque chose de ses sentiments, on voit le mariage accompli comme une sorte de rapt ; le maître de la maison jouissant d'une autorité absolue qu'il exerce brutalement ; la femme tenue dans une demi-servitude, fatiguée et déformée de bonne heure, portant tous les soucis de la maison, attelée comme une bête à la charrue, accablée du fardeau d'une maternité stérile, car les enfants en bas âge meurent comme des mouches, et, malgré le nombre des naissances, les familles sont relativement peu nombreuses ; les enfants eux-mêmes à peine sortis de la première jeunesse, mis au travail selon les autres vers de la chanson :

> Ce pauvre laboureur
> N'a trois petits enfants,
> Les mit à la charrue à l'âge de dix ans.

L'hiver seulement, quelques-uns d'entre eux envoyés chez l'écolâtre pour y recueillir le rudiment d'une instruction qui se borne toujours à la *Croix de par Dieu*, au psautier et à quelques mots de latin ; la famille enfin conservant, dans beaucoup de pays, la constitution robuste mais rude du moyen âge, avec les servitudes de la communauté taisible, la vie d'une ruche, et la routine du même *pot, feu et chanteau*.

De la politique, le paysan ne connaît guère que le nom du roi, les exigences du seigneur, « les soldats, les impôts, le créancier et la corvée ». A la religion, il tient d'une foi naïve, comme la mère de Villon :

> Femme je suis povrette et ancienne,
> Ne riens ne sçay; oncques lettres ne leuz;
> Au monstier voy, dont suis paroissienne,
> Paradis peinct où sont harpes et luz
> Et ung enfer où damnez sont boulluz :
> L'ung me faict paour, l'aultre joye et liesse.

Mais il reste aussi très attaché aux superstitions antiques. Il se rend en procession aux fontaines et aux pierres druidiques; il écoute, en frémissant, le bruit du vent dans les feuilles des forêts profondes; il observe, au matin, les traces légères, laissées sur le gazon par la ronde des fées; parfois il trouve, au bout du sillon, la mâche pleine de poils de chèvre que le faitaud derrière un rocher surveille et voit rompre avec un éclat de rire. Les bois, les landes, les cavernes, les houles que la mer creuse sous le sol ébranlé, son imagination les peuple d'un monde subtil, prompt, ironique, apparaissant et disparaissant, souvent pour lui nuire, rarement pour lui venir en aide. Il croit aux sorciers et il les brûle; il craint les maléfices, les sorts, l'aiguillette nouée. A Noël, il chante *au Gui l'an neuf*, et à la Saint-Jean, dansant comme ses ancêtres autour des grands feux allumés en plein midi, il rend, comme eux, un culte inconscient au soleil qui flamboie dans le ciel et qui va fécondant la terre maternelle.

Son seul souci est la terre. Il ne pense qu'à elle. Il la couve; il la veut. Où en est-il de cette lente conquête?

Plus avancé déjà que sa grande misère ne permettrait de le supposer, il commence à voir son rêve se réaliser. Il a tout sacrifié à ce progrès et à celui de la liberté civile, tous deux corrélatifs, et, en somme, ses sacrifices n'ont pas été vains. Il n'y a peut-être pas en Europe, à cette époque, un pays où il y ait moins de servitude rurale que chez nous. Sauf dans quelques régions de l'Est, encore à demi-allemandes, le paysan français est libre. Il a son bien à lui, dont il dispose à son gré et que, « sentant sa mort prochaine », il partage entre ses enfants. Les petits propriétaires, ceux que le jurisconsulte définit en termes précis : « *Qui sua jura colunt et in rem suam villatica tractant negotia* », ceux-là se multiplient. Le seigneur qui est venu à la cour, « portant, comme nous l'avons dit, ses prés et ses moulins sur les épaules », ce seigneur a trouvé acquéreur : c'est le paysan, le vilain, le serf de jadis.

Une fois le coin de terre acquis, il est jalousement gardé. Il suit le sort de la chaumière habitée par des générations successives,

> ... et qui de père en fils,
> L'ont de Pierre à Simon, puis à moi Jean transmis.

C'est aux dépens de la noblesse laïque, de la noblesse de cour, militaire et dépensière, que s'esquisse cette mainmise sur la propriété rurale par le paysan. Le domaine ecclésiastique se défend mieux. Il est mieux géré. La vie d'ailleurs y est plus douce ; la durée des conductions plus longue ; le paysan y est plus ménagé. Au début d'un établissement de trente années, parfois d'un demi-siècle, il peut se croire propriétaire. Il se dit que sa peine lui profitera, à lui ou à ses descendants.

L'immensité des domaines ecclésiastiques n'en compte pas moins, avec la lourdeur des impôts royaux, et avec les dernières vexations seigneuriales, parmi les causes qui contribuent le plus à arrêter le progrès tenace du paysan français. La période qui va s'ouvrir pour lui est peut-être la plus pénible de toutes. Déjà il a entrevu une amélioration, déjà il a goûté aux charmes du travail indépendant et de la propriété libre, et il semble qu'une réaction se prépare. Moins bien défendu par la royauté, il doit attendre encore, sous le froid et la bise.

Pendant tout ce siècle, c'est la guerre en permanence, ce sont les impôts, c'est la famine. Le pillage et la terreur vident les champs et repeuplent les forêts primitives. Tous ces maux le paysan les endurera encore, sans perdre son calme et sa confiance en l'avenir. A l'automne, il sort des bois et il sème. On dirait qu'il sait que des jours meilleurs se lèveront et que ce grand travail auquel le monde est en proie, que ces passions qui s'agitent, que cette unité qui se forge, que ce despotisme niveleur qui s'étend sur la nation, que toute cette besogne politique et sociale dont il ne connaît encore que les maux, se fait pour lui et que l'heure approche où, en face des privilégiés qui le dédaignent et de la royauté qui l'oublie, se dressera, définitive, la *Révolution des paysans.*

# CHAPITRE QUATRIÈME

LES QUESTIONS RELIGIEUSES

### Les deux Glaives.

La religion ne crée pas seulement le lien qui unit l'homme à Dieu. Elle règle et surveille les relations entre l'homme et l'homme. Elle n'est pas qu'une théodicée ; elle est aussi une morale et une politique. L'art de gouverner les hommes est invinciblement uni à la mission de les catéchiser, de les convaincre et de les améliorer. Aussi, dans beaucoup de sociétés, les deux pouvoirs ne se distinguent pas. Ils sont, dès l'origine, réunis dans une seule main ; le prophète est, en même temps, un législateur et un conquérant.

Dans le monde chrétien, au contraire, la puissance religieuse ne se confond pas, en principe, avec la puissance politique. Le Christ, du fond d'une Judée vaincue, mais non soumise, recommandait l'obéissance aux pauvres gens qui le suivaient. Il déclarait que son royaume n'était pas de ce monde. Évitant le piège que lui tendaient les pharisiens, il disait : « Rendez à César ce qui est à César, et à Dieu ce qui est à Dieu. » Mais quand son Église eut triomphé et qu'elle fut devenue une puissance traitant d'égale à égale avec les empereurs, elle ne put échapper aux responsabilités qui incombent aux dominations. On fut frappé alors de l'antinomie inscrite dans la formule divine, et la lutte s'engagea sur la question de savoir ce qu'on doit à César et ce qu'on doit à Dieu.

A l'aube des temps modernes, le problème des rapports entre les deux pouvoirs se trouve posé en ces termes : à Rome, une autorité faible, mais vénérée, revendique une double domination spirituelle et temporelle ; dans les autres pays chrétiens, d'une part, des églises locales actives, riches, puissantes, mêlées au siècle, réclament toute l'indépendance compatible avec l'unité du dogme; d'autre part, des pouvoirs laïques représentent les premières aspirations des nationalités naissantes, nient l'autorité temporelle du Saint-Siège et convoitent les richesses immenses possédées, sous leurs yeux, par les églises locales.

La papauté parut l'emporter tout d'abord. Grégoire VII et Innocent III crurent un instant que leur rêve d'hégémonie pouvait se réaliser ; mais, sous leur main tendue pour le saisir, il s'évanouit. Ce fut alors le tour des églises locales. Elles partagèrent l'heureuse fortune du parti aristocratique. Elles prirent une part active au gouvernement des peuples, en donnant aux rois des conseillers et des ministres ; elles étendirent la juridiction ecclésiastique et l'empire du droit canon, sur la majorité des fidèles ; elles s'emparèrent de toutes les branches de l'activité intellectuelle et mirent la main sur l'éducation des peuples et sur celle des princes. En France, l'aristocratie épiscopale touche à son apogée vers le treizième et le quatorzième siècles. Après l'exil d'Avignon, et dans les temps du schisme, elle cite le pape à sa barre dans les fameux conciles de Constance et de Bâle ; elle arrache au roi la Pragmatique sanction de Bourges, qui assure, à l'encontre de la papauté, et à l'égard de la royauté, les « privilèges, libertés et franchises de l'Église Gallicane ».

Mais la royauté était déjà trop forte pour laisser se constituer ainsi, auprès d'elle, une autorité rivale de la sienne. A peine sortie de la guerre de Cent ans, elle déchire le contrat que, dans un jour de faiblesse, elle avait signé. Elle s'appuie sur Rome pour détruire l'autorité épiscopale ; elle se sert en même temps des évêques pour mettre un frein aux ambitions ultramontaines. Louis XI inaugure cette politique de bascule par un coup de vigueur fort mal apprécié d'ordinaire : l'abolition de la Pragmatique de Charles VII.

La papauté avait déjà renoncé à son entreprise de domination universelle. Trop heureuse de se rapprocher des pouvoirs civils, elle avait adopté, depuis Martin V, la politique des « Concordats », qui sauvait ce qui pouvait être sauvé, et qui lui assurait du moins l'autorité spirituelle, à défaut des avantages temporels. Le concordat français, esquissé à diverses reprises, sous Charles VII et sous Louis XI, finit par se conclure sous François I<sup>er</sup> et remplaça cette Pragmatique que Rome qualifiait de « détestable ». Ce n'était qu'un acte de plus dans la série des transactions par lesquelles le Saint-Siège liquidait la faillite de ses ambitions médiévales. Cet arrangement sauva Rome du schisme, et la France de la Réforme (1).

### La Réforme et les guerres de Religion.

S'il y eut, au cours de notre histoire, une époque où notre peuple connut la douceur de vivre, ce fut vers la fin du quinzième et le premier quart du seizième siècle. Le moyen

---

(1) Pour tout ce qui précède, voir les détails et les preuves que j'ai donnés dans l'*Introduction* au *Recueil des Instructions données aux ambassadeurs à Rome*. Alcan, 1888, in-8° (p. XXXV et suiv.).

âge était fini ; l'aube des temps modernes se levait ; une espérance passait sur le monde. Cette heure délicieuse laissait poindre, parmi les grâces languissantes d'une civilisation qui se mourait, les premières ardeurs de celle qui allait surgir. L'art français produisit, en ce temps, sa fleur la plus exquise, le gothique flamboyant embellit de son luxe assorti, les horizons délicats et les côteaux modérés de notre France. Cette floraison éclatante et comme d'un été soudain, est le témoignage le plus assuré de la richesse et de la tranquillité du pays. Un seul nom suffit pour évoquer ces heureuses années : c'est celui de Louis XII, *le Père du peuple*. La France resta, pendant des siècles, reconnaissante à ce prince des heures de bien-être qu'elle avait connues sous son règne.

Si l'on compare le tableau presque idyllique de ce temps légendaire avec les drames sanglants qui désolent, au même moment, l'histoire de l'Allemagne, on ne s'étonnera pas de trouver la France moins prompte aux nouveautés et moins disposée à courir les chances d'une révolution.

Le pouvoir central en France était, depuis longtemps, constitué et fort. La grande aristocratie laïque avait péri sous ses coups. Le corps de la noblesse n'était ni assez puissant, ni assez uni pour avoir une politique suivie, capable d'arrêter les progrès de l'autorité monarchique. La nation se groupait autour de son roi ; il était aimé et il était craint. Pendant les premières années du règne de François Ier, l'union du peuple et du gouvernement était si naturelle, qu'on n'eût su concevoir quelle cause intérieure pouvait troubler l'équilibre de ce florissant empire.

La question des biens ecclésiastiques, cause immédiate de la révolution allemande, était résolue, et résolue en faveur de la royauté ? Tel fut l'effet du Concordat de François Ier : en signant cet acte, le pape et le roi s'étaient attribués l'un à l'autre ce qui ne leur appartenait pas : à celui-là, l'autorité sur les évêques, à celui-ci la disposition de la fortune ecclésiastique. Le clergé se trouva ainsi dépouillé, d'un trait de plume, de son indépendance et de ses richesses : la Réforme, par conséquent, devenait inutile. Des historiens se sont demandé ce qu'il serait advenu, si le roi de France s'était fait protestant. Question vaine. C'était un parti que le roi ne pouvait prendre. La rupture avec Rome eût amené la dénonciation du Concordat, c'est-à-dire l'abandon volontaire des avantages que le succès d'une politique séculaire venait d'assurer à la royauté.

Qu'on observe l'évolution du protestantisme français, on remarquera à quel point son action a toujours manqué d'étendue et de profondeur. Théodore de Bèze énumère avec complaisance les « églises » fondées dans la plupart des villes de France, durant les trente années qui vont de 1530 à 1560; mais il se garde bien de faire connaître le chiffre des fidèles. Sauf dans quelques centres populeux, il est presque toujours peu élevé.

Paris fut, en tout temps, hostile à la Réforme. Or, qu'est la France, sans Paris ? La capitale était déjà « cette tête trop lourde pour le corps », dont parlait Henri III. Théodore de Bèze n'a pas assez d'injures pour la « prostituée », la « Babylone moderne ». Cela veut dire que la Réforme n'y avait que des succès restreints.

De même, les femmes restent presque partout en dehors du mouvement. Le protestantisme français fut viril; il se poussa par la raison, par le courage, par la gravité, mais non par le charme et le sentiment, par cette séduction féminine, qui, souvent, chez nous, tourne les têtes après les cœurs. Tout au début, on avait bien entendu quelques grandes dames, d'imagination libre, soupirer, sur des airs de danse, la traduction des psaumes de Marot. Ces fantaisies disparurent bientôt. Dans le livre des martyrs, les noms de femmes sont très rares.

Enfin le paysan français s'abstint presque partout. Les marchands, les artisans, les tisserands, les colporteurs, les étudiants sont cités presqu'à toute page dans Théodore de Bèze; les laboureurs, très rarement. Sauf dans les régions voisines de l'Allemagne et des Flandres, les masses rurales furent, au début, indifférentes, bientôt hostiles. C'est ici que la comparaison s'impose avec ce qui se passait en Allemagne. Le tumulte des guerres sociales, les assemblées de paysans dans les bois, les conciliabules du « soulier à lacet », les succès effrayants de Muncer, puis les révoltes, la destruction, la dévastation répandues au nom des idées nouvelles, à tel point que Luther lui-même avait été obligé de désavouer ces redoutables auxiliaires, tout cela présente, avec la réserve et le calme du paysan français, un contraste qui découvre, dès l'origine, la divergence existant entre les deux mouvements et qui donne la raison de leurs divers succès.

Dès l'année 1560, le protestantisme apparaît, en France, avec tous les caractères d'un parti politique aristocratique. C'est Théodore de Bèze lui-même qui va nous dire comment, au cours de cette année 1560 « la cause » fut constituée : «... Les façons de faire ouvertement tyranniques (des Guises), les menaces dont on usoit *envers les plus grands du royaume*, le reculement *des princes et grands seigneurs*, la corruption des principaux de la justice rangés à la dévotion des principaux gouverneurs (les Guises), les finances du royaume départies par leur commandement et à qui bon leur semblait, *comme aussi tous les offices et bénéfices*, bref, leur gouvernement, violent et de soi-même illégitime, émut de merveilleuses haines contre eux... Chacun donc fut contraint de penser à son particulier, et commencèrent plusieurs à se rallier ensemble pour regarder à quelque juste défense *pour remettre sus l'ancien et légitime gouvernement du royaume.* »

Ce sont bien là des raisons politiques. La dispute religieuse est devenue une affaire d'État, et l'hérésie couve la rébellion. Brantôme dit, en parlant des premiers troubles, qu'il y eut dans tout cela « pour le moins autant de mécontentement que de huguenoterie ». Catholiques et protestants, tous les témoignages concordent.

Aussi, quand on se fut assuré du concours plus ou moins déclaré d'Antoine de Bourbon, quand le prince de Condé et les Châtillon se furent prononcés ouvertement, en un mot, quand on se crut assez fort on se considéra comme suffisamment « autorisé » et on organisa la résistance politique et militaire.

Le royaume se trouva subitement divisé. Cette belle unité des règnes de Louis XII et de François Ier fut détruite, et le protestantisme mérita, bon gré mal gré, le reproche que ses adversaires lui faisaient, depuis longtemps, d'être un instrument de désordre et de désagrégation non seulement dans l'Église, mais aussi dans l'État.

Composé d'hommes vigoureux et décidés à tout, le protestantisme français ne devait pas s'en tenir aux demi-volontés et aux demi-mesures. Quand les dernières violences eurent été consommées contre lui et que les horreurs de la Saint-Barthélemy l'eurent ramené à l'état de défense naturelle, il trouva, dans ces excès, la justification de sa révolte. Aucune barrière n'arrêta désormais ces esprits dépouillés soudain de l'épaisse couche de règles et de préjugés entassée par les siècles. Une école de publicistes nouvelle se dressa en face de la royauté, et, au nom de l'histoire, au nom de la justice, au nom de la raison pure, lui demanda compte de ses actes, l'interrogea sur les origines et sur les droits de ce pouvoir absolu dont elle faisait un si étrange abus. La Boëtie, Hotman, Hubert Languet, une foule d'auteurs anonymes répandirent dans le public des pamphlets où la doctrine de la souveraineté populaire était développée hardiment (1).

On décida que le roi n'était qu'un commis de la nation, et que s'il abusait de l'autorité dont il était le dépositaire, on pouvait le déposer comme un tuteur suspect. On s'insurgea contre l'erreur traditionnelle de la politique française, et, en particulier, de la politique légiste. On dénonça Louis XI comme « le premir tyran ». Empruntant à la bible et à l'antiquité classique des préceptes et des modèles qui s'appliquaient trop directement aux faits contemporains, ces « républicains » firent l'apologie de l'assassinat politique et ils proclamèrent qu'une conscience honnête et libre, et qui se sent inspirée, peut choisir sa victime parmi ses adversaires, et supprimer l'homme qui est un obstacle à l'avènement de la liberté et à l'établissement du règne de Dieu.

Plus audacieuse enfin et plus coupable, la doctrine protestante, après avoir autorisé l'insurrection et l'assassinat, conseille le recours à l'étranger, en cas de discordes civiles pour cause de religion. Cette décision fut acceptée par les meneurs du parti, après qu'ils en eurent mûrement pesé les conséquences. Sur le bord du fossé, les meilleurs hésitèrent longtemps. « L'amiral, quelque temps avant le traité d'Hamptoncourt, avait déclaré qu'il aimerait mieux mourir que de consentir que ceux de la religion fussent les premiers à faire venir les forces étrangères en France. » —

(1) Il convient de citer également les auteurs des pamphlets recueillis dans les *Mémoires de la France au temps de Charles IX*. — Voir sur ces questions la thèse de M. G. Weill : *Les théories du pouvoir royal en France pendant les guerres de religion*, Paris, 1891, in-8°.

« Jusqu'ici, écrivait Calvin à Bullinger (9 juin 1562), on a hésité à demander du secours au dehors. J'ai toujours conseillé aux nôtres de ne pas prendre l'initiative d'une démarche semblable. Mais maintenant que nos adversaires ont enrôlé des reîtres d'Allemagne, nous pouvons appeler justement des auxiliaires. » Ces hésitations prouvent que, dans le parti protestant, on avait conscience du crime que l'on allait commettre. Quant au prétexte invoqué, l'exemple du roi faisant, comme de coutume, procéder à des enrôlements en Allemagne, pouvait-il justifier ce traité de Hamptoncourt qui, trois mois après, livrait le Havre et la Normandie aux Anglais ?

D'ailleurs, il ne s'agit pas ici de dispenser la louange et le blâme et de dire où furent les premiers torts : les catholiques furent tout aussi coupables. Ce que je veux seulement établir, c'est que les discordes religieuses avaient jeté un tel trouble dans les consciences que le respect de l'ordre antique et le patriotisme naissant furent refoulés. Une religion nouvelle préparait un État nouveau, et, provisoirement, instituait un État dans l'État.

L'organisation politique du protestantisme français se dessina, dès 1573, dans l'assemblée de Milhaud (1). Elle avait pour objet d'étendre sur toute la France le réseau d'une administration distincte, par son principe et son fonctionnement, de l'administration royale.

Le système reposait sur la *conjuration,* c'est-à-dire sur le serment prêté individuellement, par chacun des membres de l'union, de rester « comme frères et domestiques en la maison du Seigneur, de s'aider, de ne se départir aucunement de ladite union, quelque commodité et condition qui leur fussent présentées ». La France était divisée en *dio-*

(1) Sur tout ce qui suit, voir le livre d'Anquez : *Histoire des assemblées politiques des réformés de France* (1573-1622), 1859, in-8°.

*cèses* et en *généralités*. Dans chacune de ces subdivisions, il y avait des assemblées, dont les membres étaient élus parmi les nobles de la région. Sur ce principe, fédéral et aristocratique, reposait une autorité délibérante suprême, celle des « États généraux de la Cause » qui devaient s'assembler tous les trois mois, et qui se composaient, pour chaque généralité, d'un noble, d'un député du Tiers, et d'un magistrat. Les « Conseils de généralité » assuraient le recrutement de l'armée et la discipline militaire. Tous les revenus royaux, tous les biens du clergé étaient confisqués. En matière judiciaire, l'autorité des tribunaux royaux était déniée, sauf au civil et en première instance; les causes criminelles et l'appel étaient portées devant des tribunaux spéciaux ayant surtout un caractère arbitral.

Cette organisation fut modifiée plusieurs fois, par la suite, et notamment à Nîmes, en 1575, et à la Rochelle, en 1588. Mais elle n'en reste pas moins le type de la constitution des forces protestantes en France, type éminemment délibératif et aristocratique, s'inspirant, par conséquent, de principes diamétralement opposés à ceux sur lesquels reposait l'administration générale du royaume. C'était, selon la remarque de de Thou, « une nouvelle espèce de république, séparée du reste de l'État, ayant ses lois propres pour la religion, le gouvernement civil, la justice, la discipline militaire, la liberté du commerce, la levée des impôts et l'administration des finances. »

Cependant, comme l'existence du parti huguenot était une guerre perpétuelle, il lui fallait un chef. La méfiance des pasteurs fut bien obligée d'en passer par là. On constitua donc un *Protecteur des Églises*, juge d'Israël, chef, gouverneur général et commandant des armées, au nom, lieu et autorité du roi de France. Mais on l'entoura de mille liens. Il ne put prendre aucune mesure importante sans l'assentiment des corps délibérants. Que ce soit Condé, que ce soit Henri de Navarre, ce chef n'est pas libre. Il est tenu sous le joug par les ministres, « ces sévères Nathans », qui ne cessent de dénoncer publiquement ses erreurs, ses fautes, ses défaillances : « Voici le temps de rendre les rois serfs et esclaves, disait l'un d'eux » ; et toute la politique des assemblées était visiblement dirigée de manière à faire contrepoids à la « tyrannie protectorale ». Henri de Navarre fit, en qualité de protecteur, une dure expérience de la difficulté des corps délibérants ; Henri IV ne devait pas l'oublier.

Le parti protestant, appuyé sur les ambitions aristocratiques, spéculant sur la tiédeur des politiques, comptant sur les secours de l'étranger, bénéficiant de l'affaiblissement du pouvoir royal, avait des chances sérieuses de succès. La lutte eut, comme on le sait, ses alternatives. Elle menaçait de se prolonger longtemps, quand, soudain, les chances de la Réforme s'accrurent par la mort inattendue du duc d'Anjou. Le chef de la cause, le Protecteur des Églises, le brillant soldat dont la jeune gloire éclipsait déjà la renommée des plus illustres capitaines, Henri de Navarre, devenait tout à coup l'héritier présomptif de la couronne; et au moment où la disparition de son cousin le rapprochait du trône, le roi lui-même se rapprochait de lui.

Ce coup de fortune extraordinaire s'acheva par la mort de Henri III. Le roi légitime était assassiné par un catholique, par un moine, au milieu d'une armée où tout ce qu'il restait de royalistes fidèles en France s'était réuni pour assiéger, d'un commun accord avec les protestants, le Paris de la Ligue. Par cette catastrophe, le chef d'une cause où les idées anti-royales avaient fait de tels ravages devenaît le *Roi*. Les catholiques devenaient, à leur tour, des rebelles. « Les choses, comme dit Bayle, allèrent soudainement du noir au blanc. » Les doctrines se transformèrent avec les intérêts : c'est ce que nous verrons par la suite; mais il faut, tout d'abord, considérer le rôle du parti catholique dans les années qui avaient précédé cette étonnante péripétie.

### Le parti catholique et la Ligue.

Tous les théologiens, tous les publicistes du seizième siècle, catholiques ou protestants, sont d'accord pour penser qu'il est loisible au prince et au magistrat légitime, de punir et de détruire les hérétiques. La fameuse devise unitaire « une foi, une loi, un roi » donnait en France une force singulière à cette théorie. Personne ne pouvait se plaindre si le roi de France, procédant en forme régulière, livrait aux tribunaux ceux de ses sujets qui manquaient à l'autre règle également acceptée par les protestants : *cujus regio, ejus religio* (1).

Les historiens protestants s'efforcent de prouver que François Ier hésita, avant d'ouvrir contre eux l'ère de la répression. Désireux qu'ils sont de rendre la famille de Guise responsable des sévérités qui les jetèrent dans la révolte, ils gardent quelque ménagement pour la mémoire de ce roi, et même pour celle de Henri II. Mais les faits parlent clairement. Malgré son amitié pour sa sœur, Marguerite d'Angoulême, en dépit des intérêts de sa politique extérieure, François Ier pensa toujours que c'était pour lui un devoir strict de s'opposer aux progrès de l'hérésie. Bran-

---

(1) Voir l'excellent livre de Ch. Labitte : *Les prédicateurs au temps de la Ligue* (p. 4).

tôme dit : « Cette nouveauté ne lui plut et ne l'approuva jamais, disant qu'elle tendait du tout à la subversion de la monarchie divine et humaine. » Henri II ne raisonna pas autrement. « Il comprit le danger, dit l'ambassadeur vénitien, Michel Suriano, et voyant que ce peuple qui était habitué à tant d'obéissance, en était venu à ce point d'insolence que, non seulement on ne craignait pas les menaces royales, mais qu'on prêchait publiquement, qu'on tenait des assemblées où assistaient un grand nombre de gens de qualité des deux sexes et de tout âge, ce prince, pour ne pas perdre tout à fait son autorité et l'obéissance de ses sujets, fut forcé de conclure la paix avec le roi catholique à des conditions fort désavantageuses, afin de pouvoir éteindre cet incendie qui brûlait de toutes parts. »

Ce texte indique une autre conséquence de la Réforme : la France affaiblie par ses divisions intestines était obligée de se replier sur elle-même et de suspendre la lutte contre ses adversaires du dehors. Cette paix hâtive eut un contre-coup imprévu sur le développement de l'hérésie. On ne laisse pas impunément inactifs les éléments militaires d'une grande nation. Tous ces soldats, ces gentilshommes, occupés de la guerre et nourris par elle, se trouvèrent tout à coup sans emploi, *en demi-solde*, comme on eût dit trois siècles plus tard. Ils refluèrent sur le royaume, vinrent à Paris en grand nombre, battre le pavé, solliciter des pensions, un gagne-pain ; et comme on ne pouvait les satisfaire, ils retournèrent dans leurs provinces, déçus, aigris, se ruèrent dans les complots et apportèrent, à la résistance des réformés, l'appoint de leur turbulente misère.

La mort de Henri II affaiblit le pouvoir, au moment où le péril devenait plus menaçant. Les protestants démasquaient leurs projets. Las du rôle de martyrs, pour mieux se défendre, ils attaquaient. Partout, dans les provinces, des conjurations locales se formaient. En Provence, en Dauphiné, à Angers, sur un mot venu d'on ne sait où, le parti s'emparait des citadelles, pillait les églises, mettait la main sur les revenus ecclésiastiques, organisait une manière de gouvernement. Par le roi de Navarre, par les Condé, par les Châtillon, il touchait à la couronne. Par Genève, il s'assurait des appuis au dehors : « On affirmait avec toute vraisemblance que les réformés se mettoient devant les yeux l'exemple des royaumes d'Angleterre, de Danemark, de Suède, d'Écosse, de Bohême, des six cantons principaux des Suisses, des trois ligues des Grisons, de la République de Genève, où les protestants tenoient la souveraineté et, qu'à l'exemple des protestants de l'Empire, ils se vouloient rendre les plus forts pour avoir pleine liberté de leur religion, comme aussi ils espéroient et pratiquoient leurs secours du costé des étrangers, disant que la cause étoit commune et inséparable (1) ».

Dans ce péril, et en présence de l'espèce d'interrègne qui suivait la mort de Henri II, les catholiques, qui formaient, en somme, la majorité du pays, eurent le sentiment que leur salut ne dépendait plus que d'eux-mêmes. Ils pensèrent que l'heure était venue de s'organiser comme l'avait fait le parti protestant. Ils se donnèrent des chefs sûrs, énergiques, décidés à tout. Avec l'élan qui emporte ce peuple de France vers ceux qui représentent ses aspirations ou ses passions du moment, avec l'engouement qui sacre et divinise ceux qu'il aime, il se jeta dans les bras de la famille de Guise.

Elle avait à sa tête deux hommes : un général heureux, qui avait défendu Metz et pris Calais; un politique habile, prêtre et cardinal. Ils étaient riches, généreux, affables;

(1) *Mémoires* de Castelnau.

autour d'eux, des dévouements sûrs, une clientèle dévouée. Il n'en faut pas tant aux Français. Les Guises, qui étaient la veille, des *hommes populaires*, devinrent, le lendemain, des *hommes providentiels* : « Le clergé de France, presque toute la noblesse et les peuples qui tenaient la religion romaine jugèrent que le cardinal de Lorraine et le duc de Guise étaient appelés de Dieu pour la conservation de la religion catholique établie en France depuis douze cents ans. » — « Soudain, tout suit, tout crie : Vive Guise ! »

Le cardinal de Lorraine est investi, par le consentement populaire, d'une sorte de dictature : qu'il sauve le royaume de l'hérésie, c'est ce qu'on veut de lui. Catherine de Médicis sentait bien la force du coup porté à l'autorité de son fils ; mais la prudente Italienne ne peut qu'attendre et dissimuler.

Le cardinal de Lorraine est poussé aux mesures extrêmes par son caractère et par le péril de sa situation. Un historien, qu'on peut considérer comme un apologiste, dit : « le cardinal était disposé à prendre une grande et suprême mesure qui aurait sans doute épargné quarante années de guerres civiles à la France ;... les protestants, quoique déjà nombreux à cette époque, ne formaient pas encore la dixième partie du royaume... Il pensa, qu'en privant la secte de ses principaux appuis et en déployant contre elle toute la puissance royale, secondée par les États généraux, il parviendrait promptement à l'anéantir... Comme on s'attendait à trouver de la résistance, on avait pris de grandes précautions. Indépendamment de la gendarmerie, qui marchait sur Orléans, on avait levé vingt et une enseignes de vieilles bandes avec bon nombre de gens de pied, et si la nécessité l'exigeait, on devait faire venir 4.000 Suisses et autant de lansquenets... Toutes ces forces devaient être partagées entre quatre divisions qui parcourraient les provinces, du nord au midi, « pour chasser les huguenots et faire « obéir le roi. » Tellement qu'on prévoyait qu'en peu de temps le mal, n'étant encore qu'en sa naissance, eût été bientôt étouffé et ceux de cette religion nouvelle étant réduits à l'extrémité, eussent eu plus affaire à combattre contre les juges et à demander pardon qu'à faire la guerre en campagne » (1).

Pasquier s'extasie sur la beauté de ce dessein. On ne peut nier qu'il ne soit marqué au coin de la grandeur ; il eût combiné, dans une seule et même entreprise, la Saint-Barthélemy et la révocation de l'édit de Nantes, les arquebusades et les dragonnades. Malheureusement, ces mesures si bien prises ne purent être appliquées ; « Au moment où le cardinal avait le bras levé pour frapper l'hérésie, Dieu l'arrêta et mit des bornes au pouvoir absolu dont sa maison s'était emparée sous un roi faible et sans expérience. »

Cet événement imprévu fut la mort de François II. Le lendemain, Catherine de Médicis se crut reine. Elle se sépara des Guises. Laisser de tels gens au pouvoir, c'était en revenir à l'institution des maires du palais. Mais on s'aperçut bientôt que les frapper c'était atteindre tout le parti catholique. Pour suivre cette politique, il fallait prendre son point d'appui du côté des protestants. Autre péril, et de fièvre on tombait en chaud mal. Tel fut cependant le parti que Catherine de Médicis et le chancelier de l'Hôpital crurent devoir prendre. Les catholiques crièrent à la trahison et l'autorité des Guises s'accrut de leur disgrâce. La royauté n'était plus assez forte pour se tenir seule au-dessus des partis. Elle était acculée au choix des fautes. Penchant alternativement vers les solutions contraires, jouet à la fois des ambitions aristocratiques et des passions populaires,

(1) Guillemin, *Le Cardinal de Lorraine* (p. 197).

irrésolue ou immodérée, elle signe les édits de pacification ou décrète la Saint-Barthélemy ; et, au fur et à mesure qu'elle avance dans cette voie douloureuse, elle sent grandir autour d'elle la désaffection et le mépris.

On sait où les choses en étaient à la fin du règne de Henri III. La série funeste des trois fils de Henri II, la stérile habileté de Catherine de Médicis et l'odieux de son entourage italien, l'amère déception que Henri III avait fait éprouver au parti catholique, d'abord par son départ pour la Pologne, puis par la pusillanimité de sa politique personnelle ; toutes ces causes avaient développé à un point presque incroyable le dégoût pour cette forme de gouvernement autoritaire et centralisé, qui, au début du siècle, avait paru si universellement acceptée et préférée.

Toutes les oppositions vaincues, toutes les résistances qu'on eût pu croire brisées avaient repris vigueur. Les vieilles traditions féodales, les souvenirs de l'autonomie provinciale et du particularisme communal, les aspirations confuses des masses populaires soulevaient une nation mobile, amoureuse du bruit, de l'éclat, du changement.

La mort du duc d'Anjou mit le comble aux appréhensions des catholiques, à l'incertitude des politiques, et aux espérances des ennemis de la royauté et du royaume. La loi héréditaire appelait maintenant au trône le fils de Jeanne d'Albret, cet Henri de Navarre, déjà deux fois apostat, déjà deux fois vainqueur des catholiques, allié d'Élisabeth, chef et protecteur de la cause protestante. C'en était trop ; la constitution du royaume, cette constitution traditionnelle, fondée sur l'obscur prestige de la loi salique, ne répondait plus aux nécessités du moment. Elle ne pouvait faire que la couronne fût assurée à un hérétique. Dieu ne le permettrait pas. Il ne se tournerait pas contre lui-même ;

quelque chose allait se passer. La tige des rois étant séchée, une nouvelle souche allait refleurir.

Pourquoi chercher d'ailleurs ? Le choix n'était-il pas fait ? L'homme prédestiné n'était-il pas là ? Les mains ne se levaient-elles pas d'elles-mêmes pour le désigner ? Les bouches ne s'ouvraient-elles pas pour acclamer le David, le Macchabée, l'élu du Seigneur, Henri de Guise ? Il était là, beau, brave, splendide, race de Charlemagne, vainqueur, irrésistible. Son père était mort, martyr de la bonne cause ; il portait lui-même, haut sur le visage, la glorieuse balafre de l'arquebusade hérétique. Sage et vaillant, il était entouré d'une escorte de vaillants et de sages. Qu'attendait-on ?

Ainsi, on vit se propager rapidement, au sein du parti catholique, les mêmes sentiments de méfiance et de haine à l'égard de la royauté, le même désir de changement qui avaient jadis animé le parti protestant. Les choses, ici encore, « passèrent du blanc au noir ». Les théologiens et les prédicateurs reprirent textuellement les thèses révolutionnaires que les ministres avaient empruntées à l'antiquité païenne ou découvertes dans la Bible. Ce sont maintenant les Porthaise, les Boucher, les Benoît, curé de Saint-Eustache, l'auteur de l'apologie de Jean Châtel, les écrivains à gage de la fameuse « bibliothèque de M$^{me}$ de Montpensier » qui développent à satiété la doctrine de la souveraineté populaire. Ils enseignent, à leur tour, que les rois n'occupent le trône qu'en vertu du consentement de tous ; qu'il existe entre eux et les peuples un contrat toujours revisable ; que ceux-ci ne peuvent aliéner leur indépendance pour toujours, et qu'ils sont libres de reprendre ce qu'ils ont donné. On ajoutait que le roi-tyran peut être mis à mort, ou, du moins, relégué dans un couvent, pour laisser la place à d'autres plus dignes ; s'il est ou s'il devient hérétique, ou si seulement il favorise l'hérésie, il est écarté par le concours de l'autorité pontificale et de la volonté des peuples délibérant en assemblée d'États.

Cette nouvelle doctrine politique, qui se réclame de saint Thomas et s'appuie sur certaines décisions des papes, est répandue par des pamphlets innombrables, hurlée jusque dans les dernières bourgades par la voix des prédicateurs. Elle finit par pénétrer dans les esprits. Elle déchire le pacte traditionnel et refuse l'obéissance au roi. « Tout le peuple du royaume, et principalement celui des villes qui ne reçoivent de la monarchie que le fournir et le servir, n'avoient que la *liberté* en tête, au cœur que ceux qui leur en fourniraient le plus court et le plus facile moyen. A ce seul mot, on a été ébahi que, comme les forçats des galères, toutes les villes de France ont abandonné les rames du devoir et de l'obéissance. »

La Ligue naquit de l'impuissance de la royauté. Ceux qui la fondèrent eurent le sentiment qu'en France, il n'y avait plus de gouvernement, et qu'il fallait s'organiser de son mieux pour la « tuition commune ». Les origines du mouvement sont toutes provinciales. Paris ne suivit l'exemple que longtemps après la création des premières « ligues locales ». Elles apparurent d'abord dans les régions éloignées du centre et particulièrement exposées aux entreprises des protestants.

Elles opposent union contre union, conjuration contre conjuration. Dès 1563, à Toulouse, une association est formée « entre l'état ecclésiastique, la noblesse et le commun du tiers état, pour défendre l'honneur de Dieu et de son église catholique et romaine ». On trouve d'autres associations semblables à Angers, en 1565; à Dijon, en 1567; à Bourges et à Troyes, en 1568. Le parti protestant s'étant organisé définitivement, en 1575, à Nîmes, les ligues catholiques se multiplièrent, à partir de la paix de Beaulieu, au cours de cette année 1576, qui vit la constitution célèbre de la ligue picarde. A Toulouse encore, à Moulins, en Champagne, en Nivernais, en Normandie, en Bourgogne, partout, on s'unit « pour l'honneur de Dieu, service du roi, bien et repos de la patrie » (1). Dans cette première période, ce ne sont pas les éléments violents qui l'emportent; ce sont, au contraire, les gens raisonnables, les hommes pieux, les patriotes, les corps élus. Beaucoup plus tard, quand Paris se décida à suivre l'exemple, ceux qui jetèrent les bases de l'association étaient encore des bourgeois bien posés : M. de la Rocheblond « homme très vertueux, de noble, bonne, ancienne et honnête famille », Hotman, un très riche marchand, quelque chose comme un Rothschild du temps, et qui prêtait de l'argent aux rois; des hommes qui passent devant l'histoire pour des types de prudence et d'expérience consommées, les Bodin, les Brisson, les Molé, les Jeannin, les Villeroy, n'hésitèrent pas à se déclarer ligueurs (2).

La folie des rois perdait le royaume; c'était aux bons Français de sauver la France. Les Parisiens, avec leur beau langage, s'expliquent très bien en s'adressant au pape.. « Hypocrite et voluptueux, tel a été le roi ! Alors, du fond de cette situation, est sortie l'union des catholiques; il n'y eut là aucun objet combiné par la prudence humaine; un mouvement divin a tout à coup enflammé les cœurs, et leur a fait comprendre que pour empêcher leur ruine, et celle de la religion, il était temps de s'unir... », et ils ajoutent : « Nous sommes jaloux de l'honneur de Dieu, de l'an-

---

(1) L'Épinois, *La Ligue et les Papes*.
(2) Voir le *Dialogue du Maheutre et du Manant* dans les pièces justificatives de la *Satyre Ménippée*. Édit. de Ratisbonne.

tique gloire de la France ; nous voulons assurer nos vies et nos fortunes et, après avoir été régis et gouvernés par les rois droituriers et très chrétiens, nous ne pouvons plus souffrir ni l'impiété, ni la tyrannie, étant nés Français et non esclaves, catholiques et non calvinistes ! » Ce qui est miraculeux, c'est qu'un parti si puissant, répondant à un besoin si général, ayant à sa tête des chefs si populaires, préparé et soutenu par des circonstances si favorables, n'ait pas réussi. Pourtant il a dominé dans la plupart des provinces, pendant près de dix ans. De 1586 à 1596, la Ligue fut, en France, un véritable gouvernement.

C'est le gouvernement des catholiques au nord et dans les grandes villes, avec le duc de Guise pour chef, tandis que le gouvernement, la *cause* des protestants, l'emporte dans l'ouest et le midi, sous les ordres de Henri de Navarre, et que les politiques, oscillant entre les deux, suivent la considération de leurs intérêts du moment : partout, c'est la désorganisation, l'anarchie. Chacun des partis appelle l'étranger à son secours. Soixante mille hommes, venus du dehors, foulent le sol de la France. On ne voit dans l'avenir d'autre perspective que la conquête étrangère et le démembrement.

Ces armées espagnole, allemande, anglaise, italienne, savoyarde qui occupent les provinces, ne travaillent pas pour les imprudents qui les ont appelées, mais pour les maîtres qui les payent. Élisabeth réclame Calais et le Havre. Philippe II date des édits de « sa bonne ville de Paris ». Le duc de Guise, ce duc de Guise tant aimé, est à la fois dupe et complice. Il se débat dans l'angoisse de son inutile trahison, et on dirait qu'il a, par avance, horreur de sa victoire. Car, il sait bien, lui, qu'il est vendu à l'Espagne. Le roi de l'Escurial écrit en marge des lettres qu'il reçoit du Balafré : « Cette fois, je le tiens bien, il ne peut m'échapper. » Il pense que la France aussi est prise, et qu'elle ne lui échappera pas (1).

Le miracle du salut de la France, en partant du point où en étaient les choses en 1589, s'explique par un concours de circonstances presque providentiel. Les unes sont purement fortuites ; mais les autres viennent d'un réveil vigoureux du tempérament national.

Le duc de Guise n'était pas l'homme des grandes aventures. Au moment décisif, il hésita. Il ne sut pas en finir avec la royauté légitime, le jour des Barricades. Ce sont des occasions qui ne se retrouvent pas. Il avait manqué Henri III. Celui-ci ne le manqua pas. Les Guises morts, la solution pratique et relativement facile que tout le monde avait entrevue et que beaucoup avaient désirée, se dérobait. Conjuration sans but, corps sans tête, la Ligue ne pouvait plus que se débattre en d'effrayants soubresauts et accabler le royaume du poids de son impuissante agonie.

Le désordre sans issue est un état social qui ne peut satisfaire que les éléments pervers d'un peuple, c'est-à-dire les moins nombreux et les moins sûrs. Ces bons bourgeois qui avaient accepté avec joie la perspective d'un changement de dynastie et s'étaient jetés si allègrement dans le péril révolutionnaire, changèrent, du tout au tout, quand ils s'aperçurent que leur passion ne pouvait se satisfaire qu'au prix de leur tranquillité. « Les marchands pensant à leurs affaires ne veulent pas la guerre et conseillent la paix, écrit Mayenne ; parmi les officiers de justice, les uns sont bons catholiques, mais les autres, politiques et navar-

(1) On trouvera les lettres provenant de l'Escurial dans l'ouvrage de De Croze : *Les Guise et les Valois*, 1886. — Voir le compte des sommes versées à Henri de Guise dans Forneron : *Hist. de Philippe II* (t. III, p. 226).

ristes en secret, ne cessent d'agiter le bas peuple... » La voix de la *Satyre Ménippée* raconte pour l'histoire le découragement, les terreurs, la colère qui s'emparèrent des classes moyennes, quand elles virent qu'après avoir ouvert le bal, c'étaient elles qui payaient les frais de la danse. « Chacun avait jadis du blé en son grenier et du vin en sa cave, vont-ils répétant; chacun avait sa vaisselle d'argent, sa tapisserie et ses meubles... Maintenant, qui peut se vanter d'avoir de quoi vivre pour trois semaines, si ce ne sont les voleurs... Avons-nous pas consommé à peu près toutes nos provisions, vendu nos meubles, fondu notre vaisselle, engagé jusqu'à nos habits pour vivoter chétivement? Où sont nos salles et nos chambres, tant bien garnies, tant diaprées et tapissées, où sont nos festins et nos tables friandes? Nous voilà réduits au lait d'un fromage blanc comme les Suisses... » C'est un régime qui ne convient pas à notre bourgeoisie. Pleine de remords et d'appréhension, elle attendait un sauveur, un chef énergique, un bras assez fort pour contenir et abattre les instincts mauvais déchaînés par le pays. Or, ce sauveur était là. Roi légitime, Henri de Navarre se présentait avec l'éclat de la jeunesse, de la victoire, et le panache blanc.

L'orgueil patriotique contribua, non moins que le besoin de l'ordre, à l'évolution qui se fit soudain. On était honteux et las de la domination étrangère. On appréhendait cette fin ignoble pour laquelle Philippe II, depuis si longtemps, tissait sa toile. La France voulait rester catholique; mais avant tout, elle voulait rester France. Quand les ambitions étrangères se démasquèrent, les courages se ressaisirent.

On détestait les Espagnols; de là à saluer celui qui les combattait si glorieusement, il n'y avait qu'un pas. Il fut franchi. Arques ouvrit à Henri IV le chemin de Paris et le chemin des cœurs. Un frisson de joie et d'attendrissement parcourut ce pays qui se sentait renaître. Reprenant, à sa manière, le mot de L'Hôpital, Duplessis-Mornay écrivait : « Qu'on n'oie plus entre nous ces mots de papistes et de huguenots ; mais que, pour tout, il ne soit plus parlé que d'Espagnols et de Français (1) ! »

Les imaginations étaient séduites ; elles volaient au-devant de la cornette blanche de celui que Givry avait appelé le *Roi des Braves*. Et avec la promptitude de jugement qui suit, en France, la mobilité des impressions, chacun se précipitait vers la seule solution qui parût maintenant simple, facile et naturelle : le roi légitime n'avait qu'à se faire catholique.

Que l'on considère la situation vraiment extraordinaire dans laquelle se trouvait Henri IV : d'une part, il était le chef du parti protestant ; d'autre part, il était l'héritier légitime du trône ; de sorte qu'il réunissait et confondait en sa personne les deux doctrines contraires. Il ramassait en lui tous les éléments du problème qui, depuis cinquante ans, agitait la France.

Le caractère personnel de Henri IV s'adaptait, avec une justesse merveilleuse, au rôle qu'un tel concours de circonstances lui réservait. Il était la conciliation vivante, incarnée. Tandis que les opinions diverses se rapprochaient en lui, il avait assez de cœur et assez d'esprit pour les comprendre et les embrasser simultanément. Il avait été, dans sa vie, deux fois protestant et deux fois catholique. Expert en abjuration, il s'était fait une sorte de croyance très large et en même temps très sincère : « Ceux qui suivent tout droit leur conscience sont de ma religion, écrivait-il, et moi je suis de celle de tous ceux-là qui sont braves et

(1) *Mémoires de la Ligue,* in-4° (t. I, p. 102).

bons. » Pensant ainsi, il ne lui coûtait pas de se rendre au vœu populaire et, comme il disait en son gascon, *de faire le saut*. Seulement, il voulait qu'on lui laissât le temps nécessaire pour que sa dignité fût sauve. Toute cette période de sa vie est un modèle de calme, de savoir-faire et de réserve souriante. Il négocie de cent côtés à la fois et tient d'une main sûre tant de fils enchevêtrés ; il est aux écoutes du moindre pas qui se dirige vers lui et fait volontiers la moitié du chemin. Il ne demande pas mieux que d'aller vite et d'aboutir ; mais il s'arrête au moment précis où le prestige royal pourrait être atteint. Alors, il est inébranlable. Même les conditions qu'on lui impose, il veut qu'on les reçoive comme des grâces.

Il faut reconnaître que, dans cette entreprise de réconciliation générale, il fut secouru par tout le monde : d'abord, par la poussée populaire, qui, à Paris même, alors que le siège durait encore, portait sur les pas des envoyés du roi, les masses criant : « La paix ! la paix ! » ; par la sagesse des catholiques modérés qui, au lendemain de la mort de Henri III, s'étaient rangés autour de l'hériter légitime, en ne lui demandant d'autre engagement que sa parole ; par le patriotisme des États généraux qui violèrent leur mandat plutôt que de trahir le pays ; par l'énergie du Parlement, qui, à la requête de Molé, signifiait aux États « de dénier toute audience au duc de Féria sur les prétentions qui étaient contre les lois du Royaume » ; enfin par le courage de l'épiscopat français, qui prit sur lui de donner l'absolution, contrairement à la volonté du pape, et en bravant la bulle d'excommunication.

Mais, ceci dit, il faut laisser au roi la part très large. Ce génie de conciliation qui était en lui éclata surtout dans la solution qu'il trouva aux difficultés religieuses. Ce fut la partie la plus difficile de sa tâche. On avait affaire à des convictions fortes, à des passions violentes, même à des sentiments désintéressés. Il fallait satisfaire tout le monde, en cédant le moins possible de l'honneur et de la prérogative royale. Pour réaliser cette transaction, ce n'était pas trop de la souplesse et de l'expérience acquises dans une vie qui allait de la journée de la Saint-Barthélemy à la cérémonie de Saint-Denis.

La pacification religieuse de la France, à la fin du seizième siècle, se résume en ces deux termes : du côté catholique, constitution d'une église *gallicane*, demi-indépendante ; du côté protestant, application de *l'Édit de Nantes;* et le principe unique de cette double solution est l'abandon entre les mains du roi, par les deux causes rivales, de la partie de leurs prétentions sur lesquelles ni l'une ni l'autre ne voulait céder.

### L'organisation ecclésiastique. — Le Gallicanisme ; l'Édit de Nantes.

C'est du côté des catholiques que venait le plus pressant danger, et c'est de ce côté qu'il fallait porter les premiers remèdes. Il ne manquait pas de villes, dans le royaume, qui juraient comme Amiens « qu'elles ne reconnaîtraient jamais le roi de Navarre, pour quelque nécessité qu'il leur advienne, jusqu'à ce que N. S. Père le Pape eût levé l'excommunication ! » On excitait, dans le peuple, la méfiance à l'égard « de la prétendue conversion du Navarrais ». Les intransigeants du parti ne voulaient entendre à rien, tant que le roi ne se serait pas mis entre les mains du pape. Les suivre ou leur céder, c'était courir au-devant de complications graves. Car, au fond, la France catholique n'avait jamais été ultramontaine ; si le succès de la Ligue avait pu faire croire à une évolution dans ce sens, c'est que les passions politiques s'étaient emparées des opinions religieuses et les avaient emportées jusque-là. Le calme rétabli, les esprits devaient revenir naturellement vers les idées d'indépendance à l'égard de Rome, qui étaient dans les traditions du pays.

Henri IV, éclairé par les prélats qui l'entouraient, Vendôme, Lenoncourt, Renaud de Beaune, comprit tout le parti qu'il pouvait tirer du concordat de François Ier, pour jeter les bases d'une alliance durable entre la catholicisme français et la couronne. L'épiscopat, nommé par le roi et recevant de lui les bénéfices et les faveurs, devait être l'allié et le fidèle serviteur de la cause monarchique. Aussi, ce fut à ses évêques et non au pape que Henri IV demanda l'absolution; c'est avec eux qu'il régla les conditions futures d'existence du catholicisme français, tant au point de vue des personnes qu'au point de vue des biens.

Cet accord ne fut pas sanctionné dans un acte formel. Mais il résulte d'un ouvrage publié précisément en 1594, et qui eut, pour ainsi dire, force de loi en France jusqu'à la Révolution : c'est *le Recueil des Maximes et Libertés de l'Église Gallicane*, rédigé par P. Pithou (1). Les règles du système gallican s'y trouvent codifiées.

L'ordre ecclésiastique du royaume repose sur le texte du Concordat interprété dans un sens favorable à la royauté. Le roi dispose, par le droit de nomination, de tous les bénéfices majeurs; dans les périodes de vacances du siège épiscopal, les revenus du bénéfice reviennent à la couronne, en vertu du droit de Régale : le roi est donc le véritable maître des biens du clergé. Il en délègue seulement la jouissance aux archevêques et aux évêques; il choisit ceux-ci,

---

(1) La première édition, parue en 1594, est dédiée à Henri IV. Consulter l'ouvrage de Dupin; *Libertés de l'Église Gallicane*.

sous réserve de l'approbation du pape pour ce qui touche à la pureté de la doctrine.

Le clergé, nommé par le roi, forme, dans l'État, un corps à part qui jouit de privilèges exceptionnels. Il est le premier des trois ordres, et partout, il précède les autres, notamment dans les États généraux et dans les États provinciaux. Une place importante lui est réservée dans les conseils du roi. Les évêques de Laon, Beauvais, Noyon, etc., sont pairs de France. Dans les cours de parlement, des conseillers clercs figurent à côté des conseillers laïques et ont la préséance. Dans les provinces, les archevêques ont le pas sur les gouverneurs, et les évêques ont droit à des honneurs égaux. La constitution de l'État entoure le clergé d'une vénération qui traduit les sentiments profondément catholiques de la grande majorité de la nation.

L'Église est exempte des charges publiques. Selon la formule ancienne, « le peuple contribue de ses biens, la noblesse de son sang et le clergé de ses prières ». Les ecclésiastiques ne payent pas la taille personnelle pour leurs biens. Ils sont indemnes des aides pour les denrées qu'ils produisent sur leurs terres et de tous droits d'entrée et d'octroi pour celles qui sont destinées à leur consommation personnelle. Ils sont exempts de la gabelle et leur domicile est à l'abri de toute recherche à ce sujet. Ils ne sont soumis à aucune corvée, banalité, taxes levées sur les habitants des villes pour la subsistance des troupes, les fortifications, les ponts et chaussées et emprunts des communautés (1).

Leurs ressources se composent : des biens ecclésiastiques, qui représentent, en fonds de terre, un tiers, ou, au moins, un quart de la superficie cultivée du royaume, et dont le revenu monte chaque année à environ cent millions, nets

(1) Sur tous ces points, voir Beaune, *Droit coutumier français*. De la condition des personnes (p. 50-71).

de toutes charges ; du produit de la dîme, qu'on évalue — modérément — à trente millions par an. Il faut joindre les dons manuels, les offrandes, les secours de toute sorte, provenant de la piété des fidèles, continuellement tenue en éveil.

Par contre, le clergé devait supporter les charges suivantes : l'entretien et la réparation des églises et des édifices destinés au culte, de nombreuses œuvres de charité, des frais assez considérables pour l'enseignement secondaire et primaire, des aumônes, et enfin, comme part contributive aux dépenses du royaume, ce qu'on appelait le « don gratuit », c'est-à-dire une somme librement consentie et offerte annuellement au roi. Dans les premières années du règne de Louis XIII, elle montait ordinairement au chiffre de un million de livres par an. Pour la voter et aussi pour veiller aux mille détails de l'administration de ses biens, le clergé était autorisé à se réunir tous les deux ans d'abord, puis tous les cinq ans seulement, en assemblées qui défendaient avec énergie les privilèges et libertés de l'Église Gallicane.

Les ecclésiastiques ne devaient pas le service militaire ni aucune des charges connexes, sauf dans le cas de péril extrême. Ils échappaient à la contrainte par corps ; ils étaient dispensés des charges municipales, de la tutelle et de la curatelle. Enfin, ils jouissaient d'un privilège capital, celui de la juridiction ; en vertu du *privilège de clergie*, tout tonsuré échappait, en principe, aux tribunaux laïques.

En échange d'avantages si nombreux et si grands, la royauté demandait au clergé soumission, fidélité et concours ; le clergé ne les lui marchandait pas. A aucune époque de notre histoire l'union ne fut plus intime, la solidarité plus complète entre le Pouvoir et l'Église. Il se constitua, en France, une sorte de religion nationale ayant ses dogmes particuliers, ses rites et sa discipline propres, s'appuyant sur la royauté et très fortement attachée au principe monarchique : c'est le *gallicanisme* qui a, pour clef de voûte, la doctrine du droit divin des rois.

Le roi est le représentant, sur la terre, de l'autorité divine dans les choses du temporel, comme le pape l'est en matière spirituelle. Les deux glaives sont égaux. Ils pèsent du même poids dans la balance. Ils ne sont nullement subordonnés l'un à l'autre. Le roi est « roi par la grâce de Dieu », comme le pape est pape « par la désignation de l'Esprit-Saint ». Le roi est le fils aîné de l'Église ; il est « l'Évêque du dehors ». Aucune loi nouvelle, en matière religieuse, ne peut être introduite dans le royaume sans son exprès consentement.

Le roi, placé si haut par l'enseignement de l'Église, rend à celle-ci en piété, en déférence attentive, en bienveillance généreuse, ce qu'elle lui offre, chaque jour, en concours dévoué et en obéissance. Il lui doit de la protéger contre ses ennemis. Il jure, à son sacre, de combattre et de poursuivre les hérétiques. Le roi étant, en France, un objet de religion, il y a une religion du roi. Lui aussi peut dire : « Qui n'est pas avec moi est contre moi. » Il veille non seulement au repos, mais au salut de ses sujets. Il lit dans leurs âmes, scrute leurs consciences et les préserve du péché. Son royaume n'est pas seulement de ce monde ; il se prolonge jusque dans l'autre. Si le roi arrête aux limites du territoire français l'inquisition romaine, il se fait lui-même inquisiteur ; il connaît des hérésies et des sacrilèges, met le bras séculier au service des passions théologiques, force les curés à confesser ses sujets et traîne ceux-ci au confessionnal. Il lit les brefs des papes comme les livres des philosophes, met son *exeat* sur les uns et sur les autres, les condamne ou les brûle, s'il les juge contraires aux bonnes mœurs, aux doctrines ou aux intérêts généraux du royaume.

Le Gallicanisme, complété par le droit divin, s'appuie sur le principe de la nationalité et, en même temps, il l'affirme. Roi, clergé, nation, sont les trois termes d'une formule aussi forte contre les prétentions extérieures, que compacte dans la politique intérieure. De ce côté, la transaction de Henri IV fut des plus heureuses, puisqu'elle résolut, pour deux siècles, ce problème de la concorde des deux pouvoirs posé, dès l'origine de l'Église chrétienne, par la parole de son fondateur.

Tandis que l'Angleterre et l'Allemagne allaient se débattre pendant un demi-siècle encore dans les affres des luttes religieuses, la France était pacifiée. L'indépendance de son Église, à l'égard de la Cour de Rome, laissait à sa politique une entière liberté d'action. Puissance catholique, elle pouvait, sans éveiller les susceptibilités de conscience, choisir ses alliances selon les exigences de ses intérêts, s'unir aux protestants et aux Turcs, prendre en Europe le contre-pied de la politique espagnole.

Au dedans, la royauté gagnait sa noblesse par un habile usage de la feuille des bénéfices : elle satisfaisait les politiques du Tiers par la négation de la suprématie pontificale, par la demi-suspicion où elle tenait l'ordre des Jésuites, par le soin avec lequel elle limitait la juridiction ecclésiastique. Enfin, elle s'assurait l'affection du peuple par la pompe ecclésiastique dont elle s'entourait, et par le soin qu'elle prenait de mêler la religion à tous ses actes solennels : depuis le sacre, où le successeur de saint Remi oignait le roi de l'huile sainte, jusqu'à cette cérémonie de la guérison des écrouelles, qui, répétée chaque année, donnait au prince et aux sujets, la joie et l'orgueil du miracle toujours renouvelé (1).

(1) Sur la guérison des écrouelles, voir Malherbe (t. III, p. 230); un très intéressant récit de la cérémonie *de visu*, par Gölnitz (p. 140). —

La transaction conclue par Henri IV avec le parti protestant ne fut pas aussi heureuse que celle qu'il avait passée avec les catholiques. La politique de l'abjuration et du gallicanisme était tout un système ; celle de l'édit de Nantes ne fut qu'un expédient. La difficulté ne fut pas tranchée ; elle subsista tout entière. Le protestantisme, bénéficiant peut-être de la faveur que lui gardait en secret son ancien chef, resta constitué à l'état de parti militant. Sa foi, ses idées politiques, son attitude, tout en lui est au rebours des principes sur lesquels se fonde l'unité du royaume. Avec ses idées aristocratiques, son génie délibératif, sa fierté individualiste, il reste debout, vaincu, mais non soumis, dans l'attente d'une guerre civile, que le seul fait de son existence rend toujours imminente.

On a souvent loué, dans la conception de l'édit de Nantes, une haute pensée de tolérance. Augustin Thierry a dit, dans une phrase complaisamment répétée, que cet acte était « la dernière transaction entre la justice naturelle et la nécessité sociale ». Il faut en rabattre un peu. Certainement, les idées de tolérance avaient fait un grand progrès. Beaucoup de braves gens s'étaient émus de voir couler tant de sang pour des querelles parfois si futiles. La tentative de L'Hôpital était des plus honorables. L'illustre Bodin, — dont l'esprit vigoureux, traînant après lui des convictions moins fortes, fit le tour des trois religions catholique, protestante et juive, — Bodin avait combattu, à sa façon, la thèse de l'autorité du magistrat sur la conscience des sujets : « Le prince est juge souverain, écrivait-il dès 1577 ; s'il prend parti, il n'est plus qu'un chef de parti et s'expose à périr dans la lutte. *Sans chercher laquelle des religions est*

---

Andreas Laurentius, *De mirabili strumas sanandi vi*, 1609, in-8°. — *De ampulla remensi*, par Jac. Chifflet, 1651, in-4°.

*la meilleure*, que le prince renonce à la violence. S'il veut attirer ses sujets à sa propre religion, qu'il use de douceur. La violence n'aboutit qu'à rendre les âmes plus revêches; par elle, on tombe dans les plus grands maux auxquels puisse s'exposer un État : les émotions, troubles et guerres civiles (1). » Au même moment, Montaigne, qui écrivait paisiblement dans son cabinet bondé des exemplaires des philosophes anciens, aiguisait sur l'erreur des jugements contemporains les pointes de sa souple ironie.

Des esprits plus pratiques avaient saisi, corps à corps, la difficulté du moment, et, comme remède aux maux dont on souffrait, avaient réclamé la subordination des religions à l'État. Un pamphlet, paru vers 1589 et intitulé : *Discours de la vraie et légitime Constitution de l'État*, exposait cette doctrine avec une force et une lucidité toute moderne : « La religion s'appuie sur la douceur, y lit-on, et l'État, sur la contrainte. Si l'on n'usoit que de persuasion, jamais on ne feroit un bel État. Mais en matière de religion, il faut agir tout autrement; car, par la contrainte on la dissipe et on l'arrache du cœur pour y mêler l'athéisme. » Il conclut que l'État doit dominer la religion, l'aider, la protéger, sans user de sa force pour la faire pénétrer dans les âmes. Henri IV ne pensait pas autrement. Il y avait, dans son scepticisme, assez de générosité pour qu'il fût tolérant.

Malheureusement, la masse des Français, et surtout les chefs, les meneurs des partis en présence, restaient hostiles à ces idées encore flottantes dans les régions les plus hautes de la philosophie et de la politique. Protestants et catholiques se croyaient en droit de réclamer la destruction de leurs adversaires. Ils eussent dit volontiers comme le

(1) *République* (liv. III, chap. VII).

Parlement de Paris, en 1561 : « Quiconque s'attend que, par la permission des deux religions, advienne tranquillité, il a un dessein contraire à toute raison. » En 1588, devant les États de Blois, l'évêque du Mans ayant laissé entendre dans un discours que si l'hérésie doit être haïe, les hérétiques peuvent être aimés et ramenés par l'instruction, une tempête si violente s'éleva dans l'auditoire, que l'évêque ne put aller plus loin; et comme, le lendemain, il voulut s'expliquer, on l'empêcha, en battant des pieds et des mains, d'être entendu.

Du côté des protestants, on n'était pas plus modéré. Ils s'en prenaient dans les termes les plus insolents au clergé, au dogme catholique, à la papauté, à ce qu'ils appelaient le « Mystère d'iniquité », la « Bête romaine », le « Théâtre de l'Antéchrist », la « Honte de Babylone », et si l'un d'entre eux montrait quelque modération, il était immédiatement dénoncé par les violents, « ces fous de synode », « ces fronts d'airain », comme les appelait Henri IV, par ces ministres dont le cléricalisme laïque distillait je ne sais quelle humeur âcre propre au protestantisme exacerbé.

Les deux partis se trouvaient dans ces dispositions réciproques quand la lassitude de la lutte fit tomber les armes des mains. L'avènement de Henri IV prépara le terrain sinon à une réconciliation, du moins à une trêve de quelque durée. Les chefs du parti protestant, mécontents de l'abjuration ne montrèrent d'abord que de la froideur. Il fallut négocier longtemps avec eux pour obtenir une sorte d'acquiescement muet au nouvel état de choses créé par la restauration du pouvoir monarchique.

L'édit de Nantes n'est pas un acte émanant de la volonté libre du roi, c'est la promulgation d'un traité conclu, après un long débat, avec le parti huguenot en armes ; et ce traité n'est, en somme, qu'une nouvelle rédaction, modifiée selon les circonstances, des traités ou édits de pacification qui avaient antérieurement marqué les étapes de nos guerres civiles.

Avec ses 95 articles publiés et vérifiés, avec ses 56 *articles secrets*, avec son *brevet*, réglant la somme due annuellement par le roi aux protestants, avec ses *seconds articles secrets*, au nombre de 23, où il est spécialement question des *places de sûreté*, il forme la charte du parti réformé en France. Son objet n'est nullement d'établir le règne de la paix et de la tolérance sous un gouvernement unique, mais bien d'attribuer à une partie de la nation des libertés particulières et des privilèges qui la constituent en corps indépendant.

L'État n'assure pas seulement aux dissidents la liberté de conscience et l'exercice du culte dans certaines conditions nettement déterminées; il ne leur garantit pas seulement, en matière d'état civil, de cimetières, de testaments, une situation à peu près égale à celle des catholiques; il n'assure pas seulement à l'Église protestante toute une constitution, synodes, colloques et consistoires; à ses pasteurs et ministres, des revenus fixes; à tous, une justice qui, en raison même de son caractère privilégié (chambres *de l'Édit* et chambres *mi-parties*), les place dans des conditions particulièrement favorables; il leur reconnaît le droit de s'organiser et de tenir sa volonté en échec, par l'entremise d'institutions politiques régulièrement constituées, et, au besoin, par le recours à la force.

Les rédacteurs de l'édit avaient parfaitement discerné le péril d'une telle concession. Par l'article 83 de l'acte principal, ils s'étaient efforcés de détruire l'existence politique du parti. Cet article décidait, en effet, « que ceux de la religion se départiraient et désisteraient dorénavant de toutes pratiques, négociations et intelligences tant dedans que dehors le royaume; que les assemblées existantes se sépareroient promptement, et qu'il n'en seroit plus réuni d'autres ; enfin, qu'aucun enrôlement de troupes ou levée d'impôts ne pourroit avoir lieu qu'avec l'autorisation du roi! » Mais dix-huit jours après la promulgation de l'édit, le roi avait signé les *seconds articles secrets* qui laissaient aux mains des protestants, pour une période de huit années, toutes les places et châteaux occupés par eux, au mois d'août 1597. En ajoutant les villes du Dauphiné, les villes dites *de mariage* et celles qui appartenaient en propre à des seigneurs protestants, la Réforme française disposait d'environ *cent cinquante places fortes*. La plupart d'entre elles, groupées dans l'Ouest et dans le Sud, commandaient la moitié du territoire et offraient une base d'opération solide à toute tentative de rébellion ou de guerre civile. Le roi s'engageait à payer régulièrement une somme de 180,000 écus pour l'entretien des garnisons et des places de sûreté.

En 1608, l'ambassadeur vénitien Angelo Badoër dit qu'il y a 3,500 gentilshommes protestants qui peuvent, rien qu'en France, mettre sur pied une armée de 25,000 hommes, et il ajoute que de ces 3,500 qui tiennent les autres, il n'en est pas 200 qui souffriraient le martyre pour leur religion. Bentivoglio pense qu'il y a en France plus d'un million de protestants, divisés en sept cents églises.

Cette force redoutable, ces cent cinquante places, dont la remise entre les mains du roi avait été prorogée à chaque échéance, ces assemblées fréquentes dont les réunions tumultueuses bravaient l'opinion des catholiques et excitaient les passions, cette polémique acerbe et irritante, en un mot, l'existence d'une opposition méfiante et redoutée, appuyée sur le parti aristocratique et sur le Midi séparatiste, toujours prête à solliciter le secours de l'étranger, était, pour la politique française, une entrave sur laquelle la perspicacité de l'ambassadeur vénitien ne s'est pas trompée : « N'est-il pas étonnant, dit-il, que ce roi qui est, d'ailleurs, le plus puissant, peut-être, entre les princes chrétiens, en soit réduit à compter et à temporiser avec ses propres sujets, sans pouvoir bouger, sans pouvoir penser à quelque entreprise au dehors à l'exemple de ses aïeux, et que ses propres sujets lui soient plus redoutables que des ennemis déclarés aux autres nations ? »

Telle était la conséquence des guerres de religion et de l'édit célèbre qui les avait suspendues plutôt que terminées. La rébellion et la guerre restaient à l'état latent dans le royaume.

On le vit bien, au lendemain de la mort de Henri IV. Malgré le soin que prit la régente de confirmer l'Édit, les protestants demandèrent et obtinrent bientôt l'autorisation de se réunir à Saumur. Cette assemblée fut le théâtre d'intrigues et de compétitions qui préludèrent à des troubles plus graves. La Force, Sully, Rohan, se plaignirent vivement, devant leurs coreligionnaires, du gouvernement de la reine. L'influence modératrice de Bouillon et de du Plessis-Mornay contint, il est vrai, les plus ardents. L'assemblée n'en crut pas moins devoir prendre une mesure grave et qui décida de l'avenir du parti huguenot : elle résolut de créer des *assemblées de cercle,* constituant ainsi, à l'état permanent, dans chacune des régions de la France, un conseil délibératif et exécutif, chargé de surveiller et de défendre les intérêts des protestants. Les membres de ces assemblées prêtaient le serment du secret et juraient de se soumettre aux décisions de la majorité. Ce n'était plus seulement la lutte à visage découvert, c'était la conspiration latente et je ne sais quelle franc-maçonnerie obscure, poussant, sous le sol national, ses galeries souterraines. Cette fois, la mesure était comble, et Richelieu devait mettre bientôt, au premier rang de ses griefs contre les protestants, cet empiètement suprême, incompatible avec l'exercice d'un pouvoir régulier dans le pays.

Le parti huguenot subissait déjà l'ascendant d'un homme, dont l'astre brillant et funeste devait précipiter l'heure de la catastrophe finale : c'est le duc de Rohan. Ses *Mémoires* débutent par le récit de l'assemblée de Saumur. Ce livre, noir d'amertume, reflète l'état d'esprit des jeunes générations qui, nourries de la légende des grandes guerres du seizième siècle, se morfondaient dans l'inutilité d'une paix médiocre. Les conseils des vieux huguenots, las des longues discordes impuissantes, exaspéraient ces âmes fières, et les anciens souriaient avec tristesse aux ardeurs d'une jeunesse plus fidèle à leurs exemples qu'à leurs conseils. « Vraisemblablement, dit Fontenay-Mareuil, M. de Bouillon eût bien cherché à faire trouver aux réformés leur compte, mais sans en venir aux armes que le plus tard qu'il eût pu ; parce, peut-être qu'il était vieux et qu'il craignait de n'y pas réussir aussi bien que l'amiral de Châtillon (Coligny), le zèle n'étant plus pareil à celui de son temps. Mais M. de Rohan, qui était jeune et se sentait avec des talents fort propres à gouverner les peuples, pensait dès lors à hasarder tout, et périr, ou faire une République, comme le prince d'Orange (1). »

Ce mot en dit assez sur le péril qu'un homme énergique, mis à la tête du parti, pouvait faire courir à la royauté et au royaume. Rohan essaya sa force durant les troubles de la Régence. Le prince de Condé se tourna vers l'assemblée de Nîmes, en 1611, et implora son appui. Les protes-

---

(1) *Mémoires,* éd. Michaud et Poujoulat (p. 87).

tants deviennent ainsi les arbitres de la paix ou de la guerre. Le roi Jacques leur fait savoir, par un délégué spécial, que les édits n'étant pas observés, ils peuvent compter sur lui. On comprend leur orgueil. Ces promesses, selon le mot d'un contemporain, leur avaient « enflé le cœur ».

Après avoir hésité quelque temps, l'assemblée prit la résolution extrêmement grave d'appuyer le prince de Condé. De ce jour (27 nov. 1614), le parti protestant reconstitué en parti d'agression, rompt en visière à la royauté. C'est donc lui qui, pour la première fois, déchire de ses propres mains l'édit de Nantes, et qui rouvre la période des guerres de religion.

Sur ce point, les lacunes de l'œuvre de Henri IV apparaissent dès le lendemain de sa mort. Dans son désir de ménager une cause qui avait été la sienne et dont son sentiment intime n'était peut-être pas entièrement dépris, il laisse à ses successeurs une solution bâtarde dont ils seront obligés de déchirer l'équivoque. La question religieuse reste pendante, pour la politique française, jusqu'au siège de la Rochelle et, pour la conscience royale, jusqu'à la révocation de l'Édit de Nantes.

Le génie français a apporté, dans les choses de la religion, la clarté et le sens de la réalité qui le caractérisent. Le monde antique s'étant incliné devant la conception monothéiste venue de Judée, la Gaule avait été une des premières conquêtes du christianisme. Il n'existait aucun antagonisme entre les vieilles croyances locales et les dogmes chrétiens. L'esprit d'unité, qui domine la conception pontificale, était en harmonie avec les sentiments d'un peuple fortement imprégné de romanisme. Il accepta la nouvelle religion comme une discipline.

Tant que l'unité catholique domina en Europe, la France, avec son esprit de propagande et d'enseignement, est la maîtresse des peuples chrétiens. Elle les conduit aux croisades et les assoit sur le banc de ses universités. Ces services exercent sur l'Église romaine une attraction si forte, qu'elle se déplace et vient, pendant un siècle, s'installer en terre française.

Plus tard, quand la corruption du clergé provoqua la catastrophe attendue depuis longtemps, la France, prompte aux résolutions, avait déjà fait sa réforme : elle est inscrite dans le concordat de François I$^{er}$.

Le contre-coup des révolutions qui se produisaient ailleurs ne s'en fit pas moins sentir en France. Mais la question religieuse y prit immédiatement un caractère politique. On se disputait le pouvoir et l'influence ; sauf quelques ministres farouches, personne ne songeait à la grâce ou à la présence réelle. Nous avons dit comment, par la plus extraordinaire aventure, le chef du parti rebelle devint l'héritier du trône légitime et comment la transaction finale se fit en lui d'abord, pour, de là, rayonner sur le royaume tout entier.

Elle se fit, comme toutes les autres transactions dictées par les rois, sur la base du *privilège*.

Les protestants ont leur charte de privilèges : c'est l'Édit de Nantes. Mais cet acte consacre une indépendance politique et militaire qui retarde la solution du problème unitaire poursuivie, depuis des siècles, par la royauté. L'esprit de discipline, qui est dans la race, ne peut tolérer ce dualisme religieux doublé d'un dualisme politique. On prendra la Rochelle, on révoquera l'Édit de Nantes, avec l'assentiment de la grande masse de la nation.

Les avantages réciproques que se reconnaissent mutuellement l'Église catholique et la royauté très chrétienne, sont formulés dans les « Maximes, libertés et privilèges de l'Église gallicane ». L'autorité politique de l'Église est détruite. Elle ne garde plus que des avantages sociaux, honorifiques ou pécuniaires, dont le poids porte sur les peuples et non sur le gouvernement.

La transaction du gallicanisme, appuyée fortement sur l'esprit national, durera autant que la royauté et, parmi des débats théologiques sans portée, elle prolongera sa solution pratique, sinon définitive, jusqu'à la Révolution.

# CONCLUSION

L'UNITÉ ; L'IDÉE DE PATRIE ; LA CENTRALISATION.

Assis sur les deux grandes mers européennes, en relation facile avec le Nord et le Midi, solidement adossé au continent, portant ses caps au loin dans cet Océan Atlantique qui garde le secret des futures découvertes, un territoire élégant, bien proportionné, ouvre ses vastes plaines et ses coteaux ensoleillés à l'œuvre de la civilisation moderne.

Sa destinée se lit dans sa situation et dans sa configuration géographiques. Il servira de passage aux peuples qui se disputent la possession de l'Europe. Il subira des invasions nombreuses. Certaines races supérieures s'y fixeront, retenues par la douceur du climat et par l'agrément de la vie. Elles y trouveront une demeure, une patrie. Une fois installées, elles feront tête et arrêteront le terrible courant de cette marche vers l'Ouest qui les a elles-mêmes apportées. Leur existence ne sera plus désormais qu'un long combat. Ce sol leur deviendra d'autant plus cher qu'elles auront plus longtemps souffert pour le défendre. Entre elles, elles se mêleront, par la facilité des communications. La mer et les montagnes font un cercle naturel qui servira à la fois de borne et de défense. Le pays, clairement délimité, s'organisera comme une forteresse installée au carrefour des grands chemins et qu'une menace perpétuelle tient toujours en alarme.

Ces races sont sœurs. Mais elles ont quitté à des dates très différentes le vieux foyer aryen dont elles ont emporté la pierre. Elles parlent la même langue. Elles ont la même mythologie riche et humaine, le même esprit inquiet et plein de lendemain.

Au moment où l'histoire s'arrache au mystère des races autochtones, elle voit apparaître les premiers de ces peuples migrateurs ; ce sont les plus beaux peut-être : grands corps blancs, âmes charmantes et enfantines, promptes à l'enthousiasme et faciles à l'attendrissement, esprits simples et rieurs que le moindre propos amuse. Ils sont venus par bandes et ont marché jusqu'aux bords de la mer. Là, ils se sont arrêtés pour regarder au loin la plaine immense. Disséminés dans la forêt druidique, ils forment de petites sociétés, rivales les unes des autres, et qui s'unissent seulement quand les feux allumés sur les collines les convoquent pour la défense du sol ou pour la guerre d'aventures.

Dans leur débordement, ils avaient rencontré, à diverses reprises, leurs frères venus par le Sud, petits et la tête carrée, fronts bas de soldats et d'organisateurs. On avait oublié l'origine commune ; les guerres avaient commencé et, après des succès divers, les grandes lattes d'airain des hommes blonds s'étaient faussées sur les courtes épées de fer des hommes bruns. Ceux-ci avaient marché, en phalange serrée, par les montagnes, par les vallées, par la forêt. Ils avaient taillé des chemins dans la brousse, élevé des murailles et bâti des villes. En un mot, les nouveaux venus avaient organisé le pays et lui avaient donné une figure civilisée. La Gaule était devenue une « province » dont la vie, auparavant dispersée, s'était ramassée et tournée vers le centre lointain d'où venait la parole anonyme et l'ordre indiscuté qui s'appelle loi. Sous ce régime, le sol avait été mis en valeur, une sorte de prospérité s'était créée ; de nouvelles aptitudes, de nouveaux goûts, de nouveaux besoins étaient apparus; une vie qui, même dans la servitude, paraissait plus noble, plus raffinée, avait séduit les instincts secrets de la vieille race gauloise; celle-ci devait garder aux lèvres l'arrière-goût de ces jouissances supérieures trop rapidement disparues.

Puis, sur les frontières, de nouvelles races encore s'étaient présentées, plus semblables aux premières, venant du Nord et suivant le même chemin : des blonds aussi avec les yeux bleus, mais des natures plus robustes, plus rudes, des poitrines plus larges et des convictions plus fortes. Pendant deux siècles, ils avaient passé comme un torrent. Ils s'étaient fixés, à leur tour, et quoique peu nombreux, ils étaient restés les maîtres. Ils apportaient des goûts champêtres, l'amour des prairies, des bestiaux et des clos entourés d'arbres. Isolant leurs demeures, ils aimaient la vie fraîche et libre avec, parfois, des réunions tumultueuses où chacun dit son opinion autour des tables sur lesquelles saigne la viande de bœuf et où la bière coule. Ils rendirent à la race domptée un goût qu'elle avait perdu pour l'indépendance, la valeur individuelle, la liberté. Moins fins et moins délicats, ils étaient plus résistants et plus graves. Les moindres d'entre eux n'entendaient pas qu'on se passât d'eux ni dans la guerre, ni dans la paix et, aux réunions des premiers jours de mai, alors que la campagne reverdie agitait le sang des jeunes hommes et ramenait l'heure des décisions, les chefs savaient qu'ils devaient gagner les suffrages pour s'assurer les obéissances.

Gaulois, Romains, Germains, ces trois races aryennes forment le fond de la population qui va se multiplier sur le territoire délimité par les montagnes et par la mer. Les générations qui se succèdent combinent les éléments qui constituent les trois races mères. Blonds, bruns et roux, ils sont frères ; le principe fédératif gaulois, le principe unitaire romain et le principe libéral germain se rapprochent et se mêlent dans la civilisation française. Ils ne se manifestent pas toujours simultanément. Tel d'entre eux semble s'effacer et survit seulement à l'état latent. Tout à coup, il réapparaît et il éclate en éruptions inattendues. Les trois tempéraments alternent ou se mêlent. Par leurs jeux, leurs détentes ou leur silence, ils donnent à l'histoire de France un aspect vivant et dramatique où l'œil s'arrête rarement sur des périodes de calme et de bonheur dans le repos.

Sans cesse exposée aux attaques du dehors, en raison de sa situation géographique, la France est toujours sous le coup de troubles intérieurs, en raison de sa constitution ethnique. Mais ces inconvénients ont leur compensation : rien ne se fait en Europe sans elle. Elle peut tout arrêter et tenir en suspens, la fortune des hommes et la fortune des idées. Pour circuler, il faut passer par elle. Elle confond, dans son sein, les aspirations du Nord et celles du Midi. Elle est la parente de toutes les races qui, pendant des siècles, vont se disputer l'hégémonie du monde. Elle leur emprunte parfois leurs vertus, parfois leurs défauts, mais atténués, harmonisés. Personne ne désirerait sa mort sans souhaiter un fratricide ; et comment y songer, puisque sa sociabilité la distingue parmi les autres nations et que son foyer de parente et d'amie est ouvert à tous ? Elle combat, mais elle sourit ; elle déteste, mais elle accueille. Ses enthousiasmes sont aussi prompts que ses haines, et son cœur se refuse à choisir dans l'afflux des sangs divers qu'il a reçus et qui le font battre pour tous les membres de la famille humaine.

La conquête matérielle est descendue du Nord, sous la figure du chevalier maillé de fer, qui flétrit dans sa fleur la civilisation albigeoise. La discipline est montée du Midi, vêtue de la robe du légiste et portant sous le bras le code où l'ordre social est inscrit par la raison romaine. Ces deux rivaux se sont rencontrés, entre le coude de la Loire et la Seine, à la cour des rois qui les emploient alternativement et les modèrent l'un par l'autre. L'un et l'autre travaillent, par des procédés différents, à une œuvre commune, celle de l'unité.

Nous avons rappelé comment cette œuvre s'est accomplie, dans l'ordre politique et dans l'ordre social, par la volonté séculaire de la royauté capétienne. Pour détruire les dominations rivales, celle-ci n'a pas seulement eu recours à la force, elle s'est servie du procédé transactionnel qui a donné à notre régime monarchique son principal caractère : les divisions s'étant effacées peu à peu, par une aspiration commune de tous vers la paix royale, cet élan des peuples a fait au pouvoir une loi de la modération et des égards envers ceux qui se donnaient à lui. Il n'a pas confisqué les vieux droits ; il les a diminués en les consacrant sous la forme du privilège.

Cependant, la France n'est pas seule en Europe. Quand elle approche des frontières de l'ancienne Gaule, elle aperçoit, rangés sur la crête des montagnes ou sur la rive des fleuves, des peuples rivaux, debout, en armes. C'est ici que la nécessité de la discipline apparaît. Une armée en campagne, une place forte assiégée ne trouvent le salut que dans l'unité du commandement. Or, la France est toujours en guerre, soit offensive, soit défensive. Les rois ne représenteraient pas l'ordre intime auquel tous aspirent, qu'ils seraient les chefs militaires devant lesquels la loi suprême du salut public ordonnerait de s'incliner. Les longues luttes contre l'étranger, les souffrances de l'invasion, la honte des défaites, la joie des victoires et des revanches en commun achèvent de marteler à grands coups cette figure de l'unité française, ébauchée par la main des nécessités intérieures.

Ainsi naît le sentiment si puissant et si tendre qui, de bonne heure, rassemble tous les habitants de cette terre autour d'une personnalité vivante, la patrie, la France. Ce sentiment, cette foi, cet amour dont l'objet est précis et comme tangible, convient à l'esprit clair, au sens positif de la race. Il apparaît, chez nous, à une époque où la plupart des autres peuples sont encore aveuglés par la poussière des dissensions intestines. Il sourit chez nos vieux poètes, et, dès le onzième siècle, il met sur leurs lèvres le mot si doux de « doulce France » (1). Il s'exalte pendant la guerre de Cent ans, et tandis que les bonnes gens de Rouen et de Poitiers disent fièrement aux Anglais que, « la terre prise, les cœurs sont imprenables », il va, jusque dans les dernières couches du peuple, toucher l'âme de Jeanne d'Arc. Villon parle bientôt de la « bonne Lorraine », comme la figure même de la patrie, et, sur les routes d'Italie, la *chanson des adventuriers* fait raisonner l'écho des montagnes du refrain de « la France tant jolie » (2). Marie Stuart, sur la poupe de sa galère, « fondant à grosses larmes, répète longtemps ces tristes paroles : « Adieu France ! adieu France ! je pense ne vous voir jamais plus ! » Un poète ignoré, le cavalier Trellon, quitte l'Italie et s'écrie :

> Sortons de cet enfer ; allons revoir la France ;
> . . . . . . . . . . . . . . . . . . . . . . . . . .
> Allons revoir la France, allons voir la nourrice
> Des lettres, des vertus, des honneurs, des amours (3).

(1) *Chanson de Roland,* édit Gautier, vers 116. Voir la note sur ces vers (t. III, p. 55-56).
(2) Le Roux de Lincy, *Chansonnier historique français,* dix-huitième siècle.
(3) Trellon, *Le cavalier parfait,* Mélanges, sonnet LXIII (p. 165).

Les politiques et les soldats ne s'expriment pas autrement : « Notre France » dit Lanoue; « cette pauvre France, ma chère patrie, » dit Sully.

Au dehors même, les étrangers trouvent pour parler de la France, des mots délicats et fins. On sait celui de Shakespeare : « cette fertile France, le plus beau jardin du monde » (1). Les ambassadeurs vénitiens s'appliquent à une analyse plus minutieuse et ils en tirent des morceaux exquis : « Ce pays renferme une population belliqueuse et ardente, généreuse et pleine de mépris pour la mort ; habile, vive, spirituelle et prête à tout, avec cela raisonnable, pleine de religion ; ni avare, ni grossière, ni portée au meurtre et au vol, excepté contre son propre gouvernement et contre elle-même. Cette nation, en un mot, pourrait servir d'exemple à toutes les autres nations. » L'élégant auteur de l'*Argenis* et de l'*Icon Animorum*, Barclay, nous laisse un portrait plus achevé encore : « La France est le pays le plus prospère de tout l'occident. La richesse du sol rivalise avec l'heureux génie des habitants. Pas un coin de cette riche contrée qui ne soit cultivé, ou qui, du moins, ne rapporte. Sa situation entre deux mers lui promet une grande richesse commerciale... Le peuple aime ses maîtres et souffre tout d'eux ; c'est un crime de douter de la majesté royale. Ils sont excellents soldats. Il n'y a pas de peuple qui entende mieux l'élégance de la vie. Tout, jusqu'à leur costume, est plein d'une grâce que les autres nations ne peuvent imiter. On ne saurait jamais assez louer le charme de leur accueil. Sans orgueil et sans grossièreté, ils se prennent d'engouement pour tout ce qui est étranger. Tel vice ou telle mode vient du dehors ; ils ne tarissent pas de louanges et l'adoptent tous. Le métier de marchandises est moins considéré qu'en

---

(1) *King Henri V*, act. V, sc. II.

tout autre pays du monde. Par contre, il n'en est pas où la recherche des places excite de telles ambitions. Ils épuisent eux et leurs familles pour s'élever les uns au-dessus des autres... En général, leur jeunesse est folle ; amoureuse du jeu, impatiente du repos, prompte au désordre, avec une ostentation de vice qu'accompagnent la raillerie vaine, la satire et l'épigramme qui n'épargne personne. D'autres se font vite une sagesse d'emprunt : parole lente, visage impassible, ils appellent cela de la *froideur*, mais ce personnage ne leur sied guère. Leur légèreté native s'échappe toujours par quelque endroit. Il n'en manque pas cependant qui gardent le milieu entre ces deux extrêmes. Ils sont alors charmants, avec un égal mélange de sagesse et d'aimable gaieté... Les Français aiment leur pays ; ils ne peuvent le quitter que dans l'urgente nécessité d'aller faire fortune ailleurs. » Ceux qui s'en vont ainsi donnent à l'étranger une bien fausse et bien mauvaise idée de leurs compatriotes. Mais c'est une bonne fortune à un étranger de vivre chez eux, dit Barclay qui, lui-même, avait goûté le charme de l'hospitalité française, et il ajoute dans son élégant latin : *Nec aliquid in humana societate felicius quam consuetudinis tam politæ erecta virilisque suavitas* (1). »

A ce portrait, où la gratitude met une touche peut-être un peu trop flatteuse, reconnaissons la France de Henri IV, celle qui, à l'issue des grandes luttes du seizième siècle, se relevait des calamités qui l'avaient frappée et qui, guérie, apaisée, reposée, reprenait, d'une démarche noble et fière, sa place dans le cortège des nations modernes. Jamais, peut-être, il n'y eut dans notre histoire, après des maux plus grands, un relèvement plus prompt. Le seizième siècle avait

---

(1) *Euphormionis satyrici Icon Animorum*, éd. 1628, in-12 (p. 387-398).

vu se rompre l'harmonie un peu hâtive de ses premières années. Tout avait été remis en question. Dans le tourbillon des querelles religieuses, des passions politiques, des dissensions sociales, des guerres étrangères, les courages, les vertus, les vices, livrés à eux-mêmes, s'étaient agités confusément pour remonter peu à peu à la surface, avec leur valeur propre.

L'investigation avait été rarement aussi indépendante et aussi hardie. En rejetant, d'un coup soudain, la vieille scolastique, l'esprit humain avait atteint le tuf de la réalité. Pas une des conceptions du dix-huitième siècle qui n'ait été saisie, retournée, caressée par les hommes du seizième siècle. Catholiques et protestants, tout le monde avait, à une heure donnée, secoué le joug des soumissions traditionnelles et des préjugés nécessaires. Rappelons-nous le mot de Hurault : « Tous n'avaient que la liberté en tête ; à ce seul mot, les rames du devoir étaient tombées des mains. »

Tout à coup, cette grande fureur se calme, ces audaces s'apaisent : la France rentre dans la paix royale. Mais ce n'est pas en vain que l'homme est descendu au fond de sa conscience, qu'il a scruté les motifs de ses propres sentiments. Cette génération, parce qu'elle s'était longtemps abandonnée au caprice de son rêve et à la fougue de son imagination, sait maintenant ce qu'elle veut. Elle se tient au *possible* d'une volonté forte et virile. Elle est résolument monarchique. Elle l'est avec l'élan pieux et presque mystique par lequel l'esprit humain, après la tourmente, se jette au port qu'il croit avoir trouvé. La conception monarchique n'est pas seulement, pour ces hommes, une solution excellente à la question du meilleur gouvernement. Elle a, à leurs yeux, une autorité providentielle.

Suivons la gradation de ces idées chez les contemporains Voici d'abord le penseur, l'esprit clair et perçant, que la recherche des systèmes a déçu et qui revient à la connaissance désillusionnée de la nature humaine : « Si nous ne pouvons être libres, à tout le moins, nous ne voulons avoir qu'un maître. Si ce maître-là a un autre maître par-dessus lui, incontinent nous laissons le premier pour courir au dernier : c'est le naturel de l'homme (1). » Voici maintenant l'homme politique et positif qui sait ce qu'on a souffert et qui ne veut plus revoir des temps si funestes. « Nous sommes d'avis, par trop d'expériences et de dommages, que le mauvais gouvernement d'un État, quelque dépravé qu'il puisse être, ne peut apporter tant de maux en un siècle, qu'une guerre civile en un mois. Car, autant il y a de chefs en icelle et de capitaines, même de soldats, autant il y a de petits tyranneaux. Il est plus tolérable de vivre sous la tyrannie d'un seul que sous l'oppression de plusieurs (2). » Voici maintenant le jurisconsulte qui, après avoir beaucoup peiné sur les livres, relève la tête, regarde autour de lui et juge : « De tout ceci il se collige que le royaume de France est la mieux établie monarchie qui soit, voire qui ait jamais été au monde, étant en premier lieu, une monarchie royale et non seigneuriale, une souveraineté parfaite à laquelle les États n'ont aucune part ; successive, non élective, non héréditaire purement ni communiquée aux femmes, ains déférée au plus proche mâle par la loi fondamentale de l'État. Occasion par quoi ce Royaume a déjà plus duré qu'aucun autre qui eut oncques été et est encore en progrès et en accroissement (3). » Et voici enfin celui dont la foi monarchique éclate dans un hymne religieux : « Les rois de France sont rois élus et choisis de Dieu, rois selon son cœur, rois qui, par le divin caractère que son doigt a imprimé sur leur

---

(1) Hurault, 1er *discours* (p. 6.)
(2) *Advis sur l'État et les affaires de ce temps*, 1620, in-8° (p. 9.)
(3) Loyseau, *Seigneuries,* chap. II (p. 32).

face, sont à la tête de tous les rois de la chrétienté : monts Liban, et non vallons de Raphaïm, chênes hauts et sourcilleux, et non petites bruyères » (1).

Ainsi naît la théorie du droit divin. Bossuet n'aura qu'à la copier dans les livres des publicistes qui l'ont conçue, au lendemain de la Ligue. C'est Dieu lui-même qui désigne, dès le ventre de sa mère, l'homme qui doit présider aux destinées du peuple de France. Le roi est l'émissaire direct de la divine Providence. Il continue le Christ en France, comme le pape continue le Christ à Rome. On doit lui obéir comme à Dieu lui-même : « Il faut tenir pour maxime que, bien que le Prince souverain outrepasse la juste mesure de sa puissance, il n'est pas permis pour cela de lui résister, selon la parole de saint Pierre : *Regem honorate, servi subditi estote, in omni timore Domini, non tantum bonis et modestis sed etiam discolis* (2). » Cette doctrine est celle de l'Église gallicane ; elle est, si je puis dire, la religion gallicane tout entière. Dans un profond élan vers l'unité, dans un désir invincible d'affirmer sa propre individualité, sa nationalité, pour employer l'expression moderne, la France s'idéalise et s'adore dans la royauté.

Il en est ainsi dans la théorie, il en est de même dans les faits. La France, pendant le seizième siècle, avait beaucoup enduré de la main des étrangers. Les mieux accueillis avaient été les plus âpres et les plus cruels. Un demi-siècle de gouvernement italien, vingt ans d'invasion espagnole, les longues saturnales des troupes allemandes, anglaises, albanaises, écossaises, en un mot l'excès de la souffrance avait excité

---

(1) André Duchesne, *Les antiquités et recherches de la grandeur et majesté des Roys de France*, dédiée à Mgr le Dauphin, 1609, in-12 (p. 3).

(2) Cardin Le Bret, *De la Souveraineté du Roi* (p. 512).

des haines immenses. On voulait nettoyer le sol national, on voulait se retrouver entre Français. De partout, de Gascogne, de Picardie, de Provence, de Touraine, des esprits ardents, des cœurs vaillants s'étaient offerts. Après des destinées diverses, ils s'étaient tous ralliés à la « cornette blanche » de Henri IV. Ce prince, ce soldat, ce Français « qu'on distinguait à la grandeur du nez et à l'éclair des yeux » (1) était, pour tous ceux qui avaient travaillé avec lui à délivrer la France, un compagnon, un chef, un maître absolu. Il les résumait et les personnifiait. Ils s'enorgueillissaient en lui. Jamais il n'y eut une heure plus propice pour la virilité française. Les contemporains eux-mêmes s'en aperçoivent, et ce n'est pas seulement notre temps qui a admiré, dans cette fin du seizième siècle, une des époques les plus vigoureuses de notre histoire : « Comme il y avoit beaucoup de chemins différents pour la fortune et les moyens de se faire valoir, l'esprit et la hardiesse personnelle furent d'un grand usage, et il fut permis d'avoir le cœur haut et de le sentir ; ce fut le siècle des grandes vertus et des grands vices, des grandes actions et des grands crimes » (2).

Le roi et son entourage offraient à la nation le type sur lequel elle n'avait qu'à se modeler. Tout venait de la cour et tout y aboutissait. Du fond de chacune de ces provinces, réunies volontairement au royaume, un mouvement continuel porte vers Paris l'élite de ce qui naît dans les châteaux perdus au fond des bois, dans les villes populeuses et commerçantes, dans les bourgades demi-mortes en leur indolence séculaire. Tout ce monde qui va, par voies et par chemins, à pied et à cheval, en carrosse, en coche, tout ce monde n'a qu'un but : la cour. Fœneste part de son

---

(1) Malherbe.
(2) La Fare, *Mémoires*.

manoir délabré, ayant pour tout bien vingt-cinq pistoles et sa colichemarde ; il court chercher fortune à Paris, sans que les conseils du sage Enay puissent l'arrêter en route. Le carrosse qui secoue, sur les cailloux des mauvais chemins, le jeune prélat quittant son évêché crotté, n'est pas moins chargé de rêves que le bidet étique du bon gentilhomme gascon.

De la cour, un mouvement en sens inverse se fait vers les provinces. De là, descendent sur le royaume, les faveurs, les influences, les exemples. On obéit à la cour et on l'imite. Les parents, les amis, qui sont restés près du roi habillent, de pied en cap, de petites poupées qui vont porter au loin les modèles à copier ; dans de longues épîtres, ils donnent le détail minutieux des cérémonies, des rangs, des préséances, les moindres incidents qui se produisent auprès du prince ayant, aux yeux de tous, la plus haute importance. Ces poupées et ces lettres sèment au loin la civilisation de la cour, la courtoisie. Dans les châteaux et les gentilhommières, les grands-pères au visage tanné et ridé des anciennes blessures, les écuyers qui ont jadis accompagné leurs maîtres, racontent aux jeunes gens dont les yeux se dilatent, les belles choses qu'ils ont vues, là-bas, aux jours lointains où ils ont approché du roi. Les mères, blanchies entre les quatre murs du manoir, dressent aux belles façons et aux révérences de leur âge, les enfants qu'une amitié influente fera entrer bientôt dans la troupe des pages. Les familles groupées pleurent de joie, en voyant grandir cette tendre fleur que le service du roi va bientôt déraciner et emporter.

Il faut marcher, danser, penser, parler comme à la cour. Les femmes, si promptes à s'incliner devant la règle reçue et l'usage moyen, travaillent à adoucir et à assouplir les aspérités du caractère provincial. Le langage s'amollit ; il perd ses rudes accents et tend à se fondre dans l'uniformité élégante et souple qui est en honneur parmi les courtisans. L'unité de la langue aide à l'unité politique en préparant l'unité des sentiments.

Les poètes et les écrivains sont complices des femmes en ce point. Il n'est pas un beau génie dans le royaume qui n'aspire à faire partie de la suite du roi. Aucune gloire n'est saluée tant qu'elle n'a pas reçu cette suprême consécration. La règle de la littérature est exprimée par Malherbe, dans sa *Lettre au Roi :* « Les bons sujets sont, à l'endroit de leur prince comme les bons serviteurs à l'endroit de leurs maîtresses. Ils aiment ce qu'il aime, veulent ce qu'il veut, sentent ses douleurs et ses joies, et généralement accommodent tous les mouvements de leur esprit à ceux de sa passion. » Le brutal tyran des syllabes, soumet son génie aux caprices du prince. Dès qu'il lui a été présenté, il ne le quitte plus d'un pas, ne travaille que pour lui, est toujours prêt pour les vers de commande, les ballets, les inscriptions. Il n'a d'autres amours que ceux du roi; ses Phyllis, ses Oranthe, sont les maîtresses de Henri IV; et la flamme du vert galant brûle dans les poésies du barbon qui se plie volontiers à cette étrange servitude de lettres. S'il se fait quelque part une découverte intéressante, si quelque idée originale surgit en un esprit ingénieux, il faut qu'il vienne l'exposer à la cour; là, il sera pesé, apprécié, récompensé. Le roi pensionne et, faisant sienne l'idée ou la découverte, il la remet, il l'octroie à l'inventeur sous la forme du privilège.

Ainsi se prépare, cette puissante centralisation qui est la forme de la société française dans les siècles modernes. Qu'on l'approuve ou qu'on la blâme, elle est le résultat de douze siècles d'efforts, et elle a, elle-même, pour résultat la

France. Que préféreraient donc les esprits chagrins qui vont regrettant la destruction du passé et de « cette ancienne forme du Gouvernement » dont parle La Rochefoucauld ? Est-ce l'aristocratie féodale avec ses vices, ses faiblesses, ses dissensions intestines ? Est-ce plutôt le sort des républiques italiennes, en proie aux milliers de révolutions sanglantes que l'histoire se fatigue à raconter ? Est-ce la destinée des communes de Flandre ? Est-ce la barbare complexité de la confédération germanique, foulée aux pieds de tous les vainqueurs, livrée au hasard de l'offre et de la demande et au caprice du plus haut enchérisseur ? La France a donné aux peuples européens l'exemple d'une organisation politique, à laquelle ils se soumettent, les uns après les autres. Est-il dans l'histoire un spectacle plus grand que celui de ces millions d'habitants d'une même terre, s'imposant, pendant des siècles, une discipline unique pour créer une force supérieure faite du concours et du sacrifice de toutes les volontés ?

D'ailleurs, pourquoi des reproches, pourquoi des regrets ? L'histoire suit sa pente. Il vaut mieux essayer de la comprendre que de se livrer au vain amusement de la refaire après coup. Cette idée de l'unité par le moyen d'un pouvoir fort, ce peuple l'a dans les veines. Aux heures de péril, il ne craint rien tant qu'un démembrement. C'est ainsi que Hurault, pendant la Ligue, indique comme la honte suprême que, « de degré en degré, il ne se trouve village qui ne devienne État souverain, comme le thème s'en voit aujourd'hui en Allemagne, en Suisse et aux Pays-Bas. » Deux siècles plus tard, Montesquieu écrit à son tour, comme répondant à la pensée du vieux pamphlétaire : « Autrefois chaque village de France était une capitale ; il n'y en a aujourd'hui qu'une grande. Chaque partie de l'État était un centre de puissance ; aujourd'hui tout se rapporte à ce centre, et ce centre est, pour ainsi dire, l'État même (1). »

Telle est l'œuvre accomplie par ces douze siècles. De tous les systèmes politiques, le régime monarchique a paru à nos pères celui qui répondait le mieux, par sa continuité, par sa vigueur, aux nécessités d'une pareille entreprise. C'est pourquoi, pendant si longtemps, la France a été monarchique.

Mais ce système a aussi ses inconvénients. Il impose à un seul homme une charge qui, trop souvent, l'accable. Même quand il est dans la vigueur de l'âge et dans la plénitude de ses facultés, le roi a ses défauts, ses faiblesses, tous les vertiges d'un mortel élevé si haut. Il y a, en outre, les cas trop fréquents d'insuffisance notoire, que le prince soit enfant, ou qu'il ait atteint les limites de la vieillesse; il y a l'incapacité intellectuelle, la dépravation morale, la folie naturelle ou la folie de la toute-puissance.

Si actif et si énergique qu'il soit, le roi ne peut échapper à la continuelle obsession de son entourage. Nous l'avons vu pactiser avec les classes privilégiées, sacrifier les grandes tâches aux petites convoitises, hésiter devant les sévérités nécessaires, suspendre l'œuvre entreprise de concert avec le peuple. Pour certaines exécutions, la royauté sera trop faible et le peuple armé de cette puissante centralisation créée par la monarchie, devra les accomplir lui-même.

En temps normal, le poids est encore trop lourd. L'ostentation de la vie royale, les cérémonies, les fêtes, les chasses, le repos nécessaire prennent presque toutes les heures. S'il n'a la volonté étroite et taciturne d'un Louis XI, la clarté et la promptitude d'un Henri IV, le roi y renonce. Il cherche, autour de lui, quelqu'un qui le décharge, qui

(1) *Esprit des lois* (l. XXIII, ch. XXIV).

prenne, en son nom, la direction des affaires, qui médite. décide, agisse pour lui. Ce second, cet autre lui-même est son premier ministre. La centralisation mène au despotisme, et le despotisme presque infailliblement au *vizirat*.

C'est ainsi que s'achève l'effort logique et soutenu d'une nationalité qui, dans sa volonté de vivre et de durer, met son obéissance comme un instrument dans la main des hommes qui la dirigent. Plus d'institutions indépendantes. La plus forte les a étouffées toutes. A son tour, celle-ci s'absorbe dans l'individualité qui la représente ; et enfin, comme il faut, en ce rang, des capacités exceptionnelles, si elles font défaut dans le prince, la force des choses découvre, parmi les sujets, l'homme sur qui vont peser toutes les responsabilités.

Mais quel sera le sort de cet homme unique, roi par le pouvoir, sans l'orgueil du rang suprême ? La faveur qui l'a porté et soutenu peut le précipiter soudain. Il fait tout ; cependant son œil inquiet ne doit pas cesser un instant de suivre ce qui se fait contre lui. Menacé par en haut et miné par en bas, en butte à la méfiance du maître, à la haine de la cour, à l'impopularité qui est le lot ordinaire des hommes d'État dignes de ce nom, sa pensée est traversée par les noirs éclairs du soupçon et de la disgrâce, tandis que les intérêts publics et les dangers de la patrie la sollicitent sans cesse. Cloué à ce rocher qu'il a choisi, il ne peut en descendre à son gré. Écoutons sa plainte : « Celui qui occupe cet emploi doit savoir que les grands hommes qu'on met au gouvernement des États sont comme ceux qu'on condamne au supplice avec cette différence seulement que ceux-ci reçoivent la peine de leurs fautes et les autres de leurs mérites. Il doit savoir qu'il n'appartient qu'aux grandes âmes de servir fidèlement les rois et supporter la calomnie que les méchants et ignorants imputent aux gens de bien, sans dégoût et sans se relâcher du service qu'on est obligé de leur rendre. Il doit savoir encore que la condition de ceux qui sont appelés au maniement des affaires publiques est beaucoup à plaindre en ce que s'ils font bien, la malice du monde en diminue souvent la gloire, représentant qu'on pouvait faire mieux, quand même cela serait tout à fait impossible. Enfin, il doit savoir que ceux qui sont dans les ministères sont obligés d'imiter les astres qui, nonobstant les abois des chiens, ne laissent pas de les éclairer et de suivre leur cours, ce qui doit l'obliger à faire un tel mépris de telles injures que sa probité n'en puisse être ébranlée ni le détourner de marcher avec fermeté aux fins qu'il s'est proposé pour le bien de l'État (1). »

Celui qui, peu de temps avant de mourir, expliquait en cette page émouvante de son *Testament politique* les charges et les peines d'un ministre de la Royauté, était le cardinal de Richelieu, l'homme qui, pendant dix-huit années, a, du consentement de son roi, assumé, seul la lourde responsabilité de la conduite de l'État. De tels hommes sont rares. Et c'est là le défaut du système si fortement combiné que nous venons d'exposer. Tendu jusqu'à l'excès, il demande aux forces humaines plus qu'elles ne peuvent donner.

Lorsque les générations héroïques eurent disparu, les grands rois et les grands ministres manquèrent, et la nation elle-même dut reprendre le fardeau aux mains défaillantes de leurs débiles successeurs.

(1) *Testament politique*, Ed. Foncemagne (p. 275).

# TABLE DES MATIÈRES

|   | Pages. |
|---|---|
| Avertissement | I |

**Chapitre premier.** — La France en 1614, aperçu géographique..... 1

    I. Les provinces..... 1
    II. Paris en 1614..... 36
    III. Le Louvre, la Cour, le Roi..... 69

**Chapitre deuxième.** — Les institutions politiques..... 76

    I. La conquête territoriale, la tradition..... 76
    II. Les instruments de la domination..... 100
    L'armée..... 101
    La justice..... 122
    L'administration..... 149
    Les finances..... 173
    III. Les libertés générales et particulières..... 196
    Le privilège..... 197
    Les États généraux..... 208
    Survivance des autonomies locales ; les libertés provinciales..... 226
    Les États provinciaux..... 234
    Les libertés municipales..... 246
    Le droit civil. Les coutumes..... 253

**Chapitre troisième.** — L'ordre social. — Les classes..... 270

    Les classes privilégiées : la Noblesse..... 271
    La Bourgeoisie de robe..... 296

|                                                                  | Pages. |
|------------------------------------------------------------------|--------|
| Les non privilégiés; le peuple des villes........................ | 312    |
| Le paysan........................................................ | 328    |

CHAPITRE QUATRIÈME. — Les questions religieuses ........... 345
   Les deux glaives........................................... 345
   La Réforme et les guerres de religion..................... 347
   Le parti catholique et la Ligue............................ 356
   L'Organisation ecclésiastique. — Le Gallicanisme, l'Édit de Nantes ........................................................ 370

CONCLUSION. — L'Unité; l'idée de patrie; la centralisation... 386

TYPOGRAPHIE FIRMIN-DIDOT ET Cie. — MESNIL (EURE).

www.ingramcontent.com/pod-product-compliance
Lightning Source LLC
Chambersburg PA
CBHW071944220426
43662CB00009B/986